本书系"安徽省高校管理大数据研究中心"智库研究项目成果之一

高校预算绩效研究
Research on Budget Performance of Universities

乔春华 / 著

东南大学出版社
SOUTHEAST UNIVERSITY PRESS
·南京·

内容提要

绩效预算是一个世界性的难题,也是公共预算部门及国内外学者的热门话题。绩效预算在我国又称为预算绩效。

高校教育评价与高校预算绩效评价是两个概念。前者评价指标主要与高校"产出"与"结果"有关,如"满意度""生师比""毕业率"和"就业率"等。大量的预算绩效文献研究显示,很多研究将高校教育评价等用于高校预算绩效评价,实际上两者内涵及外延并不相同。

绩效有"结果论""行为论"和"行为和结果论"三种解释,高校"产出"或"结果"具有迟效性、无形性、收益外溢性等特征,因此,计量很难,评价自然也很难。本书首次提出高校预算绩效评价应强调"过程评价",提出并阐述开展"预算编制事前绩效评价""预算执行绩效评价"和"预算执行结果(决算)绩效评价",这是重大创新。此外,本书还首次对"高校预算绩效文化"和"高校预算能力"作了探索。

图书在版编目(CIP)数据

高校预算绩效研究 / 乔春华著. — 南京:东南大学出版社,2024.4
ISBN 978-7-5766-1393-3

Ⅰ.①高… Ⅱ.①乔… Ⅲ.①高等学校-预算管理-研究-中国 Ⅳ.①G647.5

中国国家版本馆 CIP 数据核字(2024)第 081444 号

责任编辑:刘 坚(635353748@qq.com)　　责任校对:子雪莲
封面设计:王 玥　　责任印制:周荣虎

高校预算绩效研究　Gaoxiao Yusuan Jixiao Yanjiu

著　　者	乔春华
出版发行	东南大学出版社
社　　址	南京市四牌楼 2 号　邮编:210096
出 版 人	白云飞
经　　销	全国各地新华书店
印　　刷	广东虎彩云印刷有限公司
开　　本	787mm×1092mm　1/16
印　　张	22.5
字　　数	490 千字
版　　次	2024 年 4 月第 1 版
印　　次	2024 年 4 月第 1 次印刷
书　　号	ISBN 978-7-5766-1393-3
定　　价	78.00 元

本社图书若有印装质量问题,请直接与营销部调换。电话(传真):025-83791830

前 言

绩效预算①是一个世界性的难题，也是公共预算部门及从事相关研究的专家、学者一直探讨的热门话题。爱伦·鲁宾指出："公共预算的研究必须有成熟的理论。但是，现有的预算理论还不尽人意。"②

2018年9月1日，《中共中央 国务院关于全面实施预算绩效管理的意见》规定："力争用3~5年时间基本建成全方位、全过程、全覆盖的预算绩效管理体系，实现预算和绩效管理一体化，着力提高财政资源配置效率和使用效益，改变预算资金分配的固化格局，提高预算管理水平和政策实施效果，为经济社会发展提供有力保障。"

2018年11月8日，《财政部关于贯彻落实〈中共中央 国务院关于全面实施预算绩效管理的意见〉的通知》（财预〔2018〕167号）规定："到2020年底中央部门和省级层面要基本建成全方位、全过程、全覆盖的预算绩效管理体系，到2022年底市县层面要基本建成全方位、全过程、全覆盖的预算绩效管理体系。"

2019年12月10日，《教育部关于全面实施预算绩效管理的意见》（教财〔2019〕6号）规定："到2020年底，基本建成覆盖部门预算和转移支付的全面预算绩效管理制度体系。在此基础上，不断总结和推广实践经验，逐步推动形成体系完备、务实高效的教育预算绩效管理模式。"

然而，历经多年，高校"全方位、全过程、全覆盖的预算绩效管理体系"仍未建成，高校"预算和绩效管理一体化"未达到，高校预算绩效评价指标未确定，高校预算绩效管理也未实现。

---

① 我国称"预算绩效"，OECD等国家称"绩效预算"。但两者有差别。
② 鲁宾.预算理论的未来[J].周美多，译.公共管理研究，2006(0):3-14.

上述三个文件都规定"切实做到'花钱必问效、无效必问责'",谁"问效"?谁"问责"?目前看来文件精神并未落实到位。

高校预算反映整个高校的政策,它规定高校活动的范围和方向。笔者自 2013 年出版《高校预算管理研究》一书以来,一直关注"高校预算绩效"问题,曾在《会计之友》杂志发表过《试论高校评算"预算"对绩效的影响——五论高校预算绩效管理》。

娄尔行指出:"搞会计学的人经常提到会计,总是把眼睛看着企业会计,而对事业会计,大学会计,是很少研究的,所以这方面的文章和专著也很少,国外也是这种情况,都重视研究企业会计。"① 因此,高校财务(宏观)② 是一个崭新又复杂的领域。虽然我在该领域的研究涵盖了高校会计、高校财务(微观)、高校预算、高校审计、高校内部控制等方面,但每深入前进一步并没有成就感,而是愈加感到该领域需研究的问题越广越深,这也让我有了强烈的使命感和巨大的压力。

笔者一贯主张:做人不可"小题大做",但作文应"小题大做"。画界从题材上分为:人物画、动物画、风景画、静物画、历史画、宗教画、风俗画等。就人物画而言,有画工人的、有画农民的、有画军人的、有画伟人的、有画老头的、有画少女的等等。就动物画而言,有画狗的、有画猫的。但大师们只画一种题材:齐白石画虾,徐悲鸿画马,李可染画牛,黄胄画驴,潘天寿画鹰鹫,刘继卣画虎。一辈子只画一种题材,每种都很难。就画虎而言,俗话说:"画龙画虎难画骨","刻鹄不成尚类鹜,画虎不成反类犬"(南朝·宋·范晔《后汉书·马援传》)。若齐白石既画虾又画马、画牛、画驴,那他还是齐白石吗?《弟子规》曰:"方读此,勿慕彼;此未终,彼勿起。"做学问都应如此。《哈佛家训》云:"能把小事情做出大学问才是真的了不起。"人一辈子精力有限,能在一个小领域研究精深已不易了。笔者毕生都研究高校财务领域,矢志不移、笔耕不辍。

笔者还一直主张:"治学要耐得住寂寞,做人须经得起风雨。"三年疫情,一年高温,都是坏事。毛泽东指出:"在一定的条件下,坏的东西可以引出好的结果。"(《毛泽东选集》第 5 卷,第 397—398 页)这里,"在一定的条件下"是关键,疫情和高温都是坏事,但正是闭门读书静思时。笔者几乎每天在书房中看书、查资料,静思推敲,笔耕不已。宁静淡泊,潜心专注。耐得住寂寞,经得起冷落。

我获得国务院政府特殊津贴证书(政府特殊津贴第 199902 号)后,在网上看到"2020 年享受政府特殊津贴推荐人选的公示"中有著名学者钱颖一,我自叹不如,羞愧难当。2022 年春,我的研究论文被《会计之友》杂志社微信公众号推荐,在作者介绍中有"国内著名的高校财务领域专家"的表述。现在戴有"专家"桂冠而自饰(出自

---

① 高等学校经济效益问题研究会(筹备组).高等学校经济效益问题文集[C].北京:教育部计划财务司,1983:8,9.

② 高校财务(宏观)是指教育部财务司管辖的会计、财务、预算、审计、内部控制等内容。

三国·魏·繁钦《弭愁赋》："整桂冠而自饰，敷摹藻之华文"）者太多，我建议改为"学者"（指好学之人）。2022年9月，我看到《读不完的金克木》一文（作者卫毅，《南方人物周刊》第725期，《报刊文摘》2022年9月21日），文中称：金克木在一篇访谈的开头说："我不是专家，也许是杂家，……谈不上专，学者是指学成功了一门学问的人。"我再次反思：我仅仅是"好学之人（喜好读书之人）"而已，而离"学成功了一门学问的人"还有十万八千里。君不见众多诺贝尔奖提名者离诺贝尔奖只有一步之遥。"失败乃成功之母"，未经千百次失败，未经千万次艰辛拼搏，能否"成功"仍是未知数。我虽然出版了十几部高校财务领域的专著，但在高校财务领域越深入探索，越感觉到自己在高校财务领域才刚入门，需要研究问题的层出不穷，因此，与"专家"特别是"国务院政府特殊津贴专家"的差距还很远。"事业尚未成功，我辈尚需奋斗。"

人生路漫漫，关键只几步。追梦之路上每一步都是付出。

本书可作为高校财务理论工作者和实务工作者的参考书，也可供高校财务及预算领域的研究生参考。

在成书过程中参阅了大量同行们的研究成果，借鉴了其宝贵的经验，引用了可靠的资料，在此一并表示衷心的感谢。

在成书过程中，上海师范大学旅游学院副教授黄璐博士搜集了不少资料，并撰写了部分章节。

在成书过程中得到东南大学出版社刘坚教授和责任编辑的精准审阅，在此表示衷心的感谢。

本书作为国内第一部有关高校预算绩效研究的著作，肯定有众多不成熟或谬误之处，敬请各位读者批评指正。

作　者

2024年4月

目 录

第一章　高校预算理论研究 …………………………… 001
　第一节　高校预算的学科定位 ………………………… 001
　　一、高校预算应有多学科作为理论支撑 …… 001
　　二、预算是什么 …………………………………… 002
　　三、预算管理的概念 ……………………………… 007
　　四、高校好的预算和好的预算管理 ………… 009
　　五、高校预算理论的多个定位 ………………… 011
　　六、高校预算的重要性 ………………………… 020
　第二节　高校预算的功能研究 ………………………… 023
　　一、高校预算功能研究的简介 ………………… 023
　　二、高校预算功能的研究 ……………………… 025
　　三、预算的治理功能 …………………………… 037
　第三节　高校预算的理论研究 ………………………… 046
　　一、预算理论尚不成熟甚至缺失 ……………… 046
　　二、国外预算若干理论述评 …………………… 050

第二章　高校预算绩效理论研究 ……………………… 060
　第一节　国外预算绩效的改革和发展历程 …… 060
　　一、美国绩效预算的发展历程 ………………… 060
　　二、英国绩效预算的发展历程 ………………… 083
　　三、部分 OECD 国家绩效预算的发展历程
　　　　………………………………………………… 093
　第二节　高校预算绩效的理论研究 ………………… 108
　　一、新公共管理理论 …………………………… 108
　　二、公共选择理论 ……………………………… 116

第三章　高校预算绩效管理研究 ……………………………………………… 132
第一节　高校预算绩效基础问题研究 …………………………………… 132
一、绩效的基础概念 ……………………………………………… 132
二、预算绩效 ……………………………………………………… 148
三、中期预算框架 ………………………………………………… 153
第二节　预算绩效评价内容研究 ………………………………………… 175
一、预算绩效目标 ………………………………………………… 175
二、预算绩效评价及指标分析 …………………………………… 184
三、预算绩效的指标 ……………………………………………… 200
第三节　预算绩效评价技术规范研究 …………………………………… 211
一、绩效评价的方法 ……………………………………………… 212
二、绩效评价的权重 ……………………………………………… 214
三、绩效评价的组织管理与实施 ………………………………… 215
四、绩效评价和再评价的工作程序 ……………………………… 216
五、绩效报告和绩效评价报告 …………………………………… 219
六、绩效评价结果及其应用 ……………………………………… 220
七、法律责任 ……………………………………………………… 221
第四节　高校预算绩效评价的探索 ……………………………………… 222
一、我国高校预算绩效的发展沿革 ……………………………… 222
二、基本支出绩效评价和项目支出绩效评价 …………………… 227
三、国外高校预算绩效管理的借鉴 ……………………………… 230
四、高校预算绩效的个性指标分析 ……………………………… 232
五、发达国家高校预算绩效评价指标分析 ……………………… 237
六、高校预算绩效评价方法的分析 ……………………………… 242

第四章　高校应评价"预算"对绩效的影响 …………………………… 250
第一节　高校预算绩效实施的内容和路径 ……………………………… 250
一、问题的提出 …………………………………………………… 250
二、高校实施预算绩效的基本内容 ……………………………… 250
三、高校实施预算绩效的路径 …………………………………… 256
四、结语 …………………………………………………………… 259
第二节　高校预算绩效评价的新思路 …………………………………… 259
一、高校预算绩效是对"产出"和"结果"的评价吗 ………… 259
二、高校预算绩效很难对"产出"和"结果"进行评价 ……… 261

三、高校预算绩效对"结果"评价受到"时间"和"空间"跨度的影响 ························ 265

四、目前高等教育产出指标不是评价"当期"的"努力程度" ······ 269

五、高校预算绩效评价重构的思路 ························ 273

第三节　高校预算编制和执行的绩效评价 ························ 274

一、绩效不仅仅是"结果" ························ 274

二、预算"编制"绩效评价 ························ 275

三、预算"执行"绩效评价 ························ 286

四、预算"执行结果——决算"绩效评价 ························ 298

第四节　高校预算绩效过程评价 ························ 308

一、应改进"结果评价"为"结果评价"与"过程评价"相结合 ························ 308

二、高校预算绩效评价中若干问题的剖析 ························ 309

三、高校预算绩效"过程评价"探索 ························ 312

四、"调结构"必须建立在收支结构形成过程的"过程评价"基础上 ························ 316

第五章　高校预算绩效文化与预算能力研究 ························ 318

第一节　高校预算绩效文化研究 ························ 318

一、绩效文化是绩效预算实施的重要因素 ························ 318

二、高校预算绩效文化的概述 ························ 319

三、我国高校预算绩效文化建设的建议 ························ 324

第二节　高校预算能力研究 ························ 334

一、中国高校曾出现预算无能为力的时期 ························ 334

二、高校预算能力概述 ························ 335

三、高校预算能力的内容 ························ 338

四、提升高校预算能力主要解决的几个问题 ························ 344

主要参考文献 ························ 347

第一章　高校预算理论研究

第一节　高校预算的学科定位

一、高校预算应有多学科作为理论支撑

（一）预算具有多张面孔，服务于不同的目的

唐纳德·阿克塞尔罗德（Donald Axelrod）认为，由于预算具有多张面孔，在有关优先权、支出、收入和债务偿还方面包括八种相互关联的功能①，因此预算需要认真考虑"谁为了何种目标获得多少以及谁来支付"这些重要的问题。从这个意义上来讲，"预算是政府的神经中枢，它是为了高效、经济地实现政府优先权和目标而进行分配资金和利用资源的一种决策制度，一种主要的政治决策制度"②。而大卫·尼斯（David Nice）的观点更具一般化色彩，他认为预算一般被希望做以下工作：确定目标和优先权、将目标付诸行动、管理经济、提高责任感、控制公共资源的使用、提高效率和效益、用于社会规划和改革、保持过程的可管理性③。

尼斯指出："我们希望它肩负许多不同的、有时甚至是矛盾的任务"④，阿伦·威尔达夫斯基也指出："公共预算服务于不同的目的"⑤，威尔达夫斯基还认为，由于预算服务于多种不同的目的，因而它可能是指很多的事物：一项政治行动，一项工作计划，一次未来预测，一个启蒙源泉，一次愚昧举动，一个控制机制，一种对限制的逃避，一种行动的手段，一个进步的障碍，甚至可以是一种祈祷：愿当权者能够温和对待具有良好愿望而能力有限的人们⑥。

由于预算具有多张面孔，服务于不同的目的，肩负的是矛盾的任务，因此，应有多学科作为理论支撑。

---

① Axelrod D. Budgeting for modern government[M]. New York: St. Martin's Press, Inc., 1988: 7.
② 同①: 1.
③ Nice D. Public budgeting[M]. 北京: 经济科学出版社, 2004: 3-7.
④ 同③: 2.
⑤ 威尔达夫斯基. 预算: 比较理论[M]. 苟燕楠, 译. 上海: 上海财经大学出版社, 2009: 3.
⑥ 瑞宾, 林奇. 国家预算与财政管理[M]. 丁学东, 等译. 北京: 中国财政经济出版社, 1990: 1, 73.

(二) 预算管理是公共管理的核心和关键

上述两位学者认为:"预算管理是公共管理的核心和关键。"如:

政府预算作为公共管理的核心和关键[①]。

王雍君认为:"预算管理是公共管理的核心和关键,是促进经济政策三个一般性目标——增长、平等和稳定的工具。从这三个一般性目标出发,预算管理的关键目标是总量控制、资源在部门/规划间的有效配置、营运(管理)效率、合规性以及财政风险控制。"[②]

二、预算是什么

(一) 预算概念的由来

1. 来自英语

在英国,"预算"(budget)一词原先是用来描述财政大臣携带到议会,用来向议会陈述政府的钱款需求及其来源的皮包,后来则演变成为该皮包所装之文件,即政府提交立法机构审批的财政计划[③]。

周劲松的研究表明:预算的英文 budget 原指皮夹、钱袋或手提包。在英国,budget 曾用于描述财政大臣用来放置向议会提交政府开支需求和收入来源等材料的皮包。后来预算一词演变为政府行政机关提交立法机关审批的财政收支计划,即公共预算。本文所指的预算如没有特别强调,则指公共预算。

阿伦·威尔达夫斯基指出:"起初用来形容装钱的皮包或口袋的词,经过多年的演化,已被赋予了更多的含义。今天我们仍然能够发现'预算'一词的语言痕迹,譬如,当我们听到国会和总统说'预算包'时,尽管有些遗憾,但从手携预算袋至今,我们已经走过了漫长的路程。这个口袋不仅仅已经膨胀得相当大,而且已经没有形状了。没有一个文件能够代表'美国预算'。……我们所说的预算究竟是什么含义?一层含义是指预期。一份预算以文字和数字的形式描述了为实现一定的目标和意图所需要的支出。"[④]

2. 来自拉丁语

董修甲认为:"预算"二字来自拉丁语之 bulga,即皮袋之意,及至传到英国,则为 budget。当时的英国财政总长常将岁入岁出各项文书置于皮袋内,携赴国会,求国会之通过。久之,遂以 budget 专指皮袋中所藏之财政计划与人民监督财政权之手续。

[①] Taggart W A. Air quality control expenditures in the American states[J]. The journal of politics, 1985, 47(2): 704-714.

[②] 王雍君. 公共预算管理[M]. 北京: 经济科学出版社, 2002: 1.

[③] Wildavsky A B. The new politics of the budgetary process[M]. 2nd ed. New York: Harper Collins Publisher Inc., 1992: 57.

[④] 威尔达夫斯基, 凯顿. 预算过程中的新政治学[M]. 4版. 邓淑莲, 魏陆, 译. 上海: 上海财经大学出版社, 2006: 1.

3. 来自拉丁语、古法语、英语

王绍光的考证显示："预算"这个词在中文中出现很早，但其原意是指预先计算，与财政无关。第一次在中文里使用现代意义"预算"一词，是黄遵宪1895年刊行的《日本国志》，是从日本舶来的。英文中的预算（budget）一词其词源是拉丁语中的bulga，后来变为古法语中的bouge，指的是"皮包"。大约在1400—1450年间，这个词传入英国，逐渐演化出现代的含义。1803年，法国又采纳了英文单词"budget"①。

从上述内容分析，王绍光的考证脉络比较清楚。

（二）预算概念的各种表述

1. 年度内的收支计划

马克思指出："预算……是国家本年度预期收入和支出的一览表，并以上年度的财政经验即平衡表为依据……每一个国家预算的基本问题就是预算之间的对比关系，是编制平衡表、盈余表或者赤字表，这是国家确定削减或增加税收的基本条件。"②

《财经大辞典》解释："预算：经法定程序审核批准的国家年度集中性财政收支计划。是国家财政的主导环节，其收支活动制约着政府活动的范围和方向。"③

"年度内的收支计划"将在"定位于政治学"中进一步举例。

2. 一定时间的收支计划

《政治经济学辞典（下）》解释："预算：经一定程序核定的国家机关、事业及企业单位对未来一定时期内收入与支出的精细预计方案。预算的种类很多，我国有：（1）国家预算。（2）单位预算，一般指行政和事业单位的年度财务收支计划，并由主管部门汇编为部门的单位预算。如教育部门汇编所属学校的单位预算成为教育部门的单位预算。"④

《经济大辞典（会计卷）》解释："预算：经法定程序批准的政府机关、团体和企业事业单位在一定期间（年、季、月）的收支计划。如国家预算、总预算、单位预算等。在西方国家，企业的各种经营计划常称为预算，如销售预算、财务收支预算等。"⑤

《辞海》解释："预算：经法定程序批准的政府、机关、团体和事业单位在一定期间（年、季、月）的收支预计。如国家预算、中央预算、地方预算、单位预算等。"⑥

《现代汉语词典》解释："预算：国家机关、团体和事业单位等对于未来一定时期内的收入和支出的计划。"⑦

《预算财务会计实用大全》解释："国家预算亦称'预算'，国家预算的一般概念是：用法律形式表现的、在一定时间内、国家为了实现其职能而进行的财政资金收支

---

① 王绍光.从税收国家到预算国家[J].读书,2007(10):3.
② 马克思,恩格斯.马克思恩格斯全集:第9卷[M].北京:人民出版社,1961:69-70.
③ 何盛明.财经大辞典[M].北京:中国财政经济出版社,1990:314.
④ 许涤新.政治经济学辞典(下)[M].北京:人民出版社,1981:490-491.
⑤ 杨纪琬,娄尔行.经济大辞典:会计卷[M].上海:上海辞书出版社,1991:398.
⑥ 辞海编辑委员会.辞海(下)[M].上海:上海辞书出版社,1979:4228.
⑦ 中国社会科学院语言研究所词典编辑室.现代汉语词典[M].7版.北京:商务印书馆,2019:1605.

活动及所表现的关系和管理制度。我国国家预算,是国家筹集和分配资金的重要手段,是财政的主导环节,又是具有法律效力的国家基本财政计划。"①

《预算会计手册》解释:"预算是指:(1)经过法定程序批准的国家、各级地方人民政府、事业行政单位,在一定期间的收支计划。(2)各种建设、生产费用的预计。如基本建设预算、生产费用预算、流通费用预算等。""事业行政单位预算是事业行政单位根据事业计划、工作任务、开支标准、预算定额等编制的预算资金收支计划。"②

3. 预算不仅仅是财务收支计划

(1) 预算是一个可用以区别可控制和不可控制事件的蓝图

诺曼·摩尔认为:"我们必须正视一个事实:编制一份预算通常是一件挺伤脑筋的事。……第三,预算本身就是在计划未来。就像所有的计划一样,它们需要详尽的描述并做出一些相关的假设和预测。预测将来通常都是一件吃力不讨好的工作。因为将来是一个移动的靶子,一份好的预算就应该能反映这种不确定性或者说能够反映这种风险。第四,预算是用来检查和控制以后的运作和活动的。作预算的过程必须产生一份可用以区别可控制和不可控制事件的蓝图。"③

(2) 预算是一个历史现象

政府预算专家凯顿指出,"政府预算是一个历史现象,与特定的时间和地点相联系,而不是某种一成不变的制度。"④⑤

(3) 预算是一种合同

威尔达夫斯基指出:从另一个角度看,可以把预算当成一份合同⑥。

(4) 预算是一些相互矛盾的承诺和冲突调和的产物

威尔达夫斯基指出:"预算——冲突调和的产物。""预算是一些相互矛盾的承诺。"⑦

(5) 预算是一种选择

鲁宾认为:"什么是预算?预算的实质在于配置稀缺资源,因而它意味着在潜在的支出目标之间进行选择。预算意味着平衡,它需要一定的决策制定过程。所有的预算,公共的或私人的,个人的或组织的,都涉及在各种可能的支出之间的选择。由于资源的有限,人们必须进行预算。"⑧

(6) 预算是一种预测和标准

小哈拉尔德·比尔曼(Harald Bierman Jr.)认为有两种预算:一种是"预测",

---

① 高承和,孙德全,张复英,等.预算财务会计实用大全[M].沈阳:辽宁人民出版社,1989:64.
② 张复英,孔繁柏.预算会计手册[M].沈阳:辽宁大学出版社,1991:59-60.
③ 摩尔.如何编制预算:有效运用财源的25个弹性规则[M].陈小红,译.汕头:汕头大学出版社,2004:10.
④ 威尔达夫斯基,凯顿.预算过程中的新政治学[M].4版.邓淑莲,魏陆,译.上海:上海财经大学出版社,2006:1,7.
⑤ Caiden N. A new perspective on budgetary reform[J]. Australian journal of public administrationl,1989,48(1):53-60.
⑥ 同④:2.
⑦ 同⑥.
⑧ 鲁宾.公共预算中的政治:收入与支出,借贷与平衡[M].叶娟丽,马骏,等译;张志斌,马骏,等校.北京:中国人民大学出版社,2001:3.

告诉管理人员他在未来将可能处于何种地位;另一种是"标准",告诉管理人员预定的效率水准是否已维持或达到①。

(7) 预算是一种行动计划的数量表达

格伦·威尔士(Glenm A. Welsh)认为预算是行动计划的数量表达②。

威尔达夫斯基指出:"预算不仅能够用现金来度量,也能够用数量来度量。"③

(8) 预算是组织结构的一部分

杰罗尔德·L. 齐默尔曼认为,预算是公司组织结构的一部分,它能够对决策权进行划分并进行相关的行为控制④。

4. 预算的另类表述

经济学家鲁道夫·戈德斯契德对于预算给出了一个经典的论断:"预算是一个国家在一切骗人的思想伪装都被剥得精光时所显露出的躯体。"⑤

大卫·穆周认为:"预算,是由官僚魔术师所演出的邪恶的艺术。"⑥

A. A. 拉特莫认为:"所谓预算,就是用数学的方法来确认你的怀疑。"⑦

预算的这种表述之所以称为另类,是因为笔者未将它们作为规范的定义进行分析。

(三) 对上述定义的分析

1. 预算不仅仅是年度内的收支计划

经济合作与发展组织(OECD)原预算管理及公共服务管理部主任麦哲逊(Alex Matheson)指出:"为未来而预算。预算本来就是与未来相关的。但年度预算经常忽略长期问题。因而,我们极力主张政府为将来而预算,即为更长的时间做准备。讨论将来的需要并不难,难的是将其付诸实施。(1) 中期或多年预算框架。多数 OECD 成员国采纳了一些多年预算框架形式,以弥补年度预算的不足。但这种多年分配方案并不具备法律效力,而只是对未来 3~5 年的支出提供了一个导向或目标。(2) 长期预算框架。与中期框架被普遍接受相比,长期框架在 OECD 成员国中的应用既不普遍也不正式。与中期框架目标的可操作性相比,长期框架的目标更具有战略性。长期框架的主要目标是在早期阶段识别和揭露那些不利的支出趋势,这样便于早作打算,以尽早阻止、缓和这些支出或为其筹资,从而使各国能够注意到其当前政策的长期持续性。否则,等这些支出被注意的时候已经太晚了,无法对其公平或恰当的认识。"⑧

---

① 李丹. 论我国高等学校预算管理[D]. 北京:首都经济贸易大学,2005.
② 同①.
③ 威尔达夫斯基,凯顿. 预算过程中的新政治学[M]. 4 版. 邓淑莲,魏陆,译. 上海:上海财经大学出版社,2006:330.
④ 齐默尔曼. 决策与控制会计[M]. 大连:东北财经大学出版社,2000:281-282.
⑤ 贝尔. 资本主义文化矛盾[M]. 赵一凡,蒲隆,任晓晋,译. 北京:生活·读书·新知三联书店,1989:277.
⑥ 《芝加哥太阳报》,转引自摩尔. 如何编制预算:有效运用财源的 25 个弹性规则[M]. 陈小红,译. 汕头:汕头大学出版社,2004,6:20.
⑦ 摩尔. 如何编制预算:有效运用财源的 25 个弹性规则[M]. 陈小红,译. 汕头:汕头大学出版社,2004:114.
⑧ 陈小悦,陈立齐. 政府预算与会计改革:中国与西方国家模式[M]. 王学峰,译. 北京:中信出版社,2002:31-32.

罗伯特·J. 弗里曼和克雷格·D. 肖尔德斯也指出："良好的政府财务管理需要对未来几个期间进行持续的计划。绝大多数政府会从事持续（或至少在几年中）提供产品或服务的项目；会有购置建筑物、土地或其他重大资本支出项目需要计划和筹资；还会有长期债务。虽然一些政府编制囊括一切的跨年度综合计划，但通常这些计划多数只包含组织的资本支出计划。这样的一个计划一般跨越2~6年，称为资本规划。"[①]

2012年10月，江苏省高校财务处长赴加拿大高校培训班的资料显示：加拿大高校编制预算与学制吻合，即某届学生7年制，即编制7年预算。这种中长期预算不仅对测算和控制培养成本有利，而且对制定拨款定额和收费标准有利。

目前，国内高校一般只编制年度预算，未编制中期或长期预算，这就失去了预算预计未来的意义。如果预算仅预计、预测一年，势必不会重视高校发展的长远目标和最高目标，势必不会重视高校财务的可持续发展和高校的可持续发展。

毛泽东在解放战争时期就指出："决不可只顾一时，滥用浪费"，而是要"从开始工作的那一年起，就计算到将来的很多年，计算到长期坚持战争，计算到反攻，计算到赶走敌人之后的建设"[②]。1954年邓小平同志在谈财政工作时也强调："财政部提意见，是从全局出发，考虑有钱没有钱，是否符合国民经济发展的比例。"[③]"财政部门要看到大事，要有战略观念。"[④]

2. 预算不是"精细预计方案"

上述《政治经济学辞典（下）》称预算是"精细预计方案"。

预算是一种预测或预计。预测或预计就不可能"精细"，而是一种"估量"。威尔达夫斯基指出："回顾过去，我们清楚了给定年度的费用或实际支出；展望未来，这些支出只能通过估计做出。乔纳森·劳赫（Jonathan Rauch）对此做了很好的表述：'就国会而言，预算授权是法律，所以不可动摇；支出是工作人员对这一法律的可能结果的估计，所以就不太确实。'"[⑤]

井手文雄也认为："所谓预算，简单而言，是在一定时期（一般为一年）内，国家的收入和支出，即财政活动的数字估量表。下一年度的财政政策表现于预算之中。因此，财政政策是通过编制预算来决定的。为决定一定的财政政策，应当编制与之相适应的预算。"[⑥]

3. 预算是一个过程

威尔达夫斯基认为："预算是一个管理过程，也是一个政策制定的过程，是一个运

---

① 弗里曼，肖尔德斯.政府及非营利组织会计：理论与实践[M].7版.赵建勇，等译.上海：上海财经大学出版社，2004(3)：64.
② 毛泽东.毛泽东选集：第3卷[M].2版.北京：人民出版社，1991：1019-1020.
③ 邓小平.邓小平文选：第1卷[M].2版.北京：人民出版社，1994：193.
④ 同③：200.
⑤ 威尔达夫斯基，凯顿.预算过程中的新政治学[M].4版.邓淑莲，魏陆，译.上海：上海财经大学出版社，2006：8-9.
⑥ 井手文雄.日本现代财政学[M].陈秉良，译.北京：中国财政经济出版社，1990：86，194-195.转引自胡代光，周叔莲，汪海波.西方经济学名著精粹：3卷[M].北京：经济管理出版社，1997：265-266.

作过程，也是一个导向，忽视前者就如同无视执行政府计划那样不明智。"①

罗伯特·J.弗里曼博士是得克萨斯科技大学杰出的会计学教授，在1990—2000年间任职于政府会计准则委员会，在1998—2000年间担任该委员会副主席。克雷格·D.肖尔德斯博士是弗吉尼亚理工大学副教授。他们指出："预算是把稀缺的资源分配到无尽的需求上的过程，是某一具体期间内如何花钱的计划。这样的计划至少应该包括预计的支出的种类和金额、使用的目的以及融解资金的方法等信息。"②

杰里·麦克夫雷认为："从根本上讲，预算过程是在资源稀缺的前提下对各种竞争性申请的选择机制。从技术上讲，预算是两项工作的重叠：对未来的预测和对过去的评价。"③

史蒂文·A.芬格乐博士是纽约大学公共服务研究生院和公共和医疗卫生管理、会计和财务管理方面的教授。他专门研究医疗卫生服务机构的财务管理，是国家医疗卫生协会顾问组的成员。他指出："虽然预算就是计划，但实际上，预算是计划和控制的过程。"④

希克（Allen Schick）认为："预算一直被看作是在资金支出与要完成的计划目标之间建立系统联系的过程。"⑤

（四）预算定义重新界定

综上所述，预算的定义需要重新界定。笔者试定义如下：

预算是指政府机关、团体、事业单位和企业根据委托—代理理论等按照法定程序由权力机关审核批准的在一定期间内（不仅是年度）的收支计划；同时又具有控制、管理、计划和治理职能，承担受托责任，其收支活动制约着政府机关、团体、事业单位和企业活动的范围和方向。

高校预算是指高校按照法定程序经学校领导班子集体审议通过后在一定期间内（不仅是年度）的收支计划；同时又具有控制、管理、计划和治理职能，承担受托责任，其收支活动制约着高校的范围和方向。

三、预算管理的概念

有关预算管理，国内外学者有各种各样的观点：

1. 国外学者的观点

麦金西在《预算管理》中从控制的角度上对预算管理理论及方法进行了详细的介绍，第一次提出"预算管理"的术语，这标志着企业预算管理理论开始形成⑥。

---

① 威尔达夫斯基.预算：比较理论[M].苟燕楠,译.上海：上海财经大学出版社,2009:9.
② 弗里曼,肖尔德斯.政府及非营利组织会计：理论与实践[M].7版.赵建勇,等译.上海：上海财经大学出版社,2004:61.
③ 梅耶斯.公共预算经典：第1卷：面向绩效的新发展[M].苟燕楠,董静,译.上海：上海财经大学出版社,2005:21-22.
④ 芬格乐.财务管理：公共、医疗卫生和非营利机构组织[M].张纯,译.上海：上海财经大学出版社,2004:50.
⑤ Schick A. The road to PPB: The stages of budget reform[J]. Public administration review,1966,26(4):243-258.
⑥ 赵传仁.我国公立高校预算管理研究[D].西安：西北大学,2010.

B.J.理德和约翰·W.斯韦恩指出:"公共预算管理"可以看作"公共预算"与"公共财政管理"的结合,两者相互关联但彼此间的界限也是分明的。……公共预算涉及的是重大决策——解决"干什么"的问题,这是政治活动家和高层管理者实施的行为;而公共财政管理涉及的是遵循和执行预算决策的具体工作,主要由较低层次的公共组织来完成①。

美国管理学家罗兰(Roland)从控制的角度对预算管理定义为"由目标的设定,事前激发管理者表达成预算的意愿,而与实际比较作为评价的方法"。著名预算管理专家威尔士(Welsh)教授将"企业预算变成控制"称为"预算管理",并提出了"综合的利益计划及控制"这一预算术语,并将其定义为"为实施经营计划及经营控制技能的重要侧面的组织上的正式方法"②。

2. 国内学者的观点

王雍君指出:预算管理在本质上是工具性的(instrumental)。在现代社会中,预算是政府最重要的政策文件——实现政策目标最重要的工具。预算不仅是政府的财务计划,更是一个将人民的意愿和资源转化为政府政策行动、促进政策目标实现的强力工具。预算管理与政策密切相关,但它不同于政策。政策高于预算,但又必须受预算的约束。预算是实现政策(核心是财政政策)的工具。财政政策涉及的是"需要做什么",预算管理涉及的是"需要怎样去做",两者之间存在基本的差别;此外,在需要的实施机制、技术、技能和数据要求方面,好的政策与好的预算管理之间也存在着很多差异③。

3. 笔者综合上述观点后得出:

(1) 预算管理与预算的区别

预算解决"需要做什么",而预算管理则是"需要怎样去做";或是预算解决"应该做什么",而预算管理则是"该怎么去做"。

(2) 预算管理的内涵

预算管理包括预算编制、预算审查批准、预算执行、预算调整、预算分析、预算考评、预算监督等管理活动。

(3) 决算是否属于预算管理

《预算法》将"决算"列入预算管理。此外:

2022年1月7日,财政部颁布的《事业单位财务规则》"第二章单位预算管理"的第十二条规定:"事业单位决算是指事业预算收支和结余的年度执行结果。"

2022年6月30日,财政部、教育部印发的《高等学校财务制度》"第三章预算管理"的第十七条规定:"高等学校决算是指高等学校预算收支和结余的年度执行结果。"

---

① 第2章预算与财政管理[M]//理德,斯韦恩.公共财政管理.北京:中国财政经济出版社,2001.
② 史杨武.基于国库集中支付制度下的高校预算管理研究[D].北京:北京林业大学,2010.
③ 王雍君.公共预算管理[M].北京:经济科学出版社,2002:3.

决算是否属于预算管理？照理说，预算是对未来的预测，是财务收支计划，"对未来的预测"和"计划"肯定不包括对实际发生的会计信息的总结报告。这就涉及对"预算"的定义。上文已提及，预算是"过程"，前面提倡杰里·麦克夫雷的定义"预算是对未来的预测和对过去的评价"，从这个意义上来说，决算包括在预算管理中亦勉强说得过去。

四、高校好的预算和好的预算管理

（一）高校好的预算

史密斯—巴克林协会认为："预算通常没有正确和错误之分，正因为预算不可能达到完美的程度。"① 因此，预算的好坏仅是准确程度的差别之分。

1. 好的预算就是算账

吴君亮认为："一部好的预算，它就是逼着你，限制你，或者强烈，非常严格地要求你，你要达到使用公共资源的效率。为什么，好的预算是什么，好的预算就是一个算账。……衡工量值（value for money）——这个在西方社会源远流长的财政理念，国内大多用'行政效率'或'绩效'来陈述。香港的这个翻译更加'精确和美妙'。'绩效或效率是要事后才能评估的。''衡工量值'则是一个典型的预算概念，也含有购买的概念，'在政府部门花钱之前和花钱之后，都能让公众直观地感受到投入和结果之间的关系'。"②

2. 好预算的设计标准

罗伊·T. 梅耶斯认为，好预算的设计标准有如下10条：

（1）受约束的：限制政府所需获得的资金数量；
（2）诚实：以无偏见的规划为基础；
（3）综合性：包括政府财政资源的所有用途；
（4）有洞察力：考虑远期和近期；
（5）判断性的：寻求以最小成本获得最大效果的方法；
（6）合作的：不控制其他的重要决策程序；
（7）及时的：在期待的时间完成常规工作；
（8）合法的：保留重要的决策给法定的拨款当局；
（9）透明：不需要巨大的努力就能理解；
（10）反应良好：采用符合公众偏好的政策③。

3. 好的预算分类

王雍君指出："什么是好的预算分类？预算分类主要考虑的问题是更好地理解政府

---

① 史密斯—巴克林协会.非营利管理[M].2版.孙志伟,罗陈霞,译.北京:中信出版社,2004:266.
② 黄河.深圳公民的"公共预算之旅"[N].南方周末,2008-11-06(C13).
③ 梅耶斯.公共预算经典:第1卷:面向绩效的新发展[M].苟燕楠,董静,译.上海:上海财经大学出版社,2005:623.

和立法机关的意图和目的,而不仅仅是提供政府打算干什么的资料。为此,预算科目必须联系每个支出部门来设计,因为每个部门的每个类别的支出最终都必须记录在特定的预算科目中。好的预算分类应该统筹兼顾,不仅要满足立法机关的要求,也要满足决策者的需要。分类的标准应该始终如一、连贯一致,否则,有关政府活动的资料就毫无用处。预算分类应使支出机构在执行任务时能够有一致的理解。分类必须易于管理,详略得当。而且,在同时追求多个目标的情况下,任何单一的预算分类方法都不能成功地适用于各种目标,因而应该采用补充分类法或辅助分类法去处理较次要的目标。"[1]

笔者根据上述内容并结合自己的体会总结出我国高校好的预算标准应为以下 9 条:

(1) 科学的预算;

(2) 精细的预算;

(3) 合法的预算;

(4) 民主的预算;

(5) 完整的预算;

(6) 与中长期规划相适应的预算;

(7) 绩效的预算;

(8) 执行质量高的预算;

(9) 透明的预算。

(二) 高校好的预算管理

1. 好的预算管理

王雍君指出:什么是好的预算管理?国际货币基金组织(财政事务部)在 1998 年发布的《财政透明度示范章程——原则宣言》中,确认了良好的财政管理的三个关键方面:财政透明度、政府活动的效率和公共财政的健全性,并且指出这三个方面需要区别开来。考虑到预算管理可以是"财政管理"这一术语的同义语,这三个标准作为衡量"什么是好的预算管理"同样是很贴切的,它们共同构成有效预算管理的基础。其中,财政透明度强调对政府预算和预算外活动进行全面、可靠和及时的报告,确保向公众和资本市场提供关于政府结构和融资方面的全面信息,使其能够对财政政策的健全性(soundness)做出可靠的评估。

财政健全性要求财政政策是可持续的,并且财政风险应该得到良好的管理。一般地讲,如果政府的资产足以清偿中长期政府债务,则公共财政就是可持续的;相反则是不可持续的。如果政府参与了大量高风险的交易或活动,很可能威胁到公共财政的可持续性。因此,确保公共财政的可持续性要求妥善地进行风险管理。管理财政风险的基本目标是控制财政风险损失[2]。

---

[1] 王雍君.公共预算管理[M].北京:经济科学出版社,2002:58.
[2] 同[1]:6-7.

2. 成功的预算管理

李无韦认为，成功预算管理的关键包括：

(1) 预算的总目标来自企业的战略目标，这点基本是刚性的。

(2) 预算管理一定强调事中管理的过程，核心是例外管理，深入分析预算差异产生的原因，并提出改进措施。

(3) 预算必须有弹性，增强市场的适应力，核心是原则性与灵活性的平衡，这需要建立一个严格的预算调整流程。

(4) 预算管理要与绩效考核密切联系，从而提高人们对预算的重视程度，进而使预算管理产生好的效果[①]。

3. 高校好的预算管理

笔者根据上述内容并结合自己的体会总结出我国高校好的预算管理标准应为以下7条：

(1) 依法进行的管理；

(2) 根据预算目标进行的管理；

(3) 符合治理机制进行的管理；

(4) 符合内部控制进行的管理；

(5) 能够考核绩效的管理；

(6) 能够实现财务可持续的管理；

(7) 能够提高财务竞争力的管理。

五、高校预算理论的多个定位

(一) 定位于经济学

预算定位于财政，而财政学是经济学中的重要分支。如：

布坎南认为："'预算'一词有很多含义。在家政经济学中，'预算'通常是指在一个特定时期内所发生的收支的记录。联邦政府预算是由收入和支出组合而成的整个财政结构。在通常的政治性讨论中，'预算'这一术语是指在一年伊始由总统提交给国会讨论的文件。"[②]

井手文雄指出："预算是国家财政活动的预计表。为合理地进行财政活动，就需要依靠预算，在这个意义上可以说，预算是为政府的便利而编制的。但是，预算的意义决不限于这一点。预算是关于政府在未来一定时期（一般为一年）所实行的财政政策，是求得国民（立法机关——议会）承认的一种形式。在这个意义上说，预算可以说是依据议会审议，表决后方可成立。这样，成立的预算，就把实行预算内容的财政活动的权利交给了政府，同时，又把不能脱开预算表示的财政活动，按照预算实行财政活

---

① 李无韦.成功预算管理的关键[J].财务与会计(理财版),2007(2):63.

② 布坎南.公共财政学[M].赵锡军,等译.北京:中国财政经济出版社,1994:174-175.转引自胡代光,周叔莲,汪海波.西方经济学名著精粹:第3卷[M].北京:经济管理出版社,1997:264.

动的义务赋予政府。"①

梁尚敏等认为:"国家预算:简称'预算'。经法定程序审核批准的国家早度集中性财政收支计划。是国家财政的主导环节,其收支活动制约着政府活动的范围和方向。"②

李儒训等认为:"国家预算:国家管理财政资金的重要组成部分,是国家有计划地集中和分配资金的重要工具。……国家预算反映着整个国家的政策,制约着政府活动的范围和方向。它是综合财政计划的重要组成部分,在综合财政计划中占据主导地位,是国家的基本财政计划。"③

高承和等认为:"国家预算的一般概念是,用法律形式表现的、在一定时间内,国家为了实现其职能而进行的财政资金收支活动及所表现的关系和管理制度。我国国家预算,是国家筹集和分配资金的重要手段,是财政的主导环节,又是具有法律效力的国家基本财政计划。"④

从以上内容可以看出,预算定位于财政,即定位于经济学。

(二) 定位于政治学

2001 年 3 月,马骏、叶娟丽在《公共预算中的政治:收入与支出,借贷与平衡》的"译者前言"中指出:"对于国内政治学和公共行政学界来说,公共预算都是一个很少问津的领域。经济学家几乎垄断了公共预算的有关研究。这的确是一个令人困惑的现象。因为,预算权力是各种政治权力中非常重要的一种,预算政治也是政治活动中非常重要的组成部分,各种预算制度是政治制度的重要组成部分。"⑤ 笔者曾阐述过预算的政治视角⑥。

1. 预算具有政治性的观点

(1) 西方的观点

在西方发达国家,公共预算一直是政治学和公共行政学的一个重要研究领域,绝大多数的预算专家都是政治学家和公共行政学家。他们的代表作主要有爱伦·鲁宾著的《公共预算中的政治:收入与支出,借贷与平衡》、阿伦·威尔达夫斯基、内奥米·凯顿著的《预算过程中的新政治学》等等。

鲁宾认为:"公共预算不仅仅是技术性的,它在本质上是政治性的。"⑦ 他在"中文版序言"中还指出:"公共预算涉及公共资源的配置,以及如何支出公共资金的选择。它有一些技术性的方面,但也有许多政治性的方面。所以,预算反映了国家和地方的

---

① 井手文雄.日本现代财政学[M].陈秉良,译.北京:中国财政经济出版社,1990:86,194-195.转引自胡代光,周叔莲,汪海波.西方经济学名著精粹:第 3 卷[M].北京:经济管理出版社,1997:265-266.
② 何盛明.财经大辞典:上卷[M].北京:中国财政经济出版社,1990:314.
③ 李儒训,等.中外财务管理百科全书下册[M].北京:企业管理出版社,1993:1288.
④ 高承和.预算财务会计实用大全[M].沈阳:辽宁人民出版社,1989:64.
⑤ 鲁宾.公共预算中的政治:收入与支出,借贷与平衡[M].4 版.叶娟丽,马骏,等译.张志斌,马骏,等校.北京:中国人民大学出版社,2001:译者前言.
⑥ 乔春华.论高校预算的政治视角[J].东南大学学报(社科版),2014(1):68-72.
⑦ 同⑤:1.

优先选择，也反映了政治过程。……因为公共预算必然是政治性的，它适于政治学家进行研究。……因为公共预算是政治过程的中心，它可以被用来帮助理解一个社会中的更广泛的政治过程。"①

威尔达夫斯基认为，公共预算的本质是政治，"预算是政治的一个次系统"②。威尔达夫斯基还指出："从总体上看，联邦预算是以货币形式表现的政府活动。如果政治被部分地看作是具有不同偏好的利益集团争夺国家政策决定权而发生的斗争，那么预算就是这一争斗结果的记录。"③"预算不仅是一个经济工具，而且也是一个政治工具。"④"如果不理解预算政治，任何对正式预算过程的说明都是不完整的和误导的。"⑤"预算政治是极端的，然而又是折中的。"⑥

日本学者小林丑三郎认为："近代国家观念的确立、市场经济的制度化以及社会阶级利益斗争的政治化，是近代财政预算制度确立的根本背景。"⑦

戴维·米勒和韦农·波格丹诺指出："就其性质而言，预算编制是一种政治过程、一种解决推动的手段……预算是政治声明，它表明了预算编制者的实际选择和价值观念。编制预算又是政治斗争的一个焦点，其结局可以决定任何人在何时如何得到什么。"⑧

罗伯特·D. 李和罗纳德·约翰逊指出："虽然预算系统看上去是一门技术，但实际上它却是政治，是政治和技术的结合，而且技术位于最低层面，政治却处于最高位置。"⑨

帕塔什尼克（E. M. Patashnik）指出，"当选的政治家会满意于他们自己选择的预算契约，但是这些契约很容易被未来持有相反政治观点的政治家所修改，甚至是废弃"⑩。

盖伊·彼得斯指出："预算过程是政治过程中对公共行政影响最大的部分……部门获得预算就可以向其他部门显示自己的政治势力及重要性……预算过程成为机构之间竞争的重要场所"。

凯特尔（D. Kettl）指出："由于预算不可避免地是政治性的，预算的核心就是政治，预算不可能在真空中进行，因此，没有任何办法可以在预算过程中回避政治。"⑪

---

① 鲁宾. 公共预算中的政治:收入与支出,借贷与平衡[M]. 4 版. 叶娟丽,马骏,等译. 张志斌,马骏,等校. 北京:中国人民大学出版社,2001:中文版序言.

② Wildavsky A. The politics of the budget reform[M]. New York:Harper Collins Publishers,1988:439.

③ 威尔达夫斯基,凯顿. 预算过程中的新政治学[M]. 4 版. 邓淑莲,魏陆,译. 上海:上海财经大学出版社,2006:第二版前言.

④ 同③:326.

⑤ 同③:393.

⑥ 同③:411.

⑦ 小林丑三郎. 各国财政史[M]. 邹敬芳,译. 上海:神州国光社,1930:序言.

⑧ 米勒,波格丹诺. 布莱克维尔政治学百科全书[M]. 邓正来,译. 北京:中国政法大学出版社,1992:75.

⑨ 李,约翰逊. 公共预算系统[M]. 曹峰,等译. 北京:清华大学出版社,2002:3.

⑩ Patashnik E M. The contractual nature of budgeting: A transaction cost perspective on the design of budgeting institutions[J]. Policy Science,1996,29(3):194.

⑪ Kettl D. Deficit politics[M]. New York:Macmillan Publishing Company,1992:156-157.

鲁宾指出:"无论如何定义政治,(公共)预算都不能排除政治。"①

笔者罗列了国外主要学者关于公共预算具有政治性的观点,希望我国高校预算研究者重视预算政治学的研究。

(2) 中国的观点

其实我国的政治家也十分重视公共预算的政治性。毛泽东同志早在1949年就提出了"国家的预算是一个重大的问题,里面反映着整个国家的政策,因为它规定政府活动的范围和方向"②的科学论断。1954年1月,时任国务院副总理兼财政部长的邓小平同志也强调:"财政部门是集中体现国家政策的一个综合部门"③。他指出:"而更大的危险性是财政部代替各部门决定政策,这是不懂得数字中有政策,决定数字就是决定政策。……数目字内包括轻重缓急,哪个项目该办,哪个项目不该办,这是一个政治性的问题。"④

亚当·斯密曾经指出,"财政乃庶政之母"。2011年12月27日,时任国务院副总理的李克强同志也指出:"财政是庶政之母,邦国之本。"

马骏、於莉认为:"无论我们怎样定义政治和政治学,有一点是明确的,政治活动最终都是围绕着预算资金的分配而进行的。"⑤

综上所述,政治家和政治学者十分重视公共预算的政治性。

2. 预算过程中的政治色彩

芬格乐指出:"预算过程中的政治色彩。在多数公共机构中,预算的制定过程充满了政治色彩。管理者应尽最大努力制定和应用最有利于实现机构组织的公共使命和目标的预算程序。在实际当中,几乎所有的公共机构都存在政治的影子。政治的存在有多种形式,这种政治可能是个人之间的,例如部门的管理者可能是董事会成员的亲戚,于是在预算时得到或被认为得到特殊的机遇。更多的情况是,政治体现在各种具体议程上。在大多数机构组织中,支持某项特定服务或项目的人会为执行该项目而设法进行游说,并最终获得相应的资源。在政府机构中,政治色彩尤其明显,毕竟这里是政治的竞技场。至少在这里是通过政治程序,公众通过投票的方式表明各自意愿。而且,在政治机构的资源分配过程中,政治也起了主要作用。虽然预算的目的是实现机构组织的目标,但是,政治在机构组织的目标制定过程中确实发挥了重要的作用。政治在公共部门的表现多种多样。可能是利益相关者为了各自的缘由而游说,也可能是为了采纳相似或不同目标的政策而进行竞争。甚至有时预算中的政治还体现了政府各部门之间或各政党之间的权力角逐。管理者要了解机构组织内预算的政治本质,这样将有

---

① 彼得斯.官僚政治[M].聂露,李姿姿,译.北京:中国人民大学出版社,2006.
② 中央人民政府委员会举行第四次会议 通过全国财政收支概算 决定发行人民胜利折实公债 毛主席告诫大家:我们是有困难的,有办法的,有希望的[N].人民日报,1949-12-04(1).
③ 邓小平.邓小平文选:第1卷[M].2版.北京:人民出版社,1994:199.
④ 同③:193.
⑤ 马骏,於莉.公共预算研究:中国政治学和公共行政学亟待加强的研究领域[J].政治学研究,2005(2):108-116.

助于他们更好地确定在预算程序中的角色。"

在高校中，拥有预算编制权、审批权、执行权、监督权的官员都有一些利益密切者，他们一般分为两类：一类是"圈子内"的人，这些人利益密切，在预算安排中倾斜；另一类是权力互换，掌握预算权的人与掌握人事权、招生权、教育管理权、科研管理权以及后勤管理权等进行权力交换。

3. 预算过程中的政治权术

鲁宾在其著作中举了一个案例，她指出：一个州立大学的校长决定在资金匮乏的情况下扩大一流的体育运动项目。虽然一些教师毫无疑问地会喜欢这一行动，但是，如果先征求大多数教师的意见，他们将反对。不过，校长没有问这些教师的意见。反之，项目的全部成本被隐藏起来以使预算更能被接受。因为运动项目中的成本被渐次地低估了，一些权威人士称这个运动项目为正在消失的预算的案例。为了使真实的成本模糊不清，该大学的校长将成本分散后再将它们放进预算的不同部分。为进一步使图画更复杂，他利用了不同来源的收入，包括学生运动费、债券收入和自愿捐款。当教授们希望获得这些资金的资助时，该校长就说这些用于体育项目的资金是专款专用的，因而不能用于其他项目。因此，如果教授们想寻找较多的钱用于历史或生物教育时，他们就必须从其他方面而不能从体育项目中寻找资金。虽然体育项目的成本一直在增加，但在体育项目中，作为成本的资金数量却每年都维持不变。由于害怕冲突和反对，该校长在预算中隐藏了成本。预算越复杂，活动和账目越多样，行政人员的自由裁量权就越大。正如一个大学校长指出的，"没有一天我们不期望着一个不那么复杂的预算"。这种复杂性使得行政人员能在较大的范围内进行选择，例如，何处报告指出，使用什么收入，突出什么支出和忽略什么支出①。

现在，高校中不是也存在那种将"三公消费"通过拆分、肢解隐匿在其他项目中的情况吗？这种人为将预算搞"复杂"的技巧，使预算越来越看不清了。

4. 后任否定前任的政治行为

鲁宾指出："过去的市长和经理仍然间接地发挥着政治作用。几乎所有新政府都必须反抗他们的前任。他们进入办公室，发现到处都是乱糟糟的，于是努力进行清理。如果他们不经思考就采取行动，就很可能因为他们前任的财务错误而被责怪。正如在这个例子中一样，他们的前任可能会将基金结余花光而将支出推迟到下一任政府。继承的预算可能在许多方面是有意设置的陷阱，因为时间是预算中的一个因素，支出可以被推迟，收入被增加。"②

这种后任否定前任的政治行为在政府部门中很常见，如推翻前任盖的标志性建筑重修，炸掉前任修的路重建。大学中这种后任否定前任的政治行为也不少见，如对前任的办公室进行重新装修、更换前任的车，还有前任不顾后任的经费，大量贷款由后

---

① 鲁宾.公共预算中的政治：收入与支出，借贷与平衡[M].4版.叶娟丽，马骏，等译.张志斌，马骏，等校.北京：中国人民大学出版社，2001：18-19.

② 同①：87.

任去还。

5. 在申报特别拨款中的政治行为

鲁宾指出：一些大学为从国会中寻求到联邦特别拨款（分配给特别工程项目）而到处散布言论。……许多大学校长和他们在国会的支持者们认为，通常通过同等的评定来为基础科学分配基金的批准方法是一种偏见，因为它基于一种老头制度（由一帮互相认识和一起工作或者一起上学，并接受同样正统观点的人组成），只给那些精英大学提供资助。而那些学术观点有望超出主流的大学，却无法得到联邦的资助。这些大学校长认为，如果那些非精英大学能够得到为他们设立的特别拨款，整个科学研究将会得到好处①。

这些表现为在大学中申报重点学科、重点实验室中的"跑步（部）前（钱）进"行为等。

6. 高校预算权力的争夺

威尔达夫斯基指出："预算作为权力斗争的工具。"②

瑞宾和林奇指出："预算是权力的体现"，"预算涉及财富的分配决策，人们的生活深受其影响，所以，这一过程总是与权力的行使紧密相连的，预算过程如不与权力概念相联系是难以完全理解的。"③ 权力是政治学的基本概念，只要承认预算是权力的体现，预算就是一项政治活动。所以预算的根本问题在于"基于何种标准，决定将 X 美元分配给行动 A 而不是行动 B。"④ 权力是决定预算资源分配的关键性因素，在预算管理中，谁拥有权力，谁就获得了资源分配的机会。因此，预算过程就成为权力分配的过程。

鲁宾认为：预算过程分配着决策权力⑤。鲁宾还指出：预算中的政治的观点认为，预算过程本身是预算政治的中心和焦点。那些有着特殊预算目标的个人或组织会试图改变预算过程以实现他们的目标。政府各部门在预算过程中互相争夺预算权力，预算过程成为获得或否定政府部门之间的制约和平衡的手段。审查预算要求的程度、预算检查的技术或政治性的程度，以及粗略或详细程度，都由预算过程调节。利益集团影响预算的能力，公众在预算决策中的角色，预算决策制定的开放性——所有这些都属于预算过程中政治的一部分⑥。鲁宾还指出："预算过程部分是技术性的，它协调决策并保证资源及时流向各部门。但它们也有政治的性质，因为预算权被认为是整个政治权力中非常重要的部分。预算过程中必然有人采用各种手段谋取职位和以牺牲别人为代价来努力扩大一些职位的权力。进一步说，许多预算行动者试图改变预算过程来帮

---

① 鲁宾.公共预算中的政治:收入与支出,借贷与平衡[M].4版.叶娟丽,马骏,等译.张志斌,马骏,等校.北京:中国人民大学出版社,2001:157-158.
② 威尔达夫斯基,凯顿.预算过程中的新政治学[M].4版.邓淑莲,魏陆,译.上海:上海财经大学出版社,2006:28.
③ 瑞宾,林奇.国家预算与财政管理[M].丁学东,等译.北京:中国财政经济出版社,1990:73.
④ Key Jr V O. The lack of a budgetary theory[J]. American political science review,1940,346:1137-1144.
⑤ 同①:97.
⑥ 同①:26.

助实现它们看中的目标,而不管这是增加了还是缩小了政府的范围和规模,是扩大了还是缩小了预算的政策作用,是鼓励了还是阻碍了民主参与。"①

威尔达夫斯基和凯顿指出:"从总体上看,联邦预算是以货币形式表现的政府活动。如果政治被部分地看作是具有不同偏好的利益集团争夺国家政策决定权而发生的争斗,那么预算就是这一争斗结果的记录。如果有人问:'政府支出的受益者是谁?'答案就记录在预算中。如果有人把政治看作是政府动员资源以应付紧急问题的过程,那么预算就是这些做法的体现。"②

冯俏彬指出:"'钱包权力是一切权力中最重要的权力'。预算决定着政府活动的范围与方式,是一切政府行为的起点,谁控制了预算,谁就控制了政府。反过来,在预算方面不受控制的政府,必然是专制的政府和不负责任的政府。"③

鲁宾和威尔达夫斯基都提到了对预算权力的"争夺"。由此可见,"预算是一个涉及权力、权威、文化、协商一致和冲突的过程,并在国家政治生活中占据着重要地位"④。

预算权力即预算管理权力的简称,是指决定、支配预算的权力,是对预算的编制、审批、执行、调整、监督等权力的总称。预算权力可分为预算编制权、审批权、执行权、监督权。官员们通过不同渠道影响着这些权力。这种"争夺"体现在高校领导层中对预算权力的博弈和讨价还价。杰弗里·普费弗(Jeffrey Pfeffer)等通过研究发现,资源越稀缺,单位越要运用权力;资源对于组织单位的生存和发展越重要越关键,单位越要努力获得资源,此时就越倾向于运用权力⑤。

在高校中,由于经费较紧张,而预算是配置经费的重要步骤,"为钱进行博弈"而争夺预算权力尤为激烈。国外有学者曾指出:"在高等教育机构中,有多少大学和学院的校长(院长),就有多少种不同的资源配置方式。"⑥国内有学者在分析某省级领导预算权限时指出:"预算产权的建立:预算中的'多支笔'。"⑦争夺预算权力是为了控制,"从一定意义上说,预算是一种对政府和政府官员非暴力的制度控制方法"⑧。在高校内,有的领导除了争夺预算权力外,还不受预算约束随意地批条子,也将自己凌驾于预算之上。

---

① 鲁宾.公共预算中的政治:收入与支出,借贷与平衡[M].4版.叶娟丽,马骏,等译.张志斌,马骏,等校.北京:中国人民大学出版社,2001:111.
② 威尔达夫斯基.预算:比较理论[M].苟燕楠,译.上海:上海财经大学出版社,2009:4.
③ 冯俏彬.美国预算过程的发展演变及其启示[J].财政研究,2007(6):75.
④ Wildavsky A. Budgeting: A comparative theory of budgetary process[M]. New York: Transaction Publishers, 1997: 13.
⑤ Pfeffer J, Moore W L. Power in university budgeting: A replication and extension[J]. Administrative science quarterly, 1980(25): 637-653.
⑥ John L, Green Jr., Monical D C. Resource allocation decentralized environment[M]//Bergand Gerald M. Skogley. Making the budget process work: New directions for higher education[M]. San Francisco: Jossey-Bass, 1985: 47.
⑦ 马骏,侯一麟.中国省级预算中的非正式制度:一个交易费用理论框架[J].经济研究,2004,39(10):20.
⑧ 王绍光.美国进步时代的启示[M].北京:中国财政经济出版社,2003:4.

7. 高校预算中对不良政治的对策

党的十七大提出："深化预算制度改革，强化预算管理和监督。"我们分析了高校预算中不良政治性的表现，不是否定其政治性，而且要改革其不良政治性的表现。前已述及，预算的本质上是政治性的，从某种意义上讲，预算是讨价还价，争权夺利的过程，因此，就要在高校预算中确立正确的政治：德治、法治与民主化。

（1）高校预算的德治

我国提出以德治国，对预算亦然。高校预算的德治就是以良好的职业道德、社会公德规范预算行为。约翰·埃克森对预算的政治手腕讲过一句精辟的话："如果预算过程要生产什么，那么它必须生产诚实。只有这样，美国人民才能了解和支持国会和总统为了恢复财政纪律而必须做出的决策。"①

（2）高校预算的法治

英国思想家阿克顿勋爵有句名言："权力导致腐败，绝对的权力导致绝对的腐败。"②法国启蒙思想家孟德斯鸠也有类似的名言："一切有权力的人都容易滥用权力，这是万古不易的一条经验。"③鲁宾指出："因为公共财政预算有许多不同的行动者，他们有各自不同的目的，所以预算的选择必然导致行动者之间的相互竞争，项目之间以及受益人之间的相互竞争。有时候，这种竞争的结果是导致非常明显的政治权衡。"④这些预算的行动者如私利膨胀，就会借助预算谋私。因此，必须依法理财，用制度约束权力。正如习近平在2013年4月19日指出："制度问题更带有根本性、全局性、稳定性、长期性。关键是要健全权力运行制约和监督体系，让人民监督权力，让权力在阳光下运行，把权力关进制度的笼子里。"

（3）高校预算的民主化

蔡定剑认为："我国要建立起现代公共预算制度，需完成从行政控制到法治化，从法治化到民主化的过程，最终实现对预算的民主控制。这是我国公共财政制度改革的目标，也是我国政治改革的重要内容。"⑤我国高校预算改革应以建立预算民主为目标，政治层面上应以"公共责任"居于主导地位。除了师生员工参与预算过程外，预算必须公开。鲁宾指出："每当预算公开时，政治就渗透进预算。"⑥除了审计监督这种专业监督外，群众监督和媒体监督也很重要。至此，笔者突然想起，我国著名的会计学家顾准晚年为何要研究古希腊的城邦民主制度。

（三）定位于管理学

"会计"和"财务"属于管理学科。预算曾定位于"会计"和"财务"，如：

---

① 鲁宾.公共预算中的政治：收入与支出，借贷与平衡[M].4版.叶娟丽，马骏，等译.张志斌，马骏，等校.北京：中国人民大学出版社，2001：87.
② 阿克顿.自由与权力[M].侯健，等译.北京：商务印书馆，2001：342.
③ 孟德斯鸠.论法的精神：上册[M].张雁深，译.北京：商务印书馆，1982：154.
④ 同①：148.
⑤ 蔡定剑.公共预算应推进透明化法治化民主化改革[J].法学，2007(5)：3.
⑥ 同①：10.

1. 预算曾定位于"财务"

2012年2月7日,财政部颁布的《事业单位财务规则》(财政部令第68号)第六条规定:"事业单位预算是指事业单位根据事业发展目标和计划编制的年度财务收支计划。事业单位预算由收入预算和支出预算组成。"

2021年12月31日,财政部发布的《事业单位财务规则》(财政部令第108号)第七条规定:"事业单位预算是指事业单位根据事业发展目标和计划编制的年度财务收支计划。事业单位预算由收入预算和支出预算组成。"

1997年6月23日,财政部和国家教育委员会印发的《高等学校财务制度》(97财文字第280号)第十条规定:"高等学校预算是指高等学校根据事业发展计划和任务编制的年度财务收支计划。"

2012年12月19日,财政部和教育部印发的《高等学校财务制度》(财教〔2012〕488号)第十条规定:"高等学校预算是指高等学校根据事业发展目标和计划编制的年度财务收支计划。"

2022年6月30日,财政部、教育部印发的《高等学校财务制度》(财教〔2022〕128号)第十一条规定:"高等学校预算是指高等学校根据事业发展目标和计划编制的年度财务收支计划。高等学校预算由收入预算和支出预算组成。"

美国联邦政府将会计工作纳入财务管理工作范围内,财务管理工作不包括预算。在《美国法典》中,会计法规和规范列示在第31卷《货币与财政》下第3号子卷《财务管理》中,预算相关的规定则列示在第2号子卷《预算过程》中[①]。

2. 预算曾定位于"会计"

2017年9月29日,财政部印发了《管理会计应用指引第200号——预算管理》和《管理会计应用指引第201号——滚动预算》(财会〔2017〕24号);

2018年6月5日,财政部印发了《管理会计应用指引第204号——作业预算》(财会〔2018〕38号);

2018年8月17日,财政部印发了《管理会计应用指引第202号——零基预算》和《管理会计应用指引第203号——弹性预算》(财会〔2018〕22号)。

海德(Hyde)认为:"预算可以是一项财务记录、一个政策工具、一个行政工具或是一个经济工具。"[②]

克里斯·阿吉里斯(Chris Argyris)把预算定义为一种由人来控制成本的会计技术[③]。

高严指出:"首先从预算的属性来看,作为现代管理会计的核心内容之一,预算发展脉络中也充分体现了管理会计的学科特征。"[④]

[①] 丁友刚,甘慧希.美国联邦政府《CFO法案》的经验与启示[J].会计之友,2012(18):30-33.
[②] Hyde A C. Government budgeting:Theory,process,and politics[M]. Belmont,Calif.:Wadsworth Pub,2002:1.
[③] 杜育红.关于高等学校预算管理的几点思考[J].教育财会研究,2009(2):21.
[④] 高严.动态环境下的预算管理:方法、案例和制度[M].北京:机械工业出版社,2011(7):前言.

(四) 定位于法学

上述在阐述预算定义时曾提到"法定程序核定"、"法定程序审核批准"和"法律形式"等。

焦建国、郑建新认为:"预算法律论:从法律体制看,预算不仅仅是计划,预算的本质是法律。狭义的预算指预算文件或预算书;广义的预算指编制、批准、执行、决算、审计结果的公布与评价等所有环节,实际上是整个预算制度。市场经济体制下的政府预算,本质上是法律。是纳税人和市场通过代议制机构对政府行政权力的约束和限制,是政府必须接受的立法机构对其作出的授权和委托,其整个活动过程要受到立法及立法机构的严格制约。各国宪法一般规定,国家预算经立法机关批准公布后便成为法律,政府必须不折不扣地贯彻执行,不允许任何逃脱预算约束的财政行为。"①

预算还有公共行政学等视角的研究,但主要是从经济学、政治学、管理学、法学视角进行研究。正如美国政府预算专家巴特尔(Bartle)所指出的:"预算已经被学者们从多种不同的学科角度进行研究,很多有关政策制定和政治学的理论已经被运用到预算研究领域。预算理论不是单一的,而是由若干个理论组成的。"②

关于预算理论将在本章第三节进一步阐述。

六、高校预算的重要性

(一) 有关预算重要性的一般论述

《礼记·中庸》:"凡事豫则立,不豫则废。言前定则不跲,事前定则不困,行前定则不疚,道前定则不穷。"豫,亦作"预"。

毛泽东同志早在1949年12月2日就提出了"国家的预算是一个重大的问题,里面反映着整个国家的政策,因为它规定政府活动的范围和方向。"③

阿克塞尔罗德认为:"预算是政府的神经中枢,它是为了高效、经济地实现政府优先权和目标而进行分配资金和利用资源的一种决策制度,一种主要的政治决策制度。"④高校经费如同高校的脊梁,高校预算是高校的神经中枢。高校预算对高校教学、科研、后勤管理、廉政等具有调节和控制作用。

尼古拉斯·亨利指出:"预算是政府生命之血液,如果我们用'政府应做什么'的说法来代替'政府在预算中应该做什么'的话,则预算在政府中的核心地位,就更加清楚了。"⑤

有学者专门论述预算的重要性,他指出,预算"是任何国家不可缺少的,一个国家没有预算,就如同一个国家没有领土、没有政府一样不可想象"⑥。

---

① 焦建国,郑建新.预算是什么:关于政府预算的几个基本认识[J].财政研究,2002(7):2-6.
② Bartle J R. Evolving theories of public budgeting[M]. New York:JAI Press,2001:1.
③ 毛泽东.有困难,有办法,有希望.毛泽东文集:第6卷[M].北京:人民出版社,1999,24.
④ Axelrod D. Budgeting for modern government[M]. New York:St. Martin's Press,Inc.,1988:1.
⑤ 亨利.公共行政与公共事务[M].张昕,等译.北京:中国人民大学出版社,2002.
⑥ 李建英.苏联财政法[M].北京:中国财政经济出版社,1985.

冯俏彬指出："'钱包权力是一切权力中最重要的权力'。预算决定着政府活动的范围与方式，是一切政府行为的起点，谁控制了预算，谁就控制了政府。反过来，在预算方面不受控制的政府，必然是专制的政府和不负责任的政府。"①

威尔达夫斯基指出："没有钱什么都做不了，什么能做是体现在预算中的。"②

威尔达夫斯基指出："从总体上看，联邦预算是以货币形式表现的政府活动。"③ 由此可以推理，高校预算是以货币形式表现的高校活动，反映了高校"想做什么"。高校"想做什么"实际上反映出"高校预算中应该包括什么"。

公共预算考虑的基本问题是："谁为了何种目标获得多少以及谁来支付"④ 这实际上是国家政治生活中一个重要的核心问题，是一国政府最重要的施政纲领和法律文件。

威尔达夫斯基指出："预算是一个涉及权力、权威、文化、协商一致和冲突的过程，并在国家政治生活中占据着重要地位。"⑤ 威尔达夫斯基还指出："预算过程中做出的资源配置实际上反映了政治权力的分配。实际上，在政治和政策过程中，无论政治家的目标是什么，预算过程都是一个政治工具。如果政治家的目标是促进经济增长，那么，预算就成为经济增长的手段。如果政治家的目标是收入分配，那么，预算就成为收入分配的发动机。"⑥

梁启超也指出："预算案者，一年间施政之准绳也，凡百政策，皆表现于其上，欧洲国民，辨政府政策之善恶，皆于是乎察之。"⑦ 公共预算不仅决定如何配置国家权力，构建良好的国家治理模式，而且塑造了国家的政治文化。正如美国公共预算学者乔森纳·卡恩所说："公共预算不仅是配置政府资源的技术工具，也是塑造公共生活、国家制度以及两者之间关系的文化建构。"⑧

摩尔认为："请记住，预测是做好决策的基石之一，做好决策又是做好计划的基石，而做好计划则是建立成功事业的基石。"他还认为："对非营利性组织而言，费用不得超出预算是相当重要的，否则有时候还会侵犯法律之名，会受到重处。"洛依德·乔治认为："我们正把这个沉重的负担加在最宽大的肩膀，我已决定在做我的预算时，将没有一个柜子可以更简陋，也没有任何东西会更难以带走。"⑨

里查德·J. 斯蒂尔曼认为，预算在政府中有许多重要作用，这些作用使得公共预

---

① 冯俏彬. 美国预算过程的发展演变及其启示[J]. 财政研究,2007(6):75.
② Wildavsky A. Budgeting: A comparative theory of budgetary process[M]. New York: Transaction Publishers, 1997:9.
③ 威尔达夫斯基,凯顿. 预算过程中的新政治学[M]. 4版. 邓淑莲,魏陆,译. 上海:上海财经大学出版社,2006:第二版前言.
④ Axelrod D. Budgeting for modern government [M]. New York: St. Martin's Press, Inc., 1988:1.
⑤ 同②:2.
⑥ 同⑤.
⑦ 梁启超. 梁启超全集:第4册[M]. 北京:北京出版社,1999:2498.
⑧ Kahn J D. Budgeting Democracy: State Building and Citizenship in America, 1890–1928[M]. New York: Cornell University Press,1997.
⑨ 摩尔. 如何编制预算:有效运用财源的25个弹性规则[M]. 陈小红,译. 汕头:汕头大学出版社,2004:120,180,136.

算的含义异常丰富：首先，它是一个法律文件。因为从某种意义上来说，它是行政和立法部门每年签订的合同。它承认行政机关和部门详加说明的下一财政年度所需筹集的和消费的国家基金，所以，它基本上是给政治选举产生的人民代表提供的对其下属政府机关实行财政监督手段的一种法律文件。其次，预算可以是把国家当前有限的财力和人力资源变成政府的目标并纳入规划的计划手段，在这方面预算是指导政府完成任务，利用社会上的人才和国家钱财的重要工具，也是使国家行政机关协调一致，提高效率的武器。从这个意义上讲，它还是个经济文件。最后，预算可以看作政治文件。它通过分配经费反映出在议会选举中表现出来的国家不同集团的最终目的、兴趣和势力。在制定年度预算的过程中，各个政党的参与者要进行长时间的角逐、妥协和交易才能形成一个大致反映当前国家应优先发展项目的文件。全体公民所渴望的、在特定的时间他们所支持的政府管理工作的质量与数量，在预算上可以反映出来[①]。

齐默尔曼认为："预算是公司组织结构的一部分，它能够对决策权进行划分并进行相关的行为控制。"[②]

由此可见，高校预算是高校经济命脉的中枢神经。高校预算规定了高校活动的范围和方向，谁控制了预算，谁就控制了高校。因此，预算管理工作直接影响到高校日常运行和长远发展。

(二) 高校预算重要性

笔者在搜集资料的过程中发现，预算的重要性竟如此之高。而我们高校的预算管理者却还未意识到这一点，每年预算仅停留在应付上报预算、控制预算、赶预算进度的层面上。

1. 预算编制是龙头

2010年财政科学化精细化管理专题研讨班于6月1日至6日在京举办，财政部部长谢旭人在讲话中指出："进一步加强预算编制管理。要紧紧抓住预算编制这个'龙头'，完善管理机制和流程。控制代编预算规模，提高预算年初到位率。"[③]

2. 高校经济工作的指挥棒作用

2000年6月12日，教育部、财政部发布的《关于高等学校建立经济责任制加强财务管理的几点意见》第一条第一款规定："学校预算一经正式确定，就应成为全校经济工作的'指挥棒'，必须按管理层次将组织收入、控制支出的权利和责任落实到岗位、落实到人，各司其职，各负其责，在哪个层次上出现问题，其上一级必须及时采取措施予以解决并追究相应层次有关人员的责任。"

3. 高校财权配置中主导作用

2007年1月15日，教育部、财政部发布的《关于"十一五"期间进一步加强高等学校财务管理工作的若干意见》第十三条规定："高等学校应加强预算管理与控制，强

---

① 斯蒂尔曼.公共行政学：下册[M].李方，潘世强，等校译.北京：中国社会科学出版社，1988：226－227.
② 齐默尔曼.决策与控制会计[M].陈晖丽，刘峰，译.大连：东北财经大学出版社，2000：281－282.
③ 谢旭人.2010年财政科学化精细化管理专题研讨班在京举办[N].政府采购信息报，2010-06-10.

化预算的权威性与严肃性,充分发挥预算在资源配置中的主导作用。……预算执行的责任应分解到校内各部门、各单位。预算的调整必须按规定程序进行。"

高校预算是全校经济工作的"龙头""指挥棒",可见高校预算在全校经济工作中的重要性。

第二节 高校预算的功能研究

一、高校预算功能研究的简介

(一)政府预算管理功能的观点

1. 著名公共预算专家希克(Allen Schick)指出:政府预算有三个主要功能:控制(control)、管理(management)、计划(planning)[1]。控制功能,主要是确保预算资金的合规性,使预算资源不被用于非法目的;管理功能主要是强调充分发挥政府部门对预算资金的有效使用,以使预算项目获得效益;计划功能则更为注重公共政策制定的有效性。

2. 美国著名预算学者普雷姆詹德认为:"第一,从政策角度讲,这指明了经济的趋势,并表达了有效利用社会资源的意向……第二,预算的一个主要功能是促进经济的宏观平衡……第三,由于最近以公平的方式来分配资源,因而预算已成为减少不公平的工具……第四,预算应更好组织,以便使它对国民经济总体的影响得到快速的和富有意义的发展。"[2]

3. 还有学者认为:"公共预算的三项职能应分别是:第一,体现法律义务的工具。……第二,协助政府管理的工具。……第三,实现经济政策的手段。"[3]

4. 王雍君认为:"预算的目的在于促进特定的政策目标,它具有三大基本功能,即资金配置、经济稳定和再分配功能。预算还是管理的工具。好的政策依赖好的预算管理。"[4]

5. 苟燕楠认为:"公共预算也具有三个基本功能,即资源配置、收入分配、经济稳定。"[5]

(二)企业预算管理功能的观点

1. 刘俊茹的研究表明:齐默尔曼(Zimmerman)将预算管理的职能划分为决策管理和决策控制(两职能)。霍普(Hope)和弗雷泽(Fraser)则将预算管理职能分为业

---

[1] Schick A. The road to PPB: The stages of budget reform[J]. Public administration review,1966,26(4):243-258.
[2] 普雷姆詹德. 预算经济学[M]. 周慈铭,等译. 北京:中国财政经济出版社,1989:42-44.
[3] Rabin J. The budgetary time line: History is destiny[M]. NY: Public Budgeting and Financial Management,1990:121.
[4] 王雍君. 公共预算管理[M]. 北京:经济科学出版社,2002:2.
[5] 苟燕楠. 公共预算职能的发展变迁[J]. 宁夏党校学报,2005(3):44-46.

绩评价、成本控制和预测与资源分配（三职能）。国内学者将预算管理职能分为授权系统、预测与计划、传递信息和协调、激励、业绩评估（五职能）。所以笔者认为，预算管理具有计划、业绩评价、协调、控制、激励等职能[①]。

2. 刘彦博认为企业全面预算的功能有：（1）规划功能；（2）控制功能；（3）沟通功能；（4）协调功能；（5）激励功能[②]。

3. 崔学刚、谢志华、刘辉认为："我们进行了三轮与大型企业预算负责人讨论交流、问卷调查（主要是调查对象是全国会计领军（后备）人才、国有大中型企业的财务经理、总会计师及其他相关业务人员）以及参考了多名专家教授的建议，最终提炼出四项相对独立的预算功能，即业务规划、业绩评价、目标沟通、战略制定。"[③]

4. 李红艳认为："企业预算是企业追求稳定及成长，在经营管理上所不可缺少的利器。预算通常具有计划、控制、沟通、协调、业绩评价和激励等职能，具体有六种。"[④]

5. 高严认为："企业预算的功能包括以下五个方面：（1）规划功能。首先，预算有助于制定企业目标及政策；其次，预算有助于预测未来的机会与威胁；最后，预算能够促使资源有效地运用。（2）控制功能。首先，预算有利于依既定目标执行；其次，通过预算信息的反馈，能够了解执行的困难点；再次，预算可避免浪费与无效率的产生；最后，本期预算可以作为将来规划的依据。（3）沟通功能。首先，预算能够减少计划执行的障碍；其次，预算便于企业目标的达成。（4）协调功能。首先，预算能协调企业的资源配置；其次，预算可调整经营活动使其与预算环境相配合。（5）激励功能。首先，参与式预算能够激励员工；其次，预算目标明确，奖罚分明。"[⑤]

（三）有关高校预算管理功能的观点

1. 郭银清认为，高校预算管理具有以下职能：（1）规划职能；（2）协调职能；（3）控制职能[⑥]。

2. 邱景华认为，高校预算管理的职能有：（1）规划职能；（2）协调职能；（3）控制职能[⑦]。

3. 杨园认为，高校预算管理的功能有：（1）导向功能；（2）核算功能；（3）协调功能；（4）控制功能；（5）评价功能[⑧]。

4. 韩燕认为，高校预算管理的职能有：（1）明确工作目标；（2）沟通和协调；（3）控制日常活动；（4）绩效评估[⑨]。

---

① 刘俊茹.企业预算管理历史分析及未来展望[D].厦门：厦门大学，2006.
② 刘彦博.中国部门预算改革研究[D].北京：财政部财政科学研究所，2010.
③ 崔学刚，谢志华，刘辉.预算功能彰显及其绩效研究：基于我国企业预算管理调查问卷的实证检验[J].中国会计评论，2011(2)：173-190.
④ 李红艳.预算的职能冲突分析及建议[J].山西财经大学学报，2012(S1)：159.
⑤ 高严.动态环境下的预算管理：方法、新例和制度[M].北京：机械工业出版社，2011，7：9-11.
⑥ 郭银清.M大学预算管理现状与优化研究[D].成都：电子科技大学，2005.
⑦ 邱景华.高校预算管理优化研究：以LT学院为例[D].南昌：南昌大学，2010.
⑧ 杨园.关于我国高等学校预算管理的研究[D].天津：天津大学，2007.
⑨ 韩燕.我国高校预算管理研究：以成都E高校为例[D].重庆：西南大学，2008.

二、高校预算功能的研究

(一) 关于配置功能

从上述内容可以看出,很少学者提及预算的配置功能。

1994年3月22日,《中华人民共和国预算法》第一条规定:"为了强化预算的分配和监督职能,……"2018年12月29日,《中华人民共和国预算法》第一条规定:"为了规范政府收支行为,强化预算约束,加强对预算的管理和监督,建立健全全面规范、公开透明的预算制度,保障经济社会的健康发展,……"20多年后,新修订的《中华人民共和国预算法》将预算职能"分配和监督"修改为"管理和监督"。

预算有没有配置功能?要不要配置功能?

科依(Key)早在1940年指出,公共预算的基本问题是:"在什么基础上,决定将某一数量的拨款拨给活动A而不是活动B?"[1]他还指出:"美国预算方面的文献异乎寻常的缺乏……建立预算技术基础的热情使人们的注意力偏离了最基本的预算问题,即:究竟以什么为依据,决定将X美元分配给A活动,而不是分配给B活动?"[2]预算的"最基本的问题"是"分配给"A还是B。这个"分配"就是配置。在预算实践中"配置"仍是首位功能。显然,资源配置是一个关于"公共预算的基本问题"。

鲁宾指出:"什么是预算?预算的实质在于配置稀缺资源,因而它意味着在潜在的支出目标之间进行选择。预算意味着平衡,它需要一定的决策制定过程。所有的预算,公共的或私人的、个人的或组织的,都涉及在各种可能的支出之间的选择。由于资源的有限,人们必须进行预算。一般地,若是仅仅比较两个相似的选择,预算就不会发生。预算面临着几乎无尽的选择。预算通常通过把可比的类似项目集中起来从而限定可供考虑的选择范围。"[3]

马骏、於莉指出:"希克主张预算研究应该从分析预算的基本要素开始。他认为,预算至少包括两个基本要素:申请资源(claiming resources)和配置资源(allocating resources)。如果没有这两个要素,预算就不存在。预算过程可以看成一个申请资源和配置资源的过程。预算过程不是唯一的配置资源的机制,市场也是一种配置资源的机制。预算过程和其他的资源配置机制的主要区别在于公共预算中的资源申请和资源配置是根据一些专门为此目的而建立的程序与规则而进行的。预算过程规定了如何、什么时候、谁来申请资源和配置资源。而市场并没有这种资源配置的规则,市场交易仅仅以参加者的同意为原则。"[4]

文炳勋认为:"早期的公共预算主要限于配置职能,即提供公共产品和服务以满足

---

[1] Key V O. The lack of a budgetary theory[J]. American political science review,1940,34(6):1137-1144.
[2] 同[1].
[3] 鲁宾.公共预算中的政治:收入与支出,借贷与平衡[M].叶娟丽,马骏,等译.北京:中国人民大学出版社,2001:3.
[4] 马骏,於莉.公共预算研究:中国政治学和公共行政学亟待加强的研究领域[J].政治学研究,2005(2):108-116.

社会需求。20世纪30年代大萧条之后，政府开始对经济进行全面干预，公共预算的范围和规模由'小'转'大'，在原有的配置职能的基础上，又逐渐形成了分配职能和稳定职能。"①

有些人认为，预算的配置功能是传统预算的功能。但是，威尔达夫斯基在阐述预算具有政治性时就是从预算决策分配美元入手的。他认为，"预算过程是政治框架中的人类行为"②。如果不运用政治学理论的话，便无法回答科伊所提出的问题（即：究竟以什么为依据，决定将 X 美元分配给 A 活动，而不是分配给 B 活动?）。"预算决策十分重要，不仅因为它们决定了政府计划，而且因为它们把注意力集中在历史上不断被提起的两个核心问题上——即政府应该做什么？和政府中应该由谁来解决这些问题？"③2013年11月15日，党的十八届三中全会通过的《中共中央关于全面深化改革若干重大问题的决定》指出："经济体制改革是全面深化改革的重点，核心问题是处理好政府和市场的关系，使市场在资源配置中起决定性作用和更好发挥政府作用。市场决定资源配置是市场经济的一般规律。"由此可见，配置功能是预算的基本功能或基础功能。

2007年1月15日，教育部、财政部发布的《关于"十一五"期间进一步加强高等学校财务管理工作的若干意见》第十三条规定："高等学校应充分发挥预算在资源配置中的主导作用。……预算执行的责任应分解到校内各部门、各单位。"

（二）关于控制功能

2012年11月29日，财政部印发的《行政事业单位内部控制规范（试行）》（财会〔2012〕21号）第十二条第四款规定："预算控制。强化对经济活动的预算约束，使预算管理贯穿于单位经济活动的全过程。"邓小平在1989年后强调指出："十三大政治报告是经过党的代表大会通过的，一个字都不能动。"④十三大报告指出："用法律手段和预算手段控制机构设置和人员编制。"

在国际预算史中，古典预算原则都是以"控制"为取向的，因此，传统的预算功能主要以控制为主。在尚未实施绩效预算为主的当前，预算控制对于防止预算支出中存在的浪费和腐败现象仍有积极意义。但过度地强调预算控制也限制了预算单位支出的自主性和积极性，从而降低了预算支出效率。从国际预算发展潮流看，从20世纪30年代开始，预算功能的重点由"控制"转向"管理"和"计划"。因此，预算功能的重点由"控制"转向"管理"和"计划"，不是不要"预算控制"，而是其将不再是重点而已。

2012年12月19日，《高等学校财务制度》（财教〔2012〕488号）第十二条规定："高等学校预算编制应当遵循'量入为出、收支平衡'的原则。收入预算编制应当积极稳妥；支出预算编制应当统筹兼顾、保证重点、勤俭节约。"第十三条规定："高等学

---

① 文炳勋.公共预算改革与民主政治发展[C]//郭济,刘玉浦.落实科学发展观推进行政管理体制改革：中国行政管理学会2006年年会论文集,北京：出版者不详；1356.
② Wildavsky A. The politics of the budgetary process[M]. Boston：Little, Brown and Company；4.
③ 费斯勒,凯特尔.行政过程的政治[M].陈振明,朱芳芳,等译.北京：中国人民大学出版社,2002：289-290.
④ 邓小平.邓小平文选：第3卷[M].北京：人民出版社,1993：296.

校预算应当自求收支平衡,不得编制赤字预算。"

2022年6月30日,《高等学校财务制度》(财教〔2022〕128号)第十三条规定:"高等学校预算编制应当遵循'量入为出、收支平衡'的原则。收入预算编制应当积极稳妥;支出预算编制应当统筹兼顾、保证重点、勤俭节约。"第十四条规定:"高等学校预算应当自求收支平衡,不得编制赤字预算。"

(三) 关于管理功能

富兰克林·德拉诺·罗斯福(Franklin Delano Roosevelt)是一位在任长达13年(1933—1945年)的美国总统,届时正遇1929—1933年经济危机和第二次世界大战爆发。1933年,罗斯福新政的出台对政治学、经济学和管理学理论都产生了巨大影响,政府预算也开始转变为"管理取向",并在绩效预算改革时期达到高潮。如何评价政府活动的效率成为预算的主要任务,预算成为一种管理工具。其特点是从以投入为导向的预算管理(关注的是预算资源的投入数量,管理重点在于预算控制,强调预算收支的合规性,在于预算支出控制和满足立法机构要求),转向以产出和成果为导向(着重于预算资源配置的效率和预算资源使用的效果)的预算模式。预算从政府管理工具转变为管理政府工具。

马骏指出:"对政府公共管理而言,预算也是一种极其重要的管理工具。"①

(四) 关于计划功能

1. 计划取向②

"计划和绩效预算法"始于20世纪50年代初的美国联邦政府,在胡佛委员会的推动下,美国联邦政府颁布法令要求采用"计划和绩效预算法"。1950年颁布的《预算与会计程序法》(第64号法令第832章)要求该法案要求各部门领导在同预算办公室主任协商的情况下,"以有关各单位的绩效与开支情况的资料来帮助说明预算要求的理由"。1950—1951年财政年度的预算是显示绩效预算法成效的第一个预算。美国总统预算办公室早期对"计划和绩效预算"所下的定义现在仍然适用:"绩效预算是这样一种预算,它阐述拨款请求是为了达成哪些目标,为实现这些目标而拟定的计划需要花费多少钱,以及用哪些量化的指标来衡量在实施每项计划的过程中取得的成绩和完成工作的情况。"按照胡佛委员会的设想,美国早期的规划预算由三部分组成:① 按规划和活动对政府事务进行预算分类;② 绩效计量;③ 绩效报告③。其操作程序从理论上讲是:先按照政府职能进行项目的业绩分类;再由这些不同的职能部门制定自己的方案或计划;最后对各项计划的业绩进行衡量和评估,并确定所需资金。有人称为"计划预算"(program budget)。

在美国的做法和联合国出版的《计划和绩效预算法手册》的影响下,将近50个国

---

① 鲁宾.公共预算中的政治:收入与支出,借贷与平衡[M].叶娟丽,马骏,等译.北京:中国人民大学出版社,2001:译者前言.
② 本部分参考了财政部预算司编组.零基预算[M].北京:经济科学出版社,1997:217-226.
③ 普雷姆詹德.预算经济学[M].周慈铭,等译.北京:中国财政经济出版社,1989:289-290.

家于 20 世纪 60 年代采用不同形式的"计划和绩效预算法"。"计划和绩效预算法"至今依然存在于世界的每一个角落,尽管一些编纂预算发展编年史的学者已宣布死亡了或者不再具有活力。事实证明,"计划和绩效预算法"是持续运用时间最长的一种预算改革,直至现在,还在一些国家运用,尽管时常被贴上不同标签或被赋予不同的缩写。美国预算专家迪安(Dean)对绩效预算的评价也许比较恰如其分:"新思想的渗透是需要时间的。绩效预算中包含着一些好的想法,这些想法仍在渗透的过程中。鉴于计划和绩效预算法给人一种饱经忧患的印象,要说人们今后会对它焕发出进一步高涨的热情,那未免过于乐观了。但是,一套类似的概念迟早会应用于政府部门。到那时,绩效预算已为它们的发展打下了基础。"

彭健认为,20 世纪 60—70 年代开始实施的"规划—项目—预算制度"则是将计划功能放在第一位。过去,政府预算在定义自己的使命时主要从其现有基础出发考虑问题,关注的是"我们在哪里","我们去哪里";而计划项目预算系统(PPBS)则用预算目标和目的来定义其使命,关注的是"我们应该在哪里","我们怎样做才能去那里"。为了实现自己的使命,PPBS 强调规划,且其规划范围是多年期的,强调按目标的达成来分配资金,而且将预算预测系统化。比以往更加重视使用分析技术,如成本收益分析、成本效果分析和系统分析①。"规划—项目—预算制度"将在本书第二章第一节阐述。

2. 政策取向

"规划—项目—预算"是目标和政策取向的,它关注的重点是预算结果,即一定数量的财政资金支出后达到了什么样的结果②。对于"规划—项目—预算"来说,投入和产出不再是预算应该关注的重心,而某一产出是不是社会所需要的才是决定是否为该产出提供相应财政资金的关键。因此,这种预算模式要求政府机构首先清楚地表述它可以测量的服务目标③。

塞缪尔(Thurmaier)和魏劳比(Willoughby)指出:主要有四种取向的预算部门:控制、管理、计划和政策④。预算控制取向要求支出部门控制支出;预算管理取向要求支出部门改进管理;预算计划取向要求支出部门加强预测和建立多年的项目计划;预算政策取向要求支出部门关注支出的政策变化。美国著名预算学者普雷姆詹德认为,预算作为经济政策的手段,其功能体现在:"第一、从政策角度讲,这指明了经济的趋势,并表达了有效利用社会资源的意向;……第二、预算的一个主要功能是促进经济的宏观平衡;……第三、由于最近强调以公平的方式来分配资源,因而预算已成为减少不公平的工具;……第四、预算应更好组织,以便使它对国民经济总体的影响得到

---

① 彭健. 政府预算理论演进与制度创新[D]. 大连:东北财经大学,2007.
② Kettl D. Deficit politics[M]. New York:Macmillan Publishing Company,1992:77.
③ Susan M. Budget format[M]//International encyclopedia of public policy and administration. Colorado:Westview Press,1998:253.
④ Thurmaier K,Willoughby K. Policy and politics in state budgeting[M]. New York:M. E. Sharpe,2001:129-130.

快速的和富有意义的发展。"①

马骏的研究显示："从 70 年代开始，伴随着计划—规划预算模式的产生及其在各个国家的推广，中央预算机构开始在政策过程中起着越来越大的作用，预算机构的官僚变得越来越像政策分析家。汤姆金（Tomkin）在研究了美国联邦的管理和预算办公室（OMB）之后，发现该机构已经从控制取向转向了政策取向。在美国的州政府一级，很多预算机构也开始转向了管理和政策分析。例如，1971 年，希克调查了 17 位州政府的预算负责人，发现没有一个州的预算负责人认为他们的机构主要进行'支出控制'，他们都认为自己是政策制定者，从而回避财政控制的角色。最近，塞缪尔和魏劳比调查了美国州政府预算机构的职能与角色，他们发现，在州政府一级，政策取向和控制取向的预算机构都存在，不过许多州的中央预算机构已经转向政策取向型的。"②

（五）预算职能在不同的预算时代定位不同

1. 预算时代的划分

1978 年，著名公共预算专家凯顿（Caiden）在《预算模式》一文中运用了收入汲取（revenue mobilization）、可靠性（accountability）和行政控制（administrative control）三个变量分析和鉴别预算模式；并于 1988 年和 1989 年探索了历史上存在的前预算时代（prebudgeting）、预算时代（budgeting）和超预算时代（super-budgeting）三种预算模式。

（1）前预算时代（中世纪后期和 19 世纪初以前的专制君主制时期）

凯顿指出，在 19 世纪以前，传统预算模式尚未建立之前称为"前预算时代"③。凯顿指出，前预算模式的政府财政管理有以下五个特征④：

① 连续性（continuousness），即没有年度预算的概念，政府根据资金流量和资金的可获得性来进行预算。

② 分权（decentralization），即没有中央财政控制，收入由各种不同的收入获得者和支付者进行收支。

③ 私有化（privatization），即大部分政府财政管理由许多私人商人承担，私人账户和国家账户经常是混淆在一起的。

④ 权宜性（expediency），即由于政府经常陷于资金短缺，加上人们对于政府的收入汲取行为常常不合作，所以，各种各样的权宜手段经常被用来筹集收入，例如，短期负债、卖官等。

⑤ 各种各样的腐败盛行于前预算模式中，而且，在某种程度上，前预算模式就是依靠国家对于腐败的默许才能够维持下来的。私有化的财政管理方式和权宜性是前预算模式的两大重要特征，然而两者都是滋生腐败的温床。这些特征都表明，前预算模

---

① 普雷姆詹德.预算经济学[M].周慈铭,等译.北京:中国财政经济出版社,1989(12):42-44.
② 马骏.公共预算原则:挑战与重构[J].经济学家,2003(3):73-81.
③ Caiden N. Patterns of budgeting[J]. Public administration review,1978,38(6):539-543.
④ 同②.

式是以最大限度地汲取收入为目的的,然而,其代价是非常低的可靠性(或负责程度)和行政控制程度。

从凯顿的三个变量分析,政府以最大限度地汲取收入为目的,存在两大弊端:一是对外缺乏公共责任;二是对内缺乏集中的行政控制,政府预算的可靠性和行政控制程度都很低。

(2) 预算时代(1814年—20世纪70年代)

预算时代又称为"传统预算时期"。1814年的法国政府预算是第一次真正的现代预算实践。凯顿认为,预算模式时期的政府预算具有斯托姆(Stourm)所概括的四大要素[①]:

① 年度性(annuality),即预算决策必须每年进行一次。

② 一致性(unity),即所有的预算决策必须放在一起,同时,所有的资源必须集中在一起,从而,所有的关于资源的预算要求才能获得公平的考虑。

③ 恰当性(appropriateness),即预算是公共的和公开的并且是经过议会同意的,同时,恰当性也意味着只有那些预算拨付的资金才能够合法地进行支出。

④ 审计要求(audit),即政府部门的收支必须受到审计监督。19世纪初形成的这些预算要素很快演变成经典的预算原则,并在20世纪初得到进一步的发展。

从凯顿的三个变量分析,收入汲取、可靠性和行政控制都处于高位。

(3) 超预算时代(20世纪70年代至今)

从20世纪70年代开始,政府预算的决策逐渐变成自动的而非年度性的,预算的不可预测性越来越高,同时由于预算外活动导致的"预算的零碎化"、政府与市场界线的日益模糊化导致的"预算的私有化"等现象的出现,凯顿将这一时期概括为"超预算时代"[②]。

"超预算时代"具有四个基本的预算原则[③]:

① 全面性原则。该原则强调所有政府收支必须纳入预算,进入预算程序,受预算机制的约束。

② 一致性原则。该原则强调所有的政府收入和支出应该同等对待,同时,预算的各部分应该恰当地联系起来。

③ 年度性原则。该原则意味着预算每年都必须重新做一次并只能覆盖某一个特定的时期。在过去将近一个世纪的时间里,这个原则变得越来越不受欢迎。年度性原则无疑增加了预算官员的决策成本。此外,公共预算理论无法很好地回答为什么要采取一年作为基本的预算单位。其实,年度概念是一个非常误导人的概念。年度性原则的基本精神是预算的非连续性。只要预算是非连续性的,一年做一次或两年做一次预算在本质上都达到了非连续的目的。与此相联系的是事前批准原则,即在进行支出前,

---

① 马骏. 公共预算原则:挑战与重构[J]. 经济学家,2003(3):73-81.
② Caiden N. A new perspective on budgetary reform[J]. Australian journal of public administration,1989,48(1):53-60.
③ 同①.

必须确保所有的支出——有时也包括收入——必须通过投票并获得批准。显然，与年度性原则一样，事前批准原则也是要确保没有任何政府支出是连续性的。

④严格性原则。该原则强调预算一经做出后就必须严格执行，并能有效地约束各个政府部门的行动。该原则又包括定性和定量两个层面的内容。在定性层面上，预算拨款只能用于预先规定在预算中的目的。从某一个项目（或部门）将拨款转移到另一个项目（或部门）常常被禁止。在定量层面上，该原则规定只有当政府决定在预算中提供某笔资金后才允许进行支出。

从凯顿的三个变量分析，收入汲取和可靠性处于高位，行政控制呈下降趋势。马骏指出："从20世纪30年代开始，在许多国家，中央预算机构开始逐步地摆脱完全以控制为主的模式。"①

2. 中国预算法治建设的轨迹

（1）中国经济体制的发展历程

经济与财政关系非常密切。毛泽东在《抗日时期的经济问题和财政问题》中指出："发展经济，保障供给，是我们的经济工作和财政工作的总方针。但是有许多同志，片面地看重了财政，不懂得整个经济的重要性；他们的脑子终日只在单纯的财政收支问题上打圈子，打来打去，还是不能解决问题。这是一种陈旧的保守的观点在这些同志的头脑中作怪的缘故。他们不知道财政政策的好坏固然足以影响经济，但是决定财政的却是经济。未有经济无基础而可以解决财政困难的，未有经济不发展而可以使财政充裕的。陕甘宁边区的财政问题，就是几万军队和工作人员的生活费和事业费的供给问题，也就是抗日经费的供给问题。这些经费，都是由人民的赋税及几万军队和工作人员自己的生产来解决的。如果不发展人民经济和公营经济，我们就只有束手待毙。财政困难，只有从切切实实的有效的经济发展上才能解决。忘记发展经济，忘记开辟财源，而企图从收缩必不可少的财政开支去解决财政困难的保守观点，是不能解决任何问题的。"②

1956年9月16日，周恩来在《关于发展国民经济的第二个五年计划的建议的报告》中指出："应该正确地处理经济和财政的关系。多年来的经验是：我们的财政收入必须建立在经济发展的基础上，我们的财政支出也必须首先保证经济的发展。因此，应该首先考虑经济、特别是工农业生产的发展计划，然后根据它来制订财政计划，用财政计划保证经济计划的圆满执行。不根据经济发展的情况开辟财政来源，把财政收入计算得过少，或者单从节约财政开支着想，保留过多的后备力量，都将限制经济建设的充分发展，这是不对的。我们在制定财政收入计划的时候，必须考虑到经济发展的可能性，考虑到积累和消费之间正确的比例关系，避免把收入定得过分紧张。在制定财政支出计划的时候，除了必须根据保证重点建设和国民经济按比例发展的要求、进行正确的分配以外，还必须考虑到建设规模和物资供应之间的平衡，考虑到意外的

---

① 马骏.公共预算原则：挑战与重构[J].经济学家,2003(3)：73-81.
② 毛泽东.毛泽东选集：第3卷[M].北京：人民出版社,1991：891.

需要而留出一定数量的预备费，避免把支出定得过分紧张。如果只顾建设的要求，不顾财政的可能，不顾设备、器材和技术力量是否能够供应，而提出过高过大的拨款和投资的计划，显然也是不对的。同志们常常喜欢争论应该不应该有'财政框框'的问题。我们的意见是，不考虑经济发展的需要，主观地定出一个'财政框框'来限制经济的发展，这当然是错误的，应该反对这样的'财政框框'。但是，如果财政计划符合于经济发展的实际情况，体现着积累和消费之间的正确关系，重点建设和全面安排之间的正确关系，那么这样的财政计划，无疑地应该严格执行，决不能够当作'财政框框'盲目反对。"①

① 新民主主义的人民经济

1949年9月29日，中国人民政治协商会议第一届全体会议通过的起临时宪法作用的《中国人民政治协商会议共同纲领》未提及"经济体制"，只提"新民主主义的人民经济"。

1954年9月20日，第一届全国人民代表大会第一次会议通过的《中华人民共和国宪法》第十五条规定："国家用经济计划指导国民经济的发展和改造，使生产力不断提高，以改进人民的物质生活和文化生活，巩固国家的独立和安全。"

② 计划经济体制的确立

"一五"计划期间（1953—1957年），我国采用了高度集中的计划经济体制。但是确立计划经济体制是三大改造完成后。因为，计划经济体制建立在公有制为主的经济上。1953年春天，全国土地改革基本完成。1953年8月，毛泽东同志在一个重要批示中指出："从中华人民共和国成立，到社会主义改造基本完成，这是一个过渡时期。党在这个过渡时期的总路线和总任务，是要在一个相当长的时期内，基本上实现国家工业化和对农业、手工业和资本主义工商业的社会主义改造。这条总路线应该是照耀我们各项工作的灯塔，各项工作离开它，就要犯右倾或'左倾'的错误。"② 1952年下半年—1956年，新中国仅仅用了4年时间，就完成了对农业、手工业和资本主义工商业的社会主义改造，实现了把生产资料私有制转变为社会主义公有制，标志着社会主义公有制形式在国民经济中占据主导地位。1956年9月15日，刘少奇在《中国共产党第八次全国代表大会上的政治报告》中指出："我国的农业、手工业、资本主义工商业的社会主义改造，现在已经取得了决定性的胜利。"③ 因此，我国高度的计划经济体制形成于1956年。

1978年3月5日，中华人民共和国第五届全国人民代表大会第一次会议通过的《中华人民共和国宪法》第十一条规定："有计划、按比例、高速度地发展国民经济。"

1978年12月22日通过的《中国共产党第十一届中央委员会第三次全体会议公报》提出："应该坚决实行按经济规律办事，重视价值规律的作用，注意把思想政治工作和

---

① 周恩来.周恩来选集：下卷[M].北京：人民出版社，1997：223.
② 毛泽东.毛泽东选集：第5卷[M].北京：人民出版社，1977：89.
③ 刘少奇.中国共产党中央委员会向第八次全国代表大会的政治报告[N].人民日报，1956-09-17(1).

经济手段结合起来。"

1982年12月4日，第五届全国人民代表大会通过的《中华人民共和国宪法》第十五条规定："国家在社会主义公有制基础上实行计划经济。"

③ 有计划的商品经济

1982年9月1日，中国共产党第十二次全国代表大会上的报告《全面开创社会主义现代化建设的新局面》提出："我国在公有制基础上实行计划经济。……正确贯彻计划经济为主、市场调节为辅的原则，是经济体制改革中的一个根本性问题。"

1984年10月20日，中国共产党第十二届中央委员会第三次全体会议通过的《中共中央关于经济体制改革的决定》提出："明确认识社会主义计划经济必须自觉依据和运用价值规律，是在公有制基础上的有计划的商品经济。商品经济的充分发展，是社会经济发展的不可逾越的阶段，是实现我国经济现代化的必要条件。"

1987年10月25日，中国共产党第十三次全国代表大会上的报告《沿着有中国特色的社会主义道路前进》提出："社会主义有计划商品经济的体制，应该是计划与市场内在统一的体制。"

④ 社会主义市场经济

1992年10月12日，中国共产党第十四次全国代表大会上的报告《加快改革开放和现代化建设步伐，夺取有中国特色社会主义事业的更大胜利》提出："我们要建立的社会主义市场经济体制，就是要使市场在社会主义国家宏观调控下对资源配置起基础性作用，使经济活动遵循价值规律的要求。"

1993年3月29日，第八届全国人民代表大会第一次会议通过的《中华人民共和国宪法》第十五条规定："国家实行社会主义市场经济。"

1993年11月14日，中国共产党第十四届中央委员会第三次全体会议通过了《中共中央关于建立社会主义市场经济体制若干问题的决定》。

2004年3月14日，第十届全国人民代表大会第二次会议通过的《中华人民共和国宪法》第十五条规定："国家实行社会主义市场经济。"

(2) 中国预算法治建设的发展历程

①《预算决算暂行条例》和《宪法》中关于"预算"的规定

《中国人民政治协商会议共同纲领》第四十条规定："关于财政：建立国家预算决算制度，划分中央和地方的财政范围，厉行精简节约，逐步平衡财政收支，积累国家生产资金。"

1951年8月19日，政务院第九十四次政务会议通过公布的《预算决算暂行条例》第一条规定："本条例根据中国人民政治协商会议共同纲领第四十条之规定制定之。"第二条规定："中央人民政府财政部（简称'中央财政部'）依照国家施政方针与建设计划拟编下年度预算之指标数字，经中央人民政府政务院（简称'政务院'）批准者，称概算。根据概算拟编之年度收支计划，未经核定者，称预算草案，经过核定程序者，称预算。在核定预算范围内，按月或按委编制之分配实施计划，称分配预算。按照年度预算执行最终结果所编造之全年度会计报告，称决算。分月或分季所编造之月份或季度会计报告,称计算。"第七条规定:"预算、决算分类如下:单位预算、单位决算;各级人民政府直属机关就其本身及其所属机关岁入岁出所汇编之预算、决算,为单位预算、单位决算。"

《中华人民共和国宪法》(1954年)第二十七条规定:"全国人民代表大会行使下列职权:……(十)审查和批准国家的预算和决算;……"第四十九条规定:"国务院行使下列职权……:(七)执行国民经济计划和国家预算;……"

《中华人民共和国宪法》(1975年)第十七条规定:"全国人民代表大会的职权是:……批准国民经济计划、国家的预算和决算,……"第二十条规定:"……国务院的职权是:制定和执行国民经济计划和国家预算;……"

《中华人民共和国宪法》(1978年)第二十二条规定:"全国人民代表大会行使下列职权:……(七)审查和批准国民经济计划、国家的预算和决算;……"第三十二条规定:"国务院行使下列职权:……(五)编制和执行国民经济计划和国家预算;……"

《中华人民共和国宪法》(1982年)第六十二条规定:"全国人民代表大会行使下列职权:……(十)审查和批准国家的预算和预算执行情况的报告;……"第八十九条规定:"国务院行使下列职权:……(五)编制和执行国民经济和社会发展计划和国家预算;……"

之后的《宪法》关于"预算"的规定没有变化。

从以上内容可以看出,全国人民代表大会行使的职权从1954年"审查和批准国家的预算和决算"到1975年"批准国家的预算和决算(没有了'审查')"再,再到1982年"审查和批准国家的预算和预算执行情况的报告(增加了'预算执行情况',但没有了'决算'"。应该指出,"预算执行"是过程,"决算"是结果。

②《国家预算管理条例》

1991年9月6日,国务院第90次常务会议通过了《国家预算管理条例》(国务院令〔1991〕第90号),1991年10月21日发布了该条例。其第七十八条规定:"本条例自1992年1月1日起施行。1951年8月19日中央人民政府政务院公布的《预算决算暂行条例》同时废止。"这中间相隔40年,可见,中国预算法治建设何等滞后!

③《中华人民共和国预算法》(简称《预算法》)和《中华人民共和国预算法实施条例》

1994年3月22日,中华人民共和国第八届全国人民代表大会第二次会议通过了《中华人民共和国预算法》(中华人民共和国主席令第二十一号),自1995年1月1日起执行。这是中国第一部《预算法》。

1995年11月2日,中华人民共和国国务院第三十七次常务会议通过了《中华人民共和国预算法实施条例》(国务院令第186号),该条例自1995年11月22日发布实施,共计八章七十九条。

《预算法》颁布20年后,2014年8月31日,中华人民共和国第十二届全国人民代表大会常务委员会第十次会议修改了《中华人民共和国预算法》,自2015年1月1日起施行。

修改的《预算法》颁布4年后，2018年12月29日，全国人民代表大会常务委员会第七次会议修改了《中华人民共和国预算法》，自公布之日起施行。2020年8月3日，国务院公布了修订后的《中华人民共和国预算法实施条例》（国务院令第729号），自2020年10月1日起施行。

《预算法》又称为"经济宪法"，被冠以"经济宪法"之称的《预算法》是国家宪政的重要组成部分。但是，从上述内容可以看出，中国预算法治建设何等滞后！

3. 中国目前预算功能处在哪个预算时代

马骏认为：从1949年新中国成立到1978年经济改革是中央计划占统治地位的时期。在这一时期，资源配置是由中央计划决定的，预算只不过是计划的反映，计划委员会才是真正的"核心预算机构"①。

(1) 1978—1999年是"前预算时代"

从20世纪80年代到1999年，中国处于一种表面上有预算但实质上没有预算的"前预算时代"。

凯顿认为，1978—1999年这一时期，中国预算体制具有"前预算时代"的基本特征，即政府内部缺乏集中的行政控制，外部缺乏立法机构落实公共责任的对政府预算的政治控制②。

马骏指出：凯顿的观点得到了我国一些预算专家的认可，并认为"过渡时期中国政府的预算体制在很大程度上具有凯顿所说的'前预算时代'的一些特征"，"中国还没有建立起西方国家在19世纪就已经形成的现代公共预算体制，中国还没有进入预算时代"③。

在这一时期，中国预算体制具有凯顿④所说的"前预算时代"的特征，既在政府内部缺乏集中的行政控制，又缺乏立法机构对政府预算的政治控制⑤。在政府内部，预算权力结构极度"碎片化"。

(2) 1999年以来的预算改革：走向控制取向的"预算时代"

王绍光、马骏认为："1999年，中国启动了预算改革，包括部门预算、国库集中收付体制改革、政府采购等，迈出了建立现代预算制度的第一步，开始走向预算国家。"⑥

马骏指出："从根本上看，1999年的预算改革就是要建立一种控制取向的预算体制。这一改革主要包括部门预算改革、国库集中收付体制改革和政府采购。这些改革一旦成功将在中国建立起一种'控制取向'的预算体系。一方面是在政府内部建立行

---

① 马骏. 中国公共预算改革的目标选择：近期目标与远期目标[J]. 中央财经大学学报，2005(10)：1-6.
② Caiden N. Shaping things to come: Super-bud-geters as heros(heroines) in the late-twentieth century[M]. New York: State University of New York Press, 1988: 1028.
③ 马骏. 中国预算改革的现状介绍[EB/OL]. [2023-10-15]. http//finance.QQ.com, 2006-05-12.
④ 同②.
⑤ 同③.
⑥ 王绍光，马骏. 走向"预算国家"：财政转型与国家建设[J]. 公共行政评论，2008(1)：1-37.

政控制,即将财政部门转变成真正意义的'核心预算机构',由它来集中资源配置的权力并对每个支出部门的支出行为施加'外部控制'。另一方面是由人大对政府施加外部的政治控制。这主要是因为部门预算改革使得政府提交给人大审议的政府预算报告包括了比原来更加详细的预算信息(各个部门的信息),从而有助于人大从外部对政府预算进行政治控制,促使政府预算履行公共责任。"①

"预算时代"是指19世纪以后建立"控制取向"的预算管理体制,即公共预算体制。马骏的研究表明"控制这个阶段是不可逾越的",他指出:"也许应该强调的是,在未来若干年中,中国预算改革的重点可能还是建立控制取向的现代公共预算制度。控制这个阶段是不可逾越的,预算改革也不可能一步到位。我们需要设计各种在政府内部加强控制的技术工具,各种加强人大预算监督以确保政府更加负责的控制工具。"②

4. 现代预算制度

楼继伟指出:"预算是财政的核心,现代预算制度是现代财政制度的基础,是国家治理体系的重要内容。"③

王绍光、马骏指出:"什么是现代预算?根据著名预算专家克里夫兰(Cleve-land)对现代预算的讨论,现代预算可以定义如下:现代预算必须是经法定程序批准的、政府机关在一定时期的财政收支计划。它不仅仅是财政数据的记录、汇集、估算和汇报,而是一个计划。这个计划必须由行政首脑准备与提交;它必须是全面的、有清晰分类的、统一的、准确的、严密的、有时效的、有约束力的;它必须经代议机构批准与授权后方可实施,并公之于众。这一定义有三点关键:(1)现代预算是由应该负责并且可以负责的行政首脑提交的财政收支计划,这是它区别于其他计划之处;(2)这个计划必须由代议机构审查批准,在代议机构批准政府的财政收支计划之前,政府不得收一分钱、花一分钱;(3)这个计划必须包括全面而且详细的政府计划的活动的各种信息,以有助于负责审批的代议机构做出同意或不同意的决定。总之,遵循现代预算原则建立起来的'预算国家',必须具备两个显著标志:第一是财政上的集中统一,也就是说,在财政收支管理方面实行权力集中,将所有的政府收支统到一本账里,而不能有两本账、三本账、四本账,并建立统一的程序与规则对所有的收支进行管理。这样才能确保预算是全面的、统一的、准确的、严密的、有时效的。第二是预算监督,也就是说代议机构能监督政府的财政收支,确保预算是依财政年度制定的、公开透明的、清楚的、事先批准的、事后有约束力的。这两者是互相支持、缺一不可的。"④

王绍光、马骏认为:"预算专家凯顿将中世纪后期一直到19世纪以前的财政史称为'前预算时代',而将现代预算制度成型的19世纪视为'预算时代'的开始。然而,财政制度的转型也是国家治理制度的转型。随着现代预算制度的确立,这些建立起现代预算制度的'预算国家'也进入了现代国家,开始以一种全新的方式更理性、更负

---

① 马骏.中国公共预算改革的目标选择:近期目标与远期目标[J].中央财经大学学报,2005(10):1-6.
② 马骏.中国预算改革的政治学:成就与困惑[J].中山大学学报(社会科学版),2007(3):67-74.
③ 楼继伟.解读新预算法:取得5方面重大突破[N].人民日报,2014-09-01.
④ 王绍光,马骏.走向"预算国家":财政转型与国家建设[J].公共行政评论,2008(1):1-37.

责地治理国家。"①

三、预算的治理功能

原预算基本职能中没有"治理职能"。笔者曾阐述过预算的治理职能②。前已述及，预算是权力，权力不制衡易产生腐败。

十八届三中全会通过的《关于全面深化改革若干重大问题的决定》将"推进国家治理体系和治理能力现代化"作为全面深化改革的总目标之一，并指出："财政是国家治理的基础和重要支柱。"2014年9月26日，《国务院关于深化预算管理制度改革的决定》（国发〔2014〕45号）指出："深化预算管理制度改革，实施全面规范、公开透明的预算制度，……是推进国家治理体系现代化，实现国家长治久安的重要保障。"楼继伟指出："预算是财政的核心，现代预算制度是现代财政制度的基础，是国家治理体系的重要内容。"③

1. 制衡是大学治理的核心

（1）治理的核心是制衡权力

在物理学上，制衡就是两个或多个力在互相制约之中达到一种平衡的状态。在社会政治领域，各种权力也是互相制约致以均衡的。

库伊曼（Kooiman）等认为："治理概念指出的是一种结构或一种秩序的产生，这种结构或秩序不是由外部强加的，而是多种进行统治的以及互相发生影响的参与者互动的结果。"④公司治理结构是建立在出资者所有权与法人财产权分离的基础上，企业内外部的股东会、董事会、监事会及经理层及其他利益相关者之间的权力制衡机制、激励约束机制及市场机制的一种制度安排，又是一种权力的制衡机制。它包括企业外部治理结构和企业内部治理结构。

著名的政治学者、中共中央编译局副局长俞可平指出："探讨权力制衡，是政治学家的基本课题。阿克顿勋爵的名言说：'绝对的权力导致绝对的腐败。'权力必须制衡，是政治学的公理。权力制衡，从国家方面说，就是行政权、立法权、司法权相互制衡。从政府方面说，就是决策权、执行权、监督权之间相互制衡。每个国家和政府都必然如此，中国也不例外。"⑤

著名的政治学者、国家行政学院教授竹立家指出："公共权力治理性改革，其核心要义就是通过社会主义民主的手段制衡和限制公共权力，让权力真正按照人民的意愿来行使，让社会真正实现公平正义。……许多案例说明，推进公共权力治理性改革，对权力进行有效的制衡与监督，就必须把推进党内民主、社会民主、组织或机构民主

---

① 王绍光,马骏.走向"预算国家":财政转型与国家建设[J].公共行政评论,2008(1):1-37.
② 乔春华.论预算的治理职能:以高校为例[J].会计之友,2014(19):106-110.
③ 楼继伟.解读新预算法:取得5方面重大突破[N].人民日报,2014-09-01.
④ Kooiman J, et al. Governance and public management[M]//Eljassen K A, Kooiman J. Managing public organizations:Lessons from contemporary European experience,London:Sage,1993:64.
⑤ 俞可平.敬畏民意,发自内心更要付诸行动[N].新京报,2012-4-11.

放到首位。"①

由此可见,治理需要更少的划桨,更多的掌舵。治理的核心是制衡权力。"制衡"是手段,不是目的。目的应以公共利益最大化。

(2) 制衡权力是大学治理的核心

国外大学治理的核心是制衡权力。OECD 原预算管理及公共服务管理部主任麦哲逊(Alex Matheson)指出:"我认为,治理是指权力在公共部门中体现和执行的方式,以及使政策制定在任何时候都健全的安排。治理这个概念包括如何作出决策,权力和部门的平衡,以及使政治家和管理者保持责任感的途径。"②

OECD 高等教育管理项目办公室的报告指出:"治理是财务管理议题的重要话题。治理安排在高等学校对政府和公共利益的责任中起很重要的作用,还能确保高等学校保持连贯的战略、走可持续发展的道路。"报告还指出:"在美国,联邦政府的角色之一是'公共利益的监护人',但同时又要'作为服务提供者在其所有权与控制权寻求平衡'。相比而言,州政府则通过对高等学校的直接补贴而同时充当'监护人'和'高等教育服务的提供者'。"③

2003 年 2 月底至 3 月初,根据复旦大学考察团对耶鲁大学的深入调查,耶鲁大学的财务治理结构被描述为:耶鲁大学董事会保留了对大学财政事务的最终控制权。董事会下属的财政委员会负责财务状况监督、规划和预算;审计委员会负责监督会计运作;投资委员会负责监督耶鲁捐赠基金和其他投资项目的管理。在校级行政层面,财务管理主要由校长、教务长、负责财务和行政的副校长三人负责,并成立由教务长任主席的预算委员会,同时由几位颇有声望的教授和行政部门的关键人物担任委员。校预算委员会审核大学的长期规划和预算,调查重大的财政问题,并审核一些关键的决定如学费或工资的增加。分管财务和行政的副校长掌管的财务部有三大职能:一是协助预算委员会制定规划;二是负责具体的财务运作;三是负责捐赠资金和资产以及债务的管理。学校每年的财政报告由一家外部的公共会计师事务所审计,会计师事务所会针对财务管理中的薄弱点和风险做出总结报告。这份报告每年由耶鲁董事会审计委员会审计。为了有效地管理校内财务,学校内部的审计部门要求各个院系每个月提交一份财务报告。耶鲁的财务运作体现了美国社会的三权分立思想:董事会相当于"国会",校长相当于"总统",教务长等人在学校和董事会之间起着联络和协调的作用,而起到监督作用的"司法机构"则主要由外部的公共会计师事务所担任。这样的机构设置使得财务决策(立法)、资金运作(行政)和执行监督(司法)三者相对独立,避免了钱权交易。考察团在参观时发现,尽管富可敌国,但耶鲁大学仍十分节俭,许多办公桌椅虽相当破旧却仍在使用,显然耶鲁大学是尽可能地把钱花在刀刃上④。

---

① 竹立家.人民是改革的主体[N].学习时报,2012-03-12.
② 陈小悦,陈立齐.政府预算与会计改革:中国与西方国家模式[M].北京:中信出版社,2002:28.
③ 范文耀.刻不容缓:确保高等教育可持续发展的未来:"高等学校财务管理与治理"项目成果报告(2004)[J].辽宁教育研究,2005(9):5.
④ 周鲁卫,沈兰芳,陆德明,等.为何耶鲁是耶鲁:耶鲁大学考察报告[J].教育发展研究,2004(2):35.

2. 现代预算治理职能的实践与理论

（1）现代预算治理职能的实践

政府预算涉及国计民生，必须制衡少数人决定预算的权力，应由人民代表大会审议和通过；高校预算涉及学校生存、发展和师生员工利益，也必须制衡少数人决定预算的权力，也应由权力机关审议和通过。因此，无论是政府预算还是高校预算都必须经由权力机关按一定法定程度审议和通过，才具有法规效力，才有执行的权威性和严肃性。由此可见，现代预算应具有治理职能。

在封建专制时期的政府预算，都是皇帝说了算，因为"朕即国家"，（法国国王路易十四的名言"朕即国家"，代表当时法国正处于绝对君主时代）；《诗经·小雅·谷风之什·北山》曰："溥天之下，莫非王土。"国家财产乃"一家一姓之私产"。因此，古今中外，概莫能外。我国现代预算制度始于清末民国时期。1910年9月23日，清政府成立资政院，1910年10月召开了资政院第一次会议，资政院是我国第一个具有国会性质的机关，其审议了宣统三年（1911年）预算案，当时的资政院议员刘春霖认为，开国会"最重要者何？就是预算案。预算可以查看一国大政之方针，若预算不交，而仅议零星末节，即终年开会，于国计亦无所补救。"① 一个末代王朝的第一任国会议员能敏锐地洞察到经国会制约皇权的预算是有效的预算。这次会议将原预算额37 635万两核减掉7 790万两，使岁入总额略有盈余②。

辛亥革命之后，1911年11月3日公布的《宪法重大信条十九条》中规定："本年度之预算，未经国会决议者，不得照前年度预算开支。又预算案内，不得有既定之岁出，预算案外，不得为非常财政之处分。"第十五条规定："皇室经费之制定及增减，由国会议决。"由此可见，资政院的财政预算权已得到法律的承认，《宪法重大信条十九条》称得上是中国历史上具有开创性的法律文件。相比而言，英国自1215年颁发《大宪章》，其中规定："英皇未获得议会同意不得征税"。其主要精神是处理国王和代议机关的财政权力分配关系，限制王权，规定在传统收入之外增加新的财政收入须经全国公意许可，后来又明确税权须经议会批准。

现在，我国两会上都要审议关于上年中央和地方预算执行情况与本年中央和地方预算草案的报告，并由全国人大批准。王绍光认为："现代预算必须是经法定程序批准的、政府机关在一定时期的财政收支计划。它不仅仅是财政数据的记录、汇集、估算和汇报，而是一个计划。这个计划必须由行政首脑准备与提交；它必须是全面的、有清晰分类的、统一的、准确的、严密的、有时效的、有约束力的；它必须经代议机构批准与授权后方可实施，并公之于众。拥有这种预算体制的国家，才可以被称作预算国家。"③

高校预算也需要"审议通过"。1997年6月23日，财政部和国家教育委员会发布

---

① 资政院议场会议速记录：晚清预备国会论辩实录[M].李启成，点校.上海：上海三联书店，2011：78.
② 侯宜杰.20世纪初的中国政治改革风潮：清末立宪运动史[M].北京：人民出版社，1993：377.
③ 王绍光.从税收国家到预算国家[M].读书，2007：4

的《高等学校财务制度》第十三条规定:"高等学校预算由学校财务处(室)根据各单位收支计划,提出预算建议方案,经学校最高财务决策机构审议通过后……"2012年12月19日,财政部、教育部印发《高等学校财务制度》第十四条规定:"高等学校一级财务机构提出预算建议方案,经学校领导班子集体审议通过后……"2022年6月30日,财政部、教育部印发的《高等学校财务制度》(财教〔2022〕128号)第十五条规定:"高等学校一级财务机构提出预算建议方案,经学校领导班子集体审议通过后,……"2012年财政部发布的《事业单位财务规则》第九条规定:"事业单位根据财政部门下达的预算控制数编制预算,由主管部门审核汇总报财政部门,经法定程序审核批复后执行。"2021年12月31日,财政部发布的《事业单位财务规则》(财政部令第108号)第十条规定:"事业单位应当根据国家宏观调控总体要求、年度事业发展目标和计划以及预算编制的规定,提出预算建议数,经主管部门审核汇总报财政部门(一级预算单位直接报财政部门,下同)。事业单位根据财政部门下达的预算控制数编制预算草案,由主管部门审核汇总报财政部门,经法定程序审核批复后执行。"2011年4月4日,教育部颁布的《关于进一步推进直属高校贯彻落实"三重一大"决策制度的意见》指出:"中共中央关于凡属重大决策、重要人事任免、重大项目安排和大额度资金运作(以下简称'三重一大')事项必须由领导班子集体研究作出决定。……大额度资金使用事项,是指超过学校所规定的党政领导人员有权调动、使用的资金限额的资金调动和使用。主要包括学校年度预算内大额度资金调动和使用、未列入学校年度预算的追加预算和大额度支出,重大捐赠,以及其他大额度资金运作事项。"因此,治理结构是按"法定程序"制约一把手的有效机制。

从上述内容可以看出,无论是政府预算还是高校预算在实践上已经体现了"预算具有治理职能",只不过未总结、归纳、提升为理论上单独的一个职能。

(2)现代预算治理职能的理论依据

现代预算治理职能的理论依据是公共受托责任及由此产生的权力制衡理论。美国审计总署认为:公共受托责任就是指受托管理并有权使用公共资源的机构向社会公众说明其全部活动情况的义务。最高审计机关亚洲组织认为:公共受托责任是指受托管理公共资源的机构报告管理这些资源及其有关的规划、控制、财务的责任。

政府的资金来源于公众,高校的资金主要来源于公众。因此,政府和高校的预算权力必须受到制约与监督。公办高校的委托代理关系主要表现在三个层次:

第一层次委托代理关系是全体人民委托各级人民代表大会;

第二层次委托代理关系是各级人民代表大会委托各级人民政府;

第三层次委托代理关系是各级人民政府委托公办高校管理层;

所以,政府的预算必须经人民代表大会审议通过;高校的预算必须经"最高财务决策机构"或"学校领导班子"集体审议通过,不允许一把手或少数人擅自作主,这就是权力制衡理论。

学者对预算权中的制衡做过很多论述。马骏指出:"预算权力是各种政治权力中非常重要的一种,预算政治也是政治活动中非常重要的组成部分,各种预算制度也是政治制度的重要组成部分。"① 瑞宾和林奇指出:"预算是权力的体现","预算涉及财富的分配决策,人们的生活深受其影响,所以,这一过程总是与权力的行使紧密相连的,预算过程如不与权力概念相联系是难以完全理解的"②。预算权力结构主要包括四方面的内容:(1)公民和利益团体是否可以方便地进入预算过程?(2)如何在议会和政府之间分配预算权力?(3)如何在政府内部分配预算权力?(4)如何在议会内部分配预算权力?③ 立法权与行政权分立形式是分权,而实质是制衡。曾浩春早就指出:"预算上创制权及决定权分立,以成民治国家之通例","二者各相牵制,实相完成,故能臻于精密。二者缺一,则陷于畸形。此主持一国财政者所应注意也"④。蕲继东在考察英美等国家早期的预算制度时,将英国的预算制度建立归结为"约束权力",而将美国的预算改革运动的目的概括为"制衡权力"。焦建国也认为:在本质上,"预算是纳税人及其代议机构控制政府财政活动的机制,是公共权力配置资源的规则,是一个制衡结构,是一个民主政治程序,是代议制政治的基础,其价值核心是民主财政。……只有有效地控制住了政府及其权力的扩张,才能保证纳税人自身的权利,从这个意义上说,公共预算本身是保证民主机制正常运作的基础;同时,预算是配置资源的公共权力在不同主体之间的分配,是一个制衡结构,本身就是一个民主政治程序。"⑤ 所以,政府的预算必须经人民代表大会审议通过;高校的预算必须经"最高财务决策机构"或"学校领导班子"集体审议通过,不允许一把手或少数人擅自作主,这就是权力制衡理论。

从上述内容可知,现代预算的实践与理论都具有治理职能。

3. 高校预算治理职能的内容

2014 年 6 月 4 日,中共教育部党组颁发的《关于落实党风廉政建设主体责任的实施意见》(教党〔2014〕21 号)指出:"强化对权力运行的制约和监督,从源头上防治腐败。……完善高校内部治理结构,加快构建以高校章程为龙头的制度体系,完善廉政风险防控、防止利益冲突等制度,推行高校公开事项清单,让权力在阳光下运行。"

2015 年 6 月 1 日,教育部发布的《教育部关于直属高校落实财务管理领导责任,严肃财经纪律的若干意见》(教财〔2015〕4 号)第二条指出:"健全财务治理体制和运行机制。要按照统一领导、集中或分级管理的原则,规范内部财务治理体制和运行机制。"还指出:"规范内部财务治理体制和运行机制。……形成决策权、执行权、监督权既相互制约又相互协调的运行机制。"

(1)审议通过

上已述及,即政府的预算必须经人民代表大会审议通过;高校的预算必须经"最

---

① 鲁宾.公共预算中的政治:收入与支出,借贷与平衡[M].叶娟丽,马骏,等译.北京:中国人民大学出版社,2001:译者前言.
② 瑞宾,林奇.国家预算与财政管理[M].丁学东,等译.北京:中国财政经济出版社,1990:73.
③ Rubin I. The politics of public budgeting[M]. Chatham:Chatham House Publishers,Inc.,1997:85;Potter B H,Diamond J. Guidelines for public expenditure management[M]. Washington,D. C.:IMF,1999:16.
④ 曾浩春.预算的政治性质[J].东方杂志,1931(14).转引自:任晓兰.国家观视角下中国财政预算的历史演进[J].天府新论,2012(4):18.
⑤ 焦建国.民主财政论:财政制度变迁分析[J].社会科学辑刊,2002(3):77.

高财务决策机构"或"学校领导班子"集体审议通过。在此不再赘述。

（2）公开透明

仅仅由"人民代表大会"或"领导班子"审议通过还是不够的，因为他们仍是被委托者。第一层次的委托者是全体人民大众。因此，财务信息公开与透明是接受社会监督。笔者曾研究过高校财务信息透明度[①]。

2013年11月12日，党的十八届三中全会通过的《中共中央关于全面深化改革若干重大问题的决定》第十七条指出："改进预算管理制度。实施全面规范、公开透明的预算制度。"2014年10月8日，国务院发布的《国务院关于深化预算管理制度改革的决定》（国发〔2014〕45号）指出："深化预算管理制度改革，实施全面规范、公开透明的预算制度，……是推进国家治理体系现代化，实现国家长治久安的重要保障。"20世纪初美国联邦最高法院法官路易斯·布兰代斯在其著作《别人的钱》中指出："阳光是最好的防腐剂，路灯是最好的警察。"

① 财政透明度的原始定义

财政透明度的原始定义是，政府及其财政部门向公众公开政府的结构和职能、财政政策的意向、公共部门账户和财政预测。1998年4月16日，国际货币基金组织理事会临时委员会第50次会议在华盛顿特区举行，会议通过了《财政透明度良好做法守则——原则宣言》。该守则沿袭了科皮特（Kopits）和克雷格（Craig）为"财政透明度"所做的定义，并以此为基础，提出了关于财政透明度的四项基本原则，包括（政府）作用和责任的澄清、公众获得信息的难易程度、预算编制、执行和报告的公开，以及对真实性的独立保证等。财政信息是一种特殊的公共品。政府的各项财政数据都是社会成员能够免费获得的公共信息商品。在使用上，财政信息的获得并不是排他的，而是可以相互兼容的。

② 高校财务透明度是完善高校财务治理的关键

OECD原预算管理及公共服务管理部主任麦哲逊也指出："构筑健全而透明的预算和会计制度是良好公共部门治理的基石。……OECD的工作核心是要求财政过程透明，即公开。从简单的贪污犯罪到不适当或陈旧过时的财政信息，这些由封闭的和混乱的预算和会计结构带来的问题会影响公众对政府体制的信心。透明度——公开政策意图、制定和实施过程——是良好治理的关键要素。"[②]

陈小悦、陈璇认为，高经济透明度对实现良好的公共治理是"至关重要"的，他们的研究显示："可考虑使用以下表述作为政府会计目标：实现政府履行职责的高经济透明度。所谓透明就是指全面真实的反映。透明度指全面真实反映的程度。经济透明指全面真实地反映政府履行职责所涉及的一切经济方面。普遍认为，良好的公共治理依赖于四个支柱：受托责任（accountability）、透明度（transparency）、可预见性（predictability）和参与（participation）。高经济透明度对实现良好的公共治理和有效

---

① 乔春华.论高校财务透明度[J].教育财会研究,2010(4):11-17.
② 陈小悦,陈立齐.政府预算与会计改革:中国与西方国家模式[M].北京:中信出版社,2002:27.

评估政府行为是至关重要的。……在实践中,对政府履责的经济透明度的定义和要求,可以比照国际货币基金组织(IMF)倡导的"财政透明度(fiscal transparency)"原则宣言进行确定。政府会计的目标在于实现政府履行职责的高经济透明度。这个高标准要求能够统一各级政府以及各个政府部门的会计行为,任何一级政府或政府的某一部门偏离这一会计目标都会使整体会计目标的实现产生问题,即降低政府履责的经济透明度。"[①]

财政部财政科学研究所的钱凯研究表明:"作为政府治理核心的财政透明化要求我们按照'科学发展观'的逻辑,以社会公众利益为根本,构建'民主开放、规范、高效'的服务型政府,通过透明度来加强公众与政府之间的对话和交流,增强公众参与程度,及时了解民意,围绕民众需求确定政府目标、科学决策和规范行政程序。以人为本的服务型政府就是要建立政府与公众之间的平等关系,公众不再是政府信息的被动接受者,政府也不再是公众行为的意向控制者,在公众与政府之间所形成的委托—代理关系中,政府主要承担公共受托责任,政府治理目标定位于社会价值的创造。"[②]

1997年成立的全球报告倡议组织(Global Reporting Initiative,GRI)是一家由美国非政府组织对环境负责经济体联盟(CERES)和联合国环境规划署(UNEP)共同发起的独立的国际组织。2002年,GRI发布了《可持续发展报告指南》,2004年其被推广到中国。《可持续发展报告指南》指出:"透明度和包容性原则代表了整个报告过程的出发点,并贯穿在所有其他的原则中。……透明度是首要原则,也是问责制的核心所在。"

希克指出:"在资源匮乏时期,预算过程越公开,在对关键资源做出预算决策时越可能使用客观判断依据而不是权力。"[③]

中央编译局比较政治与经济研究中心研究员高新军认为:"预算改革的目的就是要把'看不见的政府'变为'看得见的政府'。'看得见',人民才有可能对它加以监督。这是1907年成立的纽约市政研究局的预算改革者们解释公共预算改革时强调的要点。从那时开始,'预算民主'改革成了遏制官员腐败和规范政府行为的突破口。而纽约市政研究局正是美国今天大名鼎鼎的智库——布鲁金斯研究所的前身。"[④]

但是,211高校财务信息状况最不透明。2011年12月1日,中国政法大学教育法研究中心发布《2010—2011高校信息公开观察报告》(简称《报告》)。报告指出:"根据《报告》相关数据显示,财务信息公开情况在所有高校信息公开中最不透明。在考察高校是否主动公开了学校经费来源、年度经费预算决算方案情况时,112个被观察高校得分全部为零。这也是此次透明度调查28个测评项目中,唯一一个所有被观察高校

[①] 陈小悦,陈璇.政府会计目标及其相关问题的理论探讨[J].会计研究,2005(11):61-67.
[②] 钱凯.如何提高我国财政透明度研究综述[J].经济研究参考,2007(60):41-45.
[③] Schiek A G. University budgeting: Administrative perspective, budget structure, and budget process[J]. Academy of management review, 1985, 10(4): 794-802.
[④] 高新军.美国财政预算是如何走向公开透明的[J].中国改革,2012(8):73-74.

全部都得零分的项目。"①

光明网评论员报道:"仅就眼下的 70 多份年度预算来看,起码有三个层面有待细化并释疑:一则,既然是高校预算,公众最关心的自然是比如教师工资、教学设备、学生补助等都花了多少钱。所谓预算公开,能否将这些核心项目公开在明处?二则,高校行政化是个不争的顽疾,而社会对'三公'支出反响最为强烈,那么,高校预算能否在这些热点上不避嫌地及时回应民意?三则,很多高校'其他收入'金额较大,比如北京大学的其他收入为 42.57 亿元,占总收入的 35.82%;中国政法大学的其他收入为 9 000 万元,占 9.21%。'其他'太多,透明性就成谜。当然,最关键的还有,这些安排到底合理不合理、有没有靠谱的审计等专业监督兜底,似乎也需要稳妥说明。"②

③ 我国大学财务信息公开披露的内容

《高等学校信息公开办法》第七条规定,高等学校应当主动公开财务的信息有:第八款,收费的项目、依据、标准与投诉方式;第九款,财务、资产与财务管理制度,学校经费来源、年度经费预算决算方案,财政性资金、受捐赠财产的使用与管理情况,仪器设备、图书、药品等物资设备采购和重大基建工程的招投标。

笔者认为,我国大学财务信息公开披露的内容有:年度财务决算和财务预算;重大会计事项,如筹资、投资、贷款以及 985 高校或 211 高校预算经费等;特别事项,如财务风险、乱收费、投资失误等;审计报告;重大非财务信息,如学校合并重组、重点学科建设、学校规模变化等。

2013 年 8 月 20 日教育发布的《教育部关于进一步做好高等学校财务信息公开工作的通知》(教财函〔2013〕96 号)指出:"国务院办公厅印发了《当前政府信息公开重点工作安排》(国办发〔2013〕73 号),要求加大高校财务信息公开力度,推动各高校公开预算决算信息,并细化公开至项级科目。"但是,公开透明首先是公开,重要的是透明。公开而不透明等于不公开。阳光是最好的防腐剂,高校的预算要像阳光照进玻璃房一样,一目了然,这样一切暗箱操作将暴露无遗。有了知情权就便于监督机构、新闻媒体、广大群众行使监督权,这样才能真正起到治理作用,这也是提高财务信息质量的重要举措。

(3) 内部控制

上述"审议通过"属于高校内部治理结构的范畴,"公开透明"属于高校外部治理结构的范畴。希克认为,"这一次序表明,政府在能够安全地转向内部控制之前必须初步建立起外部控制,而且它必须在拥有了健全的内部控制之后才能将处理资源和产出的广泛的灵活性和责任交给管理者"。预算编制、审批、执行、考核环节应相互制衡,起到内部控制的作用③。

《企业内部控制具体规范——预算》第四条规定:企业应当建立预算工作岗位责任

---

① 中国政法大学教育法中心.112 所高校无一公开经费来源年度预决算信息[N].法制日报,2011-12-02.
② 光明网评论员.雾里看花的"部属高校晒预算"[J].现代阅读,2016(7):32.
③ 林志成.我国行政控制取向的地方复式预算管理改革[D].厦门:厦门大学,2007.

制,明确相关部门和岗位的职责、权限,确保预算工作中的不相容岗位相互分离、制约和监督。预算工作不相容岗位一般包括:① 预算编制(含预算调整)与预算审批;② 预算审批与预算执行;③ 预算执行与预算考核。

《行政事业单位内部控制规范(试行)》第十九条指出:"单位应当建立健全预算编制、审批、执行、决算与评价等预算内部管理制度。单位应当合理设置岗位,明确相关岗位的职责权限,确保预算编制、审批、执行、评价等不相容岗位相互分离。"

《教育部直属高校经济活动内部控制指南(试行)》在"内部控制应用指南""第2号——预决算管理"的第六条指出:"高校应当合理设置预决算管理岗位,明确相关岗位的职责权限,确保预算编制与预算审批、预算审批与预算执行、预算执行与预算考核、决算编制与审核、决算审核与审批等不相容岗位的分离。"

由此可见,预算的编制者、审批者、执行者和监督者不能是同一个主体。境外高校预算编制和预算执行就分属两个部门,很多学者都论述过。笔者不再赘述。

(4)监督是治理的内在要素

《中华人民共和国预算法》(2014)第一条规定:预算功能为"管理和监督"。习近平指出:"要完善党和国家监督体系,统筹推进纪检监察体制改革。要继续健全制度、完善体系,使监督体系契合党的领导体制,融入国家治理体系,推动制度优势更好转化为治理效能。"[①] 笔者曾阐述过高校财务治理,曾指出:监督是治理的内在要素,监督体系融入国家治理体系。

高校监督必须接受党的领导和监督,党内监督本质上是政治监督;必须接受政府的领导和监督,党内监督如纪委监督、巡视等;此外,还有人大监督和政协监督以及民主党派监督;还要接受人民群众监督和舆论监督。在经济监督方面,如财政监督、银行监督、税务监督、物价监督、审计监督、统计监督等。此外,不属于经济监督如教育督导,审计监督等[②]。高校审计分为高校财务审计和高校管理审计两种。高校管理审计包括高校治理审计、内部控制审计、绩效审计、经济责任审计、专项审计,重要政策跟踪审计等[③]。

4. 结论

党的十七大提出:"深化预算制度改革,强化预算管理和监督","完善制约和监督机制,保证人民赋予的权力始终用来为人民谋利益。确保权力正确行使,必须让权力在阳光下运行。要坚持用制度管权、管事、管人,建立健全决策权、执行权、监督权既相互制约又相互协调的权力结构和运行机制"。

王绍光、马骏指出:"无论是什么性质的国家,其活动都离不开财政支撑。国家机器的运转需要资金,制订政策实质上是在分配资金,实施政策也需要资金保障。总之,没有资金什么活动都不可能开展。从这个意义上看,如何筹集资金并进行支出固然首

[①] 习近平.在十九届中央纪委四次全会上发表重要讲话[N].人民日报,2020-01-14.
[②] 乔春华.高校财务治理研究[M].南京:东南大学出版社,2021:241-311.
[③] 乔春华.高校管理审计研究[M].南京:东南大学出版社,2016:51.

先是一个财政问题，但更是一个国家治理问题。不同的财政制度，一般都是与不同的国家治理制度联系在一起的，通常也意味着不同的国家治理水平。因此，改变国家取钱、分钱和用钱的方式，就能在很大程度上改变国家做事的方式，改变国家的治理制度。财政制度转型可以在很大程度上引导国家治理制度转型。如果能通过财政制度重构，改进国家的理财水平，也就可以在很大程度上提高国家的治理水平。"① "如果现代预算制度最终成为国家治理的基本制度，国家治理最核心的部分将随之发生根本性的变化，整个国家治理将会变得更加高效而且负责。"② "在现代国家建设的历史上，各国几乎都以预算改革作为突破口，建立预算国家，实现国家治理转型。"③ "现代预算制度需要时间才能逐步制度化，才能镶嵌进现有的国家治理结构中，并逐步地改变决策者和管理者的决策与行为方式。"④

王绍光、马骏在其一篇文章的开头引用了国外两位著名政府预算专家的名言⑤，指出了政府预算与国家治理的关系：

希克："毫不夸张地说，一个国家的治理能力在很大程度上取决于它的预算能力。"

威尔达夫斯基："如果你不能预算，你如何治理？"

如果将上述两句延伸理解，是否可以得出如下结论：

一个高校的治理能力在很大程度上取决于它的预算能力。如果高校不能预算，你如何治理？因此，高校预算能力决定高校的治理能力，高校不能预算就不能治理！

综上所述，现代预算的治理职能是自身固有的，忽略预算的治理职能就不能称为现代预算。

第三节 高校预算的理论研究

一、预算理论尚不成熟甚至缺失

(一) 预算理论缺乏或缺失

1. 预算理论缺乏

马骏、叶娟丽的研究显示："公共预算研究缺乏明确的理论这一点很早就被注意到了，例如，早在1926年，塞里格曼（Seligman）就指出，财政理论和实践没有得到一种清晰的解释。1940年，科伊再一次抱怨与批评公共预算缺乏理论。……尽管不断有学者尝试建构新的预算理论，但是公共预算领域仍然继续被抱怨缺乏理论基础。1997年，纽柏（Neuby）回顾了公共预算领域的理论文献，认为'即便是经过了70年的研究，预算理论还是缺乏的'。很明显，纽柏的断言是不正确的。在经过了70年的理论

---

① 王绍光,马骏.走向"预算国家"：财政转型与国家建设[J].公共行政评论,2008(1):1-2.
② 同①:31.
③ 同①:34.
④ 同①:35.
⑤ 同①:1.

建构之后，在公共预算领域至少存在这样一些预算理论：渐进主义学派，公共选择学派，规范公共财政学派，政策过程模型，新的探索和努力。换言之，正如巴特尔指出的，现在的情况是，我们现在有许多预算理论，只是没有一种最合适的公共预算理论。"①

曾明、肖美兰的研究表明："尽管预算管理的研究历史并不算短，但预算理论仍然极为缺乏。塞里格曼在 1926 年的研究中就指出，财政理论和实践没有得到一种清晰的解释。1940 年，科伊也抱怨与批评公共预算缺乏理论：'建立预算技术基础的热情使人们的注意力偏离了最基本的预算问题，即：究竟以什么为依据，决定将 X 美元分配到 A 活动，而不是到 B 活动中呢。'……预算理论发展却是极其缓慢，直至今日都没有形成系统的预算理论。作为一种最具代表性的预算理论，渐进主义也是倍受争议，日渐衰微。"②

2. 预算理论缺失

1988 年，公共预算专家希克指出，公共预算仍然没有适用于不同的政治背景和经济状况的预算理论③。

1997 年，纽柏在回顾了公共预算领域的理论文献之后，仍然认为"即便是经过了 70 年的研究，预算理论还是缺乏的"④。

姚东旻、颜缙的研究显示：预算理论研究缺乏一个具有一般性的理论框架，我国预算研究也缺少明确的理论指导。……预算研究一直缺乏明确的理论指导。即使经过了渐进主义学派、公共选择学派、新制度经济学派等学派几十年的努力和发展，还是缺少能够完整分析预算研究现状和未来的理论。我国预算研究也一直未能将预算理论很好地用于指导预算改革和预算实践。……最早可以追溯到维多利亚中期的英国，而兴起和运用于 18 世纪末至 19 世纪初的预算平衡理论是欧洲公共预算形成的重要标志。但学术界一直缺乏能被广泛接受的预算理论，科伊早在 1940 年发表的"The lack of a budgetary theory"一文（科伊在 1981 年的"Incremental thinking: The lack of a budgetary theory"一文中进一步强调"预算理论缺乏"的观点），迄今仍在预算研究中颇具影响力。……"缺乏预算理论"有其客观性，许多学者都讨论过预算理论构建所面临的困难。马斯格雷夫认为，预算政策的性质复杂且多样，难以获得一致的解释。尽管预算是一个独立系统，但是预算的功能和问题需要被区分和分开处理。希克斯指出缺乏预算理论的主要原因是这个领域存在多元理论角度。鲁宾补充到：公共预算的研究没有一个长期连贯的研究议程，也没有办法将不同的研究做整体分析；再加上预算不同部分具有不同特点，单一预算理论的使用范围比较受限。甚至基于直接构建预

---

① 马骏,叶娟丽. 公共预算理论:现状与未来[J]. 武汉大学学报(哲学社会科学版),2003(3):336-344.
② 曾明,肖美兰. 渐进主义预算理论:支持与批评[C]//胡清梅. 2011 年教育科学与管理工程国际学术会议论文集[S.l.]. 美国科研出版社:478-481.
③ Schick A. An inquiry into the possibility of a budgetary theory[M]. New York: State University of New York Press,1988.
④ Neuby L. On the lack of a budget theory[J]. Public administration quarterly,1997,2:131-142.

算理论的困难，马骏认为应转而去努力构建一种"中层理论"，使得我们能够寻找预算过程中的关键性变量，并识别他们之间的关系，从而形成一些可以检验的理论假设。科伊希望通过对预算理论的改进和发展，能有大量的预算理论用于指导实践，让预算研究成为没有过多争议的管理科学，而不是让预算实践一直缺乏预算理论①。

3. 预算理论仍然极为缺失

曾明、肖美兰认为："尽管预算管理的研究历史并不算短，但预算理论仍然极为缺乏。"②

（二）预算理论尚不成熟

鲁宾认为："公共预算的研究必须有成熟的理论。但是，现有的预算理论还不尽人意。……公共预算的学者长久以来因为公共预算理论的缺失而深怀遗憾。一方面，因为把问题定义得过于狭窄，学者们认为创建这样一个理论的任务是不可能完成的，并没有一种推理方法可以决定一美元既定的税收最应该花在项目 A 上还是项目 B 上。另一方面，预算坚持的主要理论，即渐进理论，基本上是一个'没有变化'的理论：很少有变化，很少能够变化，而且也很少应该有所变化。这些年来，这种理论方法转移了研究者对年复一年的细小变化的注意力。当渐进主义最终被颠覆时，这个领域就没剩下什么可以称道的理论了。结果，也就没有理论去指明什么是需要研究的重要问题，什么样的命题需要被检验，或者怎样去把各种研究彼此连接起来以获得更具深度的认知。"③

（三）预算理论尚不成熟甚至缺失的原因

1. 预算是多张面孔，服务于不同的目的的多学科理论支撑和交叉学科

笔者在本章开头就阐述过，高校预算应有多学科作为理论支撑。

阿克塞尔罗德认为，由于"预算具有多张面孔"④，包括了多种相互关联的功能，故而预算需要认真考虑"谁、为了何种目标、获得多少以及谁来支付"这些重要的政治问题⑤。所以，从这个意义上而言，"预算是政府的神经中枢，它是为了高效、经济地实现政府优先权和目标而进行分配资金和利用资源的一种决策制度，一种主要的政治决策制度"⑥。

美国著名的预算学家威尔达夫斯基认为，"由于预算服务于多种不同的目的，因而它可能是指很多的事物：一项政治行动，一项工作计划，一次未来预测，一个启蒙源泉，一次愚昧举动，一个控制机制，一种对限制的逃避，一种行动的手段，一个进步

---

① 姚东旻,颜缙.预算理论的"缺失"?：公共价值理论在中期预算框架的实践[J].地方财政研究,2018(1)：11-22.
② 曾明,肖美兰.渐进主义预算理论：支持与批评[C]//胡清梅.2011年教育科学与管理工程国际学术会议论文集：478-481.
③ 鲁宾.预算理论的未来[J].周美多,译.公共管理研究,2006(10)：3-14.
④ Axelrod D,Budgeting for modern government[M]. New York：St. Martin's Press,Inc.,1988：7.
⑤ 同④：1.
⑥ 同④：1.

的障碍，甚至可以是一种祈祷：愿当权者能够温和地对待具有良好愿望而又能力有限的人们。"① 因此，公共预算是一个具有多维度的研究对象。尼斯认为"我们希望它肩负许多不同的、有时甚至是矛盾的任务"②。

凯顿认为，公共预算是一门交叉学科，具有多种开放性的视角。所以，假如我们不是希冀用一个预算理论来解释所有问题，那么从多个相互竞争的学科角度来研究公共预算，不仅不会妨碍预算理论的建构，反而是一个优势，有助于公共预算理论的发展③。凯顿还认为，预算模式是对在不同情况下出现的主要变量的组合配置。但是，她也指出，这种预算模式分析并不是一个综合的预算理论，它只能是一个研究角度④。

英国财政学者休·道尔顿指出，政府预算是处于经济学、政府学、公共行政学和其他许多社会科学之间的"交叉路口"。各学科的研究怎样统合，是当前面临的一个重要问题⑤。

2. 将多学科理论整合成一个理论是不可能的

公共预算专家希克指出，我们之所以一直缺乏一个一般性的预算理论主要是因为在这个领域存在多元的理论角度⑥。

普雷姆詹德鉴于预算的复杂性旗帜鲜明地指出没有包容一切的公共预算理论⑦。

巴特尔也认为尽管看起来有很多预算理论，但是没有一种最合适的公共预算理论⑧。

希克归纳了构建预算理论的困难性，表示了预算理论整合的不可能性⑨。

鲁宾的研究表明："公共预算的学者长久以来因为公共预算理论的缺失而深怀遗憾。一方面，因为把问题定义得过于狭窄，学者们认为创建这样一个理论的任务是不可能完成的，并没有一种推理方法可以决定一美元既定的税收最应该花在项目 A 上还是项目 B 上。"⑩

马骏、於莉认为："由于预算本身非常复杂，而且预算过程牵涉一个国家的政治、经济与行政制度，因此，构建预算理论是非常困难的。以美国为例，即使美国的公共预算与财政管理研究已经比较发达，但是，公共预算的理论建构一直面临着各种困难。

---

① 瑞宾,林奇.国家预算与财政管理[M].丁学东,译.北京:中国财政经济出版社,1990:1.
② Nice D. Public Budgeting(公共预算:英文版)[M].北京:经济科学出版社,2004:2.
③ Caiden N. Patterns of budgeting[J]. Public administration review,1978,38(6):539-544.
④ 同③.
⑤ 王月欣.基于《周易》整体理财观的政府预算理论思考[J].财会通讯,2018(7):53-55.
⑥ Schick A. An inquiry into the possibility of a budgetary theory[M]. New York:State University of New York Press,1988:63-65.
⑦ Premchand A. Government budgeting and expenditure controls:Theory and practice[M]. Washington D.C.:International Monetary Fund,1983:35.
⑧ Bartle J R,Jun M. Applying transaction cost theory to public budgeting and finance[M]//Bartle J. Evolving theories of public budgeting. Amsterdam:Emerald Group Publishing Limited,2001.
⑨ Schick A. An Inquiry into the possibility of a budgetary theory[M]//Rubin I. New directions in budget history. New York:State University of New York Press,1988.
⑩ 鲁宾.预算理论的未来[J].周美多,译.公共管理研究,2006(10):3-14.

……构建关于中国预算的'本土化'的预算理论则更难。这主要是因为中国政府预算是不对社会开放的。同时,由于目前的预算文献非常缺乏关于中国公共预算真实世界的研究,因此,中国公共预算过程对于研究者而言仍然是一个'盲区'。在这种情况下,要建构全面的、广泛的、综合的中国公共预算理论是不可能的。"①

二、国外预算若干理论述评

美国政府预算专家巴特尔指出:"预算已经被学者们从多种不同的学科角度进行研究,很多有关政策制定和政治学的理论已经被运用到预算研究领域。预算理论不是单一的,而是由若干个理论组成的。"②

在20世纪60年代以前,主要是政府预算理论的形成时期,其理论源泉主要是马克斯·韦伯的官僚理论,主要详细描述政府预算和会计体系,以及立法机关与审计等部门的活动,强调通过组织结构调整来控制预算支出。20世纪60年代初至20世纪80年代,公共预算领域的主要理论有渐进预算理论、公共选择理论、政策过程理论、预算改革理论、软预算约束理论、预算效绩理论等。

上述渐进预算理论、公共选择理论、政策过程理论、预算改革理论将在下面阐述,预算效绩理论将在第二章阐述。软预算约束理论简述如下:

"软预算约束理论"是匈牙利科学院院士、哈佛大学教授亚诺什·科尔内(János Kornai)在《短缺经济学》一书中首创性地提出的。"软预算约束"对应"硬预算约束",所谓硬预算约束就是我们平常说的优胜劣汰的市场机制,即经济组织的一切活动都以自身拥有的资源约束为限。所谓软预算约束的形成至少有两个主体:即预算约束体和支持体。预算约束体是指那些在以自有资源为限的前提下,如果收不抵支,产生赤字,在没有外部救助的情况下不能继续存在的组织;支持体通常是受政府控制的,可以直接转移资源来救助陷入困境的预算约束体的组织。也就是说,硬预算约束靠自身,软预算约束在"自身"之外有"支持体"——政府预算。笔者曾指出,如21世纪初叶,高校巨额负债就是"自身"之外,高校利用"父爱情结"绑架政府预算买单的"成功"范例③。预算应是约束政府的强有力的手段,但"父爱情结"软心肠带来"软预算约束"限制了政府预算的无法对政府行为形成强有力的约束力。

(一)渐进预算理论

1. 渐进预算理论的产生

渐进预算理论始于20世纪60年代。美国著名的政府预算专家威尔达夫斯基的《预算改革的政治含义》与的《预算过程中的新政治学》和两年后芬劳出版的《钱包的

---

① 马骏,於莉.公共预算研究:中国政治学和公共行政学亟待加强的研究领域[J].政治学研究,2005(2):108-116.
② Bartle J R. Evolving theory of public budgeting[M]. New York:JAI Press,2001:1.
③ 乔春华.新时代高校财务理论研究[M].南京:东南大学出版社,2020:340-341.

权力：国会拨款的政治学》成为渐进主义预算理论的经典①。

威尔达夫斯基是渐进预算理论的代表人物。威尔达夫斯基等学者在研究中发现：预算是渐进的过程。例如，根据从美国第八十届国会（1947—1948 年）到第一百届国会（1987—1988 年）各个机构预算拨款增加的百分比，在 20 世纪 40 年代—80 年代，美国联邦政府的预算过程一直是渐进的②。

在预算过程结果的拨款，也是以一个相对稳定的比率增长的。威尔达夫斯基通过对 37 个部门为期 12 年的考察，发现其中 3/4 的部门的预算变化小于 30%，而且在数额上一般是递增的。正如威尔达夫斯基自己所说，"预算渐进地而不是全面地做出。其中的一个简单的道理在于，支出机构不会在每个预算年度里根据现有项目的价值和替代项目的价值来积极地评估所有的方案。相反地，支出机构的预算要求都是建立在上一年的预算基础之上，并特别关注边际上的增加和减少。"③ 塔克（Tucker）在 1982 年的一篇论文中分析了渐进主义理论模型的应用中的不同观点。他认为，尽管对渐进主义有各种的说法和应用，它的主要观点仍集中在一点上：那就是，当前的预算决策是建立在过去的预算决策基础上的。它与非渐进主义理论的区别在于：渐进主义理论的模型采用过去的预算决策作为自变量，而非渐进主义的模型不以过去的预算决策作为自变量④。

戴维斯、德姆普斯特和威尔达夫斯基也试图验证该理论的正确性。在最初的模型中，他们假定了 8 个等式来解释决策参与者所持的决策原则，如用来计算预算请求的规则和国会投票决定拨款的决策原则。模型中的因变量是国会最后决定的拨款额，在分析了 1946—1963 年间 56 个国内机构获得的拨款数据后，他们发现这个模型能够解释 86% 的国会拨款规则，那就是无论是主要机构的请求拨款还是国会决定拨款的规则都是在过去基础上增加一个固定比例，因而体现出渐进主义的特点⑤。

2. 渐进预算理论的主要内容

威尔达夫斯基的渐进预算理论的基本观点：

（1）预算具有政治性。威尔达夫斯基认为，预算决策处于政治过程当中，因而具有政治性，"预算过程是政治框架中的人类行为"⑥。他认为，如果不运用政治学理论的话，便无法回答科伊所提出的问题。究竟以什么为依据，决定将 X 美元分配给 A 活动，而不是分配给 B 活动？威尔达夫斯基认为，影响预算最重要的方式是引入基本的政治

---

① Rubin I. Budget theory and budget practice: How good the fit? [J]. Public administration review, 1990, 50(2): 179 - 189.

② White J. (Almost) Nothing new under the sun: Why the work of budgeting remains incremental[J]. Public budgeting and finance, 1994, 14(1): 113 - 134.

③ Wildavsky A. The politics of the budgetary process[M]. Boston: Little Brown and Company, 1964.

④ Tucker H J. Incremental budgeting: Myth or model[J]. The western political quarterly, 1982, 35(3): 327 - 338.

⑤ Rubin I. Review: Aaron Wildavsky and the demise of incrementalism[J]. Public administration review, 1989, 49(1): 78 - 81.

⑥ 同③: 4.

变化,如果不能影响到政治过程,就无法改变预算过程①。

(2) 预算具有渐进性。正如威尔达夫斯基所说,渐进预算的基本命题是:"预算的做出是渐进的,而不是全面的。一个简单的智慧是,支出机构决不会在每个预算年度里根据现有项目的价值和替代项目的价值来积极地评估所有的方案。相反地,支出机构的预算要求都是建立在上一年的预算基础之上,并特别关注边际上的增加和减少。"②

(3) 渐进主义的核心是"基数"的概念。威尔达夫斯基主张"当年预算的最大决定因素是上年的预算。每一预算的主要部分都是以前年度决策的产物。"③ "渐进主义的核心是基数的概念,这里的基数是指一种期望,即期望项目的执行情况与费用支出水平相接近。因此,将某一项目包括进机构的基数中意义远远大于在某一具体年份的预算中得到这一项目的意义。它意味着一种继续支出的期望,它作为将要被执行的支出部分而被接收,从而它很正常地不属于详细审查的范围。(顺便说一下,'基数'一词常为从事预算编制工作的官员使用,如果他们在往年预算水平的基础上期望预算年复一年地大幅度波动,而不是在往年相对稳定的预算基础上增加或减少,那么'基数'一词的使用将没有任何意义。)与'基数'概念相联系的是'公平份额'思想。公平份额意味着不仅要将一个机构已有的预算基数,而且要将它所期望得到的资金额(如果有的话)与其他政府机构的预算基数相比较。所以公平份额大致反映了一个机构与其他机构相比较时应得到的预算的期望值。缺少预算基数或公平份额将导致项目资金计算上的困难。"④

(4) 预算具有"简化"策略。预算规模太大且预算过程是非常复杂的,而人的智力和精力却十分有限。根据威尔达夫斯基的阐述,预算过程这种"简单、非分析性策略"的关键即所谓的"基数"(base)。它不仅可以看作预算官员普遍的一种期望,期望某一项目能够继续支出,而且也可免于严格审查⑤。预算基数为预算过程提供了一个方便实用的起点,更重要的是预算基数为保证预算过程的稳定性提供了一种有效机制。同时,"基数"的存在表示预算参与者观念和计算模式具有长期稳定性和各种预算关系具有合理性⑥。

(5) 预算具有适度性。在渐进预算理论看来,最重要的是民主社会的政治代表都遵循适度特征⑦。渐进主义只关注年复一年的预算过程、支出部门要求、行政部门审核与立法机关审议,从而忽视了委托者的权益和预算结果产生的影响。

---

① LeLoup L T. The Myth of incrementalism: Analytical choices in budgetary theory[J]. Polity,1978,10(6):489-509.
② Wildavsky A. The politics of the budgetary process[M]. Boston:Little Brown and Company,1964:15.
③ 威尔达夫斯基,凯顿.预算过程中的新政治学[M].4版.邓淑莲,魏陆,译.上海:上海财经大学出版社,2006:53.
④ 同③:54.
⑤ 同②:16-18.
⑥ Davis O A,Dempster M A H,Wildavsky A. A theory of the budgetary process[J]. American political science review,1966,60(3):529-531.
⑦ White J. (Almost) Nothing new under the sun:Why the work of budgeting remains incremental[J]. Public budgeting and finance,1994,14(1):115.

3. 渐进预算理论的述评

（1）从 20 世纪 60 年代开始，渐进主义逐步成了重要的决策理论

"渐进主义"相对于"激进主义"而言，在经济转型中激进主义采取休克疗法的方式，而渐进主义采取稳健的、逐步的、分阶段的过渡方式。中国选择的是渐进主义改革。渐进预算理论已成为最具影响力的政府预算理论，至今仍在公共预算理论中占据支配地位。当今世界大多数国家的预算编制，都是以上一年度的预算数或执行数为基数，再加以适当的递增比例计算而成。并成为许多学者用于分析美国联邦政府和地方政府的预算过程和其他国家、国际组织的预算管理活动[①]。

虽然渐进预算理论成为最具影响力的政府预算理论，但是，无论是在理论上还是在实践中，对预算基数递增办法的批评一直存在。在我国的预算改革中，对基数加增长的预算编制方法基本持否定意见。为了解决基数法的弊端，1999 年开始的中央部门预算改革将各预算单位的支出划分为基本支出和项目支出，分别按定员定额和项目库的方法进行预算编制。胡勒等人发现，联合国、世界卫生组织、国际劳工组织等这些国际组织的预算过程都遵循着渐进决策的规则[②]。

渐进预算理论是预算管理理论中最早出现并较为成熟的理论之一，曾长期居于主流和主导地位。

（2）自 20 世纪 70 年代开始，渐进预算理论逐渐受到不少预算学者的质疑和批评

对渐进预算理论质疑和批评的代表人物是美国著名政府预算专家鲁宾。1989 年鲁宾发表了《阿伦·威尔达夫斯基与渐进主义的消亡》一文[③]，对渐进预算理论提出了一个尖锐而沉重的结论。1988 年鲁宾在为其主编的《预算历史的新方向》一书所作的序言中也提到过类似的结论。鲁宾指出，作为一种理论，渐进主义既过于宽泛又过于狭隘，且难以证明或证伪。渐进预算理论的宽泛由其关于人类诸如认知局限、注意力短暂等特点所致，此外渐进预算理论还将预算过程中的行动者刻画成不喜冲突、竭力避免冲突的人；这些特点不变，则人为之预算过程亦不会变，进而预算结果易测且通常变化较小。她认为，渐进预算理论也是狭隘的。对于"授权""财政收入""应享权益支出""官僚各层级预算间的差异""外部预算环境""部门首长的角色""持续性决议案""补充拨款"等这些于描述和解释预算过程来说不可忽略者，渐进预算理论都没有给予足够的重视甚或未被涉及[④]。

鲁宾在 2006 年还指出："预算坚持的主要理论，即渐进理论，基本上是一个'没有变化'的理论：很少有变化，很少能够变化，而且也很少应该有所变化。这些年来，这种理论方法转移了研究者对年复一年的细小变化的注意力。当渐进主义最终被颠覆时，这个领域就没剩下什么可以称道的理论了。结果，也就没有理论去指明什么是需

---

① Tucker H J. Incremental budgeting: Myth or model? [J]. Western political quarterly, 1982, 35(3): 327-338.
② Leloup L. The myth of incrementalism[J]. Polity, 1978, 10: 488-509.
③ Rubin I S. Aaron Wildavsky and the demise of incrementalism[J]. Public administration review, 1989, 49(1): 78-81.
④ Rubin I S. New directions in budget history[M]. New York: State University of New York, 1988: 3-5.

要研究的重要问题,什么样的命题需要被检验,或者怎样去把各种研究彼此连接起来以获得更具深度的认知。同样,也没有理论去指明什么样的方法论或研究设计可能是最有用的。本文并没有提供一套公共预算的理论,但是它确实提出了这个领域中一些重要而且正是当下研究中的问题,预算这个东西是怎么发展起来的?它的起源是什么?它过去有着什么样的功能?而现在又扮演着什么样的角色?当一个国家和它所面对的问题发生变化时,预算是怎么随之调整的?哪些在静态研究中被认为是预算中固定不变的要素,随着时间的流逝而被视为是动态的了,其中的原因何在?比如,预算中的开放度、透明度、随着时间的增加量和减少量。研究者不但会记录那些增减量,还会寻找这些变化的原因。是什么使得预算或多或少地成为一种花招,又是什么影响了预算决策制定中公众参与的程度的?"[1]

威尔达夫斯基的理论一直受到挑战,他在1984年预示了渐进主义理论的过时,该理论已不再是对现实的一种描述性的解释。到了他的名著《预算过程中的新政治学》(第5版)出版时,渐进主义只浓缩到了一章中。鲁宾在对渐进预算理论批判的同时,也关注对威尔达夫斯基有关渐进预算理论转变的态度。鲁宾认为,由于有关渐进主义的内容的减少,这本书变得更综合,更有趣,有更少内在矛盾了,尽管它仍然值得阅读,但不可能成为新的正统,它预示着预算新理论的产生成为可能[2]。1984年,威尔达夫斯基在《预算过程中的新政治》最后一版中有将渐进预算喻作忠实反映一段历史的记录[3]。在《预算过程中的新政治》一书中,威尔达夫斯基还指出,基于过去一致意见的预算收敛性曾是计算得以正常进行的基础所在,但现在它已遭破坏。而在该书第二版序言中威尔达夫斯基更是感叹,当在预算基数问题上存在的共识消失殆尽时,渐进主义便也不复存在了[4]。

1997年,琼斯等人在《渐进主义是源自政治一致还是制度僵局》一文中,通过对1947—1995财政年度美国联邦预算的分析发现,与流行的神话相反,二战后直至20世纪60年代初期,联邦预算在支出优先顺序方面存在显著的剧变,而并非一派渐进主义政治的沉闷压抑。与此同时,自20世纪80年代末以来,预算波动已基本趋于稳定或者说趋于渐进性。这意味着需要重新审视威尔达夫斯基关于渐进预算与一致意见、预算变化与意见分歧间联系的论点[5]。

(3)渐进预算理论至今仍没有真正能代替的预算理论

政府预算专家塔克认为,对渐进主义本真定义的非建设性探讨只会有碍于公共预算领域知识的增长。塔克认为对任何预算模型作出基本确认或否认还为时过早,渐进预算理论及其支持性研究与批判性研究都各有其长,不必为了承认批判性研究的价值

---

[1] 鲁宾.预算理论的未来[J].周美多,译.公共管理研究,2006(10):3-14.
[2] Wildavsky A. Political implications of budget reform: A retrospective[J]. Public administration review, 1992,52(6):594-599.
[3] Wildavsky A. The Politics of the budgetary process[M]. Boston:Little Brown and Company,1984.
[4] Wildavsky A, Caiden N. The new politics of the budgetary process [M]. New York: Addison Wesley Longman,Inc.,2001.
[5] 於莉.渐进预算理论50年:成就、论争与发展[J].武汉大学学报(哲学社会科学版),2012(6):92-99.

而断然否定了渐进预算支持者的研究①。塔克还指出，批判性研究并未能实现否认渐进预算理论的成就。

进入 21 世纪后，渐进预算理论仍然不乏坚定的支持者。2001 年，斯维因和哈特利的《渐进主义：历久而仍有效吗？》一文为支持渐进预算理论发出了新声。他们认为，渐进预算理论的批判性研究只能说明渐进预算理论存在不足之处，而不能表明其已经被推翻或被取代②。此外，21 世纪以来，渐进预算理论仍有支持的观点。如古德通过对加拿大联邦预算过程的研究发现，无论是预算参与者间的关系还是他们在预算过程中的计算都体现了渐进主义的特点，描述预算过程的核心词汇仍是基数、增量、公平份额与均等牺牲；仅在 1995 年财政危机以及 2009 年经济危机发生时，预算才未在基数上渐进。古德认为渐进预算理论仍然适用于解释预算过程及其中参与者的预算行为，且从预算实践层面，渐进预算依然发挥着简化计算及减少冲突的重要作用③。

综上所述，渐进预算理论是威尔达夫斯基及其支持者和批判者共同创造和完善的至今没有真正能代替的预算理论。尽管渐进预算理论存在弊端，但其理论和实践贡献在于首创了预算理论并为后来研究者在此基础上批判、完善、创新提供样本。鲁宾指出：预算"是一个错综复杂的领域"④。在如此复杂的预算领域探索新的并为实践验证是正确的理论，前辈们为之奋斗了几百年，期望更好更新的预算理论早日诞生。

(4) 零基预算未取代渐进预算理论

零基预算是对渐进预算理论的一种否定。20 世纪 90 年代，我国在预算改革时曾对"基数加增长"的预算编制方法持否定意见，试图采用"零基预算法"编制预算。但"零基预算法"未能推动，又回到"基数加增长"的预算编制方法。关于"零基预算法"将在第二章第一节中阐述。

(5) 中国早在明代中叶提出了"基数法"

被明孝宗御赐为"理学名臣"，被史学界誉为"有明一代文臣之宗"的中国明代中叶著名的思想家、史学家、政治家、经济学家和文学家丘濬（1420—1495 年）是阐述"基数法"思想的第一个人，他提出了："一个颇类似于近代财政概算的编制程序，所不同的，它主要是以预算执行前一年份的实际财政收入为编造基础，而近代国家预算则以预算年的估计收入为基础。"⑤

(6) 中国目前仍采用"基数法"

1955—1985 年，我国高等教育财政拨款模式采用"基数＋发展"的拨款模式，也称为"增量拨款模式"。"基数"是指以前一年（基期）的拨款标准为基数，该基数考

---

① Tucker H J. Incremental budgeting: Myth or mode[J]. The western political quarterly, 1983, 3(3):331-335.
② Swain J W, Hartley Jr. C J. Incrementalism: Old but good? [M]//Bartle J R. Evolving theories of public budgeting, 2001:23-25.
③ Good D A. Still budgeting by muddling through: Why disjointed incrementalism lasts[J]. Policy and society, 2011, 30(1):45-50.
④ 袁星侯. 政府预算渐进主义及其改革评述[J]. 经济学家, 2003(6):93-100.
⑤ 中国大百科全书总编辑委员会《经济学》编辑委员会. 中国大百科全书：经济学Ⅱ[M]. 北京：中国大百科全书出版社, 1988:738.

虑当年国家财力、物价等因素适当变化情况而确定。它以历史的支出结果为基础。"发展"是依据当年该高校教育事业发展与变化的情况而确定。因此，"基数＋发展"是一种渐进式的拨款模式。1986年10月15日，国家教委、财政部颁布的《高等学校财务管理改革实施办法》（[86]教计字162号）第六条指出："高等学校年度教育事业费预算，由主管部门按照不同科类、不同层次学生的需要和学校所在地区的不同情况，结合国家财力的可能，按'综合定额加专项补助'的办法进行核定。"

但是，2008年6月19日，财政部在《关于"提高高等学校生均定额拨款标准"建议的答复》中指出："目前，我国高等教育财政拨款主要采取两种方式：'基数加增长'和'综合定额加专项补助'拨款模式。"

（二）政策过程理论（或宏观预算模型）

1. 鲁宾"政策过程理论"的观点

20世纪80年代，鲁宾提出了"政策过程理论"，成为"政策过程理论"的代表人物。

鲁宾虽然不满意威尔达夫斯基的渐进预算理论，但她和威尔达夫斯基都认为预算过程可以看成是一个政治过程。她认为，"预算过程在很多方面具有政治性。首先，它影响政府行政机关与立法机构之间，以及政府与公众之间的权力分配。其次，它不仅影响权力分配，而且影响着政策和开支决策。预算过程常常是民主参与和公共责任的重要工具。决策对公众观点、有关的利益集团和公民参与的公开性，该过程对民主决定的优先项目的责任性，以及预算文件和会计报告内容质量都反映了民主政治的程度。"①

鲁宾还认为，预算过程既是体现政策的过程，又是一个特别的、有众多预算参与者共同参与的政治决策过程。预算参与者的目标具有多样性，政府预算对经济和政治环境是开放的，必须能对外部环境的变化做出适当的反应。这些都决定了预算理论模型必须具备某种灵活性，从而能够将各种预算参与者的要求和正在变化的预算环境纳入其中，因此，"环境"对预算决策影响很大。

鲁宾认为，尼斯坎南的官僚预算最大化模型过于简单，因为官僚在追求预算最大化之外还有公共利益与职业主义等其他目标。同时，她还认为，渐进主义预算模型也不能很好地解释当代的预算过程与预算结果。因此，鲁宾提出了"实时预算模型"，它将宏观预算与微观预算结合在一起成为关于"预算决策"的模型。

在"实时预算模型"中，预算决策被分成收入束（revenue stream）、预算过程束（budget process stream）、支出束（expenditure stream）、平衡束（balance stream）和执行束（budget execution stream）这五个相互独立而又前后相继的决策束。每一个决策束吸引着具有不同特征的一组预算参与者参与其中。在每个决策束中，预算参与者的预算策略、预算环境等因素都会对预算结果产生影响，每一个决策束都有自己的决

---

① 鲁宾.公共预算中的政治:收入与支出,借贷与平衡[M].4版.马骏,叶娟丽,译.北京:中国人民大学出版社,2001:88.

策制定者体现特有的"预算政治"特征。"实时预算模型"中的"实时"是指在上述五类预算决策束中，在每个预算决策束中，单个预算行动者的策略、预算过程和预算环境这些因素对预算结果的影响都需要考虑①。

鲁宾认为，在"实时预算模型"中，时间是重要的约束条件。她指出："预算有底线和时间期限，这使得预算和其他的政治决策相区别。"② 预算必须在某一时点通过，整个预算程序总是向着最终期限运行。然而，时机的选择在实时预算模型中也是非常重要的，因为各种各样的预算参与者必须能随着环境条件的变化从其他的预算参与者那里获得必要的信息。

从上述内容可知，鲁宾的政策过程"实时预算模型"提出了一套理论框架，对于未来预算理论的发展具有很重要的意义。但是，该模型是"政策过程"的预算决策模型，并不是以理论建构为目标的。同时，该模型是关于美国各级政府预算的研究，其有效性在其他国家还未得到验证。

2. 勒娄普"公共预算从微观预算转到宏观预算层面"的观点

鲁宾和兰斯·勒娄普（Lance T. LeLoup）都不赞成渐进主义和公共选择理论对预算的观点。

1978年，勒娄普指出，渐进主义预算模型没有正确解释描述性的数据。勒娄普指出，渐进主义主要建立在一系列分析性选择基础上，而这些分析性选择会影响渐进主义本身的有效性和适用性③。

1988年，勒娄普分析了20世纪70年代以来，美国议会和政府的预算过程出现了转向"自上而下"的趋势，勒娄普已敏锐观察到美国预算由微观预算向宏观预算的转变。这使得渐进主义预算经受挑战。各种新的预算研究理论模式重新将预算过程和结果理论化，如勒娄普和希克的议会研究④。虽然如此，勒娄普仍认为缺乏一种用来解释新的宏观预算过程的预算理论。于是他提出建立一种结合微观预算分析的宏观预算分析⑤。勒娄普指出，不管哪种新的预算范式或概念框架的出现，它必须能解释以下一系列因素：预算平衡或预算盈余的新环境；对权力和强制开支的持续政策关注；对立法部门预算改革的关心；更好地平衡宏观预算和微观预算的需求；手段高明且高度公众化的预算方法；行政部门规范的变革和非国家危机时期的立法——行政间的平等关系。"如果以上这些以及更多新的因素在新理论中得到解释，21世纪的预算理论将能够帮助我们理解和解释动态的公共决策过程。"⑥ "公共预算从微观预算转到宏观预算层面"这个观点在当时是非常具有前瞻性的。

---

① Rubin. Politics of public budgeting[M]. 3rd ed. Chatham：Chatham House,Inc,1997：24.

② Rubin I S. The politics of public budgeting[M]. 2nd ed. Chatham,NJ：Chatham House,1993：272.

③ LeLoup L T. The myth of incrementalism：analytical choices in budgetary theory[J]. Polity,1978,10(4)：496.

④ Leloup L T. From microbudgeting to macrobudgeting：Evolution in theory and practice[M]//Rubin I. New directions in budget history. New York：State University of New York press,1988.

⑤ 同④.

⑥ 卡恩,希尔德雷思. 公共部门预算理论[M]. 韦曙林,译. 上海：格致出版社,2010：23.

(三) 预算改革理论

1. 预算改革理论

1940年，科伊认为至今还没有一个预算理论能解释"在什么基础上，决定将某一数量的拨款拨给活动A而不是活动B"这个问题。显然，这个问题是一个规范性的预算问题，而不是一个经验问题。从此开始，经济学学者、政治学学者、管理学学者、行政学学者、法学学者等经过近一个世纪不懈的努力，形成了一套"预算改革理论"，也可称为"规范理论"。这些预算改革模式都希望将预算理性引入公共预算决策中来解决科伊提出的这个预算问题。除了规范性和实用导向之外，一些理论家指出，这些公共预算的改革理论都具有两个共同的特点：一是它们都试图将完全理性引入公共预算中；二是它们都将政治过程视为缺乏效率的，因而都试图回避政治过程。上述两点，导致了他们在理论探索和改革实践上的不断失败。但是，预算过程不可能按照完全理性来运转，政治过程也是不可能回避的。1996年，美国预算专家梅耶斯（Meyers）提出了预算理论的两个方向：理性主义和现实主义[①]。现实主义的预算理论强调预算决策过程中的政治理性。而理性主义的预算理论是以经济学的效率概念，尤其是微观经济学中的效用最大化为基础的，强调预算的效率。

预算理论不断探索，又不断遇到挫折和失败，又继续不断探索。预算理论就是在不断探索中逐步丰富和发展，其中最宝贵的是预算改革的失败成果推动了预算理论研究的进展。

2. 预算理论的改革

自20世纪50年代以来，以美国为首的发达国家一直不断对预算过程尤其是预算资金分配过程进行改革来改进资源配置效率。但是，这些改革都没有取得完全的成功[②]。同样地，在过去的几十年中，联合国、世界银行、国际货币基金组织等国际机构一直都在帮助发展中国家改革它们的预算过程，以实现预期的预算结果。然而，这些改革也收效甚微[③]。预算改革未能实现预期的预算结果，关键的原因是，预算改革并未真正地改变预算过程中的权力分配，也未能从根本上改变预算过程中预算参与者的决策模式。

在分析美国20世纪50年代以来出现的各种预算改革时，威尔达夫斯基曾指出，这些改革都没有瞄准正确的目标："如果目前的预算过程或对或错地被认为是不令人满意的，那么，我们必须改变预算只是其反映之一的政治体制的某些方面。那种认为我们可以在不改变影响力分布的情况下在预算上带来巨大改变的想法是毫无意义的……预算与政治体制非常复杂地联系在一起。所以，迄今为止，影响预算最显著的方式是引入根本性的政治变化……如果不能同时影响政治过程，是不可能在预算过程上进行

[①] Meyers R T. Is there a key to the normative budgeting lock? [J]. Policy sciences,1996(29):171-188.
[②] Kettl D. Deficit politics[M]. New York:Macmillan Publishing Company,1992.
[③] 希克.现代公共支出管理方法[M].王卫星,译.北京:经济管理出版社,2000:4-8.

重大改变的。"① 1961年，威尔达夫斯基指出：一方面，预算改革是有政治涵义的；另一方面，如果预算改革不能相应地影响政治过程，预算改革是很难实现其目标的②。1988年，威尔达夫斯基还指出："如果到最后结果模式仍然和以前完全一样，那么，对预算机器打主意是毫无意义的。相反地，除非导致不同类型的决策，而且，如果做到了这一点，政治力量的游戏必然被改变，否则，预算改革的合理性就是没有依据的。"③

笔者认为，目前，预算理论不能说完全"缺失"，只能说"不成熟"；或者说，鉴于预算理论是"多学科支撑"，笔者观点"不易整合"，也没有必要"整合"成一个预算理论，应该从不同视角（经济学、政治学、管理学、行政学、法学等）阐述若干个预算理论。从政治学角度，应该关注预算改革是否带来了决策方式的改变。预算改革必须调整现有的预算权力结构④。但正如马骏指出的：中国预算改革的困惑就在于政治权力的核心难以触动⑤。从经济学角度来看，应该关注预算的绩效。从20世纪30年代起，美国公共预算领域开始了一系列的预算绩效预算改革，而高校预算理论与实务受公共预算的制约和影响，又有高校自身的特点，改革更难些。

我国实行社会主义市场经济体制30多年，前已述及，预算法规不仅滞后而且不完整（第二章还将继续阐述），预算实践落后，预算理论不成熟。高校预算状况更显不足。但是，相信通过我国高校预算理论工作者和实务工作者的共同努力，高校预算理论会丰富和发展，高校预算实践会上新台阶、开创新局面。

---

① Wildavsky A. The politics of the budget reform[M]. New York：Harper-Collins Publishers，1988：411.
② Wildavsky A. The political implications of budgetary reform[J]. Public administration review 21，1961：183-190.
③ 同②.
④ 同②.
⑤ 马骏.中国预算改革的政治学：成就与困惑[J].中山大学学报（社会科学版），2007(3)：67-74.

第二章　高校预算绩效理论研究

政府预算绩效管理是世界公认的难题，高校预算绩效管理更是国际公认的难题，众多国家政府和学者虽然遇到许多挫折甚至失败，但探索者矢志不渝，并未减少探索者的耐心和热情，对"预算绩效管理"这个难题的研究在探索中前进。

第一节　国外预算绩效的改革和发展历程

一、美国绩效预算的发展历程

美国绩效预算经历了五个阶段。

（一）探索萌芽阶段——"分项排列预算"或"条目预算"

1870年，美国实行的是"总额预算"（即预算支出部门申报预算时只申报预算总数，不细化到分类和科目），这导致财政部门无法对预算支出部门的投入进行监控，预算支出部门也不能承担相应的支出责任，造成公权力滥用，预算资金浪费和腐败现象时有发生。

1906年，美国纽约市成立了市政研究局（New York Bureau of Municipal Research），着手对政府绩效评价进行研究，探索提升该市政府行政效率的途径。在颁布的《改进管理控制计划》中体现了"绩效预算"的理念。

1907年，纽约市政研究局首次将调查研究、社会统计和测定成本等绩效评价方法和技术运用到纽约市政府以效率为重点的公共支出管理活动中，探索建立起评价政府活动的成本/投入（input）、评价政府活动的产出（output）、评价政府活动的结果（outcome）三个类型的绩效评价体系。

1908年纽约市出炉了第一份现代预算。

1916年，布鲁金斯研究院（Brooking Institution）成立后对政府部门的部分绩效，如预算、行政成本核算、雇员的工作效率等着手进行了评价。

1. "分项排列预算"或"条目预算"的内容

1910年，塔夫脱总统创建了经济和效率委员会（也常被称为塔夫脱委员会），在1912年发布了著名的《国家预算的需要》报告（The Need for a National Budget，也被称为《塔夫脱委员会报告》），开始寻求"总额预算"模式的改革。

1921年，美国通过的《预算和会计法案》(The Budget and Accounting Act)明确了成立总统预算局，在预算申报的程序上先经过总统和预算局协调才上报议会。这一变化标志着美国预算管理制度的确立。美国联邦政府采用分项排列预算。"分项排列预算"（line-item budget）或"条目预算"（line-item budget）或线性预算（line-item budget）。"分项排列预算"是对"总额预算"的改革，它指以预算支出目标为关键对象，采用分项目排列的方式按顺序列出预算资金，每一项收入和支出都有明确的来源和去向，最终由国家拨付机构进行款项下拨的预算管理模式。"分项排列预算"是建立在部门预算的部门细分和项目细分的基础上进行预算安排，预算编制方法比较简易，按照威尔达夫斯基的渐进预算理论采用"基数法"。各项目支出按人头经费与业务经费计算编制，按具体明细项目（line-item）列示。一般单位（部门）人员数变动较少，因此只需在原有基数基础上略加调整；而业务经费如办公用品项目的预算只能用于购买办公用品，差旅费项目的预算只能用于公职人员的公务差旅费用，各支出机构预算中列示的各个明细项目互不交叉，预算资金也相互分离，通过控制投入资金以避免浪费来提高绩效。由此可见，其实质上是"投入预算"（input-budget），属于投入控制型预算管理模式。20世纪30年代，美国农业部和田纳西河流域管理局采用这种模式提高政府的工作效率。

2. "分项排列预算"或"条目预算"的评价

"分项排列预算"的历史贡献："分项排列预算"对"绩效预算"作了宝贵的探索，形成了"绩效预算"的萌芽或雏形。"分项排列预算"是对预算管理的一个突破。它编制简易，且项目明晰，与公共资金的会计核算相一致，能够很清楚地反映政府支出的全貌；也满足了工业社会规范拨款的要求并有利于国会对预算支出项目表决和拨款；分项排列按顺序明确预算支出的轻重缓急；分项目控制预算支出也能提高绩效。

但是，它只反映投入信息没有提供产出信息。休斯指出：传统的线预算"强调投入而非产出"，因而"在投入的费用和任何目标的实现之间不存在必然的联系"。"如果资金被配置到特定的投入，它们总会一如既往地被花费掉，否则下一年度的预算就可能被削减"[1]。即它没有告诉我们在这些预算资金支出后，政府机构实现了什么效果，支出所达到的效率如何[2]。休斯认为，"线性项目的预算是非常短期的，一般只持续一年的时间。这意味着长期的预算项目趋于持续不变而且缺乏任何细节上的考虑。……由于如此短期的观念，经常就不会有两年、三年甚至是十年的新计划的未来成本观念"[3]。采用收付实现制的会计基础，预算支出项目是以经济性质而不是按照经济功能分类；采用强调合规性预算控制，以节约为目标提高绩效；分项目排列预算过于细化，影响资金使用效益；预算管理总体上是粗放型。

---

[1] 休斯.公共管理导论[M].4版.北京:中国人民大学出版社,2015:192.
[2] Bland R L, Rubin I. Budgeting: A guide for local government[M]. Washington, D.C.: ICMA, 1997:12.
[3] 同[1].

(二) 旧绩效预算 (PB)[①] ——"规划预算"(program budgeting, PB)

1. "规划预算"的内容[②]

1929年的美国经济危机之后，罗斯福总统推出新政，对绩效预算研究表现出很高的兴趣。20世纪30年代，美国农业部和田纳西河流域管理局首次对绩效预算进行了尝试。艾森豪威尔政府时期一直保持这种做法。

1949年，胡佛委员会（Hoove Commission）（原名为政府行政组织委员会）在其《预算与会计报告》中指出：联邦政府的整个预算观念应当更新，采取以功能、活动和项目为基础的预算，在预算编制过程中融入绩效信息，注重成本的测量和工作量的估计，即采用"绩效预算"。胡佛委员会首次定义了绩效预算的概念：绩效预算"是基于政府职能（functions）、业务（activities）与项目（projects）所编的公共预算。……绩效预算注重一般性质与重大工作的执行或服务的提供，而非着眼于人员、劳务、用品、设备等实物的取得。该预算最重要的任务是工作或服务的成就，及该项工作或服务将支付的若干成本。"由此可见，胡佛委员会眼中的绩效预算改革了"分项排列预算"着眼于取得"人员、劳务、用品、设备等实物"的"投入预算"，重视"一般性质与重大工作的执行或服务的提供"的"产出预算"（output-budget），并进行成本效益分析。

胡佛委员会对其给予高度评价："项目预算或绩效预算应该用来代替当前的预算，这样一来，就可以用更短的文献，按照服务、活动和工作项目来记录政府的开销需求，而不是像以前一样按照所买的东西来记录。"由此可见，该预算被称为"项目预算或绩效预算"。

1950年，在美国国会推动下通过了《预算与会计程序法案》（第64号法令第832章），明确提出"以有关单位的绩效与开支情况的资料来帮助说明预算请求的理由"，要求政府提供预算绩效信息，这也被看作绩效预算正式应用于联邦政府。1949年，《国家安全法案修正案》要求国防部在军队中采用绩效预算法；1950年，《预算和会计程序法案》要求各部门领导在同预算办公室主任协商的情况下，"以有关各单位的绩效与开支情况的资料来帮助说明预算要求的理由"。美国联邦政府1950—1951财政年度的预算是显示绩效预算法成效的第一个预算。各部门用各种附件阐述所有拟议开支中大约90%部分的开支理由，这些附件列明计划的开支，具体说明要达到的主要目的，并概述为实现预定的目标而要完成的工作。

美国各级政府在总统预算局（The President's Bureau of the Budget, PBOB）的指导下，绩效预算开始推向州政府。如洛杉矶于1951年创设首席行政官（the City

---

① 1993年，克林顿总统上台后开展了大规模的"重塑政府"运动，指定副总统戈尔负责成立国家绩效评估委员会，发起了新一轮的绩效预算改革，与美国20世纪五六十年代进行的绩效预算（performance budget, PB）改革，这次被称为"旧绩效预算"。而克林顿政府开展的绩效预算改革被称为"新绩效预算"（new performance budget, NPB）。

② "规划预算"也称为"项目预算"，本书采用"规划预算"，如希克在其经典文章"通向计划项目预算之路"中讨论了："随着时间的流逝，预算的重心从控制转向管理，即20世纪50年代的规划预算（program budgeting, PB）；再过渡到计划，即20世纪60年代的规划—项目—预算（即planning-programming-budgeting system, PPBS）；为使预算程序'合理化'而进行的努力一直持续到20世纪70年代，即20世纪70年代的零基预算（zero-base budget, ZBB）。"

Administrative Officer，CAO）一职，该职由小萨缪尔·里斯克（Samuel Leask, Jr.）担任，作为首席财政顾问直接向市长和市议会汇报工作，负责预算和政府工作规划的编制，指导预算执行和政府管理工作。同时，里斯克在洛杉矶全市建立了以绩效合同为核心的预算绩效制度。绩效合同建立在预算目标上，合同双方分别是市长、市议会、首席行政官和政府部门首脑，首席行政官负责监督合同的落实并保证预算执行达成预算目标。合同的一方是各支出部门，其工作方案要以绩效合同为基础，它将支出的时间节点、规模和性质纳入框架内；合同的另一方是财政部门，他通过比较各支出部门的工作方案实施和预算执行时的进度来分配预算资金。洛杉矶的实践证明了在政府部门实行绩效式的预算是有益且可行的。自此，绩效预算的理念在美国联邦政府及地方政府深入人心。

2."规划预算"的评价

"项目预算"的历史贡献：首次提出了"绩效预算"的概念，首次提出了"产出预算"。这次改革解决了分项排列预算的不足，主要优点：一是从强调关注"机构"到强调关注"项目"；二是从强调关注"投入控制"到强调关注"产出"；三是启用"绩效合同"，明确双方责权利；四是以技术效率和经济效率作为预算评价目标。

旧绩效预算强调对预算投入和产出的关系测量，是通过测量各个机构的成本和工作量来提高管理效率，依据成本效益分析试图用最小的投入获得最大的产出。但是，"测量能推动工作；若不测量，就不能辨别成功还是失败；看不到成功，就不能给予奖励和从中学习；看不到失败，就不能纠正失败；展示成果，能赢得公众的支持"[①]。然而，由于：① 各预算支出部门的工作性质不一致，且具有不可比性，无法设计测量指标；② 许多社会效益较强的政府活动和项目很难用量化的指标来评价，所谓的"投入—产出"无法测量；③ 传统的收付实现制会计难以进行全成本核算；④ 行政部门和立法部门的目标函数不同，行政官员期望绩效考核后得到一笔拨款，而对立法机关希望通过绩效考核审核拨款。由此可见，政府会计系统难以进行"成本—收益"分析，绩效预算当时没有得到有效推广和运用，以失败告终。

(三) 规划—项目—预算

1."规划—项目—预算"的内容

原来，美国国防部的军事计划部门有着各种中长期的规划，而财政计划部门却只考虑每一财政年度预算资金安排，没有跨年度预算的中长期预测和计划。为了解决国防部门长期规划与财政部门年度预算之间的矛盾，1961年，美国国防部长麦克纳马拉（McNamara）对国防预算进行了改革。

"规划—项目—预算"制度（planning programming budgeting system，PPBS）是根据规划、项目编制预算，将长期政策规划、短期支出计划与年度预算安排相结合的体现多年期滚动预算思想的预算编制方法。其"规划—项目—预算"编制方法：首先，

---

① 奥斯本,盖布勒.改革政府:企业家精神如何改革着公共部门[M].上海:上海译文出版社,2006:102-109.

制定"长期规划"即确定未来若干年的社会经济发展目标，进而确定各部门的长期规划目标；规划包括规划大类、规划小类（项目）、规划要素三层结构；规划要素是预算实施的基本单位，是预算支出部门内的不同级别的组织，各预算支出部门都要进行多年规划，并提交规划备忘录。其次，"分解项目"即根据规划目标提出详细的项目计划，并将规划分解成若干个项目，规定每个项目的目标、指标和考核标准。在项目计划下面，还需要运用"成本—效益"分析法等技术方法设计若干个备选方案，从中选出最优方案。再次，确定"预算"即测算这个最优方案的具体的工作量与所需的资金，安排项目所需预算资金，把众多项目预算汇总后汇编成政府的年度预算草案。最后，还需要编制以后3年的政府滚动预算，按预算实施进度控制资金的使用和随时追踪考核，依据目标进行评估。由此可见，"规划—项目—预算"内容经历上述"长期规划"—"分解项目"—确定多年期滚动"预算"步骤，故称为"规划—项目—预算"制度。

肯尼迪时期在国防部成功地实施了"规划—项目—预算"制度（PPBS）[①]。1965年美国总统约翰逊宣布推行"规划—项目—预算"制度，代替了旧绩效预算。

2."规划—项目—预算"制度的评价

"规划—项目—预算"制度的历史贡献：首次提出了"多年期滚动预算"，即中长期预算；提出了根据"长期规划"然后"分解项目"再依据"项目"确定多年期滚动"预算"的预算模式；在预算的决策上，这种模式更加重视合理化的综合决策，使预算摆脱渐进主义决策体系。

20世纪60年代，"规划—项目—预算"对西方工业化国家和发展中国家的预算改革产生了一定的影响。希克提出在通向规划项目预算的路上，将预算的重心逐步从控制转向管理[②]。规划项目预算在国际上产生了很大的影响，很多国家将其引入本国的预算体制，到60年代，有大约50多个国家实行不同的项目预算和绩效预算[③]。英国、加拿大、德国、法国、奥地利、荷兰和新西兰实行计划分类、中期预测以及计划和项目评估，日本对多年期开支和收入进行预测。在发展中国家，印度、菲律宾、马来西亚、泰国和委内瑞拉的规划程序为编制预算提供了有力的依据。

但是，"规划—项目—预算"制度编制过于复杂，要求对未来环境有很强的预测能力。美国联邦政府的各部门在实施PPBS编制法时，几乎都缺乏专门的"规划—项目—预算"编制知识，推行起来困难重重；精力集中于单个项目而缺乏对预算系统的综合考察；由于下级组织在项目设计上缺乏足够的自主权，造成上级指定的预算目标与下级的实际预算需求之间难以衔接；国会对"规划—项目—预算"编制程序采取不合作态度，拨款委员会根本无视"规划—项目—预算"所带来的变化，仍然继续追随着渐

---

① Jones L R, McCaffery J L. Reform of the planning, programming, budgeting system, and management control in the U.S. department of defense: Insights from budget theory[J]. Public budgeting and finance, 2005, 25(3): 1-19.

② Schick A. The road to PPB: The stage of budget reform[J]. Public administration review, 1966, 26(1): 243-258.

③ Donald A. 1988. Budgeting for modern government[M]. New York: St Martins Press, 1988: 272.

进主义的模式,要求使用传统的条目预算方法进行拨款。1969年对16个联邦机构进行调查的结果表明,只有3个部门真正实施了"规划—项目—预算"编制法。

1971年,尼克松总统宣布正式停用"规划—项目—预算"制度。到20世纪80年代末,美国联邦政府除农业部仍采用"规划—项目—预算"制度外,其他部门已不再使用。其他推行"规划—项目—预算"制度的国家也大多放弃了这种预算编制法。PPBS虽然没有成功,但重视中长期计划与年度预算之间的整合、强调项目绩效的评价以及如边际效用分析、成本—效益分析、现值分析等主要思想和做法仍被政府部门广泛接受。

(四) 零基预算

1. "零基预算"溯源和发展

(1) "零基预算"的溯源

1952年,美国人维恩·刘易斯在《预算编制理论新解》一文中提出了一个预算编制中的难题,即在编制公共支出预算时,根据什么标准或方法来确定把一定数额的资金分配给部门A,而不是部门B？刘易斯主张采取一种新型的预算编制方法,他建议各机构在提出下年度预算要求时,可以提出相当于基数预算的80%、90%、100%和120%的几个可供选择的预算。这样就有可能确定各种不同预算分配的边际好处。刘易斯虽然没有给这种预算方法取名为零基预算,但其内涵与后来的零基预算是完全一致的。因此,在研究零基预算的起源和发展史时,研究者普遍认为刘易斯是最早提出零基预算理论的人[①]。

1969年12月2日,美国联邦储备局主席阿瑟夫·波恩在纽约皇宫饭店由税收基金会举办的"控制政府支出"问题研讨会上提出:"采用零基预算将是控制政府支出的重要改革。"波恩是第一个在公开场合提出"零基预算"术语的人[②]。

1969年,美国得克萨斯仪表公司的人事研究部门在准备1970年的预算时,成功采取了零基预算编制法[③];1971年,该公司的所有部门都采用了零基预算编制法并取得成功;1970年,得克萨斯仪表公司的人事研究部门和整个公司零基预算方案的设计和实施者彼得·派尔在《哈佛企业评论》上发表了"零基预算编制法"一文[④]。

(2) "零基预算"的发展[⑤]

1970年,吉米·卡特当选佐治亚州州长后读了彼得·派尔的文章并了解得克萨斯仪表公司的经验后,决定在佐治亚州实行零基预算编制法,并邀请彼得·派尔到佐治亚州帮助设计零基预算方案。从1972年7月开始的财年起,在全州65个行政部门实行零基预算编制法。1977年,吉米·卡特当选美国第39任总统后决定联邦政府从1978—1979财年全面推行零基预算法编制预算。

---

① 中华人民共和国财政部预算司.零基预算[M].北京:经济科学出版社,1997:2.
② 同①:3.
③ 同①:3.
④ 同①:4.
⑤ 同①:4-5.

1981年，罗纳德·里根任美国第40任总统后了解到零基预算编制法确实具有降低费用的"递减"特征，在对该编制法略作修改后继续实行零基预算编制法。出于政治原因，他摒弃了前任用过的"零基预算编制法"名称，但在实际工作中，无论在公用部门还是私营部门仍然采用零基预算编制法。到1982年，美国已有18个州采用零基预算编制法并传到加拿大、印度等国。

2."零基预算"的内容

什么是零基预算（zero-based budget, ZBB）？如果仅从字面上理解，零基预算是指在编制预算时一切从"零"开始，即假设对原有的各项开支都重新审核，或者是"重新启动车轮"。而零基预算方法的设计者们却认为，如果仅仅从字面上理解零基预算，就大大地低估了零基预算的重要作用。彼得·派尔认为，如果将零基预算理解为就是一切从"零"开始那是不正确的，这样理解会造成混乱。派尔认为，从实践来看，零基预算编制法是评估所有的项目[①]。

零基预算编制法需要解决三个关键步骤：

(1) 确定决策单位

决策单位（decision units）是零基预算的专用术语之一。决策单位是零基预算的基本组成部分，有时也称为"基本预算单位"。决策单位通常被定义为管理部门所计划、分析、评论的一项基本活动或一组活动；换句话说，决策单位通常是实行零基预算后进行预算决策的基础。

实行零基预算编制法的第一个步骤是确定决策单位，是为下一个步骤"一揽子决策"所做的必要准备。确定决策单位，首先应在研究现行预算结构的基础上根据零基预算编制法的需要考虑机构规模的大小、机构活动的范围和会计数据的可得性等因素决定。因此，决策单位不宜过大而应尽可能小，因为需要独立考察单个计划的功能，根据其功能确定决策单位。如市交通局有三个职能（交通管理、预防性巡逻和保护低年级学生过街）就确定三个决策单位。"不论这些决策者身居何位，决策者应该管辖的决策单位以20~200个之间为好不宜超过200个决策单位，更不宜有成千个决策单位。"[②]

(2) 制定一揽子决策

一揽子决策（decision package）是零基预算的专用术语之一。一揽子决策是对每一个决策单位的目标和活动进行分析、描述的文件。具体来说，一揽子决策应该包括对每个决策单位进行评估的相关信息：如期望/目标；对部门或项目所进行活动的描述（将要做什么和如何做）；成本和效益分析；工作量和业绩的衡量；完成所做工作可供选择的不同途径；不同的结果（每项活动获得不同程度资金支持可取得效益的情况）。无论一个一揽子决策的内容丰富与否，都应至少满足两点：一是能够对决策单位的活动进行评估，这些评估能够作为决策者在安排资金时排列优先顺序的依据；二是能够

[①] 中华人民共和国财政部预算司.零基预算[M].北京:经济科学出版社,1997:6-7.
[②] 同①:8-13.

使决策者对于赞同或否定这个决策单位的要求做出决策。

对每一个决策单位来说，至少要编制 3 个一揽子决策。虽然有些富有想象力和热情的负责人要求多达 10 个一揽子决策，但通常是 4～5 个。例如美国佐治亚州空气质量控制局下属的空气质量实验室编制空气质量检测的 3 个一揽子决策：一是与佐治亚工艺大学签订实验合同，每年检测 75 000 次，每次 6 美元，共 45 万美元；二是将检测交给各地区的实验室进行，由于需要开办费和购置设备，第一年需 59 万美元，以后每年需 42.5 万美元；三是利用设在亚特兰大的一个中心实验室检测，每年检测 75 000 次，共需 24.6 万美元。最后，佐治亚州空气质量控制局确定在亚特兰大中心实验室进行空气质量检测①。本书只是列举了一个简单的案例，中华人民共和国财政部预算司编的《零基预算》从 13 页至 54 页对此介绍得更加详细。

（3）排序

排序（ranking）是零基预算的专用术语之一。排序是指在制定出一揽子决策之后，将每个一揽子决策根据本部门或机构的职责和利益影响大小或重要程度排列次序，并编制"排序表"，凡排列在 100 号以内的一揽子决策可分配到资金，101 号以后的一揽子决策就分配不到资金。在美国佐治亚州实行零基预算编制法的第一年曾有 10 000 个一揽子决策和 65 个政府机构的一揽子决策排序表。州长、州政府预算局和委员会不可能审议所有的一揽子决策，因此，要对其进行评估和排序。

排序实际上包括了零基预算编制法的两个过程：一是对各个一揽子决策按照轻重缓急顺序进行排列；二是确定截止线，即决定哪些一揽子决策可以分配到资金。因此，排序是零基预算编制过程中最终决定预算方案的重要一步。它一般包括以下步骤：设计排序的表格并填写表格；确定可分配资金的总额；最高管理局进行审议并做出分配资金的决定。如果一揽子决策数量超过 50 个，按照轻重缓急排序有一定困难，这就需要委员会确定对一揽子决策的审议和排序程序作出规定；要进行排序的是哪些一揽子决策；表决的评分标准；陈述或展示一揽子决策的方法；陈述或展示一揽子决策的程序；审议和最终完成排序工作。最后，对每一个一揽子决策打分后进行表决②。

3."零基预算"的评价

"零基预算"的历史贡献：零基预算前的预算编制是基数法，零基预算突破了预算编制的基数法。1979 年，美国总统预算管理办公室制定了《关于行政部门管理的改革和绩效评价工作应用》（A-117 号文），要求联邦政府所有行政部门及机构都必须进行绩效评价，以考核其开展的公共活动的过程和实施结果的效益如何，进一步优化财政支出安排。零基预算要求所有的支出项目都从一个共同的基础"零"开始，每年重新鉴定评价预算建议中所有支出项目，不再以以前的支出作为预算的参考基础，在零基预算下，预算信息的质量得到提高，预算行为的透明度也得到提升。

但是，由于确定决策单位、一揽子决策和排序复杂，零基预算编制法工作量大；

---

① 中华人民共和国财政部预算司.零基预算[M].北京:经济科学出版社,1997(5):9-10,13-54.
② 同①:10-11,54-77.

同时，狭隘的经济效率的概念作为分配资源的唯一标准，违背了美国多元主义的政治环境；零基预算不能有效地应对支出规模的控制。里根总统在名义上不提倡零基预算了。

（五）新绩效预算

1. 新绩效预算的产生和发展

在新绩效预算的改革中，与 OECD 一些国家相比，美国的起步稍显落后。

新绩效预算产生的背景是美国财政赤字创下 2 900 亿美元的历史最高纪录。面对严重的财政危机和政治危机，克林顿政府在 1992 年提出以"重塑政府运动"为目标的改革，并提出："我们的目标是使整个联邦政府节约、高效，改变安逸、享乐的官僚文化，提高主动性和积极性。我们准备重新设计、重新塑造整个政府部门，使政府部门恢复生气和活力。"① 这在很大程度上推动了绩效预算的发展。1993 年 1 月 5 日，在克林顿总统的全力支持下，美国第 103 届国会参众两院全票通过了《政府绩效和结果法案》（简称《法案》）②（Government Performance Results Act，简称 GPRA），这是全球第一部关于政府绩效管理方面的法案，也是美国绩效预算管理全面展开的标志，学者们将以结果为导向的预算模式称为"新绩效预算"。1993 年 3 月，美国联邦政府成立了以戈尔为首的国家绩效评估委员会（National Performance Review，NPR），该委员会发表了著名的报告《从繁文缛节转向结果导向：创造一个高效而节约的政府》（即著名的"戈尔报告"），该报告成为政府绩效改革的行动指南。正如这份报告所指出的，"不仅仅是减少支出的问题，而是结束公众对政府缺乏信赖的局面，它将向美国人民证明他们缴纳的税款是被最有效使用的"。同年 9 月，克林顿总统签署了《设立顾客服务标准》（Setting Customer Service Standard，第 12862 号行政命令），要求政府部门为顾客提供选择公共服务的资源和选择服务供给的手段，重点关注公共服务的有效性和质量，使绩效预算转向强化结果责任。而"指向顾客的责任体制比循着命令链的责任体制更为有效。"③ 副总统戈尔认为："我们将使联邦政府与美国人民的关系合理化，使他们更加友好，很多人认为联邦政府没有顾客，但我们有顾客，那就是美国人民。"④ 以顾客为导向表现为：运用市场机制，在政府各领域建立竞争机制，打破政府垄断，改造旧的官僚体制；引入企业模式，建立激励机制，将政府改造成企业化的组织；政府部门将顾客放在第一位，建立顾客服务标准，提高政府服务质量，保证顾客的发言权和选择权；使政府改造成为更负责任的、更有活力、更好地服务于顾客的企业型政府。

---

① 财政部财政科学研究所《绩效预算》课题组.美国政府绩效评价体系[M].北京：经济管理出版社，2004：96.

② 实事求是地说，1992 年前的两个特别的建议案对《政府绩效和结果法案》有较大影响：一是 1989 年 1 月，里根总统在其提出的《管理的报告》中有一章题为"将来的政府"的建议，成为后来《政府绩效和结果法案》的原型；二是由参议员威廉·罗斯于 1990 年和 1991 年分别提交的《联邦政府项目绩效标准和目标法》，即 S.3154 法案和 5.20 法案，该法案总结了加利福尼亚州十年来绩效管理的成功经验，构成了《政府绩效成果法案》的重要内容。1992 年，19 名参议员支持罗斯的法案立法。

③ 奥斯本，普拉斯特里克.摒弃官僚制：政府再造五项战略[M].谭功荣，刘霞，译.北京：中国人民大学出版社，2002：180.

④ 同①：143.

《设立顾客服务标准》要求绩效预算管理开始关注责任。在推行绩效预算进程中，会计信息对其影响很大，1990年由美国总统预算与管理局、财政部、会计总署共同组建的联邦会计准则咨询委员会专门负责制订联邦政府会计准则。1997年和1999年分别要求联邦政府、州与地方政府对政府收入和支出采用权责发生制来确认和计量，并以此为基础编制并出具财务报告，全面反映政府的资产、负债及其实际费用，为开展绩效预算提供可靠的预算信息。克林顿签署的总统备忘录中设定首席运营官（chief operating officer，COO）作为政府部门副职协助部长改善本部门的绩效管理。美国政府绩效评估的指标体系：A. 绩效指标。1993年《法案》中将"绩效指标"定义为用于衡量产出或成果的特定数值，其中包括：a. 定量指标：用于衡量工作量、总产量、交易额及利用率、消耗率和频率等各种比率；b. 定性指标：衡量时效性、中止或停工状况以及失误率、存货清单完成率和维护修理间隔率等比率；c. 服务质量指标：衡量投诉、顾客满意水平和顾客要求答复的比率；d. 效率指标：衡量相关的交易和生产成本；e. 财政指标：衡量收入、托收和信用承担率；f. 其他指标：包括里程碑式的目标和具体行动的时间表、设计说明（如硬件工作性能水平）、操作参数（如细微差错率）、外部条件的重要性（如维修良好的高速公路的作用）以及覆盖率（如培训的合格人数）等[①]。B. 绩效评估指标体系。根据《法案》的规定，美国政府责任标准委员会（The Government Accounting Standards Board）制定了一套绩效评估指标体系，内容包括：a. 投入指标：测量某一项目消耗的资源，如提供一项服务所需全部雇员的总支出；b. 产出指标：报告产品数量或所提供的服务单位，属"工作量"测评；c. 结果指标：测评项目和服务结果。如一个职业培训项目结束后6个月内就业的人数、采取安全措施后感到邻里安全的居民的百分比等；d. 效率与成本效益指标：此类测评非集中于获得了什么，而是实现目标的途径，或将效率与效益结合在一起共同构成生产力指标[②]。C. 项目测量体系。美国政府绩效评估体系中常用的绩效指标测评方法为项目测量，即对公共服务项目具体投入与产出的量化信息加以衡量，内容：a. 工作量与产出量测量，计算所从事工作与提供服务的数量。此种测量方法简便，在地方政府中得到广泛运用；b. 单位成本和效率测量，用以评价单位产量和工作量的资金消耗。由于公共部门的服务供给受到预算的限制，此种测量方法目的在于降低成本、提高效率；c. 结果和有效性测量，对目标达成程度、需要的满足程度以及预想效果实现程度的量化测量；d. 服务质量测量，针对客户需求和期望、对公共部门回应的定性评价。对回应质量的评定有较强的主观成分，因而要求在评估过程中进行科学的分析，以防止评价结果的偏颇；e. 公民满意度测量，对公民需求满意度的评价。此项测量要求公众参与，评价具有一定主观性，但不失为一项重要指标；f. 综合测量，对项目的全面评价。包括：副作用测量，测量项目所引致的非预想结果；分配测量，关注对项目受益者和成本承担者所产生的

[①] 财政部财政科学研究所《绩效预算》课题组.美国政府绩效评价体系[M].北京:经济管理出版社,2004:59.
[②] 哈拉契米.政府业绩与质量测评:问题与经验[M].张梦中,丁煌,译.广州:中山大学出版社,2003:35.

影响,以评价项目或服务的公平性;无形测量,对项目的社会影响做定性评价①。D. 标杆管理和最佳实践。标杆指管理机构所确立的绩效标准,通过最佳实践去得以实现。绩效管理中标杆技术的运用,不仅有利于评估和比较,同时成为寻求最佳实践的过程。此种最佳实践应具有"积极意义",能"成功地跨越时限",具有"可重复性"和"革新性"②,以帮助提高组织绩效、推动组织目标、组织远景规划和战略设计的实现。美国罗格斯大学纽瓦克分校建立了较为完善的政府绩效评估系统,主要包括七个实施步骤: a. 鉴别和认定拟测评的项目。通常拟测评的项目由政府认定,将之列在政府机构的工作图上,并将公民纳入拟测评项目的认定过程。b. 陈述项目目的、明确项目目标。具体表现为:某政府部委或机构与服务对象共同协作提出某项战略计划,通过项目说明书阐明项目的使命、目的和实现目标,使政府和公民得以对项目的成效和业绩加以测评。c. 设定项目衡量指标。一个有效的评估系统须设定项目测量指标,以度量项目的实际结果和业绩。美国的政府业绩评估体系中一般纳入以下指标:投入、产出、效率和生产力等。设定贴切的项目评估指标不仅有赖于与项目相关的资料信息,还有赖于对民众问卷的反馈,以了解公众的看法。d. 设立项目结果和业绩的衡量标准。在这一步骤中,有关政府官员及其公民应该明了项目目的和目标应该在何种条件下得以实现,了解该项目服务的有效性和完成质量的意义,由此判断该项目是否实现了服务的有效性和质量标准。e. 监督项目实施过程。每一项目的目标在实现的过程中,均应接受相应的监督,系统、周期地对项目运作予以追踪,在必要的情况下提出改进意见并采取纠正措施,以保证项目最终能够实现预期结果。f. 报告业绩。1993 年《法案》要求各联邦机构提交组织的五年战略规划,且每年向总统和国会提交绩效报告。绩效报告具有公开化的特点,政府官员和监督部门、新闻媒体和普通民众都有权利知晓报告内容。绩效报告中包括项目业绩及所付出成本代价的简要说明,并含有图表信息和相关解释。所陈述的信息要有助于比较,以利做出业绩判断。g. 业绩结果及信息的分析运用。对已获取的项目业绩信息加以分析,有助于对已有项目计划的再评价和调整,使政府及民众发现其长处和不足,以利于项目计划的改善③。

2001 年,乔治·W. 布什上台后在联邦政府管理领域进一步引入私营部门的绩效管理理念,持续推行以绩效为导向的政府预算管理。为提高联邦政府的整体效率,关注顾客的需求和满意度,进一步强调政府的责任意识,小布什总统发布了《总统管理议程》(Performance Management Agenda, PMA)。通过 PMA,小布什总统概括了绩效在其执政理念中的核心作用:"政府应该是结果导向型的,不是被过程而是被绩效所引导。——每个人都同意稀缺的政府资源应该配置到能够带来结果的项目上。"其目的是"帮助联邦各部门接受新的原则以保证它们的结果管理是有效的和持久的",促使所有联邦政府部门和机构的重心都集中在结果上。小布什政府认为政府预算应该是以公

---

① 卓越. 公共部门绩效评估[M]. 北京:中国人民大学出版社,2004:218-219.
② 同①:23.
③ 哈拉契米. 政府业绩与质量测评:问题与经验[M]. 张梦中,丁煌,译. 广州:中山大学出版社,2003:35-43.

民为中心，以结果为导向。PMA 建议将预算与绩效的整合作为关键部分，并设置了相应的评价标准。2004 年，美国行政管理与预算局（OMB）开发了项目评估分级工具（program assessment rating tool，PART），将"项目"视为分析和评价的对象，将在五年内对联邦项目绩效进行全面评价。到 2008 财年结束时，已经完成一个评估周期，实现了对 1 016 个联邦项目（约占 98%）① 的评级。小布什政府沿用了设定首席运营官（COO）这一做法，并于 2007 年小布什签发总统令而设立"绩效促进委员会"（Performance Improvement Council，PIC）和"绩效促进官"（Performance Improvement Office，PIO）。"绩效促进官"直接向首席运营官汇报工作，并协助部门的绩效促进工作。

2008 年，奥巴马被选为第 44 任美国总统②。奥巴马政府推动的绩效管理主要有：① 2009 年 6 月，奥巴马政府启动了改革计划《高度优先绩效目标创议》（High-Priority Performance Goal Initiative），这标志着奥巴马政府的绩效管理改革拉开了序幕。小布什政府采用了 PART，非常成功。但奥巴马政府认为，PART 只选取了结果指标、产出指标和效率指标作为测评重点，具有明显的工具主义倾向。PART 偏离了《政府绩效与结果法案》（The Government Performance and Results Act，简称 GPRA）的基本框架，政府绩效管理只有尽快从过分注重项目评价分级回到项目绩效的发展趋势上来，才能充分彰显绩效管理的价值与工具双重效应。因此，奥巴马执政伊始就全面停止了 PART，要求联邦部门根据对本机构负责的项目进行价值排序之后，确定更为侧重公众价值的 3~8 项优先绩效目标；同时要求所有相关数据资料要在政府统一的门户网站上予以公布，并自觉接受公众监督。通过一系列措施组合，优先实现公共价值含量最大的绩效目标。2009 年 11 月 6 日，奥巴马在哥伦比亚波哥大（Bogota Colombia）发表的题为"用绩效信息改进结果"的演讲报告中指出："我们管理的公众'美元'应花得更明智，进一步革除陋习，做到业务公开，因为惟如此，才能在人民和他们的政府间建立巨大的信任。"② 奥巴马政府在遵循 GPRA 基本框架的基础上，又总结以前实践的经验与教训，并在 2010 年推动国会颁布了《政府绩效与结果现代化法案》（The Government Performance and Results Act Modernization Act of 2010，简称 GPRAMA），作为绩效管理改革的总纲领，使法案更具可操作性。③ 奥巴马政府更注重实践操作，推行"实践工作者社区"，构建了政府绩效管理网络体系。一是根据《政府绩效与结果现代化法案》构建了政府绩效管理网络组织体系：如设立绩效目标领导职位，将首席运营官和绩效改进官制度化；由联邦的绩效主管部门 OMB 任命一名绩效目标领导，专门负责跨部门的优先绩效项目，使绩效管理实现制度化和常态化；又如将 PIC 写入新修订的 GPRAMA 法案，并依法扩充了 PIC 的相应职责，PIC 的主席由

---

① GAO. Government Performance：Lessons Learned for the Next Administration on Using Performance Information to Improve Results[EB/OL].[2023-11-23]. https://digital.library.unt.edu/ark:/67531/metadc293462/m2/1/high_res_d/120855.pdf.

② 2017 年 1 月 20 日，特朗普担任美国总统。此后政府的绩效改革略。

OMB 主任兼任，成员则由《首席财务官法案》（CFO 法案）[①] 所指定的 24 个部门的 PIO 和 PIC 主席指定的 PIO 组成。二是奥巴马政府根据《政府绩效与结果现代化法案》建立联邦政府绩效门户网站（Performance. gov），将所有相关数据资料在政府统一的门户网站上予以公布，并自觉接受公众监督，旨在创建一个与社会进行绩效沟通的新渠道，这项措施是奥巴马政府完善绩效管理网络外部"实践工作者社区"建设的核心举措，奥巴马因此被美国民众称为"互联网总统"。

2. 新绩效预算的主要内容

本书仅介绍《政府绩效与结果法案》、《总统管理议程》和《政府绩效与结果现代化法案》的主要内容。

(1)《政府绩效与结果法案》（GPRA）的主要内容

《政府绩效与结果法案》要求联邦政府部门应设定公共活动的绩效目标，对绩效目标和实际的实施结果进行年度评价，并提供能够证明本部门项目效率和效果方面的绩效报告，以提高公共部门的工作效率和责任心，提高国会的财政决策能力。因此，要求所有政府部门在申请预算时都要提交五年战略发展计划、年度绩效计划和绩效报告组成的基本框架，以明确相关主体责任，并逐步从重视投入和过程向重视结果转变。该法案的最终目的是通过使用评价的信息和结果来指导公共部门的公共决策，提高公共决策的有效性。

① 战略规划

所有联邦行政机关的首长在每个财政年度结束（9 月 30 日）之前向 OMB 和国会同时提交一份本部门的至少未来五年的战略规划，且每三年进行一次修正。战略规划的内容包括：本部门战略使命的全面说明，阐明本部门的工作任务、总体工作目标（包括与结果有关的目的和目标）；描述总目标与年度绩效目标的关系；如何实现这些计划和目标（包括实现它们的工作程序、技能和技术，以及为实现这些计划和目标所需要的人力、财力、信息以及其他方面的资源）；在本部门控制范围之外还存在哪些关键因素会显著影响本部门一般性计划与目标的实现；在战略规划制定前需要确认对目标实现可能产生重要影响的主要外部因素和不可控制因素；如何对本部门的项目进行评价，以建立或修正本部门一般性的计划和目标，并对将来要进行的项目评价列一个时间表。在制定战略规划之前，为了避免在项目执行过程中产生矛盾，行政机关要咨询国会和民众的意见。该战略规划的时间跨度为五年，并至少每三年更新和修订一次。

② 年度绩效计划

年度绩效计划目标源自战略规划目标，是对战略规划总目标的分解。在提交长期战略规划的目标范围内，所有联邦行政机关还需要向 OMB 提交每个财政年度的绩效

[①] 1990 年，美国国会通过了《首席财务官法案》(CFO 法案)。该法案的第二章要求在 OMB 下建立"管理副主任——联邦财务管理办公室(OFFM)——部门或机构 CFO"的联邦财务管理组织体系。管理副主任和 OFFM 负责制定财务管理政策，部门或机构 CFO 负责在政府部门主管的领导下执行相关的财务管理政策。由此建立了从 OMB 到各个政府部门垂直型的财务管理组织和领导体系。在上述组织体系的基础上，法案的第三章要求管理副主任每年要出具联邦政府财务管理现状和五年计划报告。

计划，要涵盖预算中的每一个项目。年度绩效计划内容主要是量化绩效目标以及实现目标需要的投入等，通常在年初制订。年度绩效计划包括：确定绩效目标，明确本部门的项目活动所要达到的绩效水平；必须以客观的、量化的、可衡量的形式来表述绩效目标（除非被授权可以以其他形式来替代）；界定绩效标准和基础，以作为年终绩效评价的基础；简要地描述实现绩效目标的工作程序、技能和技术，以及为实现这些目标所需要的人力、财力、信息或是其他资源投入；建立绩效指标，以衡量或评价每一个项目相关的产出、服务水平以及其带来的结果；描述测量绩效的方法，建立一套方法，以检验和证实该项目的价值；绩效指标设计是绩效评价内容的核心工作，如果对某部门的某个特定项目设定客观的、量化的、可衡量的年度绩效指标不可行，OMB 可以授权该部门为该项目设立描述该项目的最低有效或最低成功的标准，以便能对该项目是否满足了这些标准进行精确的、独立的衡量。如无任何方法设立绩效指标，需阐明理由；对涉密事项，可在适当分类基础上，以附件的形式单独提供，确定赋予管理者的权限和责任。

③ 年度绩效报告

年度绩效报告是所有联邦行政机关要向总统预算与管理局和国会同时提交一份前一财政年度的绩效报告，必须在下一个财政年度开始后的 6 个月内提交。报告内容主要是围绕目标的完成情况来进行评价，并采取实际行动及时修正绩效目标等，主要包括：每个财政年度的绩效预算报告要包括前三个财政年度的绩效评价结果；是将实际完成的绩效目标与年度绩效计划中的绩效目标进行比较，对其实现的业绩进行评估；是对未达到绩效目标的项目进行解释未达到绩效目标的原因，以及为实现既定的绩效目标安排怎样的补救计划与时间表；如果绩效目标是不切实际的或是不可行的，要说明改进或终止目标的计划；对某个财政年度内已完成的项目评价结果的总结。在具体实施时，《政府绩效与结果法案》采用了分步推进的方式，通过选定试点项目来检测相关绩效措施是否有效，明确年度绩效计划和绩效报告的结构。在此基础上，逐年扩大实施范围，使联邦政府机构逐步适应和接受这种绩效管理方式。小布什政府时期，比较重视政府部门的绩效表现要与预算相结合。在美国联邦政府，绩效管理与绩效预算的结合已经非常紧密。因此，GPRA 的一个关键目的是将资金决策与项目绩效挂钩，利用评估结果进行政府问责，落实相关责任，提高政府工作的效率。为确保《政府绩效与结果法案》的有效实施，还制定了《联邦绩效检查法案》，对《政府绩效与结果法案》的落实情况进行检查，以督促政府绩效目标的实现。

(2)《总统管理议程》（Performance Management Agenda，PMA）的主要内容

2001 年，小布什入主白宫后针对公共财政资源利用上普遍存在程度不等的效率偏低甚至部分资源使用无效率问题，提出"以公民为中心、以结果为导向、以市场为基础"的政府改革原则，引入私营部门的"公司治理"方式和绩效管理理念，联邦政府通过"政府治理"模式将"新绩效预算"活动推向了一个新阶段。2001 年 8 月，小布什总统要求"政府应该是结果导向型的，不是被过程而是被绩效所引导。每个人都同意稀缺的政府资源应该配置到能够带来结果的项目上"。他发布了包括五项全政府层面绩效改革的《总统管理议程》：整合预算与绩效；加强人力资本方面的战略投资；在政

府承担的某些工作中引进私人部门的竞争；提高财务绩效杠，加强电子政务建设。其中的"预算与绩效一体化动议"再次强调了预算决策应以绩效为导向。关键部分是"预算与绩效整合"，即通过部门预算与绩效挂钩来改善政府的运行质量，最终形成结果导向型的政府行为模式。整合预算与绩效，并设置了六个方面的评估标准：a. 政府高层管理人员至少每季度检查本部门财务与绩效信息报告，并将这些绩效信息用于部门项目管理的决策中。b. 部门的战略规划要包含一定数量的以结果为导向的计划与目标。部门每年的预算与绩效文件要包括通过 PART 确定的所有度量结果，并且要关注部门高管使用财务与绩效信息情况。c. 部门 60% 的绩效评价要与部门的任务、目标和结果相联系并提供以绩效为基础的结果报告。d. 部门在其预算与绩效文件中要报告为取得绩效目标而花费的所有成本。e. 至少要用一种效率度量法对所有的项目都度量一遍。f. 使用 PART 评价来指导项目的改善，以使部门的资金请求、管理行为和立法建议合理化，而且连续两年以上被评为"不能证明结果"的项目占所有项目的比重不能超过 10%。这六个评估标准要求部门 60% 的绩效评估要与部门的任务、目标和结果相联系，要有效区分不同层次的绩效并提供以绩效为基础的结果报告等，再次强调了预算决策以绩效为导向。

2002 年，为落实《总统管理议程》推出了两项绩效评价的方法：一是项目评估分级工具；二是引入"红绿灯"评价系统。

① 项目评估分级工具（Program Assessment Rating Tool，PART）

小布什政府先后推出了《总统管理议程》（PMA）、《管理自由立法议案》（Freedom to Manage Legislative Proposals）和"项目评估分级工具"（PART）等[①]。前已述及，GPRA 要求联邦政府部门公布战略规划、年度绩效计划和年度绩效报告，并且这些计划应该覆盖每一个列入该机构预算的项目。但是，GPRA 实施了十年后，美国审计总署（GAO）发现，虽然 GPRA 能持续性地提供绩效信息，但是政府领导人和项目负责人并未能充分地使用这些信息[②]。为了能够具体贯彻《总统管理议程》，按照更加严格、系统、透明的方式加强预算项目管理，2003 年，美国 OMB 开发了 PART。实施 PART 分为五个步骤：

A. 确定被评项目

"项目"是 PART 分析的基本单元。根据 OMB 的解释，PART 评估的"项目"是根据财政预算框架来界定的，通常被称为项目活动（program activities）或者项目活动集（aggregation of program activities），指由联邦财政支持的并列在每年总统财政预算案中的项目和活动（或者为项目和活动集）。这里的"项目和活动集"是由具有共同目

---

① Breul J D. Three bush administration management reform initiatives: The president's management agenda, freedom to management legislative proposals, and the program assessment rating tool[J]. Public administration review, 2007, 67(1): 21-26.

② Gilmour J B. Implementing OMB's program assessment rating tool (PART): Meeting the challenges of integrating budget and performance[R]. IBM Center for the Business of Government, Washington, D. C., 2006: 6.

标并且彼此之间相互联系的项目合并而成①。

B. 设计评估问题、赋予权重和确定评价标准

PART 对项目的评估主要通过判断题问答运作，问答题一般由 25～30 道通用题和一些附加题组成。通常 PART 的评估内容②中的问答题涵盖"项目"相关的四个维度：项目目标和设计、战略规划、项目管理，以及项目结果和责任性。每个维度均被赋予一定权重。前三个维度的每道问题答案分为"是（yes）"和"否（no）"两种；后一个维度分别回答"yes""大的程度（large extent）""小的程度（small extent）"和"no"四种。OMB 在每年的《项目评估分级工具指南》中都会根据评估目的对每一判断题的选项设计相关评价标准。

C. 选择绩效测评方式

PART 分级排序的首要决定因素是按照绩效目标的质量与实际绩效和这些目标的对比。PART 评估中使用的绩效测评方式主要有三种：结果测评（outcome measures）主要反映的是处于项目活动外部，并对受益人和公众有直接重要影响的真实结果；产出测评（out measures）主要反映每个项目活动内部，经常用于使用结果测评方式无法真实反映项目结果，或者存在项目效果无法用具体结果描述的情况；效率测评（efficiency measures）主要反映的是在获取项目效果和制造项目产出过程中，用一种经济和有效的方式获取、利用和管理资源的比较结果。效率测评方式还可进一步细分为：结果效率测评和产出效率测评两种方式。

D. 实施评估

实施评估是依据评价标准根据有关证据评价后得出评价结果的过程。它包括评估主体选择评估的信息来源的收集和评估答案的选择与解释。

E. 划分项目等级

PART 将项目分为四个等级：其中 85～100 分为"有效"（effective），70～84 分是"中等有效"（moderately effective），50～69 分为"合格"（adequate），0～49 分为"无效"（ineffective）。

F. 公布结果和回馈绩效改进建议

对于项目的评定结果，OMB 将在 ExpectMore. gov 网站上公布；相关机构和 OMB 共同制定绩效改进建议和回馈绩效改进建议。上述活动都将被 PMA 中的预算与绩效整合计分卡（BPI scorecard）以及每年更新的 PART 所追踪。

PART 的采用收到明显的效果。自 2002 年采用了 PART 评估 234 个联邦政府项目，只有 6％的项目结果为有效，24％的项目结果为中等有效，15％的项目结果为合格，5％的项目结果为无效，而 50％的项目结果为无法证明，结果无效和无法证明的项目占到总数的 55％；而到 2006 年，采用了 PART 评估 977 项联邦项目，有效的项目比

---

① 《项目评估分级工具指南》(2007 年)规定,项目之间的合并应该从四个方面进行:项目目标;项目设计/管理;财政预算;绩效。

② 2006 年和 2007 年的 PART 共有 44 题组成。其中,25 道为通用题目,适合于每一种项目类型;19 道为附加题,针对特定项目类型。详见《项目评估分级工具指南》(2006—2007)。

率已经上升到17%,中等有效占到了30%,合格项目为28%,无效项目为3%,结果为无法证明的项目比重已下降到22%,无效项目和无法证明结果的项目总计为25%[①]。在2007年财政年度,OMB针对794个评估项目提出PART建议书的目标是改善项目设计、管理、资助以及评估四方面。OMB在PART结果中共制定了1600份建议书提交给其他的政府部门:其中58%用于改善项目评估,18%用于改善项目管理,12%能够影响项目资助决策,11%用于改变项目设计,而1%的建议书无法归类[②]。

② 引入"红绿灯"评价系统

小布什上台之后,在原有《政府绩效与结果法案》的基础上进一步强化绩效预算管理内容,引入"红绿灯"评价系统,以更好推行PMA中的改革任务。由OMB负责,评价主要分为两个维度:包括成效维度,也就是对政府目标完成情况进行评价;还包括进展维度,也就是对各个机构的工作进展进行评价[③]。

OMB每个季度都要对联邦政府各部门进行评价,评价结果被制作成"红绿灯等级评分卡"予以公布,评价标准主要用"红""黄""绿"来表示,其中,"绿"代表成功,"黄"代表取得了一定程度的进步,"红"表示失败。它直观地展示了各部门加强绩效管理的进展情况,将每个部门执行改革新动议的成功、进步或失败情况等,清楚地展现在同行、上级监督部门、选民或媒体面前,有利于激励部门改进工作,通过"红绿灯"评价系统对改革进程进行督促检查、检验评价,明确各机构责任,将评价结果制成"红绿灯等级评分卡"进行公布,各机构能够及时得到相关反馈信息并采取相应改进措施。注重将评价结果和预算拨款相关联,推动绩效预算改革进一步发展。2005年,各部门的"绿灯"由最初评价时的1个增加至43个,"红灯"也由110个降为33个。

(3)《政府绩效与结果现代化法案》的主要内容

2011年1月4日,奥巴马时期通过的《政府绩效与结果现代化法案》(GPRAMA),又称《2010年政府绩效成果法案修正案》是克林顿时期《政府绩效与结果法案》(简称GPRA)的升级版。

《政府绩效与结果现代化法案》修改的内容如下:(以下摘录《2010年政府绩效成果法案修正案》部分)

① 战略规划修正

A. 总统任期内每年二月份第一个周一之前,各机构首脑必须在公共网站上发布机构战略规划,并向总统和国会通报。该计划应包括:对机构主要职能和工作的综合描述;总体的目标和目的,包括有关机构主要职能和工作的产出导向的目标;描述对于第31篇第1120条第(a)款所要求的联邦政府优先目标贡献了多少目标和目的;描述

---

① Office of Management and Budget. Budget of the United States government[R]. Analytical perspectives,fiscal year 2008,2007:15.

② Mullen P R. Performance-based budgeting:The contribution of the program assessment rating tool[J]. Public budgeting&finance,2006,26(4):79-88.

③ 荀燕楠.绩效预算模式与路径[M].北京:中国财政经济出版社,2011:53.

如何实现目标和目的等。

B. 战略规划应覆盖自计划提交的财政年度后开始计算的至少 4 个年份。如果需要，在及时通告国会的前提下，机构首脑可以对战略规划进行适当的调整以反映环境的显著变化。

② 绩效计划修正

A. 联邦政府绩效计划——在执行第 1115 条第（a）款第（28）项的过程中，OMB 局长应当与机构合作开发联邦政府绩效计划。在递交政府计划和预算时，OMB 局长应当保证各子项目涉及的所有信息按照第 1122 条的要求同时在网站上公布并定期更新，更新周期至少每年一次。联邦政府绩效计划应当：建立联邦政府绩效目标，以明确在计划递交年份和下一财政年度之间、按本篇第 1120 条第（a）款要求实现的联邦政府优先目标的绩效水平；明确当前财政年度中，为了实现联邦政府绩效目标而涉及的机构、组织、项目活动、规则、税收支出、政策和其他活动；对于每个联邦政府绩效目标，明确一个政府官员负责协调实现目标的相关活动；建立具有季度目标的一般的联邦政府绩效指标以测量或评价等。

B. 机构绩效计划——每年二月份第一个周一之前，各机构首脑必须在公共网站上发布机构战略规划，并向总统和国会通报；同时通报绩效计划涉及的、列支于机构预算中的项目活动。该计划应当：建立绩效目标以明确在计划递交年份和下一财政年度之间要求实现的绩效水平；采用客观的、可量化的、可测量的形式表述绩效目标，除非经授权允许使用按（c）款要求的替代形式；若可以，在绩效目标中定义那些按本篇第 1120 条第（b）款要求的、特指的部门优先目标；描述绩效目标如何实现；建立一组平衡的绩效指标，用以测量或评价实现绩效目标的过程，具体包括适当性指标、顾客服务指标、效率指标、产出指标和效果指标；建立标准用以比较实际项目结果和设立的绩效目标；描述机构如何保证导向绩效目标的、用于衡量进程的数据的精确性和可靠性；通过对机构任务和目标的贡献分析，明确低优先级的项目活动，其中包含一个针对判定低优先级项目活动的、基于证据的辩护程序。

③ 绩效报告修正

A. 各机构首脑必须在公共网站上发布机构绩效，并向管理和预算局更新机构绩效。

B. 每次更新应当比较实际取得的绩效和按照第 1115 条第（b）款建立的机构绩效计划中的绩效目标，并在每个财政年度结束后 150 天内公布。在合理的行政负担水平上，更频繁地向政府、国会和合作者更新反映实际绩效的具体指标值；如果绩效目标是按照第 1115 条第（c）款特别设立的替代形式，结果应该表述为相关的特殊说明，包括绩效未达到最低有效标准还是属于成功项目。

④ 联邦政府和机构优先目标

A. 联邦政府优先目标：OMB 局长应当与机构协作开发优先目标以提高联邦政府绩效和管理水平。联邦政府优先目标应当包括：包含数量有限的横向政策领域在内的产出导向的目标；在联邦政府范围内提升管理水平所需的目标，包括：财政管理；人力资源管理；信息技术管理；采购和装备管理；资产管理。联邦政府优先目标应当是长期的，联邦政府优先目标应当至少每4年一次进行更新和修订，并同时在按照第3篇第101条规定的总统任期内第一个完整的财政年度公开政府预算意见。如果需要，在告知国会后，OMB局长可以对联邦政府优先目标进行调整，以应对政府运行环境发生的显著变化；在开发或调整联邦政府优先目标时，OMB局长应当与国会定期商议，已获得来自以下机构的多数意见和少数意见：参议院和众议院拨款委员会；参议院和众议院预算委员会；参议院国土安全和政府事务委员会；众议院政府改革监管委员会；参议院财政委员会；众议院筹款委员会；其他相关的委员会；OMB局长与国会相关委员会的沟通至少每两年一次；按照本篇第1122条的规定，OMB局长应当在网站上公布联邦政府优先目标；按照本篇第1115条第（a）款的规定，联邦政府绩效计划应当和联邦政府优先目标一致。

B. 机构优先目标：每2年，按照本篇第901条第（b）款规定的或者OMB要求的各机构首脑，应当从机构的绩效目标中明确机构优先目标。OMB局长应当规定政府内部的机构优先目标的总数和各部门将要发展的优先目标数目。机构优先目标应当：按照第（a）款要求的联邦政府优先目标和第5篇第306条第（b）款规定的与国会相关委员会的商议，由部门首脑确定，反映机构的最高优先级；是在2年内可以实现的高远目标；具有一个明确规定的机构官员，以目标领导者的身份，负责实现各个机构的优先目标；具有各绩效指标的临时性的季度目标。在合理的行政负担水平上，更频繁地向政府、国会和合作者更新反映实际绩效的具体指标值；建立明确划分的季度时间表。如果机构优先目标涉及因为国防或外交利益而需要保密，已按照行政命令建立的标准予以特殊授权，并按照相关行政命令适当分类的项目活动或信息，机构首脑应按照第1115条第（e）款提供相关的分类附录信息。

⑤ 季度优先进展审查和绩效信息的使用

A. 绩效信息的使用以实现联邦政府优先目标——至少每个季度，在绩效改进委员会的支持下，OMB局长应当：对于每个按照本篇第1120条第（a）款规定的联邦政府优先目标，与领导的政府官员一起，考察最近一个季度实现的进度，以及在趋势数据下实现绩效的计划水平的可能性；在考察中包含机构、组织和项目活动涉及的官员对于实现每一个联邦政府优先目标的贡献；评价机构、组织、项目活动、规则、税收支出、政策和其他活动是否如计划一样贡献于每一个联邦政府优先目标的实现；按照不能实现计划中的绩效水平的风险，对联邦政府优先目标进行分类；对于最有可能不能实现计划中的绩效水平的联邦政府优先目标，明确提升绩效的前景和战略，包括机构、组织、项目活动、规则、税收支出、政策和其他活动需要的调整。

B. 机构使用绩效信息以实现机构优先目标。至少每个季度，对于每个按照本篇第1120条第（b）款规定的要求机构实现的机构优先目标，机构首脑和首席运营官应当在机构绩效改进官员的支持下：对于每个机构优先目标，考察最近一个季度实现的进度，以及在趋势数据下实现绩效的计划水平的可能性；与机构内外对于实现各个机构优先目标作贡献的相关人员协作；评价相关组织、项目活动、规则、政策和其他活动是否如计划一样贡献于每一个联邦政府优先目标的实现；按照不能实现计划中的绩效水平的风险，对机构优先目标进行分类；对于最有可能不能实现计划中的绩效水平的机构优先目标，明确提升绩效的前景和战略，包括机构项目活动、规则、政策和其他活动需要的调整。

⑥ 联邦政府项目、优先目标和结果的透明度

A. 机构项目的透明度：原则——最晚 2012 年 10 月 1 日前，OMB 应当：保证网站的有效运营；至少每个季度更新一次网站；网站上包含部门明确的每一个项目的信息。信息——按第（1）项描述的各项目的信息应当包括：明确机构如何在 OMB 局长提供的指引下定义"项目"，包括经过集成、分解或组合后被机构认定为同一个项目的项目活动；描述项目的目的和项目对于实现机构任务和目标的贡献；明确当前财政年度和过去 2 个财政年度的资金。

B. 机构优先目标和结果的透明度。被要求开发机构优先目标的机构首脑，应当保证 OMB 可以获取各机构优先目标涉及的信息以便在网站上公布，本篇第 1120 条第 6 款第（2）项规定的信息除外。对于每个确定的机构优先目标，网站应当提供每个机构优先目标的信息，包含：机构如何吸收国会质询中提出的观点和建议的一个描述；对于机构无法控制的、有可能对机构优先目标的实现产生显著影响的外部关键因素的确认；如何实现各个机构优先目标的一个描述；测量或评价进度的绩效指标；描述机构如何保证用于衡量绩效目标实现过程的数据的精确性和可靠性；最近一个季度获得的结果，以及在趋势数据下与计划水平的比较；评价相关组织、项目活动、规则、政策和其他活动是否如计划一样作出贡献；明确有可能不能实现计划中的绩效水平的机构优先目标；提升绩效的前景和战略。

C. 联邦政府优先目标和结果的透明度。OMB 局长应当在网站上公布：按照本篇第 1120 条第（a）款要求的关于各个联邦政府优先目标的简介；描述联邦政府优先目标如何融合来自国会质询的观点和建议；联邦政府绩效目标、按照本篇第 1115 条第（a）款要求的联邦政府优先目标相关的绩效指标；对于每个联邦政府绩效目标，明确一个负责领导的政府官员；最近一个季度获得的结果，以及在趋势数据下与计划水平的比较；明确机构、组织、项目活动、规则、税收支出、政策和其他活动对联邦政府优先目标的贡献；评价机构、组织、项目活动、规则、税收支出、政策和其他活动是否如计划一样作出贡献；明确有可能不能实现计划中的绩效水平的联邦政府优先目标；提升绩效的前景和战略。

D. 网站信息。本条涉及的在网站上公布的信息应当是在因特网上容易被公众、国会成员和委员会所发现和保存的。这些信息同时也应当按照可搜索、可机读的格式呈现。OMB 局长应当发布指南，保证这些信息呈现出一幅有关联邦项目、联邦政府和各机构绩效的清晰画面。

⑦ 机构首席运营官

A. 设立——在每个机构，机构副职或其同级应当是机构首席运营官。

B. 职能——机构首席运营官负责提升机构管理和绩效，应当：实行全面的组织管

理以提升机构绩效并实现机构的任务和目标，通过运用战略和绩效计划、测量、分析、进度的日常评价、绩效信息的使用来提高取得的结果；建议和协助机构首脑执行本篇第 1115 条至第 1122 条以及第 5 篇第 306 条的要求；审查该机构在机构内部和政府机构间提高管理职能的特殊努力；与机构内外对机构任务和目标的实现发挥关键角色的相关人员进行协调和合作，包括首席财务官、首席人力资源官、首席兼并官/高级采购专员、首席信息官和其他业务主管。

⑧ 机构绩效改进官

A. 机构绩效改进官：设立——在每个机构，机构首脑和首席运营官协商后，应当指派一名机构内的高级官员作为机构绩效改进官；职能——每个机构绩效改进官应当向机构首席运营官直接报告。在首席运营官的指挥下，绩效改进官应当：建议和协助机构首脑和首席运营官，通过运用战略和绩效计划、测量、分析、进度的日常评价、绩效信息的使用来提高取得的结果，以完成机构的任务和目标；建议机构首脑和首席运营官选择机构目标，包括在共同目标上与其他机构合作的机会；协助机构首脑和首席运营官审查战略规划、绩效计划的履行；保证为了实现所有目标的机构进展情况与机构内部的领导者、管理者和职员以及国会进行沟通，并在机构网站上公布；等等。

B. 绩效改进委员会：设立——设立绩效改进委员会，包括：OMB 副局长，该副局长也作为委员会主席；按本篇第 901 条第（b）款设立的各机构绩效改进官；由主席认定的其他绩效改进官；由主席认定的其他人员。职能——绩效改进委员会应当：由主席或由主席任命并主持绩效改进委员会会议的官员召集，确定其日程，指挥其工作，建立并领导绩效改进委员会下设的、为了处理各项目日常事务的附属小组；协助管理和预算局局长提高联邦政府绩效并实现联邦政府优先目标。支持：原则——一般服务的管理者应当为了本条中的委员会的执行工作提供管理和其他方面的支持；人员——在法律允许的范围内和有条件的情况下，各机构首脑应当和委员会中的绩效改进官一起，根据绩效改进委员会主席的要求，提供 2 名授权人员在主席的领导下为其服务。

⑨ 绩效计划和报告的格式

A. 可搜索、可机读的计划和报告——自 2012 财政年度起，与本法案的修正一致的机构战略规划、绩效计划和绩效更新应当：在向机构外发布战略规划、绩效计划和绩效报告时不引起影印支出，向国会提供文档的情况除外；用可搜索、可机读的形式提供计划和报告；按照美国法典第 31 篇第 1122 条的要求在网站上公布计划和报告。

B. 基于网络的绩效计划和报告——原则——最晚 2012 年 6 月 1 日前，OMB 局长应当向机构提供指南，使之按照美国法典第 31 篇第 1122 条的要求在网站上公布简明及时的绩效信息，至少包括美国法典第 31 篇第 1115 条和第 1116 条的所有要求，第 1115 条第（e）款除外；高优先级目标——对于美国法典第 31 篇第 1120 条第（b）款要求的需开发机构优先目标的各个机构，本条要求的绩效信息应当和美国法典第 31 篇第 1122 条要求的信息合并；注意事项——在开发本条下的指南时，OMB 局长应当考虑机构在合并绩效计划和报告信息，并按照美国法典第 31 篇第 1122 条的要求在网上发布的经验。

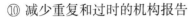

⑩ 减少重复和过时的机构报告

A. 预算内容在最后增加："（37）按第 1125 条要求的、因为被界定为过时的或与其他要求的计划和报告重复的而被机构明确需要清理或合并的计划和报告的清单。"

B. 清理不需要的机构报告：机构界定不需要的报告——每年，在 OMB 局长提供的指南下，各部门首席运营官应当：按照法律要求或在国会报告指引下，编纂一份机构为国会制作的包含所有计划和报告的清单；分析按第（1）款编纂的清单，界定哪些计划和报告是过时的或与其他的计划和报告是重复的，并简化为只包含过时的或重复的计划和报告的清单；与收到根据第（2）款界定的计划和报告的国会委员会商议，以确定哪些计划和报告对委员会而言已不再有用，并可以清理或与其他的计划和报告合并；向 OMB 局长提供按第（1）款编纂的计划和报告的数目以及按照第（2）款确定的过期和重复报告的清单。计划和报告——第一年——本条执行后的第一年间，经各个机构界定为过期或重复的计划和报告清单，应当涵盖不少于 10% 的按第（a）款第（1）项界定的所有计划和报告；后续年份——按照第（1）项描述的第一年以后的每个年份，OMB 局长应当确定计划和报告清单上被界定为过时或重复的计划和报告的最低比例；清理不需要报告的请求——对于按第 31 篇第 1105 条第（a）款第（37）项要求的、列支于政府预算中的、包含在各机构界定的清单中的过时或重复的计划和报告，OMB 局长可以定期地递交国会立法机构，要求清理或合并这样的计划和报告。

⑪ 绩效管理技术和能力

A. 绩效管理技术和能力——自本法案颁布日起最晚 1 年以内，职员管理局局长在与绩效改进委员会商议后，应当明确联邦政府职员在开发目标、评价项目、分析和运用绩效信息以提升联邦政府效率和有效性时所需的关键技术和能力。

B. 职位分类——自本法案颁布日起最晚 2 年以内，根据第（a）款的定义，职员管理局局长应当将这些关键技术和能力尽可能地置入相应的职位分类。

C. 置入现有的机构培训——自本法案颁布日起最晚 2 年以内，职员管理局局长应当按照第 5 篇第 306 条第（a）款的要求与各机构合作，将第（a）款定义的关键技术和能力置入各个机构相关职员的培训。

⑫ 技术性和一致性的修正

A. 美国法典第 5 篇第 3 章的目录，通过对第 306 条相关条目增加以下新条款进行了修订："306. 机构战略规划"。

B. 美国法典第 31 篇第 11 章的目录，通过对第 1115 条和第 1116 条相关条目上增加以下新条款进行了修订："1115. 联邦政府和机构绩效计划"；"1116. 机构绩效报告"。

C. 美国法典第 31 篇第 11 章的目录，通过在最后增加以下新条款进行了修订："1120. 联邦政府和机构优先目标"；"1121. 季度优先进展审查和绩效信息的使用"；"1122. 联邦政府项目、优先目标和结果的透明度"；"1123. 机构首席运营官"；"1124. 机构绩效改进官和绩效改进委员会"；"1125. 清理不需要的机构报告"。

⑬ 本法案的实施

A. 过渡期计划和报告——原则——OMB 局长应当与各机构协作开发过渡期的联邦政府优先目标，并从 2013 财政年度的政府预算开始，提交与本法案一致的过渡期的联邦政府绩效计划；要求——各机构应当：最晚 2012 年 2 月 6 日前，调整战略规划使之与本法案的要求一致；自 2013 财政年度的绩效计划开始，比较并提交与本法案要求一致的绩效计划，包括机构优先目标的确定；根据本法案的要求，自 2012 财政年度开始，提供绩效报告更新；季度性审查——本法案要求的季度优先进展审查应当开始：于本法案颁布日起或法案颁布后的第一个完整的季度，具体针对 2011 财政年度政府预算分析视角卷中包含机构优先目标的各个机构；于 2012 年 1 月 30 日结束的季度，具体针对临时性的联邦政府优先目标。

B. 指南——OMB 局长应当为机构提供执行第（a）款要求的临时性计划和报告活动所需的指南，以及执行本法要求的其他指南。

⑭ 国会监管和立法

A. 本法案中的任何内容都不能理解为限制国会在设立、修正、暂停或取消联邦政府或机构目标中的权力。

B. 审计总署审查——临时性计划和报告评价——不迟于 2013 年 6 月 30 日，审计总长应当向国会提交报告，包括：对于本法案第 14 条指导下的临时性计划和报告活动执行情况的评价；提高本法案执行情况的可行建议。执行情况评价——原则——审计总长应当按照第（1）项向国会提交临时性计划和报告活动的评价报告后，评价本法案的执行情况；机构执行情况——评价——审计总长应当评价本法案的执行如何影响美国法典第 31 篇第 901 条第（b）款描述的机构的绩效管理，包括这些机构是否开始实行绩效管理以提高机构项目的效率和有效性；报告——审计总长应当向国会提交：一份按照（i）的初步评价报告，不迟于 2015 年 9 月 30 日；一份按照（i）的后续评价报告，不迟于 2017 年 9 月 30 日。

C. 联邦政府计划和报告执行情况——评价——审计总长应当评价联邦政府优先目标、联邦政府绩效计划以及按照本法要求的报告活动的执行情况；报告——审计总长应当向国会提交：一份按照（i）的初步评价报告，不迟于 2015 年 9 月 30 日；一份按照（i）的后续评价报告，不迟于 2017 年 9 月 30 日，并之后每 4 年报告一次。

D. 建议——审计总长应当将改进本法案执行情况的以及承袭《1993 年政府绩效和成果法》要求的计划和报告工作的任何建议包含在（B）目和（C）目要求的报告中。

3. 新绩效预算的评价

新绩效预算的历史贡献：①《政府绩效与结果法案》是全球第一部关于政府绩效管理方面的法案。如果说《政府绩效与结果法案》为绩效预算提供了法律、制度框架，那么《总统管理议程》为绩效预算提供了方法和技术支持，而《政府绩效与结果现代化法案》构建了政府绩效管理网络组织体系，将首席运营官和绩效促进官制度化，奥巴马政府比小布什政府采取了一种更加以机构为导向的做法[1]。② 新绩效预算的焦点由过去强调"产出"（output）转为强调最终"结果"（outcome）。③ 奥巴马政府根据《政府绩效与结果现代化法案》建立联邦政府绩效门户网站（Performance.gov），将所有相关数据资料在政府统一的门户网站上公布，并自觉接受公众监督。

新绩效预算也存在问题：《政府绩效与结果法案》虽取得一定成功但也有不足：《政府绩效与结果法案》只是用于政府内部管理，政府在向国会提交预算报告时仍采用分项排列预算格式。虽然美国三级政府普遍采用了绩效评价，但预算采用率并不高。据魏劳比（Willoughby）和梅可斯（Melkers）对 50 个州财政官员的调查，结论为"绩效预算在改善政府项目成效、改善政府决策过程、改善政府与立法机构的协作上有'某种程度的效果'，但在压缩重复性服务、影响成本节约上'并不那么有效'，而在安抚公众、改善拨款上'没有效果'"[2]。造成这个问题的重要原因是：评价指标缺乏科学性，程序设计不合理，操作不规范，评价过于追求形式而使成果缺乏管理价值等。正如美国著名行政学家伯瑞尔·若丁（Beryl A. Radin）指出的："结果法案并不能对大量政策和预算过程产生重要影响；相反，它的一些规定已经与美国现存的决策体制和政策规定产生了严重的冲突。""OMB 并没有批准 7 个部和 1 个独立局所提交 61 项削减规制建议中的任何一项。其中，75% 是由于法律制约或其他原因而没有批准。OMB 或其他中央管理部门利用独立于结果法案的权力对剩下的 25% 采取了变通措施"[3]。《政府绩效与结果法案》在管理灵活性、绩效预算和绩效信息使用等方面的改革并没有取得预期的成功。再如，由于《总统管理议程》的评分方法不可复制，PART 采用统一标准和过分简单化的方法进行综合评估，因此，测评结果受到了各方的质疑。"以顾客为导向"也存在一些问题：a. 依然存在使员工沉溺于纷繁复杂的政府文书中因而妨碍效率的现象；b. 对政府绩效评估目的和作用存在认识的偏差，导致一些部门为了评估而评估，忽略了对实际绩效的考察；c. 在评估中并非都能以客观手段加以测量，导致评价结果不符合实际绩效情况；d. 存在评估中功利性倾向；e. 吸纳公民参与政府绩效评估造成成本昂贵。

二、英国绩效预算的发展历程

（一）英国现代预算制度的建立

英国是创立现代预算制度的国家，正如井手文雄指出："立宪政治（议会政治）的历史可以说是现代预算制度的成立史。"[4] "立宪政治"也是一部英国议会与国王争夺财

---

[1] Joyce P G. The Obama administration and PBB: Building on the legacy of federal performance-informed budgeting?[J]. Public administration review, 2012(5):356-367.

[2] Melkers JE, Willoughby K G. 各州现状：50 个州中 47 个州对于基于绩效的预算编制的要求[J]. 政府管理评论, 1998, 58: 66-73.

[3] Radin B A. The government performance and results act and the tradition of federal management reform: Square pegs in round holes[J]. Journal of public administration research and theory, 2000, 10(1):111-135.

[4] 井手文雄. 日本现代财政学[M]. 陈秉良, 译. 北京：中国财政经济出版社, 1990:173.

政权,确立宪政的发展史。之所以称为"现代",是因为议会代表不是国王委派指定的而是选举出来的,议员真正参与到政府预算的制订和预算制度的改革,才是民主财政的体现。

英国议会制度由来已久,公元 6 世纪左右,盎格鲁-撒克逊人在英格兰建立起七个王国,这些王国的国王与贵族代表组成"贤人会议"。"贤人会议"是一个具有约束王权性质的机构,拥有行政、立法和司法权,国王不可随意变更"贤人会议"的判决,初步有了民主制度架构的雏形。1066 年,诺曼王朝在贤人会议的基础上又成立了"大资政会","大资政会"主要由封建贵族及教会重要人物组成,其运转机制和权力行使方式接近"议会"模式。

1167 年,约翰即位后面临严峻的经济和军事形势,为了维持庞大的军事开支和王室的奢靡生活,约翰对贵族和市民横征暴敛,引起了贵族和市民的极度不满,导致了 1215 年贵族的反叛。英王约翰为了保住王位被迫妥协,1215 年 6 月 19 日签署了由英国贵族起草的限制王权、保障臣民权利的《大宪章》。《大宪章》的主要内容是要求给予贵族权利,限制王权;其目的是保卫贵族利益,结束约翰滥用权力的局面。《大宪章》为未来的议会和议会制度奠定了基础。《大宪章》将"非赞同毋纳税"和"无代表权不纳税"原则以法律的形式确立下来,标志着英国早期预算制度的形成。

但是,《大宪章》没有根本触动封建土地所有制,只是限制国王的权力。17 世纪初,英国的财政困难状况逐步加剧,国王甚至不经过议会批准就对公民强行征税,引起了议会以及民众的极大不满,导致了 1688 年资产阶级的光荣革命。从预算制度构建来看,"光荣革命"使议会对政府财政控制范围进一步扩大,议会逐步囊括对国王个人支出的监管,将王室年俸中的君主私人支出与国家支出相分离,同时将大部分的世袭王室收入转为由议会征收和拨付。1689 年颁布的《国民权利与自由和王位继承宣言》(An Act Declaring the Rights and Liberties of the Subject and Settling the Succession of the Crown) 确认了议会在立法、财政、税收和军事方面的权力不受国王的限制,政府财政管理受议会监督、对议会负责。1789 年议会通过的《联合王国总基金法案》把所有的财政收入统一在一个文件中,才有了正式的预算制度。

1854 年制定的《公共收入统一基金支出法》强制性要求国内收入部、关税部和邮局的所有年度支出预算都要提交议会。1861 年 4 月 2 日成立的公共账户委员会使议会拥有了实施监管公共账户的权力。1866 年制定的《国库与审计部法》规定总审计长完全独立于政府,政府所有部门都向议会提交审计后的账户,以说明是否按照议会的拨款规定使用财政拨款。

1909 年 4 月 29 日,财政大臣劳合·乔治向国会提出一项被他称作"人民预算案"的政府预算案。其中包括:① 提高所得税;② 提高遗产税;③ 提高土地增值税。此外,还要增加酒贩执照税、烟酒税以及汽油税。"人民预算案"是通过向富人征税来对穷人实施基本生活保障。但"人民预算案"触动了上院贵族们的利益,经过丘吉尔以及劳合·乔治的积极努力,甚至英王爱德华七世从中斡旋,1911 年 8 月 10 日通过了"议会法"。这使议会两院的法律关系第一次由成文法作了规定。这项法令载明,财政法案为"一件公共关系法案",每一个财政法在经过下院议长认证后,上院不得加以修正或否决,一经英王批准立即成为法律,从而剥夺了上院讨论财政法案的权力。

(二)英国绩效预算制度的建立和发展

英国是较为系统进行政府绩效探索的国家,被称为"政府行政改革最系统和最有成效的国家"。

1. 撒切尔政府的绩效改革(20世纪70年代至80年代末)

其实,早在1968年,英国公共部门就应用绩效评估,英国的王室土地监督局、国内税务局以及就业局开始发布各部门的整体生产率指数,并拟定各种绩效示标用以衡量下属部门的工作。"但是在20世纪80年代以前,绩效评估局限于输入和产出易于识别和调整的执行功能。"①

20世纪70年代,全球爆发的世界经济危机致使经济衰退,英国财政赤字规模加大导致财政入不敷出。而新公共管理理论兴起于20世纪七八十年代。1979年,撒切尔(Thatcher)夫人上台后在"意识形态上坚持新右派的反国家主义观,认为过度扩张的国家抹杀了个人、家庭和社会群体的创造性,毫无效率地生产和分配着公共产品"②。在新公共管理理论的影响下,拟将私人部门的绩效管理方法引入公共部门,着眼于提高政府运行和支出效率,开展了以绩效为主导的政府绩效改革和一系列的公共经济改革。撒切尔政府的绩效改革主要措施有:

(1)开展"雷纳评审计划"(Rayner Scrutiny Programme)

1979年撒切尔刚一上台执政,就立即任命雷纳爵士为首相的效率顾问,并在内阁办公厅设立了一个"效率工作组",负责行政改革的调研和推行工作,这就是英国著名的"雷纳评审计划"。"雷纳评审"的性质是"以解决问题为导向"的"试验式调查",即对政府各部门的运作情况进行调查、研究、审视和评选活动,重点评审政府机构的经济和效率水平,主要考虑政府部门"目前干了些什么,干这些事有没有必要,这些事是怎么干的,能不能减少环节,降低开支,提高效率"。具体步骤:① 选择评审对象。评审对象完全由各部门根据需要自己选择,然后报雷纳批准。② 对现有活动的质疑。对现有活动的质疑是评审的起点,质疑是指对正在进行的工作提出尖锐的问题。③ 推动争论或辩论。在实地调查后,评审员把自己的感受、发现和具体问题及改革建议写成报告,在递交给效率小组备份的同时,递交给被评审机构的负责人,了解被评审机构的反应并征求批评和建议。④ 达成共识。它是指在评审员和被评审机构进行充分协商和讨论的基础上对改革措施达成共识。改革措施可以是中止某一方面的工作或活动,也可以是工作程序的重新设计,或职能的重新配置和组织结构调整等,视具体情况而定,评审员对此没有预设的架构。⑤ 改革措施的实施。在提出具体的改革措施后,评审员就离开被评审机构,由被评审机构落实评审结论和改革措施。其目的是通

---

① John G,Wilson D. Public administration in britain today[M]. New York:Unwin Hyman,1993:131-132.
② 怀特.欧洲公共行政现代化:英国个案分析,转引自西方国家行政改革述评[M].宋世明,等译.北京:国家行政学院出版社,1998:239.

过评审来终止和避免那些不理想的东西（包括过时的、不合时宜的工作任务，无效率的工作程序和方法等）。从 1979 年到 1985 年，共进行了 266 项评审，查出 6 亿英镑的年度节支项目和 6 700 万英镑的一次性节支项目。"雷纳评审计划"以经济与效率为评价重点，促使政府部门开始关注政府的产出和结果，初步树立起成本意识，在英国的绩效预算改革中具有重要地位。

（2）建立"部长管理信息系统"（Management Information System for Ministers，MINIS）

1980 年，英国环境大臣赫塞尔廷在环境事务部内率先建立起部长管理信息系统，它是整合目标管理、绩效评估等现代管理方法而设计的一整套集目标管理、绩效评估和管理信息为一体的信息收集和处理系统，可以及时掌握诸如谁负责这些事、这些事的目标是什么、是否进行了有效的监测和控制等内容，从而为部长绩效考评提供系统、可靠的依据，使公共部门绩效考评更具有战略性、持续性，因此又被称为"部长管理信息系统"。

（3）实施《财务管理新方案》（Financial Management Initiative，FMI）

1982 年 5 月，英国财政部颁布的《财务管理新方案》是为使公共部门树立绩效意识，提高效率，降低公共开支而设立的。它包括四项内容：① 建立管理信息系统，有效地行使职责所需的信息（特别是费用）、训练及得到专家咨询，它"不仅能向最高层提供评估和控制所需的全部信息，而且能为下面各层主管提供做好工作所需的信息"；② 目标陈述，对其制定的目标有清晰的概念；③ 绩效评估，对与这些目标相关的产出或工作绩效进行评估；④ 分权与财力下放，对最有效使用资源制定明确的责任，包括严格审查产出和经费。它需要结合各自部门的职能，明确目标进行绩效评审，从资源与投入、投入与产出、产出与效果之间的关系来评估经济、效率和效益，对中央政府的财政资源进行有效的配置和监控。《财务管理新方案》实际上是"部长管理信息系统"的扩展、延伸和系统化，是公共部门引入绩效评估制度的标志性事件。在此背景下，英国卫生与社会保障部于 1983 年公布其部门绩效评价方案，成为首个颁布系统的预算绩效评价方案的政府部门。《财务管理新方案》将预算看作"绩效合同"，部门要承诺具体的目标并取得相应的资源。

（4）推出"下一步行动方案"（The Next Steps）

1986 年，撒切尔要求罗宾·伊布斯（Robin Ibos）爵士对《财务管理新方案》进行评价。1988 年，伊布斯接替雷纳的内阁办公室效率小组，开展关于改进政府管理的评审活动，提交了调研报告《改进政府管理——下一步行动方案》，即著名的《伊布斯报告》，又称"下一步行动方案"。该方案对下一步改革的基本原则、具体意见和行动计划进行指导。主要内容：① 将公共服务的提供职能和执行职能从各部门中分离出来，设立"执行机构"承担执行和提供服务的职能，提供职能部门对执行机构的运作进行监督、协调和"适距控制"；② 给予机构更大的灵活性和自主权；③ 各部门首长与执行机构签订服务供给协议，使执行机构对提供的服务负责；④ 对执行机构的绩效进行定期评审，建立惩罚制度，并对执行机构的绩效状况进行定期评审并将结果公布于众。

"下一步行动方案"以发现问题为基点,在责任机制方面将传统体制下直接控制的"权属关系"转变为适当控制的"绩效合同关系",完成了从过程控制到结果控制、从隶属关系到契约关系的转变,为英国公共部门管理改革找到了突破口,是对绩效预算的重大发展。英国在部门下大约建立了130个执行机构,各部门对其执行机构的绩效由议会负责。从1990年起,内阁办公室每年要对执行机构的发展、运行及绩效状况进行总体评价,并向社会公开评价结果。

2. 梅杰政府的绩效改革(20世纪90年代至20世纪末)

20世纪80年代末,英国在公共部门的经济性和效率性方面取得了显著成效,但在公共服务质量方面出现了一定程度的下降,引起了民众不满。1990年,梅杰担任首相后,将预算改革的重心逐步转移到了公共服务质量及其效果上。1991年7月,梅杰政府相继发起了"公民宪章运动"和"竞争求质量运动"。

(1)"公民宪章"(Citizen's Charter)运动

"公民宪章"运动要求公共部门和服务机构制定宪章时遵循明确的服务标准。"公民宪章"最重要的一条原则是:"政府提供的公共服务的质量必须与公民所支付的价值相当"。为实现这一原则,"公民宪章"特别强调了"扩大政府服务竞争范围是保证服务质量改善的根本"思想。"公民宪章"运动的主要内容是:① 将公共服务内容、目标、标准、责任等用宪章的形式公之于众;② 建立服务承诺机制,接受公众监督;③ 以实现提高服务水平和质量的目的,对政府服务质量和效益等进行全方位评估;④ 要求公共服务应在尽可能的情况下为服务的接受者提供可供选择的机会;⑤ 要求公共服务的提供者做到礼貌服务、有助于公众,且不能有任何歧视;⑥ 要求各部门、各机构建立适当的顾客申诉、投诉程序,以保证顾客在受到不适当对待时而要求得到补偿的权利。在英国政府强有力的推动下,全国性的行业和部门都相应制定出各自的服务宪章,其中影响较大的有"旅客服务宪章""病人服务宪章""父母服务宪章""法院服务宪章""求职者服务宪章"等等。为了落实"公民宪章",英国政府采取的措施有:在内阁办公厅下设一个"公民宪章"小组(A Citizen's Charter Unit),由它直接向兰开斯特公爵郡大臣汇报有关"公民宪章"运动的进展情况,该小组还得到授权,对那些不符合《公民宪章》白皮书要求的部门、机构以及与公共服务相关的企业所制订的服务宪章草案进行否决;设立电话专线——宪章热线,帮助公众了解各类服务宪章的内容和顾客的权益,并接受公众投诉;从1993年起成立了一个中心任务小组(Central Task Force),对各类服务宪章进行检查,以确保各个公共服务部门都建立起相应的投诉制度;为了使已实行服务宪章的部门和机构保持优质服务,"公民宪章"小组从1992年起实施奖励优质服务计划,并将实施服务宪章的部门、机构的政府文职人员的工资与实际绩效挂钩。梅杰就任首相后不久就曾表示"宪章"应成为"英国90年代公共生活的主题","我要使之成为整个90年代政府决策的中心"。"公民宪章"实行18个月后,梅杰政府在《关于"公民宪章"的第一份报告》中再次重申,"它将是英国重大行政改革的10年项目"①。

(2)"竞争求质量"运动（Competing for Quality）

在发动"公民宪章"运动四个月后，梅杰政府发布了《竞争求质量》白皮书，又称"竞争求质量"运动，要求进一步提高服务质量和公众满意度，政府管理活动接受市场的检验，并通过市场进行考核和评估。梅杰关于"扩大政府服务竞争范围是保证服务质量改善的根本"的思想在《为质量而竞争》白皮书中还作了特别的讨论。"竞争求质量"运动将市场竞争机制引入公共部门，把反映公共部门活动结果的顾客满意度和服务质量交由市场来检验。

3. 布莱尔政府的绩效改革（20世纪末至21世纪10年代）

1997年5月2日，托尼·布莱尔（Tony Blair）代表工党出任英国首相，布莱尔政府沿袭了保守党的改革方向，继续强调公共服务的效率、资金的价值和顾客导向。如布莱尔政府将公民宪章更名为"服务第一"，以"最佳价值"（Best Value 或译为"最优价值""最高价值"）为公共服务的指导理念，对政府的绩效实施改革。布莱尔政府的绩效改革主要措施包括：

(1)实行三年滚动预算

1997年，布莱尔政府执政后，在"最佳价值"的公共服务理念指导下，强调战略规划与预算之间的联系，要求预算与目标规划相适应，使政府从动态的预算中把握总体规划和近期目标，以三年支出滚动预算的制定为发端，建立起以后连续三年的支出计划，提高公共支出的稳定性和确定性，使各部门很难通过追加预算的方式获得额外的资金来源，有效地遏制各部门争夺有限财政资源的冲动，把各部门的精力转到加强绩效管理上。同时，对公共部门的预算支出进行全面评审，按照优先顺序重新配置资源，舍弃掉不必要的支出，改善了公共服务提供的质量。

(2)颁布了《综合支出审查法案》（The Comprehensives Spending Reviews Act）

综合支出审查（comprehensive spending review，CSR）最开始为"支出审查"（spending review，SR），即对政府部门支出的审查。预算前的支出审查表示审查期限内的公共支出设定与财政规则相一致。预算责任办公室（OBR）独立预测总的资金水平，并在各部门之间进行分配，通常同意未来三到五年的每个部门的支出限额。在支出审查过程中，财政部会根据以往年度的支出审查情况，对支出审查期（通常为三年）内新一年的年度变动支出进行调整。内阁办公厅监测各部门目标和政府优先事项的落实情况，监督各部门的业务规划实施。下议院对应政府职能部门设立了20个专责委员会（Commons Select Committees），对政府及其部门提出的财政、经济政策及预算、业务计划等重大议题进行审查、辩论及表决通过②。

1997年，布莱尔政府倡导各部门要有财政支出的绩效意识，颁布了《综合支出审

---

① 张定淮. 英国"公民宪章"运动的现状与前景[J]. 深圳大学学报（人文社会科学版），1996，13(1)：50-54.
② Comptroller and Auditor General. HM Treasury and Cabinet Office. Improving Government's Planning and Spending Framework. 23 November 2018：20-21.

查法案》，首次全面、系统地要求各部门全面系统地制定绩效目标体系，标志着"支出审查"转变为"综合支出审查"。综合支出审查是财政部根据各部门的职责和目标，对项目支出实行以零基预算为主要内容的综合支出审查，目的在于寻求用部门支出限额和年度管理支出限额来控制预算总规模的最佳方式，其实质是一个规划和控制公共支出的政府治理过程。

（3）签订"公共服务协议"（Public Service Agreement，PSA）

《综合支出审查法案》以"公共服务协议"为基础，即以"公共服务协议"作为综合支出审查的依据，还为开展公共财政支出绩效评价提供了政策保障。1998年，布莱尔政府要求各部门与财政部签订"公共服务协议"，协议包括五个要素：① 宗旨（aim），即总括性描述部门职责，表明该部门所提供服务的方向和重点；② 目标（object），即描述目标所要取得的成效；③ 绩效目标（performance target），以结果为导向，绩效目标的选取遵循 SMART 法则；④ 责任人声明（statement of who is responsible），负责人一般为相应的国务大臣；⑤ 技术注释（technical notes）。因此，"公共服务协议"实质上就是由各部门的部长与财政部共同签订的"绩效合同"，由责任条款、目标条款和如何完成目标三部分组成。

1998年以后，"公共服务协议"中以结果为主的目标所占比重逐渐加大，但还有少量的产出目标。"公共服务协议"由首相办公室和内阁委员会讨论决定，不同部门的公共服务协议中的各项任务不尽一致。首先，进行绩效预算监督。财政部、内阁公共服务和公共支出委员会（PSX）定期对照"公共服务协议"中确定的绩效任务，对其完成情况进行监督检查。其次，推行绩效预算审计。国家审计署对各部门在每个预算年度内所提交的绩效报告进行审计并提交议会，及时将审计结果反馈给相关政府部门并对社会公开。再次，提交绩效报告，政府部门每年分两次向议会提交绩效报告：春季在一个财政年度结束后提交部门年度报告（Annual Departmental Report，ADP），要求说明部门绩效任务的最终完成情况；秋季在每年的12月份提交秋季进程绩效报告（Autumn Performance Report，APR）。报告都应向社会公众进行公布，公众可通过财政部网站或各政府部门网站查阅相关资料。最后，进行绩效信息的运用。评定各部门的绩效等级并实行奖优罚劣，相应地增加部门自主权。

（4）采用权责发生制

1994年，英国发布了《对纳税人的钱做更好的会计核算——在政府中实施资源会计与预算》，以政府资源为中心，按权责发生制原则，编制预算和会计核算；建立部门目标体系；推行与各个部门的产出相挂钩的支出分析框架①。1999年，布莱尔政府开展了"政府现代化"（modernizing government）运动，并在地方政府层面引入最佳评价制度，倡导通过最佳评价体系提高服务质量。2000年7月，议会通过并正式颁布了《政府资源和会计法案》（Government Resources and Account Act，GRAA），将政府会

---

① 资料来源：财政部国库司赴英国政府会计培训班总结报告；英国资源会计与预算改革[R/OL].[2023-12-18] www.mof.gov.cn.

计基础由收付实现制变更为权责发生制，全面引入权责发生制会计制度。但是，直到2005—2006年，英国才公布以权责发生制为基础的政府公共部门合并报表，整合了中央政府部门、地方政府、基金、公共机构、公共公司等公共部门的经审计账目。实践证明，将权责发生制引入政府会计体系是一个漫长、渐进的过程。权责发生制能准确计量政府活动的成本，完善了政府财务信息报告制度，加强了政府财务信息的披露。英国在政府会计改革中采用了一套"资源会计与预算"（RAB）的系统，实现对公共支出的规划和控制职能。在采用权责发生制核算的基础上，政府对外公布权责发生制财务报告，还建议各个部都要编制一套合并的资源报表，其公开的财务报告应该附有"真实而公允"的审计意见。

（5）"全面绩效评估"（comprehensive performance assessment，CPA）

2003年，审计委员会专门开发的"全面绩效评估"（comprehensive performance assessment，CPA）对地方公共部门开展绩效评估；CPA框架包括四个共同的组成部分：综合评价（corporate assessments）；资源使用评价（use of resources assessments）；服务评价（service assessments）；发展方向评价（direction of travel assessment）。2009年2月，国家审计委员会公布的全面绩效评价体系（comprehensive arms assessment，CAA）取代了CPA后并正式实施。

（6）绩效审计。英国是目前国际上开展绩效审计较为成熟、管理水平较高的国家，英国的审计机关隶属于议会，赋予了审计机关不受政府限制的超然独立性，英国国家审计署有50%左右的审计业务属于绩效审计。绩效审计的技术和方法包括质量控制法、调查法、问题解析法、碰头会、统计分析法等。2003年，审计署提出了"绩效审计循环"概念，列示了完成一个绩效审计项目所经过的确定审计项目、制定审计计划等九个环节。审计署共审计50～60个部门，向议会提交了约60份绩效审计报告，由议会最终研究部门的绩效考核结果。绩效审计构成了绩效预算的一项重要制度内容。关于绩效审计将在本书第三章专门阐述。

4. 卡梅伦政府的绩效改革（2010年至2016年）①

2010年5月11日，戴维·卡梅伦（David Cameron）宣誓就职英国首相；2015年5月8日，卡梅伦成功连任首相；2016年6月24日，卡梅伦于英国公投脱离欧盟后宣布辞职；2016年7月13日，卡梅伦正式卸任英国首相，由内政大臣特雷莎·梅接替他担任英国首相。卡梅伦担任首相的六年间，英国经济从衰退中复苏，其离任时英国的就业率处于创纪录高位。卡梅伦政府的绩效改革主要措施包括：

（1）开启"开放公共服务"（open public service reform）

2010年，卡梅伦政府提出启动"大社会、小政府"计划，颁布了《开放公共服务白皮书》，致力于打造一个将权力从政治家手中让渡到人民手中的社会，期间颁布了包括社区自我运作，开放公共服务，建立大社会银行、发展国家公民服务计划、公开政

---

① 2016年7月13日,特雷莎·梅(Theresa Mary May)任英国首相,2019年5月24日,英国首相特雷莎·梅宣布辞职。此后政府的绩效改革略。

府信息等一系列配套措施。《开放公共服务白皮书》中强调，推进公共服务现代化基于五个基本原则：增加选择，在任何可能的领域增加选择的机会；去中心化，权力应该最大程度地下沉到底层；保证多样，公共服务应该对各种各样的提供方尽可能地开放；保障公平，确保公民公平地享受高质量的公共服务；接受问责，应该接受用户和纳税人对公共服务的问责①。

卡梅伦政府将复杂的公共服务范围划分为三种类型：个人服务（individual service）、邻里服务（neighbourhood service）、委托服务（commissioned service）。"个人服务"主要指公民直接需求的公共服务，例如，教育、技能培训、成人社会护理、儿童护理、住房保障和个人卫生医疗服务；"邻里服务"主要指基于共同群体基础上的，由地方主导提供的公共服务，例如，地方公共空间的维护、娱乐设施设备维护和社区安全；"委托服务"主要指不能放权给个人和邻里提供的，且必须由中央和地方负责和提供的公共服务，例如税收、监狱管理、应急卫生管理和福利制度建设等。

2010年5月，英国成立了预算责任办公室，同年10月，该办公室向上议院提交了《预算责任和国家审计条例草案》，这项立法文件作为英国财政改革框架的一部分，旨在提高财政的透明度和政府的公共财政责任。

2014年3月，英国内阁办公室发布了《政策文件——开放公共服务改革》评估报告，对2011年《开放公共服务改革》白皮书所列出的政策目标进行了一系列积极评价，在报告中称"英国政府在推动权力下放，增强透明度，提升选择权等方面皆取得了巨大的进步"②。

（2）"业务计划"（business plan，BP）③

2010年，卡梅伦政府放弃了"公共服务协议"（PSA）制度，要求在2010—2015年实施"业务计划"。各部门编制有优先次序预算项目的业务计划（business plan，BP），它主管关心的是政府后勤（back-office）活动的支出和成本效率④。第一次将后勤职能的标准化指标纳入进来，如财政资源、人力资源。2011年内阁办公室发布的《共享服务的战略愿景》⑤中共享服务的内容包括：a. 人力资源，政府集中提供标准服务（公务员HR）提升效率；b. 财务会计"清晰的监控标准"计划，简化政府的财务报告；c. 采购计划，为中央政府各部位提供集中采购，为整个公共部门节约资金。这项改革在2014年得到进一步发展，形成功能领导模式（functional leadership model），

---

① 转引自王楠，杨银付. 英国"开放公共服务"改革框架及启示：以卡梅伦政府《开放公共服务白皮书》为主要分析对象[J]. 中国行政管理，2016(3)：142-146.
② Cabinet Office. Open Public Services：2014 Progress Report[R/OL]. [2023-11-29]. https://www.gov.uk/government/publications/open-public-services-2014-progress-report.
③ 或称为"商业计划""经营规划"（包括预计收入、成本和利润，通常还有预算和计划的资产负债表及现金流量表的文件，通常仅用货币单位表述）。
④ NAO. Cabinet Office and HM Treasury：Improving government's planning and spending framework[EB/OL]. [2023-11-29]. https://www.nao.org.uk/reports/improving-governments-planning-and-spending-framework/.
⑤ Cabinet Office. Government shared services：A strategic vision[EB/OL]. [2023-11-29]. https://assets.publishing.service.gov.uk/government/uploads/system/uploads/attachment_data/file/61166/government-shared-services-july2011.pdf.

每个功能的负责人对一些专业的统一功能负有全面责任，为新的改革方向提供了组织上的支持。

业务计划的编制步骤：a. 在业务计划"引言"部分加入部门愿景（vision），以阐明部门的战略目标。b. 确定联合优先次序。预算项目的联合优先次序（coalition priorities）是决定各部门资金分配的优先级别的关键，联合优先次序中的项目一般包括政府确定的优先项目和本部门主要责任项目这两部分。政府确定的优先项目一般为计划期内的重点发展项目和部门主要职能的支出，因此，项目优先次序则由部门职责和部门结构性改革的重点决定。c. 制定结构性改革计划（structural reform plan）。它是对联合优先次序中项目的分解和细化，并规定了完成措施的起始和结束时间，特别是详细列出了"里程碑"事件（milestone）的时间节点，因此，是各部门年度工作的路线图和时间表。财政部在网站上定期发布了业务计划的进展情况，以确保各部门对政府项目承诺负责。此外，该计划改变了从上而下的目标和集权式管理体系，赋予了各部门更大的自主权。d. 编制部门支出预算。在"项目优先次序"和结构性改革计划基础上，要求各部门会编制涵盖整个综合支出审查期的"部门支出预算"（departmental expenditure），"部门支出预算"主要包括三方面内容：一是行政支出，即除了一线服务成本以外的所有中央政府行政费用；二是项目支出，即用于举办活动、购买产品和服务的支出，如工资和福利等；三是资本支出，即对具有长期价值的资产的支出，如建筑和设备等。此外，部分职能部门还需列出重大项目的支出预算。e. 披露绩效评估指标。该部分详细阐述了政府部门绩效评估的关键指标：如投入指标（input indicator）、效果指标（impact indicator）和其他关键数据（other key data）以及政府部门的效率信息（department efficiency）。披露业务计划中的绩效评估指标是预算透明度（transparency）的重要形式，所有的绩效指标和相关数据都应在财政部网站上公开并定期更新，以便供公众查阅，使公众能够及时掌握政府各部门的支出进度和资金使用效率。2014 年《地方审计和问责法》规定了公众查阅、复制文件（除不适用情况）和对地方审计结果提出反对的权利，官方必须正面回应，赋予公民主动积极参与财政监督的权利。

（3）"部门单一计划"（single department plans，SDP）

但卡梅伦政府认为，"业务计划"在实施一段时间后无法为部门、为公众提供他们真正关心的服务信息。2015 年，卡梅伦政府放弃了"业务计划"，又引入了"部门单一计划"。它依据目标对部门的财务管理水平进行监督，树立了责任导向的绩效管理理念，部门不仅要对财政支出负责，还要对财政支出的效果负责。SDP 也是以多年期的规划为基础，将部门的活动和支出结合，每年进行更新，目的是提升政府规划的质量。SDP 有两个版本：一个是在网站上的公开版 SDP，主要是一些高层次的目标和绩效指标；另外一个内部版本，是更详细的不公开的版本。SDP 的内容包括部门的目标、部门将如何利用资源实现目标、如何测量其绩效，每个计划都要求包括：a. 中期财务规划，包括部门支出评议方案和所有支出的所有年份；b. 部门目标和活动，包括确定战略目标、次级目标和工作领域；c. 绩效指标，包括指标、资源分配、时间表/可提供性，每个目标/活动层次的关键风险和条件（dependencies）；d. 职能说明（functions statements），包括提出政府的职能，如产权职能、数字职能或商业职能如何支持部门的活动。这些计划需要经过内阁办公室和财政部的同意，以确保部门的优先性能够反映政府的优先性，而且可以在与财政部达成的支出协议下实现①。

5. 英国绩效预算制度的评价

(1) 英国绩效预算制度的历史贡献：

1982 年，《财务管理新方案》将预算看作"绩效合同"；1998 年，"公共服务协议"是由各部门的部长与财政部共同签订的"绩效合同"；1988 年，《改进政府管理：下一步行动方案》将公共服务的提供职能和执行职能从各部门中分离出来，在责任机制方面将"权属关系"转变为"绩效合同关系"；1997 年，实行三年滚动预算；1997 年，颁布了《综合支出审查法案》，首次全面、系统地要求各部门全面系统地制定绩效目标体系；1998 年以后，"公共服务协议"中以结果为主的目标所占比重逐渐加大；2000 年 7 月，《政府资源和会计法案》将政府会计基础由收付实现制变更为权责发生制；2003 年，推行"全面绩效评估"；2010 年 5 月，依据《预算责任和国家审计条例草案》，英国是当时国际上开展绩效审计较为成熟、管理水平较高的国家。

(2) 英国绩效预算制度有待完善

根据希克的观察，改革后财政部建立起在绩效文件中包含绩效指标并量化通过预算取得的成果已经成为规则。但是，管理的灵活性并没有提升，而且测量存在很大的问题，管理者也尚未建立起预算有产出、预算调整要跟绩效目标关联的做法。有时候，管理者的预算被削减了，但对服务水平的要求却并没有相应减少②。

三、部分 OECD 国家绩效预算的发展历程

经济合作与发展组织（Organization for Economic Co-operation and Development，OECD，简称"经合组织"）前身是欧洲经济合作组织（OEEC），成立于 1961 年，是由市场经济国家组成的政府间国际经济组织，旨在共同应对全球化带来的经济、社会和政府治理等方面的挑战，并把握全球化带来的机遇。目前成员国总数 38 个，如美国、英国、法国、德国、意大利、瑞典、瑞士、卢森堡、挪威、丹麦、西班牙、希腊、荷兰、奥地利、比利时、芬兰、冰岛、爱尔兰、日本、韩国、以色列、土耳其、新西兰、澳大利亚、加拿大、墨西哥、智利、捷克、爱沙尼亚、匈牙利、拉脱维亚、波兰、葡萄牙、斯洛伐克、斯洛文尼亚、立陶宛、哥斯达黎加、哥伦比亚。OECD 成员国都是较为发达的市场经济国家，预算管理水平也普遍较高。据 2018 年统计已有超过 30

---

① Chief executive of the civil service and permanent secretary for the Cabinet Office. Clarifying our priorities-single departmental plans[EB/OL]. [2023-11-29]. https://civilservice.blog.gov.uk/2015/07/29/clarifying-our-priorities-single-departmental-plans/; Comptroller and Auditor General. Government's management of its performance: progress with single departmental plans, Session 2016-17, HC 872[R]. [S. l.: s. n.], 2016.

② Schick A. Budgeting for results: Recent developments in five industrialized countries[J]. Public administration review, 1990, 50(1): 26-34.

个 OECD 成员国家引入绩效预算制度[1]。

20 世纪 80 年代以后，新西兰、澳大利亚、美国等 OECD 成员国启动了新绩效预算改革，之后新绩效预算改革又传入一些发展中国家。基于各个国家预算传统方面的差异，这一改革除了被称为"新绩效预算"（NPB）之外，美国联邦政府、各州和地方政府将其称为"基于绩效的预算"（PBB），而世界银行、联合国以及国际货币基金组织（IMF）等国际组织则称作"基于结果的预算"（RBB）。

OECD 国家绩效预算的分类：① OECD 依据绩效信息对预算的影响程度，将绩效预算划分为"报告陈述型绩效预算"（丹麦、瑞典等）、"参考型绩效预算"（新西兰、澳大利亚、英国等）和"完全影响型绩效预算"（北欧国家）等类型[2]；② 依据绩效管理推行机制的基本模式分为自上而下型（澳大利亚、新西兰等），自下而上型（芬兰、丹麦和瑞典等北欧国家）和两者兼有复合式型（法国、加拿大、荷兰等）；③ 依据绩效管理推行力度分为激进方式（新西兰等）和试点或实验性的个别渐进方式（芬兰和法国等）。

由于英国是创立现代预算制度的国家，美国是最早提出绩效预算的国家，因此，在前面单独阐述，下面重点介绍部分 OECD 国家。

（一）新西兰绩效预算的发展历程

新西兰与澳大利亚被人们视为新公共管理改革最为迅速、系统、全面和激进的国家。特别是 20 世纪 80 年代末和 90 年代初，新西兰开始对政府公共部门进行大规模改革，建立了强调结果的绩效预算模式，几乎给政府管理的所有领域都带来了根本性的改变。新西兰的预算改革开展得最彻底，也最有代表性[3]。新西兰被认为是世界上推行绩效预算比较成功的国家之一，其预算改革被许多西方国家奉为典范。

1. 新西兰绩效预算的改革进程分为四个阶段

（1）改革国有企业

20 世纪 70 年代和 80 年代早期，新西兰政府因为对经济过多干预，积累了大量的财政赤字，政府债务和通货膨胀都迅速增长[4]。1984 年，财政赤字占 GDP 的比重达到 9%[5]。1972 年，政府净债务占名义 GDP 的 5.79%，进入 80 年代后，这个比重不断上升，1984 年达到 29.61%，财政状况严重恶化。

1986 年，新西兰政府颁布了《国有企业法案》（State Owned Enterprise Act），区分了政府的商业性活动和非商业性活动，把政府承担的商业活动从政府公共部门中剥

---

[1] Public Governance Committee Working Party of Senior Budget Officials. OECD Best Practices for Performance Budgeting[R]. 2018.

[2] OECD. Performance budgeting in OECD countries[M]. Paris：OECD Publishing，2007：21.

[3] 牛美丽，马骏. 新西兰的预算改革[J]. 武汉大学学报（哲学社会科学版），2006，59(6)：802.

[4] Goldman F，Brasheres E. Performance and accountability：Budget reform in New Zealand[J]. Public budgeting & finance，1991，11(4)：75-85.

[5] Scott G，Ball I，Dale T. New Zealand's public sector management reform：Implications for the United States[J]. Journal of policy analysis and management，1997，16(3)：375.

离出来。改革的目的是推进国有企业私有化政策，实行国有企业公司化。在1986年到1990年这一段时间，新西兰采取了私有化措施，将许多国有企业卖给私人部门[①]；在国有企业中引入权责发生制；国有企业的管理者能像私人公司的经理那样拥有管理上的自主权[②]，并在结果上对部长和议会负责。设定国有企业的目标，它奠定了推进公共部门绩效考核的改革基础，是新西兰绩效预算的引领阶段。

（2）改革公共部门

改革的主要内容表现在1988年的《国家部门法案》和1989年的《公共财政法案》。

1988年，新西兰颁发了《国家部门法案》，提出绩效预算是公共领域改革的重要组成部分，内容有：① 重新界定了部长和部门首席行政官之间的关系，把国家服务委员会看成行政长官的雇主、公共管理部门的顾问，中央部长制定公共政策并对"结果"（outcomes）负责，部门行政长官在部门的绩效上对部长负责或者说对"产出"（output）负责。② 废除公务员终身制，在改革前设有一个终身制的行政负责人（permanent head），且一个行政负责人通常要对若干个部长负责，如劳动部的终身制行政负责人要向三个部长（劳动部长、就业部长和移民部长）报告工作，这不仅增加了交易成本，还造成了管理上的低效率；改革后终身制行政负责人被改称首席行政官员（chief executive official，CEO）[③]，并签订聘用合同，任期为五年，期满后，由国家服务委员会（State Service Commission）根据对各部门CEO的年度绩效评价结果决定是否予以继续任命或达到合同中规定的绩效考核标准可以续签合同。以合同的方式确立了政府部门与机构之间的法律关系。③ 引入私人部门的雇佣政策，在核心公共部门建立了一种新型的雇佣关系，将管理决策权下放给首席行政长官，使其有权力雇佣或解雇自己的下属。④ 允许把一个机构分成两个子单位，一个是公共服务的资助者和购买者，另一个是公共服务的提供者。部长代表政府，而CEO代表部门，绩效合同与政府的战略目标相联系，并以产出的方式规定所提供的服务，明确机构管理的要求和标准[④]

1989年，新西兰通过《公共财政法案》将预算的重点从投入转向产出，建立改进绩效的激励机制。内容有：① 采用权责发生制的会计和预算，新西兰是世界上最早在政府预算中引入权责发生制的国家；并且对社会公众公开，提高预算的透明度。② 要求所有的拨款都要和"产出"直接相挂钩，由各部长来决定"产出"是否需要并决定是否给多少经费，以此来提高机构对使用预算资源的责任感。③ 对引入资本费用和资

---

① Goldman F, Brasheres E. Performance and accountability: Budget reform in New Zealand[J]. Public budgeting & finance, 1991, 11(4): 75-85.

② Ian B. New Zealand society of accountants public sector challenge: defining, delivering, and reporting performance[J]. Wellington: convention papers, 1992(11): 13-27.

③ Goldman, Frances & E. Brasheres. Performance and Accountability: Budget Reform in New Zealand[J]. Public Budgeting & Finance, 1991, 11(4): 81-92; Ball, Ian. Outcome Specification. New Zealand Society of Accountants Public Sector Challenge: Defining, Delivering, and Reporting Performance[J]. Wellington: Convention Papers, 1992(11): 13-27.

④ Mascarenhas R C. Searching for efficiency in the public sector: Interim evaluation of performance budgeting in New Zealand[J]. Public budgeting & finance, 1996, 16(3): 423-445.

产买卖放权。④ 在强调公共责任的同时放权，赋予部门负责人更大的责任，同时也实行更大的奖励与惩罚。⑤ 引进信息系统来评估绩效。《公共财政法案》促使政府部门更好地控制资源和成本，重视公共服务的效率、质量和费用，建立一种改进绩效的激励结构[①]。

(3) 强化管理责任

1989年的《公共财政法案》还改变了拨款和会计处理程序。现在的年度预算拨款分为三类：① 适用于现金支出和投入获得的方式；② 适用于资源消费的方式；③ 适用于产出消费的方式。为了反映生产产品和服务的过程中真实的资源耗费，《公共财政法案》还用权责发生制会计取代了传统的现金制会计。私营部门常用的资产与负债平衡表也被引入政府会计来帮助评价各个部门的财政绩效以及维持政府的资产基数。这种会计体系既可以清楚地认识到短视的政策的远期后果，清楚政府的政策是否是可以持续的，又可以评估政府是否能够保持资产的价值。1992年，第一份正式的部门权责发生制年度财务报告出现。1993年，编制出第一份完全合并的中央政府财务报表。1993年9月，新西兰政府颁布了《财务报告法案》(Financial Reporting Act)，强调公共部门要加强对权责发生制的应用，并将财务报告分为"部门报表"和"整个政府报表"两个层次，准确反映政府财政状况。

1994年，新西兰颁布了《财政责任法案》(Fiscal Responsibility Act)，通过细化一系列有关财政管理责任的原则和绩效报告质量规范，加强财政风险管理，要求必须要向社会公布与上述原则相偏离的情况，明确财政部长对与产出相关的财政管理目标负责，确定建立财政目标和进行定期的财政报告。同时，对1989年的《公共财政法案》进行了修订，要求实行中长期的财政框架，说明政府广泛的战略优先顺序，对政府部门实行国际会计准则，要求每个月份都要提交以权责发生制为基础的财务报告[②]。

(4) 预算和战略管理结合

1993年，新西兰政府颁布了文件《通往2010之路》(Path to 2010)，提出未来20年政府的发展目标和战略规划。1994年，新西兰国家服务委员会认为原有的公务人员的绩效评定合同缺乏细节的指标，所以，提出了针对公务人员的"关键结果领域"(key result areas, KRAs) 一年一度的评价体系。国家服务委员会还与总理和内阁 (department of the prime minister and cabinet) 一起出台了"战略结果领域"(strategic result areas, SRAs)，把《通往2010之路》的长期规划和关键结果领域的年度绩效考核联系起来。1995年，政府共对约40个SRAs和200个KRAs进行了评价。之后连续三年，政府发布了《接下来三年》(Next Three Year, 1994)、《未来的投资》(Investing

---

① Goldman F, Brasheres E. Performance and accountability: Budget reform in New Zealand [J]. Public budgeting & finance, 1991, 11(4): 81-92; Ian B. New Zealand society of accountants public sector challenge: Defining, delivering, and reporting performance [J]. Wellington: convention papers, 1992(11): 13-27.

② Campos J E, Pradhan S. Evaluating public expenditure management systems: An experimental methodology with an application to the Australia and New Zealand reforms [J]. Journal of policy analysis and management, 1997, 16(3): 382-404.

in Our Future，1995)、《新机遇》(New Opportunities，1996) 等文件，通过了"关键性的优先顺序"(以前被称为"关键性的结果领域"），明确了政府战略优先发展领域和顺序，将整个政府的总战略计划进一步落实到各部门的战略计划，进一步巩固了政府战略规划与绩效的联系。2001年12月起，新西兰政府要求各部门提供更有战略眼光、聚焦结果（outcome-focused）的预算管理规划报告，各部门要"为结果而管理"，为议会准备一份年度"绩效声明报告"(statement of intents，SOIs)，阐明未来财年里按中等条件情况下预计所能实现的产出量和绩效，以及"为结果而管理"所采取的具体措施，使绩效预算的目标和结果围绕政府的战略规划进行，从而使预算管理更加关注最终结果。议会拨款时要求各部部长阐明产出与结果之间的联系，新支出的审查和事后审查非常注重结果的实现，通常会用问卷的形式要求部门提供绩效信息。

2. 新西兰预算改革的具体措施

（1）定义产出和结果并区分两者的责任

新西兰预算改革的一个重要特点是将对结果和产出的预算责任分开。新西兰进行的新绩效预算改革首先定义了投入、产出和结果。"投入"是指带来产出的基本成本；"产出"是指由部门或第三方提供的产品和服务；"结果"是政府活动的目的，是指在法律上对公众重要的政府活动和数字结果[①]。《公共财政法案》要求部长要对结果负责，部门的行政首长只对产出的生产和供给负责。在这种新的模式下，部长通常通过和各个部门签订"产出合同"的方式来确定他们与各个部门之间的责任关系。新西兰的预算改革要求决策层对预算的结果（即产出对公众的影响）负责，而要求管理部门对预算资源的分配和预算产出负责。部长和部门的行政首长的角色定位不同，部长负责"掌舵"——确定方向和"战略结果领域"或"关键结果领域"；而部门的行政首长负责"划桨"——提供"产出"以达到部长要求的目标。这样，部长和行政首长可以各司其职、相互配合、提高效率。

（2）结合政府中长期战略，确立结果导向

从1994年开始，新西兰的预算改革要求政府建立最高层面的结果目标，而且这些结果目标要求与长远的战略目标相一致。1994年的《财政责任法案》要求政府说明广泛的战略优先顺序（strategic priorities），作为政府准备预算的指导性文件。战略优先顺序具体包括了战略结果领域（strategic result areas）、战略优先顺序和宏观目标（strategic priorities and overarching goals）、指导公共部门政策和绩效的关键性政府目标（key government goals to guide public sector policy and performance）。这些战略优先顺序的指导性文件主要用来说明政府政策的大致方向而不是具体的目标。它们被看作引导预算过程的"优先顺序工具"(prioritization tool)。在这些策略的指导下，新西兰紧紧围绕着部门的战略计划来推行预算改革。

预算的结果导向体现在：新西兰的议会拨款时要求各部部长所购买的一系列产出与政府期望实现的结果之间的联系；大部分新支出要求主要审查是否对结果的实现做

[①] 新西兰政府财政管理体制改革[J]. 经济社会体制比较，1998(5):24-30.

出很大的贡献；对于预算和各个部门绩效的事后审查，议会也非常重视产出和结果之间的联系。这一系列改革为预算的编制、执行、监督和评估建立了明确的结果导向。

部门的战略计划体现在：总战略计划进一步被落实到各部门的战略计划，整个政府的部门负责选择"关键性的优先顺序"，这些关键性的优先顺序都必须是明确的（specific）、可测量的（measurable）、可实现的（achievable）、结果为中心的（result-focused）、有时间限制的（time-bound）。新西兰政府致力于改进部门战略计划的质量并使得部门更加注重结果，从而把各个部门的活动与政府宏观战略优先顺序衔接起来。一个被称为"能力、公共责任和绩效"的试验已经开始推广，部门在形成战略计划时要明确：机构准备实现的结果；为了实现这些结果，机构现在和将来需要具备哪些能力；机构运行的环境；机构必须考虑的风险。并向议会进行事前汇报，向其告知部门最后形成的战略计划。

议会根据产出拨款并不意味着新西兰的预算改革不重视结果。鲍尔指出，虽然新西兰的预算改革没有将结果放在正式的管理体系的核心，这并不等于在政策分析中没有包括结果的考虑[1]。议会按照产出来拨款是要考虑这些拨款生产出来的产出是否有助于实现各种结果。在这种框架下，虽然各个部门只对产出负责，但在与部长签订购买合同的过程中，各个部门如果希望在合同形成的过程中有效地讨价还价，就必须清楚部长们关心的产出是什么。实际上，《公共财政法案》要求部门预算要说明部门的产出、结果和绩效指标。这意味着部门至少间接地对结果负责[2]。

(3) 将结果整合进决策与管理

为了将结果整合进决策与管理，新西兰政府明确了三项要求：改进结果信息的质量；要求在决策过程中使用关于结果的信息；进行影响评估。

为了改进结果信息的质量，新西兰推行了一个被称为"政策建议过程"的制度。其主要作用是识别问题所在并提出解决方案，这通常要涉及产出如何贡献于预期的结果。为此，在结果为主的管理中运用了几个指标：状态指标（state indicator）、效果指标（effectiveness indicator）、风险指标（risk indicator）。状态指标提供关于现实状况（特别是发现比较严重的问题）的信息；效果指标提供测量某一项政府干预的成功与否的信息；风险指标提供关于政府干预的主要领域的信息，帮助政府及各部门更好地衡量以结果为主的预算。

在此基础上，财政部和国家服务委员会实行了一个"路径探索项目"（pathfinder project）来提高结果测量的能力和改进结果管理的方法。其目的是将鼓励各个部门将结果的信息运用到决策和管理中。新西兰还进一步加强了对结果影响的事前评价和事后评价，有关结果衡量及评价的情况要向议会报告，用来改进政府决策，指导财政资源配置，促进预算管理。

---

[1] John B, Pallot J. Linking strategy and performance: Developments in the New Zealand public sector[J]. Journal of policy analysis and management, 1997, 16(3): 56.

[2] Ian B. New Zealand society of accountants public sector challenge: Defining, delivering, and reporting performance[J]. Wellington: convention papers, 1992(11): 13-27.

新西兰的结果导向的预算改革与其他OECD国家的预算改革相比具有特色：一是改革的推动力量是多元的，从政党、议会到国家服务委员会、财政部都是改革的主要推动力量。二是采用了市场化管理的模式，明确地将政府和部门的绩效责任分开，使得政府或者部长对结果负责，而各个部门只对产出负责。也就是说，新西兰的预算改革只在政治层面上要求预算对结果负责，而不要求在管理层面上也做出同样的要求[①]。三是绩效预算改革和政府中长期战略计划的结合，宏观战略计划和部门的具体战略计划相衔接，为预算的编制、执行、监督和评估都建立了明确的结果导向。

(4) 创新财务管理模式

新西兰的绩效预算改革。为了更真实地反映生产过程中的成本和耗费，新西兰政府以权责发生制取代了收付实现制，采用权责发生制的会计和预算。这里，不仅是"权责发生制的会计"而且是"权责发生制的预算会计"，实现了预算体系从以投入控制、收付实现制会计和年度报告为核心工作的预算管理转向一个以产出为基础的、重视结果绩效的战略计划和资源配置相结合的完整财务管理体系。在这一体系中，资源一般是根据协议的价格来配置相应的产出。为了提高产出的效率，降低成本，各部门在商品供给者中引入价格竞争机制，并通过一系列合同来规范各参与机构之间的关系，包括购买合同、所有者合同、管理合同等。这些合同中涉及各种各样的讨价还价规则、实施过程中绩效监督和报告（包括月、半年、年度报告）的具体操作等内容[②]。

(二) 澳大利亚绩效预算的发展历程

1976年，澳大利亚政府为了加强财政管理将政府会计、控制和公共支出管理等职能从国库部分离出来，组成独立的专门管理政府支出的财政部。财政部在加强预算控制、控制财政开支方面取得了一些成绩，但没有从根本上解决控制财政支出的问题。

澳大利亚绩效预算的改革进程分为两个阶段：

(1) 政府推出了"财政管理改进计划"，确定了"为结果而管理"

1983年，澳大利亚政府推出了"财政管理改进计划"（financial management improvement program, FMIP），确定了"为结果而管理"（management for results）的财务管理原则。财政的改革措施主要包括：

① 重建政府支出审查委员会（ERC）。其主要职责是制定总支出限额、确定各支出机构削减预算支出的目标、对各部门的年度预算提案进行审查等。

② 1986年设立效率监管小组（ESU），1987年该小组被"管理改革小组"取代。该小组隶属于总理和内阁部，直接向总理和支出审查委员会报告。其主要职责是：对政府部门公共服务行为进行监督检查，确保政府预算过程合理，有效控制政府财政支出，减少资金使用的浪费。

③ 实行项目预算。项目预算包括项目的产出目标，所需资源投入、项目管理等内

---

① Ian B. New Zealand society of accountants public sector challenge: Defining, delivering, and reporting performance[J]. Wellington:convention papers,1992(11):13-27.

② 同①.

容；它有助于推动各部门去识别项目的结构，对不同政府行为进行合理搭配才能取得最佳政策效果。

④ 实行部门预算（portfolio budgeting）。澳大利亚已形成了以部门为单位配置资源、维持预算体系运转的传统，政府容易确立以部门为单位来编制预算。部门预算的最大特点就是一旦支出审查委员会决定了各部门的支出限额，各位部长也就相应获得了在既定的资源范围内自由调配资源的权力。

⑤ 发布中期滚动预算。1983—1984 年度，澳大利亚政府首次公布了未来三个财政年度的预算估计数。在此基础上，政府要求各部门按照项目结构重新编制本部门的预算，并上报新的预算提案以及今后年度的预算估计数；财政部也同时在测算各部门的资金需求，并就具体的预算支出额与执行部门进行谈判；一旦双方达成协议，就成为财政部和各支出执行部门资金安排的基础，有效地遏制各支出部门扩张支出的欲望。

⑥ 推行项目评估。财政部和公共服务委员会共同颁布了全面的项目评估方案，推行项目评估的目的是帮助决策者和管理者判断项目投入是否有效合理，实现目标的途径是否最优，项目优先顺序是否最终实现。

（2）完善财政立法，注重绩效结果的绩效预算管理

主要改革内容包括：

① 成立国家审计委员会。1996 年，澳大利亚政府任命了国家审计委员会（National Commission of Audit）委员来考察联邦政府的管理和财政活动，该委员会的独立审查主要包括三方面：政府是否需要在该项事务中发挥作用；如果需要，决定应由哪级政府参与事务，并评估政府目标是否明确，政府措施能否有效促进事务发展；评估有效的活动是否建立在"最佳运作"的基础上。

② 完善财政立法，为绩效预算管理奠定了基本架构。1997 年，政府颁布了《财务管理和受托责任法案》（Financial Management and Accountability Act，FMA Act），代替了 1901 年的《审计法案》（Audit Act）和《联邦政府和公司法案》（Commonwealth Authorities and Companies Act，CAC Act），并修订了《审计长法》。1998 年制定了《预算报表诚信法》。1999 年的《公共服务法》在肯定 1992 年《基于绩效的支付协议法案》基本精神的基础上，进一步明确了各支出部门的自由裁量权，为提升公共服务的效率和效果奠定了法律基础。

③ 绩效预算编制。编制阶段：确定政府想要实现的结果，为结果配置资源，为结果制定绩效目标，考察绩效目标实现情况。编制程序：由财政部和国库部依据以前年度预算收支状况和公众对政府提供公共产品的需求拟定下一年度预算的总体框架，各部门在总体框架下根据部门工作职责和目标编制下一年度部门支出预算及绩效目标的预算提案，各部门针对支出审议委员会审议预算结果修改预算并在 5 月份的第二个星期将修改案提交议会，议会审议各部门的预算修改案，将通过的预算法案公之于众，

财政部、国库部将批准的绩效预算分送各部门执行。编制内容包括部门运行成本和项目成本两部分：部门运行成本主要依据部门人员数量进行编制，项目成本包括支付退休金、失业金，对教育、卫生、环境可持续发展的转移支付。运行成本编制方法有：澳大利亚政府部门采用权责发生制对公共产出的全部成本进行核算与控制，使投入与产出结果进行合理配比。项目成本编制方法为：确定项目使用方向和预计达到的目标；配置目标所需资源数量；为考核结果设定绩效目标；考核项目在实施中的变化情况；衡量现实结果与既定目标的差异①。

④ 构建了以产出和结果为框架的评价指标体系。1997—1998 年，澳大利亚颁发的《辨析目标和产出》、《澳大利亚政府以权责发生制为基础的目标和产出框架：审查指南》和《目标与产出框架》形成了以产出和结果为框架的评价指标体系。澳大利亚公共支出绩效评价的基本制度框架是结果导向的，对公共产品质量投入极大的关注。

⑤ 引入权责发生制。1997 年之前，澳大利亚实行收付实现制的会计制度，强调预算的合规性；1997 年，实施了权责发生制的会计制度改革，由强调预算的合规性转为强调预算的原则性和绩效性，全面、真实地反映政府活动的成本。

⑥ 向议会提交绩效预算报告。自 1998 年起，部门在年底应向议会提交绩效预算报告，明确说明绩效计划和实际绩效结果。澳大利亚的绩效预算分成五个部分：政府要办的事；配置预算资源；以结果为中心制定绩效目标；评价目标实现状况的标准；评价绩效的指标体系。澳大利亚绩效报告体系包括月报、年中报告以及年度绩效报告。

⑦ 审查绩效预算报告。2002 年，澳大利亚联邦政府启动预算预测和框架审查（Budget Estimates and Framework Review，BEFR），审查旨在确保包括现金数据在内的预算信息的及时性和准确性，使公共服务能够充分发挥改进效果。审查报告提出以下几个主要建议：给予项目信息更多的关注；财务信息报告更加详细、更具时效性；加强对公共部门和机构的财务表现、现金流、工程概算的过程监控；确保系统能够满足因捕捉和储存而增加的信息需求；增加财政部门、公共部门和机构拥有财务和分析能力的专业人才数量。

⑧ 依据绩效结果进行拨款。1999 年，澳大利亚最终确立了以结果为导向的绩效预算管理体制。预算拨款不再仅仅针对某一个项目实施，而是以结果为导向，拨款针对的是某一政策目标的实现。

⑨ 预算报告公开。在澳大利亚预算绩效管理体系中，核心是以预算报告和部门综合预算报表（Portfolio Budget Statements）为代表的预算文件。两者均向广大公众公开，前者适用于对外宣传、公布，后者适用于政府内部工作；两者均明确支出责任、政策目标和责任人，还要公开分部门和机构详细说明战略计划和方向、部门资源和中长期预算、产出及绩效目标和财务报表。澳大利亚每年的政府绩效评价结果都以报告的形式对外公布，并提供下载资源。在专门的网站可以查询包括评估指标、评估数据、

---

① 郝永林.澳大利亚绩效预算考察报告[J].天津经济，2005(2)：36-38.

结果比较等一系列详细数据。

(三) 瑞典绩效预算的发展历程

瑞典是一个高度发达且高福利的国家,在联合国开发计划署的人类发展指数中通常名列前茅。但是,瑞典的公共开支从20世纪50年代中期一直呈上升趋势,其增长率远远高于其同期国民收入的增长。瑞典公共开支占GDP的比重超过2/3,其中90%都用于个人和集体的消费。高福利与高消费所造成的巨额公共开支也形成了沉重的税收负担。巨额的财政支出使得瑞典的财政预算连年出现赤字,赤字占GDP的比重逐年上升。长期实行的财政赤字政策又迫使瑞典政府大量举债。政府财政状况不断恶化,通货膨胀进一步加剧。在这种情况之下,瑞典政府推行绩效预算管理改革[①]。

1. 瑞典绩效预算的发展主要经历了以下三个阶段

(1) 20世纪80年代:加强对支出的监控和评价

瑞典政府早在20世纪70年代就开始推行公共支出绩效评价工作。瑞典的特点是政府审计对公共支出的监控。1984年,瑞典国家审计办公室的报告指出,由于在支出控制程序上存在问题,导致超支较多,支出快速增长,中央政府财政状况进一步恶化。为解决这一问题,20世纪80年代瑞典政府出台了《中央政府行政管理法案》,要求加强政府对执行机构行为进行持续监督的能力,以保证其工作重点与政府优先性保持一致。同时,设定三年支出周期,要求执行机构确立目标和重点,拟订测量方法和绩效指标,并将运行结果与整个目标进行比较,从而推动预算的重点转向对支出的监控和评价。通过研究20世80年代实施预算改革的国家后,希克指出澳大利亚、加拿大、丹麦、瑞典和英国等国家已经开始进行某种旨在"为结果而预算"的改革[②]。

(2) 20世纪90年代:建立支出目标和执行机构之间的联系

20世纪90年代初,瑞典遭遇了严重的金融危机。1993年末,中央政府的债务已占到GDP的76%,造成了公共财政的严重问题。政府开始审视预算管理并意识到其预算程序非常薄弱。20世纪90年代以来,瑞典政府开始了以"SMART目标经营结果管理"为主要内容的公共支出绩效评价,"S"表示经营管理要有确切的目标,"M"表示能够开展测试和评估,"A"表示有利于执行和可操作,"R"表示结果客观现实,"T"表示具体的完成时间。在1994年的中央政府预算法案中开始引入新的预算程序,贯彻"支出封顶"和"盈余目标"原则,将预算分作两个步骤:首先,由议会确定每个支出领域的框架结构;其次,在每个领域根据经费来分配支出,改变过去逐年递增预算的方法,以"产出控制"来代替"规则控制"。1996年,修改了《国家预算法》,严格了预算程序,细化了预算编制流程,加强了对支出增长的控制,要求每一项支出必须有着明确的支出目的,所有预算项目与其所要达到的目标之间都需要有明确、直接的因果关系。议会通过介入预算预备阶段的管理,对预算管理活动的前期行为加以监督。

---

① 赵永全.瑞典绩效预算改革的研究[J].理论界,2010(10):199-201.
② Schick A. Budgeting for results:Recent developments in five industrialized countries[J]. Public administration review,1990,50(1):26-26.

在对公共支出项目进行绩效评价的同时，瑞典政府加强了对公共部门年初制定的业绩目标同实际执行结果进行对比的绩效考核，以评价该部门是否"在做有效的事情"和"用正确的、最低成本的方式"来做这些事情。具体做法是：① 建立比较分析基础数据库，要求各部门确定政府雇员的工作量（国家经济财政管理局参与），主要对各部门人员在具体的项目中需花费的工作时间进行细致的计算，并制定相应的计算机管理程序记录政府雇员开展工作的项目、时间、工作的难易系数和应得的报酬，为实行定额预算和绩效管理打下基础；② 要求各部门制定的预算资金使用目标要具体，易于考核；③ 对各部门制定的业绩目标实施评估；④ 丰富绩效管理的方式和手段，财政部采取向社会发放问卷、专家评测、网上评议等多种方式进行评测，吸引和鼓励公民参与监督，并将评议结果向社会公布。

（3）2000年以来：以重视结果为主的管理框架

2001年，瑞典议会通过了一项预算提案，从三个层面加强了对预算管理活动的监督：① 政策层面。由于政府制定的政策会对整个社会产生重大影响，中央政府的每项政策必须向议会阐明目标、成本、结果之间的关系。② 行为层面。在各项政策的实施过程中，每个行为都必须与政策目标有直接联系，并且有助于政策目标的实现。③ 行为的分支层面。政府代理机构在具体的措施中承担的角色也必须有助于实现政策目标节省财政资金的使用。监督的重点集中在政府代理机构上，政府代理机构的每一项行为都需要对其结果进行汇报并能够加以评估。从2009年起，为使政府领域的整个目标和行为层面的运作目标能分解成执行机构的目标，并促进结果在执行层面得到反映，政府重点加强了对执行机构的说明或类似文件的管理，明确要求阐明执行机构的基本任务和职责范围，使执行机构基于它们能控制的结果进行报告和被评价，从而成为部门和执行机构之间进行监督和报告的基础。执行机构必须依据政府所制订的要求来报告和评价绩效目标和任务运行的结果，并提交年度报告。年度报告由瑞典国家审计办公室审核，目的是评价报告是否可信赖。在政府对代理机构的报告做出具体要求的情况下，代理机构也需要自行根据其行为过程中产生的成本以及达到的效果来对其绩效做出评估。2011年4月，政府再次对《国家预算法》进行修改，增加了关于担保和贷款行为的整体风险评价，并对国家资金如何分配设计了更清晰的规定以及引入预算草案的新形式等，使得绩效预算体系更完善。

2. 瑞典绩效预算的主要做法

（1）机构的权利和责任

瑞典共有13个政府职能部门，下设共约300个机构，部门主要负责政策制定，而机构负责具体管理事务。每年年初，议会批准预算后，政府部门向各机构发出指令书，明确对机构在产出和结果方面的要求。为保证各机构实现预期产出和结果，各机构均被赋予一定的权利，并规定相应的责任。

① 机构在绩效预算的权利

为强化绩效产出，机构有六项自主权：有按"总额"拨款方式获得一定数额的整体拨款的权利，并在实现产出目标的前提下自主决定分配拨款；有资金结转的权利；

年度预算终了后的结余资金，机构可以将其结转到下年继续使用；有信贷的权利，可以为了应对在短期内突发的资金紧缺情况采用长期信贷或短期信贷，但这种信贷并不是无限的，政府和议会通过建立一些规则来确立借款和花费的限额；有决定支付的权利，为了防止机构与服务提供者之间发生资金拖欠，保证机构支付的权利；有人事方面的权利，机构在工作人员的聘用或使用上有自主决定权，可以自行确定工作人员的薪酬；有获得收入的权利，创收机构的运行经费可以来自各种收费，非创收机构可能不创造任何收入。

② 机构在绩效预算的责任

在赋予机构权利的同时，机构管理者也应承担相应的责任。机构应承担四项责任：制定综合性的机构规范或者条例，明确规定所有机构的权利和义务。财政部和部门在与机构进行协商的基础上，每年都会共同发表一个拨款说明文本，文本主要包括三部分：机构要实现的目标以及评价目标的指标；机构所获得的拨款数额；对实现目标的特殊因素及例外情况的注释。进行独立的审计和监督，主要包括财务方面的审计和绩效方面的审计；同时，瑞典实行议会巡查官的机制，在政府设有专门的机构接受公众投诉。编制财务报告和年度报告，将财务报告和年度报告作为形成政府综合账目报表的基础；年度报告主要对机构上年度的绩效实现情况进行反映，由政府审核后，递交给议会进行审查。

(2) 设计科学的绩效目标

瑞典预算的绩效目标、指标以及拨款均指向机构而不是项目，不同的政策支出领域大致对应到机构的年度目标上，中央政府专门制定了其所属机构的年度工作目标和绩效考核标准。年度终了后，机构要在年度报告中说明目标和考核评价的情况。与美、韩等国相比，瑞典的绩效目标数量较少，相对简单，有利于绩效评价的实际操作；其注重绩效评价方案的适度性，避免绩效评价效果下降。

(3) 绩效预算的编制

瑞典绩效预算采取自上而下的预算编制程序，财政年度与日历年度一致。瑞典政府预算编制分为3个步骤：① 中期预算与滚动预算框架，一般为三年。滚动预算以年度预算编制为基础，滚动即下一预算年度和随后两个预算年度。财政部在每年1—3月期间着手编制滚动预算。② 3月下旬召开内阁预算会议。财政部在会前将预算建议提交给内阁成员，内阁预算会议是政策性会议，主要是对资源进行宏观配置和确定政府预算目标。③ 该阶段强调"各部部长都是各部自己的财政部长"的概念，各部门总的支出水平已经确定，而各支出领域内的有关决策由各部门负责。

(4) 绩效预算审批程序

瑞典在20世纪90年代后，议会引入了一项自上而下讨论并审批政府预算草案的程序。先由议会审批通过政府支出总水平，再审批分为27个支出领域的各自总额，最后批准27个领域下500项单项拨款中的每一项。整个预算审批程序分为如下几个步骤：① 政府向议会提交春季（4月15日前）财政政策草案，这比向议会提交下一年度的预算草案要提前5个月。② 政府在秋季（9月20日）向议会提交下一年度的预算草案。草案总支出分成 27 个支出领域，再细分成 500 个单项拨款项目，其支出总额必须与 6 月份经议会批准的春季财政政策草案中的数额相吻合；如果政府超过其支出总额，必须再单独提交一份补充预算案。③ 12 月底，议会就需确定在 27 个支出领域总额下的 500 项拨款的分配数额以及在各自支出领域的内部支出项目间的建议数额。一般都会在圣诞节之前通过审议，议会审批通过的各支出领域内单项拨款的数额不能超过预算草案确定的支出总水平。

（5）采用权责发生制的会计核算

瑞典政府认识到权责发生制会计信息可以准确、及时地反映政府提供公共产品和服务的成本，从长期角度在效率和成本之间建立某种联系，对评价财务成果和非财务成果都非常重要。20 世纪 80 年代后期，瑞典政府开始引入符合公认会计原则的权责发生制会计体系。在 1992—1993 财政年度，专门的公共部门委员会制定了政府权责发生制会计制度，中央政府开始在其所属机构中实行权责发生制这一国际公认的会计原则，进一步促进了绩效预算方式的转变。

（6）ABC 财务管理评级

瑞典在财务管理方面的一个创新之处是采用同标准普尔对各国的评级那样，由审计署对机构进行机构财务管理评级。评级的主要目的是预防，在评级发现问题时，机构采取行动修正错误是非常及时的。评估级别分为 A、B、C 三级，A 级为完全满意，B 级为满意，C 级为不满意。这种评级包括：① 统一评级，评审机构的支出是否严格执行预算；② 内部评级，是对机构内部管理做出评价。

（7）预算结果的审计

瑞典议会专门设立审计办公室，人员编制 30 人，按照《议会审计令》负责监督内阁和各级政府对财政资金和国有资产的使用，审计内容包括资金使用的合法性和合理性。而审计署向议会负责，独立行使审计监督职能；主要职责是对预算执行监督和结算审计并提出审计意见，内容包括审核财政支出是否合法、是否符合部门预算的要求，资金使用是否有效等。

3. 瑞典绩效预算存在的不足

（1）在"中期财政规划和测量"方面，由于在政府与一些政治党派之间没有形成法律约束联合协议，缺乏提高财政绩效的协议约束。

（2）在管理绩效监督方面，控制与代理机构各执一词。后来，在新的责任体制的倡导下，政府已经限制了代理机构详细陈述其所取得结果的能力。

（3）绩效信息较少发挥作用，甚至得不到有效的重视。

（四）韩国绩效预算的发展历程

1997 年，韩国遭遇亚洲金融危机，韩国公共债务、人口老龄化压力剧增，因社会保障压力而导致的公共支出增加，国际货币基金组织（IMF）限制了韩国部分经济主权。为适应新挑战，从 1997 年起，韩国首度引入以绩效为基础的预算改革方案，启动了政府行政改革。

1. 韩国绩效预算的发展主要经历了以下三个阶段：
(1) 绩效预算改革的探索

1999年，韩国首次选取16个部门开展绩效预算试点工作。2000年，韩国政府政策协调办公室颁布的《政府绩效评价框架法》规定了政府绩效的原则、程序、评价机构及评价结果应用等内容，不仅强化了绩效理念，而且明确了政府绩效评价体系，公开了财政资金使用情况，提高了财政透明度。2000—2002年，韩国政府在美国GPRA的基础上，将22个政府职能部门纳入绩效预算改革制度，开始了以年度绩效计划报批为基本方式的初步改革。2001年和2003年，韩国政府修改了《资金管理框架法案》，加强对公共资金使用的监督。

(2) 引入了中期财政支出框架和自上而下的预算决策机制

2003年，韩国总统卢武铉引入了中期财政支出框架和自上而下的预算决策机制。韩国规划预算部（相当于财政部，Ministry of Planning and Budget，MPB）强调推进绩效预算的重要性，以促进新的财政管理体系能够有效运转；而各支出部门也意识到加强项目绩效管理的重要作用，以有利于缓解越来越大的社会问责压力，"将相关的绩效资料呈现给公众，表明项目管理者致力于达到绩效目的，并且愿意对项目达到目标的情况负责"。基于规划预算部与各支出部门的改革共识，绩效预算得以迅速实施[1]。改革的内容：① 重新圈定22个部门或机构参与改革；② 圈定的部门或机构将定期就超过100万美元规模的项目向预算部提交年度绩效计划；③ 重在理顺管理制度，在绩效计划和报告报备的基础上，开始制定绩效预算管理制度。它将GPRA与韩国实际情况相结合，2005年，进入改革范围的部门进一步扩大至26个。

(3) 构建绩效预算制度

2005年，韩国开始制定本国的绩效预算管理制度，注重"预算项目自我评价（self-assessment of the budgetary program，SABP）"。韩国预算部成立了一个局，专门负责处理绩效事务，将美国最新开发的PART进行革新后纳入了制度体系当中，每年评估审查三分之一的预算项目，涉及的具体项目数达到555个。2006年，韩国通过了《国家财政法案》（National Finance Act），该法案对各部门编制年度绩效计划和绩效报告作出了法定要求，目的是将绩效预算及其他财政改革长期化、法治化[2]。2006年，大幅削减无效项目预算达52.8%。

从上述内容可以看出，美英等国从传统预算向绩效预算的飞跃需要几十年的时间，但是韩国仅在短短的几年内就实现了"激进式"的改革过程。

2. 韩国绩效预算的主要内容
(1) 绩效目标管理

韩国政府以《国家财政法案》为法律依据，由地方分权委员会下属的财政税制专门委员会建立以"战略目标——绩效目标——项目目标"的监测体系。这个体系做到

---

[1] 张俊伟,郭智.韩国绩效预算改革及启示[N].中国经济时报,2013-10-29(5).
[2] 同①.

三个"相对应":即战略目标与部门机构的使命相对应,绩效目标与各单位下属司、局级单位的工作目标相对应,项目目标与各处(室、小组)的工作目标相对应。与此同时,项目目标与各处的工作目标。以绩效指标为中心,加强对各部门财政项目的绩效监测,以关注没有实现预期绩效目标的项目。2003年,韩国政府在22个中央部门开始推行绩效目标管理;2005年将绩效目标管理范围扩大到26个中央部门;2007年进一步扩大到全部中央部门;2008年第一次编制了所有部门的财政项目的绩效管理报告;2009年政府从大部门出发制定了以40多个中央行政机关为中心的绩效计划书。

(2)项目自我评价制度

2005年,韩国政府建立了预算项目自我评价制度,具体包括以绩效指标和目标为中心监测预算项目的绩效目标管理制度。项目自我评价制度借鉴美国PART的做法,以其体系为基础,以"问题清单"为中心全面搜集掌握项目绩效信息来评价财政项目的绩效结果,并根据项目绩效结果调整公共支出的优先顺序,每年有关部门都会针对被筛选出的评估对象设立专门的评估小组,评估小组搜集资料、开展调查、与项目利益方进行座谈,并撰写出最终的评估报告。从2005年开始,预算部编制了"项目自我评价指南",自我评价由评价项目和附加问题构成,要求各部门每年自我评价其三分之一的项目。仅2005年一年,就有555个项目进行了项目自我评价。

(3)绩效评级

在各部门项目自我评价的基础上,预算部对项目开始评级,并将评级结果与预算调整相联系。2005—2007年项目评价结果主要分为优秀、一般优秀、合格和不达标四个等级,2008年将评价结果等级调整为非常优秀、优秀、合格、不达标和严重不达标五个等级,从而保证了绩效评级过程的科学性、公平性和公正性。各部门将自我评级检查表上报预算部,经过政府业绩评价委员会进行审议并最后确认。评价结果作为每年编制预算和完善管理制度的依据,以加强对评价结果的应用,提高项目支出效率。2006年,韩国大幅削减或停止了一批无效项目,预算减少52.8%。自2008年开始,评价结果为"严重不达标"的财政项目被削减20%的预算,结果为"不达标"的财政项目被削减10%的预算。据统计,2008—2013年间,年均超过20%的项目被评为无效项目,预算拨款平均被削减近15%。

(4)项目深度评价制度

针对项目自我评价结果较差或因其他问题受到批评的项目,韩国政府开展了项目深度评价(in-depth evaluation),其评价目的是测度政府支出项目的相关性、充足性和有效性。从2006年开始,韩国政府引入韩国开发研究院(KDI)等外部专门机构进行深层次评价,将评价结果运用于财政预算安排,并对项目采取废止、缩减、合并及完善制度等措施。在2005—2013年期间,每年选择10类活动进行项目深度评价;2008年后,政府对项目深度评价的程度和力度进一步加强。

(5)绩效预算制度改革由预算部负责

韩国绩效预算制度改革主要由预算部负责。① MPB设计绩效目标,MPB要搜集各职能部门的战略计划、年度绩效计划和绩效报告,为各部门和机构如何采取和实施绩效管理制度给出指导思想和建议；同时，MPB 有决定资源在各项目间配置的权利，帮助政府集中识别可能的预算削减，并对更具优先权的项目进行融资。② MPB 主要依赖于韩国公告财政学会（Korea Institute of Public Finance，KIPF）来发展和改进绩效预算执行情况；依据 KIPF 提供的报告，绩效信息已经成为指导政府部门预算安排的关键依据，成为政府各部门和 MPB 预算申请博弈的焦点和磋商谈判；MPB 则针对报告和说明来决定该部门次年的预算资金配置。③ 设置专门机构监督预算绩效评价过程。2005 年，韩国法律同意赋予政府政策协调办公室（Office for Government Policy Co-ordination，OGPC）专门的权力来监督和协调现行绩效评估制度。

(6) 绩效预算改革引入公众参与

韩国在绩效预算改革中积极引入公众参与，预算部通过热线电话、互联网等方式搜集有关政府浪费行为的信息，邀请媒体和公民代表对绩效预算改革中存在的问题提出建议，并鼓励他们参与到绩效评价过程中。

第二节 高校预算绩效的理论研究

高校预算为什么要追求"绩效"？如何研究高校预算的"绩效"？这就涉及预算绩效的理论基础，它主要有新公共管理理论、公共选择理论和委托代理理论。

一、新公共管理理论

（一）新公共管理运动产生的背景

新公共管理运动产生于 19 世纪 30 年代，盛行于 70 年代末的西方国家。那时，世界能源稀缺问题日益凸显，居民开车、取暖等直接导致居民的生活成本增加；而英美等发展国家奉行凯恩斯主义，建立了"从摇篮到坟墓"的福利制度，通货膨胀加剧，失业率增加，出现了一批不劳而获的"懒汉"，加大了政府的运营成本。然而，西方国家经济开始下滑、税收减少导致财政赤字，沉重的财政负担已无力负担高昂的福利支出。以美国为例，1970 年，美国的收入和支出占国内生产总值的比重分别是 30.8% 和 29.7%，但到 1975 年，这两个比重分别是 33.5% 和 29.4%，已经开始出现入不敷出的状态。美国"在 10 年里，财政赤字失去了控制，全国的债务超过了 4 万亿美元……在其下面，美国人相信，还存在着巨大的看不见的浪费，联邦政府简直就是破产了"①。此外，在凯恩斯主义指导下，西方政府热衷于建立大而全的政府，导致政府规模扩大，政府雇员增加和政府开支急剧增长。对美国而言，由于政府组织规模过度膨胀，自 20 世纪 60 年代初到 20 世纪 70 年代末，美国联邦政府的工资从不到 130 亿美元猛涨到了 700 亿美元以上，全部的联邦开支上涨 6 倍，达到了 5 000 亿美元以上，国债几乎是过

---

① Gore A1. Report of the national performance review: From red tape to results-creating a government that works better & costs less[M]. Washington: U. S. Government Printing Office, 1993: 1.

去的3倍，接近10 000亿美元①。

1. 新公共管理运动产生的主要诱因是财政赤字

19世纪80年代，德国经济学家阿道夫·瓦格纳（Adolf Wagner）在对19世纪许多欧洲国家以及日本、美国的公共支出的增长情况做了考察后曾经以"瓦格纳定律"的方式预言：随着工业化社会的到来，公共部门在经济活动中的数量和所占比例具有一种内在的扩大趋势，公共支出因此将不断膨胀。不幸的是，这一预言在一百多年来许多西方国家的实践中却得到了验证。

西方学者普遍认为，严重的财政赤字是西方各国大规模地推行新公共管理的主要理由。正如荷兰行政学者瓦·基克特所说："毋庸置疑，当代西方世界的行政改革主要是由严重的财政赤字引起的。大规模预算削减的需要无疑是行政改革的主要理由。"②

邓伟志指出："'新公共管理运动'是被财政危机逼出来的。西方国家的领导人上台前都要许愿，以致公共服务、社会福利的投入越来越大，政府不堪重负。20世纪70年代出现石油危机，西方经济不景气。人们不情愿继续纳'重税'。一方面是'投入要大'，另一方面是'征税困难'，矛盾促使他们不得不另辟蹊径。"③"毫无疑问，20世纪后半期以来，当代英美等西方国家开始大规模削减财政预算，致使这些国家面临巨大的财政赤字，在这种形势下，急剧削减的预算不能不影响到政府组织和功能，会引起政府组织质的变化"④，唯有加快行政体制改革才能摆脱困局。

美国前总统克林顿在1993年的一次改革演讲中对此做了明确的阐释："我们不仅面临着预算赤字和投资赤字，由于联邦政府的绩效赤字，我们还面临着巨大的信任赤字。除非我们解决了这一问题，不然其他问题都无从谈起。"⑤

2. 新公共管理运动产生于科技革命

20世纪70年代以来，信息科技迅猛发展，进入了以信息化为特征的新时代。"规定世界上权力与财富性质的游戏规则已经改变。权力不再以诸如某个办公室或某个组织的权威之类的传统标准为基础，财富的含义正在从诸如黄金、货币和土地之类有形的东西转移开去。一个比黄金、货币和土地更灵活的无形财富和权力基础正在形成。这个新基础以思想、技术和通信占优势为标志，一句话，以'信息'为标志。"⑥正如美国社会预测家、未来学家、经济学家约翰·奈斯比特指出的："电脑将粉碎金字塔：我们过去创造出等级制、金字塔式管理制度，现在由电脑来记录，我们可以把机构改组成扁平式"⑦。邓伟志也指出："'新公共管理运动'是被科技革命逼出来的。这主要

---

① 布坎南.财产与自由[M].韩旭,译.北京:中国社会科学出版社,2002:115-117.
② 基克特.荷兰的行政改革与公共部门管理[M]//国家行政学院国际合作交流部.西方国家行政改革述评.北京:国家行政学院出版社,1998:196.
③ "新公共管理运动"在西方:邓伟志教授在浙江省行政学院的讲演[N].文汇报,2007-11-25.
④ 国家行政学院.西方国家行政改革述评[M].北京:国家行政学院出版社,1998:43.
⑤ Clinton W. Remarks and a questions-and-answer session on the national performance review in Houston, Texas[J]. Weekly Compilation of Presidential Documents,1993,29(37):1732.
⑥ 拉兹洛.决定命运的选择[M].北京:生活·读书·新知三联书店,1997:6.
⑦ 奈斯比特.大趋势:改变我们生活的十个方面[M].梅艳,姚琮,译.北京:新华出版社,1984:336.

是指电脑的普及,以及随之而来的网络化。网络化把地球变小了。网络化把地球变平了。什么事情都是'一竿子到底'了。世界上任何一个地方出了什么事,几分钟后全世界都可以知道。"①

笔者在本章第一节阐述了美国政府、英国政府及其他国家推进预算绩效改革时的政府改革进程,下面将简述预算绩效的理论内容。

(二) 新公共管理运动的内容

美国奥斯本和盖布勒在《改革政府——企业家精神如何改革着公营部门》一书中将新公共管理基本原则概括为十个方面:① 掌舵而不是划桨;② 政府应善于授权,发挥社会组织作用的政府;③ 重视引入竞争机制;④ 注重目标管理,建立"任务驱动的政府";⑤ 处处讲究效果;⑥ 树立"顾客意识",满足顾客需要;⑦ 变管理者为企业家,变花钱政府为赚钱政府;⑧ 政府应有远见;⑨ 建立分权而不是集权模式;⑩ 注重以市场为导向。

波立特(C. Pollitt)在《管理主义和公共服务:盎格鲁和美国的经验》一书中将新公共管理主义的特征概括为五个方面:① 新公共管理主义追求不断提高效率;② 强调管理技术在公共领域中的利用;③ 强调以有组织的劳动力来提高生产力;④ 强调专业管理角色的运用;⑤ 给予管理者以管理的权力②。

哈伯德(M. Hubbard)将"新管理主义"模式的内容归纳为如下十大趋势:① 主管的战略角色和战略管理实践的强化;② 从行政到管理的重点转移,即从执行规则到实现既定目标的转移;③ 人事权由中央人事部门向部门主管的转移。限制工会的权力,打破统一的工资结构;④ 政策制定和执行的分离,即核心部集中于战略管理和计划,设立独立执行机构来执行政策;⑤ 绩效工资制;⑥ 改善财务管理,强化财务控制;⑦ 以组织规划和评估的形式,把执行机构的运作与其目标更密切地联系起来;⑧ 加强对运作状况的评估;⑨ 追求高质量和高标准的顾客服务;⑩ 改变传统的组织文化,建立新的"心理契约"③。

加州州立大学东湾分校临时主席和公共管理教授 Jun 把新公共管理的内容归纳为:① 权力下放和权力下放的结构;② 在单一机构内强调纵向协调和自治;③ 管理主义与管理技术;④ 合同、私有化和企业家精神;⑤ 以市场为导向、视市民如顾客;⑥ 反对韦伯的官僚制;⑦ 放松管制和市场交易;⑧ 绩效管理和输出④。

下面具体阐述:

1. 政府再造

20世纪70年代遭到了普遍的质疑和批判。澳大利亚莫纳什大学公共管理学教授休

---

① "新公共管理运动"在西方:邓伟志教授在浙江省行政学院的讲演[N]. 文汇报,2007-11-25.
② Pollit C. Managerialism and the public service: The anglo-american experience [M]. 2nd ed. Oxford: Blackwell,1993:248.
③ 周志忍. 当代国外行政改革比较研究[M]. 北京:国家行政学院出版社,1999:28-29.
④ Jun J S. The limits of post-new public management and beyond[J]. Public administration review,2009,69(1):161-165.

斯认为，传统公共行政管理模式存在三大问题：① 政治控制模式既不充分也不合逻辑，政治与行政是不可能分离的，"传统的行政模式无法反映出现代公共服务所承担的广泛的、管理的以及政策制定的角色"①。② 韦伯的官僚制模式使得传统行政模式的结构和管理方式过于陈旧，尤其是"官僚制的理性形式、不透明性、组织僵化以及等级制的特性，使得它不可避免地会与民主制发生冲突"②。③ 旧行政模式背离了自由，而且与市场作用相比较效率太低，"政府官僚制大大限制了个人自由"，"官僚制模式显然不如市场过程更有效率"③。

戴维·奥斯本和彼德·普拉斯特里克在他们的著作《摒弃官僚制：政府再造的五项战略》中明确提出摒弃官僚制的主张。他们在书中开宗明义地指出，政府再造就是"对公共体制和公共组织进行根本性的转型，以大幅提高组织效能、效率、适应性以及创新的能力，并通过变革组织目标、组织激励、责任机制、权力结构以及组织文化等来完成这种转型过程"④。也就是说，政府再造就是用企业化体制来取代官僚体制，即创造具有创新惯性和质量持续改进的公共组织和公共体制，而不必靠外力驱使。戴维·奥斯本和彼德·普拉斯特里克提出了成功再造公共组织的"五项战略"：核心战略、后果战略、顾客战略、控制战略与文化战略。

行政学家罗纳德·桑德斯也指出，美国"具有100年历史的文官体制与其说千疮百孔，不如说它已过时……"⑤。而美国组织理论家沃伦·本尼斯在他的《官僚制的灭亡即将到来》一书中干脆毫不留情地宣判了官僚制的死刑，他指出："从（20世纪）60年代开始算起的20—50年里，人们将目睹并亲自加入官僚制的送葬队伍。"⑥

邓伟志指出："20世纪80年代，从英美国家开始，着手进行政府改革，延至21世纪初。20多年来，一场席卷全球的政府改革浪潮正汹涌澎湃，奔腾向前。这就是'新公共管理运动'（New Public Management），或称'政府再造运动'。"⑦ 凯特尔（Kettl）指出："从1970年代到1990年代中期，一场引人注目的革命席卷了世界的大部分地区。全球范围内，各国政府纷纷采取了管理改革，以求从公共部门中挤压出额外的效率——以更低的成本制造出更多产品和服务。威斯敏斯特国家——澳大利亚、英国，尤其是新西兰——被证明是世界上最激进的改革者，并被广泛地视为样板。从韩国到巴西，从葡萄牙到瑞典，政府部门改革已经改变了公共管理。"⑧

克林顿政府在1992年提出了以"重塑政府运动"为目标的改革，并提出："我们

---

① 休斯公共管理导论[M]. 彭和平, 周明德, 金竹青, 译. 北京：中国人民大学出版社, 2002：46.
② 同①：47.
③ 同①：54.
④ 奥斯本, 普拉斯特里克. 摒弃官僚制：政府再造的五项战略[M]. 北京：中国人民大学出版社, 2002：14-15.
⑤ 桑德斯. 美国的公务员队伍：是改革还是转型[M]//国家行政学院国际合作交流部. 西方国家行政改革述评. 北京：国家行政学院出版社, 1998：251.
⑥ Shafritz J M, Hyde A C. Classics of Public Administration[M]. 2nd. Chicago: The Doisey Press, 1987：325.
⑦ "新公共管理运动"在西方：邓伟志教授在浙江省行政学院的讲演[N]. 文汇报, 2007-11-25.
⑧ Kettl D F. The Global revolution in public management: Driving themes, missing links[J]. Journal of policy analysis and management, 1997, 16(3)：446-462.

的目标是使整个联邦政府节约、高效，改变安逸、享乐的官僚文化，提高主动性和积极性。我们准备重新设计、重新塑造整个政府部门，使政府部门恢复生气和活力。"①

"政府再造"理论源于企业再造理论，企业再造理论成形于1993年迈克尔·哈默和詹姆斯·钱皮合著的《企业再造——企业革命的宣言书》一书。他们认为再造是"为了在衡量绩效的关键上取得显著改善，从根本上重新思考、彻底改善业务流程。绩效的衡量应包括产品、服务质量、顾客满意度、成本以及工作效率。"美国管理学大师彼得·德鲁克（Peter Drucker）指出："在现存的公共事业机构内建立企业化的管理机构可能会是这一代人的最重要的政治任务。"②

戴维·奥斯本和特德·盖布勒在《改革政府——企业家精神如何改革着公营部门》一书中提出的"企业化政府"模式（即"新公共管理"模式）包括下列十大基本原则或基本内容：① 起催化作用的政府：掌舵而不是划桨。向社会提供各种公共服务并非政府的专长，在公共服务需求日趋复杂化的背景下政府没必要垄断公共服务供给。② 社区拥有的政府：授权而不是服务。行政官员不应该事必躬亲，而是要擅长授权公众，鼓励公众和社会工作者解决问题。③ 竞争性政府：把竞争机制注入提供服务中去。④ 有使命的政府：改变照章办事的组织政府不应该被各种规章制度和繁文缛节困扰，而是要以"任务驱动"和"使命驱动"来取代"规章制度驱动"。⑤ 讲究效果的政府：按效果而不是按投入拨款，重视政府的投入产出比。⑥ 受顾客驱使的政府：满足顾客的需要，而不是官僚政治需要。⑦ 有事业心的政府：有收益而不浪费，为回报而投资。⑧ 有预见能力的政府：预防而不是治疗，重视避免问题甚于解决问题。⑨ 分权的政府：从等级制到参与和协作。⑩ 以市场为导向的政府：通过市场力量进行变革，用市场机制取代行政机制和官僚机制。奥斯本和盖布勒在书中对这十个原则进行了详细的论证，并在最后一章）中加以汇总组合。该书成了1993年开始的美国"重塑政府"改革的理论基础。克林顿总统给予该书很高的评价："美国每一位当选官员应该阅读本书，我们要使政府在20世纪90年代充满新的活力，就必须对政府进行改革。该书给我们提供了改革的蓝图。"③

休斯将新公共管理总结为六个方面：① 都代表着一种与传统的公共行政不同的重大变化，较为引人注意的是新公共管理注重结果的实现和管理者个人的责任；② 明确表示了脱离古典官僚制的意图，欲使组织、人事、任期和条件更有灵活性；③ 明确规定组织和人事目标，以便根据绩效指标对工作任务的完成情况进行测量，对计划议案进行系统评估，追求政府管理的"三E"（economy, efficiency and effectiveness，经济、效率和效益）；④ 资源管理人员更有可能带着政治色彩致力于政府工作，不必坚持政治上的中立或无党派立场；⑤ 运用市场方法管理公共事务，使政府职能更有可能受

---

① 财政部财政科学研究所《绩效预算》课题组.美国政府绩效评价体系[M].北京：经济管理出版社，2004：96.
② 奥斯本，盖布勒.改革政府[M].上海市政协编译组，东方编译所，译.上海：上海译文出版社，1996：293.
③ 奥斯本，盖布勒.改革政府：企业精神如何改革着公营部门[M].周敦仁，译.上海：上海译文出版社，2006：封底说明.

到市场检验;⑥通过民营化、市场检验和签订合同等方式减少政府职能的趋势①。

胡德(Hood)将新公共管理归纳为七个方面:① 公共政策领域中的专业化管理;② 明确的绩效标准和测量;③ 格外重视产出和控制;④ 公共部门内由聚合趋向分化;⑤ 公共部门向更具竞争性的方向发展;⑥ 对私营部门管理方式的重视;⑦ 强调资源利用具有更大的强制性和节约性②。

OECD 认为:"经济的迅速全球化使得保持国际竞争力显得十分必要,这是公共部门制度革新的一个强有力的推动因素。处理国际问题不再是传统涉外部门的唯一职责……所有政府部门甚至地区和地方政府部门,都必须具有追踪、理解和处理国际问题的能力,这些源于国际社会发展中的问题正渗透到各国社会和经济问题的各个方面。"③

2. 市场化

市场化取向政府改革是新公共管理理论的另外一个重要的理论基础,它"引进市场机制,降低成本,注重效益"的理念,强调低成本高收益的管理思想,以市场化、导向服务等为核心内容。

记者王强报道:"德国不来梅哈文市前市长 Manfired Richter 认为,'新公共管理运动重要的一点是在传统的行政架构中引进市场机制,其核心是权力的分散化,通过将权力和责任降低到最低一级政府部门来降低行政成本。'……薛澜指出,市场化导向确实是西方'新公共管理运动'的核心内容之一。政府从众多的公共服务领域退出的目的是寻求更有效的方式来提供这些服务,但这不意味着政府在改革中'甩包袱',因为有些服务必须由政府提供。……公共服务领域是一个很复杂的结合体,很难一下子完全用市场化或者计划手段'一刀切'。目前我们出现的问题,有的确实与市场化过度有关系,但有时候也与市场化不足有很大的关系。"④

沃尔什(Walsh)在其专著《公共服务与市场机制——竞争、合同和公共管理》中这样评论:将公共服务承包给私营部门也许能节约百分之二三十的直接成本,但是我们并不清楚这些所谓的节约从长期看是否可持续。至少在一些案例中,节约是来源于直接提供公共服务的工人的工资。交易成本往往被忽略,但事实上并非如此,它可能非常大⑤。

(三)"新公共管理运动"的成效

英国学者马丁·米诺格等学者以新公共管理核心国家的行政改革为例做了分析,米诺格通过深入研究后发现,英国、新西兰和澳大利亚等走在新公共管理改革前列的

---

① 休斯. 公共管理导论[M]. 彭和平,周明德,金竹青,译. 北京:中国人民大学出版社,2002:62.
② Christopher H. A public management for all seasons? [J]. Public administration,1991,69. 转引自休斯. 公共管理导论[M]. 彭和平,周明德,金竹青,译. 北京:中国人民大学出版社,2002:72.
③ OECD. Public management development survey:Paris:OECD,1990:9-10. 转引自周志忍. 当代国外行政改革比较研究[M]. 北京:国家行政学院出版社,1999:7-8.
④ 王强. 新公共管理运动与中国的政府再造:访清华大学公共管理学院常务副院长薛澜[J],商务周刊,2005(16):44-45.
⑤ Walsh K. Public services and market mechanisms:Competition,contracting and the new public management[M]. Basingstoke:Macmillan,1995:238.

发达国家的机构裂化问题最具代表性。……新西兰的新公共管理运动似乎更彻底，改革者奉行的是有一个目标或一个任务就有一个组织的理念和原则，留在政府体系内的机构和部门被分割成更专业化、更小的执行机构[①]。

(1) 不同程度解决了发达国家面临的财政危机和信任危机，降低政府财政支出和行政成本。确立了为顾客服务的崭新行政理念，提升了政府运作能力。

(2) "新公共管理运动"为全球提供了当代公共部门管理的新模式：即市场化政府、参与型政府和多元性政府。

(3) 建设优质政府，如建立"一站式政务超市"；培训政府雇员为客户服务的理念设岗；公开政府的服务标准；以标准来衡量绩效；建立电子政府。

(四) 后新公共管理

尽管"新公共管理运动"取得了很多成效，但有些学者仍提出了疑问。他们认为，新公共管理的这些特征是没有实质内涵的"夸大伎俩"，它实际上并没有改变任何东西，管理主义"顶多瓶子是新的，但里面的观念却是旧的"[②]，并且新公共管理在实施中导致了意料之外的"副产品"，包括：① 结构放权所导致的碎片化和角色模糊；② 扩大单一目的的组织和垂直专业化；③ 忽视跨机构合作；④ 过多的管理自主权；⑤ 不连续性和非线性；⑥ 破坏政治控制，制造不信任，产生角色模糊[③]。新公共管理存在的这些问题导致了后新公共管理的产生。

林恩 (Laurence E. Lynn, Jr.) 认为，"尽管被赞美者称作为一种新的范式，新公共管理却是一个昙花一现的主题，很可能因为许多原因而走向衰落：① 激发了这一概念的威斯敏斯特改革的最初形象最终将在政治更替中受到破坏，党徒及学者们都将在宣布新公共管理的蜕变或消亡中发现新的机会；② 随着跨越国家和部门的比较研究的不断累积，各种改革之间的根本性差异将迅速地遮蔽其表面上的共性；③ '新的'一词将被视作对生成中的研究形式或对象的一个不便的修饰语；④ 政治论辩将需要一个新鲜的主题，以吸引人们对于新一波的改革观念的支持。我们中的许多人现在已经可以开始写新公共管理的验尸报告了。"[④]

胡德认为："早些时候进步运动时代的公共行政理论强调程序控制、规则以及公共部门的不同，而新公共管理认为要减少程序规则、压缩层级，公共部门和私营部门的管理具有相通性，应该学习私营部门尽可能的权力下放和减少规制。"[⑤] "新公共管理意味着职业化的管理、明晰的职业标准、产出控制、组织解裂、竞争、合同化、私营风

---

① 米诺格,波里达诺,休莫.超越新公共管理(上)[J].闻道,吕恒立,译.北京行政学院学报,2002(5):93-95.

② Hood C. A public management for all seasons? [J]. Public administration,1991,69(1):3-19.

③ Jun J S. The limits of post-new public management and beyond[J]. Public administration review,2009(1):161-165.

④ Lynn L E. The new public management:How to transform a theme into a legacy[J]. Public administration review,1998,58(3):231-237.

⑤ Hood C. Explaining economic policy reversals[M]. Buckingham:Open University Press,1994:205.

格的管理、财政资源使用上的节俭。"① 邓利维（Dunleavy）等人则把新公共管理的主要特征概括为解聚、竞争、物质激励等方面②。

凯利（Rita Mae Kelly）的设想是："考虑到大多数公民——即使是作为政府产品与服务的消费者——很少拥有如何选择的足够信息与知识，即他们拥有'有限理性'，公民们经常向同他们持有相同观点的领导者或代表求助，以在什么才是'最好的'决策的问题上得到指导。如果民选官员不能或不愿履行这一职能，反而在官僚机构或外包机构中拥有可能体现他们观点的代表，那么，就可以成为一种可行的替代方案。在新公共管理结构之中，代表性官僚制与多元政治领导有助于消费者/公民接受这一观念，即关于一种特定政策及其执行的社会平衡已经得到了实现，公平正义也已经发生，尽管在特定情况下，特定消费者/公民可能并未得到如同他或她的邻居或敌人那样的同等对待。"因此，"在一个具有地理多样性的民主政体中，代表性官僚制可以提高新公共管理与传统等级结构的效率与效能。它们有助于在政治侵入了执行的时候实现被理性选择理论家视为必不可少的社会平衡，也可以在选定情境中帮助管理者强调竞争性和真正的市场条件的缺乏。"③

统计资料显示，像新西兰、澳大利亚等新公共管理改革运动的急先锋国家，同那些并不怎么积极采用新公共管理措施的国家相比，前者的平均增长率或其他的经济指标并不见得总是比后者高。但同时，却出现了许多意料之外的后果，诸如机构裂化、政治控制削弱等问题。譬如，在政治控制方面，有多项研究得出了相同的结论，即新公共管理改革导致政治控制的削弱。正如尼尔斯·布伦松（Nils Brunsson）所指出的，政治家们由于日益增多的授权和委托承受指责，而同时他们又面临逐渐失去对下层官员的影响力，得不到有关下层如何做决定的信息的处境④。在其他推行新公共管理运动的国家，情况也大同小异：机构裂化程度比新公共管理运动之前更为严重了。更糟糕的是，新公共管理在对政府组织结构进行改革的同时引进了工商企业等私营部门的竞争机制和理念，裂化的机构在竞争理念和竞争机制的促使下导致部门之间的合作和协调几无可能。学者们对此提出严厉批评，认为机构裂化和竞争机制的引入使得无人顾及政府机构内部的合作和协调，政府机构被严重碎片化，形成了碎片化的制度结构⑤。与科层制相比，政府组织在新公共管理改革之后，采取协调性、综合性行动处理复杂事务的能力受到削弱，"战略一致性"问题被迅速放大，组织结构破碎的危险空前

---

① Hood C. A public management for all seasons？[J]. Public administration，1991，63(1)：3-19.
② Dunleavy P，Margetts H，Bastow S，et al. New public management is dead—long live digital-era governance [J]. Journal of public administration research and theory，2006，16(3)：467-494.
③ Kelly R M. An inclusive democratic polity, representative bureaucracies, and the new public management[J]. Public administration review，1998，58(3)：201-208.
④ Brunsson N. Administrative reforms as routines[J]. Scandinavian journal of management，1989，5(3)：219-228.
⑤ Horton S，Farnham D. Public administration in britain[M]. [S. l.]：Great Britain Macmillan Press LTD，1999：251.

严重①。由此可见,新公共管理的主观愿望是好的,但却选择了错误的方式。通过打破大的机构来改变专业化分工带来的弊端却招致更严重的机构裂化和公共服务的碎片化。

后新公共管理突破了新公共管理的理论基础。但是,"新公共管理运动"对于推动预算绩效管理仍起着积极的作用。新公共管理运动改革的取向是公共服务社会化、责任机制、分权化管理、结果为本、顾客导向等。新公共管理认为政府应重视管理活动的产出和结果,应关注公共部门直接提供服务的效率和质量。因此,政府管理应该是以结果为本的管理,即通过使命、目标以及产出或结果逐级描述,直至分解成"可测量的绩效指标",从而最终通过绩效的是否达成来体现行政机构和管理者的责任②。一场追求经济、效益和效率目标的"新公共管理运动"③ 是一场以"经济人"假设为前提,以市场价值导向为取向,追求"三 E"的公共管理革命。

(五)新公共管理理论与预算绩效

新公共管理理论强调的是市场为导向,强调的是引入竞争机制,强调的是树立"顾客意识",强调的是讲究效果和节约性,因此,其结果追求的是预算的绩效。

推动"新公共管理运动"的结果势必造成预算激励的创新,预算以结果为导向,把重点从投入预算转向产出预算和结果预算,关注预算绩效的最大化。

二、公共选择理论

新公共管理建立在公共选择理论基础之上。

(一)公共选择理论的产生

与渐进预算理论并存于 20 世纪 60 年代的还有公共选择理论中的预算理论。一般认为,不同的是渐进预算理论从政治学视角阐述,而公共选择理论是从经济学视角阐述。2002 年,康格尔顿(Roger D. Congleton)在日本公共选择学会第六次大会上的英文发言稿 "The Future of Public Choice" 指出:"公共选择研究大约经历了 50 年的风雨。对它的研究可追溯到:邓肯·布莱克(Duncan Black)对中间投票人'路径断裂'的研究,布坎南(James Mcgill Buchanan)创立的政府财政理论,肯尼斯·阿罗(Kenneth J Arrow)在整个 20 世纪 50 年代富有创新性的研究,布坎南、塔洛克(Tullock)、奥尔森(Mancur Olson)以及他们当时在经济学、政治经济学杂志上发表的许多论文。"④

公共选择理论产生于 20 世纪 40 年代末,逐步成熟于 60 年代末 70 年代初,其产生与发展经历了 30 年代、40 年代、50 年代、60 年代、70 年代。

---

① Boston J. Public management:The new zealand model[M]. Auckland:Oxford University Press,1996:12.
② Kravchuk R S, Schack R W. Designing effective performance measurement systems under the government performance and results act of 1993[J]. Public administration review,1996,56(4):348
③ Mueller D C. Public choice Ⅱ[M]. Cambridge:Cambridge University Press,1989.
④ 袁政. 公共选择理论研究评述[J]. 北京航空航天大学学报(社会科学版),2010(2):1-6.

1. 20 世纪 30 年代

公共选择理论的经济学起源于福利经济学。一般认为，公共选择理论是以 1938 年伯格森的一篇探讨福利函数性质的文章《福利经济学可能前景的重述》（A Reformulation of Certain Aspects of Welfare Economics）作为起点。公共选择理论大师丹尼斯·缪勒（Dennis C. Mueller）对社会福利函数的前景给出高度的总结："如果在这种直觉层次上存在意见一致，那么，拓展我们的共同知觉知识，为设计出一个拟定获得一致赞同的一种宪法的过程，就应该是可能的。如果这种过程的设计获得成功，公共选择就具备我们可以选取的投票规则种类以及就它们的规范性而言提供具体建议的条件。"①

2. 20 世纪 40 年代

美国著名经济学家邓肯·布莱克首次将福利经济学的研究方法引入对政治行为的分析之中。1948 年，布莱克利用新福利经济学的分析框架，研究社会公众以投票为媒介进行的公共选择。布莱克在 1948 年发表的《论集体决策原理》一文（载《政治经济学杂志》1948 年 2 月号）。1958 年出版的《委员会与选举理论》一书又提出了单峰偏好理论（single peak preference theory），该书被认为是公共选择理论的代表作。

美国著名经济学家保罗·A. 萨缪尔森（Paul A. Samuelson）1939 年发表了他的处女作《乘数分析与加速原理的相互作用》，并首创经济波动的模型；1941 年，萨缪尔森又发表了论文《经济理论运算的重要性》，并获得哈佛的威尔斯奖；1948 年，萨缪尔森与威廉诺德豪斯出版了他们的巨著《经济学》，该书被翻译成日、德、意、匈、葡、俄等四十多种文字，据报道当时销售量达 1 000 多万册，成为许多国家和地区制订经济政策的理论根据。在《经济学》这部巨著第六编 "平等、效率和政府" 第三十二章 "政府的经济作用：公共选择和外部经济效果"，该章三节分别为 "政府的增长和职能"、"公共选择" 和 "公共选择：外部经济效应的情况"。萨缪尔森在 "公共选择" 这一节开头指出："依照许多人的看法，政府应该建立一个公正而有效率的法律体制；政府应该运用最优的宏观经济政策来稳定产量、失业以及通货膨胀；政府应该调节工业以克服市场失灵；政府应该把收入再分配到最应得的人手中。但是政府会这样做吗？政府会遵循那些力图创造一个有一定效率的和公正的社会的经济学家们的学说吗？或者有没有超越现行伦理学和经济学以外的约束和目标？如果有的话，那么，可以辨别出什么样的原理呢？这些问题属于公共选择理论的范围，一种研究政府决策的经济学分支。公共选择分析非市场决定的什么、如何和为谁的问题，正像供给与需求理论分析价格如何影响资源配置一样。" 这里，明显提出了 "公共选择理论" 研究范围的内容。萨缪尔森接着指出："懂得公共选择对现代经济的实际了解是关系重大的。否则，我们将会知道像垄断或污染这样的市场失灵，但是对试图解决问题的政府失灵却幼稚无知。我们可以懂得经济的经济周期，但是却并不懂得政治的经济周期。混合经济的这两部分之间的最优组合的全面的判断要求一种对公共和市场配置的优点与缺点公平的和头脑冷

---

① 缪勒. 公共选择理论[M]. 杨春学, 李绍荣, 罗仲伟, 等译. 北京: 中国社会科学出版社, 1999: 536.

静的评价。"①

3. 20世纪50年代

美国著名经济学家肯尼斯·约瑟夫·阿罗（Kenneth J. Arrow）在1951年出版的《社会选择与个人价值》（Social Choice and Individual Values）一书也影响了公共选择理论的发展。在此书中，他提出了"不可能定理"。他用数学推理得出这样的论断：如果由两个以上偏好不同的人来进行选择，而被选择的政策也是超过两个，那么就不可能做出大多数人都感到满意的决定。因此，在每个社会成员对一切可能的社会经济结构各有其特定的偏好"序列"的情况下，要找出一个在逻辑上不与个人偏好序列相矛盾的全社会的偏好序列是不可能的。他提出的"不可能定理"是对福利经济学的革新，是新福利经济学的一个重要组成部分。阿罗"不可能定理"指出符合阿罗条件的社会福利函数之不可能性。对于这个结果，社会选择理论研究的几位大师并未采取绝对化的观点。阿罗在《社会选择——个性与多准则》"效用和"中说："在2.1节中我们已经拒绝了将效用和量化的想法，尤其是拒绝个人间效用的比较，现在所采用的方法也就排除了这种福利函数形式。但是，假定效用和仅仅依赖于个人排序而不是效用指标，它还是可以重新形成的。伯格森关于社会福利函数的讨论中似乎已隐含了此意"②。《社会选择与个人价值》出版以来，理性选择理论在政治科学领域得到了迅速的发展③。1972年，阿罗获诺贝尔经济学奖。

4. 20世纪60年代

公共选择理论的领袖人物当推美国著名经济学家布坎南。布坎南发表的第一篇专门研究公共选择的文章是《社会选择、民主政治与自由市场》（载《政治经济学杂志》第62期，1954年4月号）。1962年，布坎南与戈登·塔洛克（Gorden Tullock）合著的名著《同意的计算：立宪民主的逻辑基础》中论证了在公共选择中，由于信息不对称一致同意需要极大的成本。现实中的政治程序多采取间接民主制（代议制）或多数票原则（简单多数或比例多数），但政府行为和政府目标在很大程度上受政治家和政治官员的动机支配……但多数原则是否就必然提供了合理性呢？或者多数人是否有剥夺少数人权力和自由的正义呢？这显然是个争论更深层次的问题④。与阿罗的观点相同，布坎南认为，在相互冲突的主体间形成一致的规则是不可能的，因此只能求其次，通过多数人规则来实现，这就必须理解多数人规则的实质：并不在于让多数人接受而形成决策的规则，而在于让所有人都接受决策的规则。布坎南认为，多数主义政治会导致多数人联合体利用政府权力为自己的利益而重新分配资源，对经济和社会产生负面效应。他主张，放弃简单多数规则，而建立一个可以包容更多人的规则，即一种"普遍性的限制"（constraint for generality），从而使政治家在决策时按照公众的利益公平

---

① 萨缪尔森,诺德豪斯.经济学[M].12版.高鸿业,等译.北京:中国发展出版社,1992:1174-1175.
② 阿罗.社会选择:个性与多准则[M].钱晓敏,孟岳良,译.北京:首都经济贸易大学出版社,2000:47.
③ 沙皮罗.理性选择理论的病变:政治学应用批判[M].徐湘林,袁瑞军,译.桂林:广西师范大学出版社,2004:1.
④ 布坎南,塔洛克.同意的计算:立宪民主的逻辑基础[M].陈光金,译.北京:中国社会科学出版社,2000:224.

地处理社会福利的分配①。1971年,塔洛克认为,在现实世界中,投票者的个数总是大大超过备选方案个数。这时,出现投票悖论的概率是如此之小,以至于在实际中可以不考虑它。这时,出现一致的概率就很高,而再提出或拥护另一个选择方案的成本会高于该方案能带来的利益。如果实际的多数投票结果确实靠近中间状态,则该结果将被大家所接受②。1986年,布坎南获得诺贝尔经济学奖。

5. 20世纪70年代

自1970年以来,印度著名经济学家阿马蒂亚·森开始关注公共选择理论的研究,他于1970年出版的《集体选择与社会福利》(Collective Choice and Social Welfare)等著作对公共选择理论的主要贡献有:是解决了名为"投票悖论"的问题;引入了"个人选择"的概念;挑战了阿罗的"不可能定理"等。如阿马蒂亚·森在《集体选择与社会福利》中介绍"关于多数规则的条件"③;"多数选择与相关系统"坚持认为多数规则(虽存在着一些重要缺陷)在公共选择中具有重要地位,"在所有的集体选择规则中,多数决定方法可能比其他任何方法都得到更多研究,……容易理解它具有广泛的吸引力"④;"关于选择规则的条件"中对多数规则予以理论上的高度概括,"梅(May)证明了,唯一确定的具有无限制定义域的、无关方案独立的、同时具匿名性、中立性和正响应性的CCR是多数方法。若一个人赞成所有这些条件而不愿意接受多数规则,那么他就麻烦了,因为他至少必须丢弃这些判断中的一个。……多数决定方法像帕累托扩展规则那样,满足独立性、匿名性、中立性、非负响应性、强帕累托原则,以及无限制定义域条件。"⑤ 阿马蒂亚·森1989年担任印度经济学会会长,1994年担任美国经济学会会长,因对福利经济学以及发展经济学的突破性贡献在1998年获得了诺贝尔经济学奖。

美国著名经济学家,公共选择理论大师丹尼斯·C. 缪勒(Dennis C. Mueller)1979年出版了《公共选择》(Public Choice)一书。后来,《公共选择理论》被商务印书馆和中国社会科学出版社出版,《公共选择理论》(第3版)被列为"国外经济学名著译丛",成为公共选择理论方面的主要代表作。缪勒将已提出的社会福利函数概括为四种基本类型:"① 实值的社会福利函数,以伯格森-萨缪尔森的社会福利函数(bergson-samuelson social welfare function)为代表;② 公理性社会福利函数,以威廉·维克里等为代表;③ 社会契约型,以约翰·罗尔斯等人为代表;④ 功利主义契约型,以豪尔绍尼等人为代表。"⑥ 缪勒还明确表示:"公共选择会给我们提供这种知识,我仍然报乐观主义的态度……"⑦ 他于1984—1986年间任美国公共选择学会主席。

---

① Buchanan J M, Tullock G. The calculus of consent[M]. Ann Arbor: University of Michigan Press, 1962: 96.
② Tullock G. Public decisions as public goods[J]. Journal of political economy, 1971, 79(4): 913-918.
③ 森. 集体选择与社会福利[M]. 胡毓达, 译. 上海: 上海科学技术出版社, 2004: 74-77.
④ 同③: 170-172.
⑤ 同③: 70-73.
⑥ 缪勒. 公共选择理论[M]. 杨春学, 李绍荣, 罗仲伟, 等译. 北京: 中国社会科学出版社, 1999(4): 449-536.
⑦ 同⑥: 566.

上述四位著名经济学家荣获诺贝尔经济学奖,标志着公共选择理论逐步成熟。

(二) 公共选择理论的主要内容

1. 中位投票人模型

萨缪尔森和诺德豪斯在他们合著的《经济学》中不仅提到"不同的投票规则",而且还提到"循环投票:投票之谜"。他们指出:我们对多数人同意的缺点的清单甚至会拉得更长。正如法国哲学家康多塞在18世纪所说明的,并且由诺贝尔奖获得者阿罗所精确地指出的那样,多数规则实际上在决策中是循环的①。例如:一个鹰派、一个中间派、一个和平主义者在表决时都2:1,"像一只狗在追逐它的尾巴,多数投票规则在这里无休止地循环下去。除非采取随意的投票程序,否则没有任何办法可以解这个谜。"② 1956年,美国政治学家达尔(Dahl R)对多数原则产生怀疑的原因在于:"多数原则是按人头论多少,于是它把不平等的强度平等化了。因此多数原则是建立在一种虚构上,即十分软弱和不现实的约定上:让我们假设各种选择的强度是一样的。"③ 规则不能反映投票人的偏好强度,投票的结果不能达到最优。

在政府预算决策中需要议会讨论并投票表决,投票就是"选择"公共资金决定将X美元分配到A活动,而不是到B活动中,因此,"中位投票人模型"是公共选择理论的重要内容之一。

所谓中位选民,是指他的偏好落在所有选民偏好序列的中间。中位选民理论是指在多数裁定原则下,假定选民的偏好是单峰的,则选择的结果是由中位选民的偏好决定的。

所谓中位数投票人,指的是其最偏好的结果处于所有投票者最偏好的中间状态的投票者。中间投票人模型是对预算结果进行预测的一种经济理论。中间投票人模型指出,在一定的假设条件下,中间投票人的偏好将决定政府预算结果。中间投票人就是在投票中持中间立场的人,其正好把另外偶数个投票人分为偏好正好相反的两组。在符合以下假设条件时,中间投票人在简单多数投票规则中起着决定作用。中位投票人模型认为,只要投票人的偏好都是单峰值的,简单多数规则一定可以产生出一个唯一的均衡解。这个均衡解和中间投票人的第一偏好正好一致,即中间投票人偏好的议案或公共产品数量会被通过。

这里,"单峰偏好"是对"双峰或多峰偏好"而言。所谓"单峰偏好",是指个人在一组按某种标准排列的备选方案中,只有一个最为偏好的方案,投票者对各备选方案按喜爱次序排序只存在一个极值(峰值,最高点)。如果所有的投票人的偏好都是单峰的,则不会出现投票悖论。所谓"双峰或多峰偏好",是指投票人的偏好有两个或两个以上的极值(峰值,最高点),意味着投票者最理想的结果不止一个。一般来说,投票悖论是因投票者的多峰偏好所致。

---

① 萨缪尔森,诺德豪斯. 经济学[M]. 12版. 高鸿业,等译. 北京:中国发展出版社,1992:1184.
② 同①:1185.
③ Dahl R. A preface to democracy[M]. Chicago:The University of Chicago Press,1956:67.

前已述及，布莱克在1948年中提出以投票进行的公共选择，1958年又提出了单峰偏好理论。著名经济学家唐斯（A. Downs）在1957年出版的《民主的经济理论》（*An Economic Theory of Democracy*）中强调了"中间投票人定理"。唐斯指出：如果在一个多数决策的模型中，个人偏好都是单峰的，则反映中间投票人意愿的那种政策会最终获胜，因为选择该政策会使一个团体的福利损失最小。中间投票者定理表明，任何一个政党或政治家，要想获得极大量的选票，必须使自己的竞选方案与纲领符合中间投票人的意愿。反过来，任何政党或政治家，如果要赢得选举的胜利，必须保持中庸。此外，如果一个社会成员中产阶级居于多数地位，那么整个社会就越是不可能出现极端的选择，就越不可能出现革命或者反革命。政治就越稳定，社会经济生活也就越有条件理性化，而不是走向极端。因此，中产阶级与民主的稳定性有着非常密切的关系。

"中间投票人"为"中等收入的人"。1978年，英曼（Inman）通过对纽约58个学区进行模型检验，发现了对中间投票人假设的经验支持，证明了政府开支水平将会反映中间投票人偏好这一假设的正确性，也证明了运用消费者行为经济模型对政府支出决策进行分析的可行性：他认为，"用具有中间收入的投票者作为关键的决策者对于提供单一服务的地方政府政治过程来说是一个最优的近似值。如果这样的话，我们可以把地方财政选择作为一个个人效用最大化问题，并把政府行为方式看作遵循通常的消费者选择定理。"①

中间投票人模型只考虑了中间投票人的收入等而忽略了制度结构等。阿特金森和斯蒂格里茨（Atkinson & Stiglitz）指出："如果投票人拥有一致的偏好，收入与期望的预算支出之间存在一种单调的函数关系，中间投票者就是拥有中等收入的个人。但是，假如预算支出的需求量与收入之间不是单调的函数关系，或者投票人的偏好差异大，我们就不能用这种方法来界定中间投票者。"② 英格尔伯曼（Ingerberman）和英曼指出，像中间投票人这样的经济模型没有充分地考虑到政府预算中的冲突和合作。他们认为，"我们需要理解：制度历史和偏好、技术是同样重要的。这些共同决定了稳定的政治平衡"③。布瑞克（Break）更加简单明了地提出了相似的观点："效用最大化也许是私人消费决策的最主要的目标。但是对于由众多的投票者参与的一般政府支出的决策来说，可能并不是如此。"④

尽管"中间投票人模型"存在很多不足，但是该模型对预算研究还是具有一定价值的。"中间投票人模型"的最大优点在于将公共产品产出的均衡水平简化为中间投票者的偏好，这使预算支出的分析大大简化。自20世纪60年代后期起，该模型就被广

---

① Inman R P. Testing political economy's, as if proposition: Is the median income voter really decisive? [J]. Public Choice,1978,33(4):59.

② Atkinson A,Stiglitz J. Lectures on public economics[M]. New York:McGraw-Hill Book Company,1980: 322.

③ Ingerberman D E,Inman R P. The politica:economy of fiscal policy[M]//Surveys in public sector economics. New York:Oxford Press,1988:187-222.

④ Break G F. Financing government in a federa:system. Washington D C:The Brooking Institution,1980:90.

泛应用于政府预算决策中。

2022年6月30日，财政部、教育部印发的《高等学校财务制度》（财教〔2022〕128号）规定："第十五条 高等学校一级财务机构提出预算建议方案，经学校领导班子集体审议通过后，……"由此可见，高校预算决策和资金分配只需"学校领导班子集体审议通过"，在投票表决中没有政府预算需议会投票表决方式通过，因此，在高校预算决策中"中间投票人模型"仅有一定的价值。

2. 官僚预算最大化模型

（1）官僚与官僚制

① 官僚

最先提出"官僚"概念的是法国重农主义者维森特·德·古尔内，该概念被用于描述普鲁士政府组织形式。1745年古尔内指出："法国得了一种后患无穷的疾病，这个病就叫官僚。"法国哲学家格里姆也说过："政府管理的主要原则是不要多管，而这一点在法国从来不为人知。法国法律的精义在于官僚。"

法国巴尔扎克最早提出"官僚制"一词，他在《公务员》一书中指出："从1789年以来，国家——假如你愿意，就是祖国——占据了至高无上的地位。办事员不再直接从国家的某位权臣那里得到指示……于是，官僚制，这个由侏儒挥舞的巨大权力来到了人间。或许拿破仑一度遏止过它的影响，因为一切事务、一切人都得听命于它……然而，在一个带着对庸才的天然好意、带着对一目了然的陈述与报告的偏爱的宪政政府之下，在一个事事过问、处处插手，简言之就像老板娘般的政府之下，官僚制确实被组织起来了。"① 1799年克劳斯（Christian Kraus）在一封信中比较普鲁士与英国时指出："在英国，平民构成了国家金字塔不可动摇的基础；而君主权力受到相当限制的普鲁士国家，实行的却是遮遮掩掩的贵族制……引人注目的是，它以官僚制的方式统治这个国家。"②

由于是法国学者先提出，"官僚"先出自法语的bureaucratie，英语的bureaucracy一词是由法语的bureau加上希腊语的cracy组成。bureau在当时指的是写字台，也指官员工作的地方，而cracyze则指规则，后来衍生为具有渗透其他变化的权力的含义。18世纪的官僚制，主要被看作一种独立于君主制、贵族制、民主制的政府组织形式。19世纪的德国，官僚制用"bureausystem"来表示，意为在以科层制组织构建起来的政府中，长官以他身居高位的权威，行使着凌驾于广大公民之上的无限权力。

官僚主义这个词英文称为bureaucracy，是从办公室（bureau）一词演变来的。冯·米塞斯给bureau下的定义是："bureau是这样一种机构，它的产品和服务不能通过等价交换实现。……其结果，不能对其有赢利的要求或进行经济计算。"③ 尼斯坎南认为，官僚具有以下特征：a. 官僚机构中的主管和雇员不会将预算拨款扣除支出费用

---

① 竺乾威.官僚政治[M].香港:三联书店(香港)公司,1994:3.
② 阿尔布罗.官僚制[M].阎布克,译.北京:知识出版社,1990:4.
③ 米塞斯:《官僚主义》英文版,第53页;转引自何涌.西方"官僚主义经济理论"述评[J].经济科学,1985(4):69-72.

后的余额私分装入腰包；b. 官僚是一个非营利性的组织或机构，他至少一定程度上是依靠周期性拨款或增款获得财政资助的，而不是按照单位价格销售产品（他所提供的服务）①。官僚追求的目标不是公共利益，也不是效率，而是在他的任期内获得最大化预算。

② 官僚制

竺乾威指出："官僚制始终是公共管理绕不开的一个话题。自工业社会以来，官僚制以马克斯·韦伯所揭示的优点，如分工、准确、效率、非人格化的管理等，成为一种达成社会与经济目标的最优组织形式。"②

德国知名社会学家马克斯·韦伯被称为"现代理性官僚制之父"，英国学者马丁·阿尔布罗认为，韦伯对官僚制的研究受三个人的影响。马丁·阿尔布罗认为，"马克思主义的创始人犹太裔德国人卡尔·H. 马克思（Karl H. Marx）的思想对韦伯的影响，怎么强调都不过分"③。"19世纪德国经济社会史学者古斯塔夫·冯·施穆勒（Gustav von Schmoller）关于行政组织发展进程的研究，也是韦伯理性官僚制理论的来源之一。……著名的意大利政治理论家加埃塔诺·莫斯卡（Gaetano Mosca）和罗伯特·米歇尔斯（Robert Michels）的官僚制理论，成为韦伯官僚制理论的又一重要来源。"④

韦伯指出："实施科层制对当今复杂的社会组织实现其目标绝对必要"⑤；"……在管理领域，只能要么选择官僚制，要么选择混乱不堪。"⑥

关于官僚制的定义，韦伯几乎从未对官僚制做过精确的定义，但他明确指出，"官僚制是法理型支配（统治）的最纯粹方式。"⑦ 韦伯阐述支配（统治）类型学架构还指出：支配结构是人类共同体行为的重要环节。韦伯区分了两种不同的支配类型："基于利害状况（具体而言：基于独占地位）的支配与基于权威（命令权力与服从义务）的支配"⑧。前者的服从动机是基于物质利益和纯粹理性的利益计算（当然还有习惯性服从），后者的服从动机包含着最起码的自愿服从之成分。韦伯的"支配社会学"是在后者意义上使用支配概念的。任何支配都诉诸合法性原则进行自我辩护，这些原则包括三种：服从于合理的规则、制度和秩序；奠基在传统的神圣性上；归依于卡里斯马信仰。根据合法性原则，支配类型可以划分为法理型、传统型和卡里斯马型。当然这三种类型只是理想类型，并不以纯粹的形式存在于现实中。理性官僚制就是法理型支配最纯粹、最有效的一种。韦伯概括了现代官僚制所具有的一些原则：a. 各部门有依据法律或行政章程等规则而来的明确的权限；b. 官职层级制与审级制；c. 职务运作以原

---

① 尼斯坎南. 官僚制与公共经济学[M]. 王浦劬，等译. 北京：中国青年出版社，200：15.
② 竺乾威. 官僚化、去官僚化及其平衡：对西方公共行政改革的一种解读[J]. 中国行政管理，2010(4)：47-50.
③ 阿尔布罗. 官僚制[M]. 阎布克，译. 北京：知识出版社，1990：40.
④ 谭融. 马克斯·韦伯"官僚制"理论探析[J]. 武汉大学学报（哲学社会科学版），2013(6)：51-56.
⑤ 转引且陈奎熹. 教育社会学[M]. 台北：三民书局股份有限公司，2000：194.
⑥ Max W. The essentials of bureaucratic organization: An ideal-type construction[M]. New York: Free Press, 1952: 24.
⑦ Weber M. Economy and society[M]. University of California Press, 1978: 218-219
⑧ 韦伯. 支配社会学[M]. 康乐，简惠美，译. 南宁：广西师范大学出版社，2010：4.

本草案形式保留下来的文书档案，以及由幕僚或书记所组成的部门为基础；d. 职务活动以彻底的专业训练为前提；e. 全职而非兼职；f. 业务执行遵照一般规则，并且规则知识是可以学习的①。

阿尔布罗认为："官僚制（又称为科层制）的术语起源于法国哲学家德·格里姆写的一封信。"②

美国著名政治学家、官僚制理论家和公共选择理论家唐斯认为，"官僚制"的界定较为宽泛。它可以是一种特别的制度分类，等同于"官僚部门"；可以是大型组织内资源配置的特定方法，相当于"官僚化决策"；有时它也意味着"官僚化"或者"区别于其他组织形式的官僚组织特性"③。

国内学者对官僚制下过定义。如张康之认为："官僚制是一个国家中的官僚组织和行为体系，是国家政治体系中的一个组成部分，是国家对社会实行统治和管理的工具，是在社会统治和支配行为发展到一定阶段而出现的制度化的社会组织现象。……现代官僚制相比于韦伯所论述的官僚制是一种狭义的概念，是指现代官僚体系，是一种组织的形式。"④

金太军等指出："在政治学、社会学等学科研究中频繁使用的'官僚制'，通常指一个国家中的官僚组织和行为体系，它是以相对专业化的官僚为主体所构成的政府的一系列制度和原则的总和。"⑤

王伟指出："官僚制作为一种行政管理体制，韦伯认为官僚制是一种社会形态，而且必不可少；其在现代社会中也呈现出一种独特的社会形态；作为一种理想状态中的组织形式，官僚制也有着很多特征；有着合理的分工与层级节制的权力体系，也具有依照规程办事的运作机制；官僚制也是一种非人格化的组织管理等。简言之，无非就是层级制、连续性、非人格化、法理化和专业化等。"⑥

江赛蓉指出："在马克斯·韦伯所描述的理想类型框架下，官僚制是一种以'合法—法理权威'（rational-legal authority）为基础的行政管理体制，官僚组织是具有法理权威的高度理性地对大规模社会群体进行有效管理的基本形态。在官僚制组织中，以分部—分层、集权—统一、指挥—服从为基本特征，由制度规定组织层级、部门划分、职位设置、成员资格，形成非人格化的层级节制体系和部门结构。"⑦

陈国富认为："官僚制是政府治理的一种组织形式。"⑧

韦伯的法理型组织也被称为现代理性官僚制。由此可见，官僚制是指一个国家中的一种行政管理体制，是政府治理的一种组织形式。它已延伸到企业和事业单位的行

---

① 韦伯.支配社会学[M].康乐,简惠美,译.南宁:广西师范大学出版社,2010:22-24.
② 阿尔布罗.官僚制[M].阎布克,译.北京:知识出版社,1990:1.
③ 唐斯.官僚制内幕[M].北京:中国人民大学出版社,2007:30.
④ 张康之.韦伯对官僚制的理论确认[J].教学与研究,2001(6):27-32.
⑤ 金太军,顾茜茜.基础与困境:现代性视角下的西方官僚制[J].理论探讨,2009(3):16-19.
⑥ 王伟.马克斯·韦伯官僚制理论的特征与启示[J].长春师范大学学报,2017(3):41-43.
⑦ 江赛蓉.突破官僚制:中国大学"去行政化"改革的关键[J].江苏高教,2013(1):23-26.
⑧ 陈国富.官僚制的困境与政府治理模式的创新[J].经济社会体制比较,2007(1):70-75.

政管理体制和治理的组织形式,是支配权力行为的制度化的社会组织现象,也可称为科层制。

③ 官僚制是中性词

从上述官僚制的基本特征可以看出,官僚制具有的"严密而清晰的科层结构",组织应是严格依从法律、规章等成文规则,存在高度分层分化和控制机制,职责分明的非人格化组织和机构。既有"善"的一面,也有"恶"的一面。其"善"与"恶"是由"投入"和"产出"衡量,当投入大于产出时,是"恶"的表现,反之,是"善"的表现。"善"的一面表现为一切有章可循和纪律严明、凡事必有依据,无论是对组织以及官员还是对管理对象的行为,都在最大程度上消除了"官"或"权"按照个人意志的随意妄为,也在某种程度上体现了法的精神和法治理念。"恶"的一面表现为非人性化、冷漠、刻板、僵化、保守以及直线垂直层级管理常带来的低效等等。正如沃伦·本尼斯认为,官僚制表现为官僚化:a. 老板没有(而下属有)技术能力;b. 独断而愚蠢的规则;c. 地下的(或非正式的)组织破坏或甚至取代正式的组织;d. 角色的混乱与冲突;e. 以非人性残酷对待下属,而不是以理性或法律为基础①。因此,"官僚制"是一个中性词,即米歇尔斯所采用的"中性"的"官僚制"概念。"官僚制"应是"理性官僚制",即积极的行政化,而"非理性的官僚制",即为消极的行政化。

丹尼尔·贝尔认为,理性官僚制是依据效率原则、以技术知识为基础建立起来的能够稳定运行的政治、社会和经济生活组织。理性官僚制在扩大组织规模、加强控制、提高效率等方面发挥着积极作用。但其负面影响也是明显的,主要体现在:a. 以效率为唯一目标的现代大规模组织创造了各种层层相依的科层,等级化的组织架构产生决策权威的集中化,强调指挥和权威的高度统一,当权力高度集中在少数人手中,组织成为权力精英意志的体现时,组织的领导者就会为了自己的利益而不惜损害组织的利益。b. 理性官僚制所强调的完善的规章制度体系严格规定了每个机构、每一层级的管辖范围及权力分布,因而在运作的过程中逐渐形成形式化,程序化的现象,从而造成文牍主义和文山会海;官僚制会导致一种程序化运作程式,只讲过程,一切只要走过场,不讲效果,不讲目的。c. 制度化和非人格化在一定程度上不仅缺乏灵活性,还漠视人性、抹杀个人自由,容易压制成员创新,造成效能不增反而下降;官僚制导致了基本价值判断的丧失和事物是非标准的丧失,因而有人把它视为法西斯主义成功的主要原因。d. 理性官僚制最大的问题是脱离社会基层,消极地对待基层人民的需求,产生了现实社会中沉默的大多数,导致了大众对现代政治的冷漠②。

诺贝尔经济学奖获得者约翰·希克斯(John Hicks)认为:"如果官僚制度的确不失为一种解决办法,那么需要严加防范,经验似已证明必要的防范方法有三个:成功的第一个条件是,必须任用一些官员来监视或检查另一些官员。最早的任意检查只是

---

① 罗森布鲁姆,克拉夫丘克. 公共行政学:管理、政治和法律的途径[M]. 张成福,等校译. 北京:中国人民大学出版社,2002:154.
② 贝尔. 意识形态的终结:50 年代政治观念衰微之考察[M]. 张国清,译. 北京:中国社会科学出版社,2013:7-8.

暗中侦查，但它能逐渐制度化，因此能（在后一阶段）发展成为像现代官僚政治中的审计制度那种东西。"①

④ 官僚化

"恶"的一面就是非理性的官僚制导致官僚化或行政化。由此可见，"官僚制"≠"官僚化"。

葛德塞尔认为："美国的官僚体系如同驰骋数十年的老爷车，它的系统装置非常复杂，由成千上万的零部件协力驱动着其前行，如果想让其更完美而且毫不出错地飞驰在路上，那简直就是做梦。大多数时间它都在正常运作，只有少数情况下才出现故障。如果对其进行重组，它是否就能如人所愿完美无缺？人们对美国官僚体制的评价与其在现实中发挥的作用差距很大，目前的体制发挥的作用相当好。"② 伯顿·克拉克指出："去官僚化是重大的、突变的改革。"③

中西方文化差异导致中国人特别反感"官僚"，"官僚主义"即"官僚化"。

(2) 官僚经济理论

官僚经济理论的研究开始于 20 世纪 50 年代末期，诞生于代议制的环境中。公共选择理论的主要代表人物、美国著名政治学家、经济学家唐斯是最具影响力的学者之一。1957 年出版的《民主的经济理论》和以后出版的《官僚制内幕》是其代表作。对官僚制的研究绝大部分集中在社会学以及政治学领域，鲜有将其纳入经济学的分析框架，深入官僚制内部对官僚组织和官僚行为进行全面分析的。正如尼斯坎南所言："戴维·席尔斯编辑的《国际社会科学百科全书》中'官僚制'词条说明了关于这个主题的社会学家研究范围。……大约 2/3 的参考书是社会学家写的，1/3 是政治学家写的，没有引用一项对于官僚制的经济学研究。"④ 唐斯从经济学"利益最大化者"的视域中研究开拓了新领域，官僚经济学理论作为西方公共选择学派的重要内容填补了公共产品供应理论的空缺，使得公共选择理论更加完善。

唐斯认为，官僚组织中的每一个官员都有一套关于他自己利益的特殊目标。每一个成员的目标都与其他人的目标至少有某种程度上的不同，这使得官僚中常常有"偏见"，这里的"偏见"没有任何不道德的含义。官员中有四种共同的偏见：每个官员向上层传递的信息都倾向于扭曲信息的真实度，即都会夸大对自己有利的信息，尽量减少或隐藏对自己有害的信息；每个官员都对特定的政策和行动抱有偏见，即使他的职责要求他执行这些政策或行动，他仍旧会努力推行那些于己有利的政策或行动，反对或不履行损害自己利益的政策或行动；每个官员在他遵守上级指示时都会有不同程度的改变，遵守程度取决于这些指示是否有利于自身利益；在执行组织职能的过程中，官员在寻找增强责任和接受有风险的职责方面存在很大差异，这主要取决于是否有助

---

① 郭咸刚.西方管理学说史[M].北京:中国经济出版社,2003:17,原文引自希克斯.经济史理论:19.
② 葛德塞尔.为官僚制正名:一场公共行政的辩论[M].张怡,译.上海:复旦大学出版社,2007:5.
③ 克拉克.高等教育新论[M].王承绪,译.杭州:浙江教育出版社,2001:100.
④ 尼斯坎南.官僚制与公共经济学[M].北京:中国青年出版社,2004:4.

于实现其自身的特定目标①。

唐斯还认为，大型组织的固有本性妨碍了组织的有效协调和沟通，而等级结构又非常需要沟通。官僚组织中的信息沟通网络可分为三种类型：即用来传递官僚组织明确认定为官方消息的正式信息沟通；专门传递那些在非正式权力结构中出现的信息的半正式信息沟通；以及官员以个人身份传递传闻的个人信息沟通。根据塔洛克的观点，在信息的垂直流动中，每个信息的平均歪曲程度要比水平传播中的歪曲程度大得多②。因此，官僚常常会采取一些行为来降低信息歪曲程度，如使用官僚组织外部的信息资源、在一个部门内设置重叠的职责、在不同部门之间设置重叠职责等多种方法进行信息备份，使用反偏见机制，维持扁平型组织或通过迂回机制来减少信息中间传递环节等。

唐斯的官僚经济理论通过一系列假设、命题有逻辑地开展论述，提供了一幅官僚组织与官员的运行图。但作者本人也意识到书中存在着不足，理论中所有的假设和命题都缺乏系统化的经验性证明③，将官僚仅仅划分为五种类型是一种武断行为，这只是一种理想分类，是出于简化的目的。虽然作者对这种简化做了辩解和说明，但仍免不了学者对他的批评。英国著名政治学家和公共管理学家帕特里克·敦利威指出其四个缺陷：① 将所有的机构当成严格的直线型官僚制模式；② 对官僚效用函数的组成要素采取了过于宽泛的定义；③ 对所有官僚行为做出了本质相同的解释，因而不能合理地解释机构目标和策略的变化；④ 将机构体系当成单个机构同比扩大的相似物而加以分析④。敦利威正是在对唐斯的模型进行批判的基础上提出了自己的机构重塑模型，以作为解决这些问题的方案。

（3）官僚预算最大化模型

研究表明：从梅斯（Mises）的《官僚制》，到塔洛克（Tullock）的《官僚制政治》，再到唐斯（Downs）的《官僚制内幕》，"所有这些著作见解丰富，并且富有学术性，但是，并没有强调对于官僚组织类型的那些问题"，"没有探讨不同条件下官僚机构的预算和产出行为问题"⑤。然而所有的政治活动最终都是围绕着预算资金的分配而进行的，正如威尔达夫斯基指出的，预算过程中做出的资源配置实际上反映了政治权力的分配⑥。也正是这个原因，使理性选择理论从未停止过对公共预算过程的关注，其中最为著名的是尼斯坎南的官僚预算最大化模型和敦利威的官僚机构塑造模型。

公共选择学派的重要代表人物、美国著名政治学家尼斯坎南是官僚经济学的集大成者。1971 年，尼斯坎南出版了《官僚机构与代议制政府》，提出了官僚预算最大化理

---

① 唐斯.官僚制内幕[M].郭小聪，等译.北京：中国人民大学出版社，2006：77-78.
② 同①：124.
③ 同①：3.
④ 敦利威.民主、官僚制与公共选择：政治科学中的经济学解释[M].张庆东，译.北京：中国青年出版社，2004：181.
⑤ 尼斯坎南.官僚制与公共经济学[M].王浦劬，等译.北京：中国青年出版社，2004：8-9.
⑥ Arron W. Budgeting: A comparative theory of budgetary process[M]. New York: Transaction Publishers, 1986: 2.

论，即官僚是追求总预算规模最大化的。尼斯坎南对区分公共选择理论中"政治家"与"官僚"两者的角色进行了区分:"政治家"主要是指选举任职的民意代表如议员或总统等，其最终目的是力争当选或谋求连任;"官僚"(bureaucracy)指的是负责提供公共产品和服务的各个政府部门。因此,"官僚"通常不是指某个具体的政府官员，而是指"官僚机构"，是一个被人格化了的机构。在很大程度上，"官僚"指的是在政府部门中任职的高级官僚，其掌握独立的可以确认的预算。官僚机构具有以下两个特征：① 作为一个非营利性的组织或机构，其资金主要来自预算拨款，而不是产出销售（所提供的服务）；② 官僚机构中的主管和雇员不会将预算拨款扣除支出费用后的余额占为己有[1]。官僚每年从政治家那里获得一次性财政预算拨款，同时允诺提供一定量的产出作为交换。因此，官僚的预算是由政治家确定的。

《官僚机构与代议制政府》一书中提出的最优官僚预算模型：政治家与官僚之间的关系被看作一种"双边垄断"，分别代表公共产品的供求双方。官僚作为"卖方"垄断者，把他的服务"卖给"政治家；政治家作为"买方"垄断者，只能从官僚那里"购买"服务获得预算拨款的唯一来源。在政治家与官僚的博弈中，最终的结果取决于权力分配和两方在交易中的影响。虽然政治家拥有立法权和法律赋予的其他职权，但是他们要依靠官僚提供有关信息。由于存在信息不对称，所以，在政治家和官僚之间的游戏中，由双方权力和在交易中的影响力博弈决定最后的结局。

由此可见，尼斯坎南的预算最大化模型可以概括为两个内容：① 官僚一直在争取预算最大化。尼斯坎南则认为，官僚追求的目标是在他的任期内获得最大化预算。尼斯坎南认为，一个官僚追求下列目标："薪水、奖金、公共声誉、权力、资助、产出、机构改革和官僚机构的易于管理性"[2]。除了最后两项外，其余目标都与政府预算规模有单调正相关关系。这也就是说，预算规模越大，官僚效用越大。② 官僚通常能实现预算最大化。在尼斯坎南模型中，官僚和政治家之间的关系被看作一种双边垄断，官僚机构通过提供产出来换取预算。但是，二者之间会产生信息不对称。他认为在大多数情况下，相对的刺激和可获取的信息可以赋予官僚机构强势的垄断权力[3]。

1974年，米格尔和贝兰格（Migue & Belanger）针对尼斯坎南的模型提出了修正。他们认为，尼斯坎南模型假定官僚把政治家批准的预算全部用于公共产品的供给，而不会把预算结余据为己有，这个假定与实际情况不符。官僚们最关心的是管理的自由裁量，从而只有自由裁量的预算——收入超过最低成本的部分——才是官僚真正想最大化的。然而，他们承认，自由裁量的预算依赖于总预算[4]。1975年，尼斯坎南也承认，官僚的效用受到自由支配预算和预算总额的共同影响。

1975年，布雷顿和温特罗布（Breton & Wintrobe）对尼斯坎南模型中关于"官僚

---

[1] Niskanen W A. Bureaucracy and representative government[M]. Chicago: Aldine-Athetton, 1971: 15.
[2] 同[1]: 38.
[3] 同[1]: 30.
[4] Migue J L, Belanger G, Niskanen W A. Toward a General Theory of Managerial discretion[J]. Public choice, 1974, 17(1): 27-43.

垄断"提出了一个预算审查程序（the review process）。他们认为，立法机构可以使用各种控制手段，包括：直接监管、使官僚机构重叠、设置不同的官僚机构提供同样的公共服务、从不同的渠道获取信息，来减少官僚机构服务供给的配置不当和无效率。控制手段的边际价值应等于其边际成本[1]。同年，尼斯坎南就已注意到，对于他的官僚预算最大化理论的过度供给的假设一直没有直接的检验。通过运用"官僚整合"这个变量，尼斯坎南提供了一个关于官僚机构拨款的时间序列检验。在有些情况下，当官僚机构联合起来就可以获得比它们分离时要大的预算，并将这一发现视为预算规模增加将导致官僚机构的权力和产出增加的证据[2]。

1989年，威尔逊在其名著《官僚制》一书中指出，对于官僚机构来说，常常存在其他的比预算更重要的目标。虽然在现实中有很多"帝国主义似的官僚机构"，它们都是由有扩张取向的行政官员来管理和领导的，但是，现实中同样存在很多小心翼翼的对于机构的预算增长持怀疑态度的行政官员[3]。威尔逊认为，组织维持是行政官员的特殊责任。组织维持是指各种组织继续运行必需的资源。但是，和商业机构不同的是，对于一个政府官僚机构来说，组织维持不仅需要资本（预算拨款）和劳动力（雇员）的流入，而且还需要政治支持的流入。在某些情况下，官僚机构的维持还需要有效地消除或对付来自挑战者的威胁，此时，政治支持是非常重要的[4]。官僚预算最大化的理论假设忽略了这样一个事实，官僚及官僚机构常常要在更多的预算和机构的自主权之间进行权衡。他认为，在其他条件不变的情况下，对于官僚机构及官僚来说，预算越多越好。然而，问题的关键是，这些其他条件都不是不变的。其中一个非常重要的变量就是官僚机构的自主权[5]。威尔逊还认为，在政府内部，很多情况下官僚机构不能既获得更多的预算又维持机构的自主权，增加预算很可能就会减少官僚机构的自主权。在这种情况下，预算最大化就不可能再是官僚机构和官僚的主要目标。对于行政领导来说，他的机构的自主权的增加将会降低组织维持的成本。因为，这种自主权的增加将会减少外部的利益相关者的数目、官僚机构的竞争对手，增加机构管理者发展出一个内在一致的任务意识的机会。因此，在威尔逊看来，盛行一时的尼斯坎南的官僚预算最大化模型是一个过分简单的理论假设。对于官僚机构来说，自主权至少和预算资源一样重要。只有在官僚机构的自主权是确定的情况下，机构才有可能去寻求更多的预算资源或者扩大它自己的辖区[6]。

1991年，尼斯坎南自己对原有模型做出以下修正：① 他认为，"我先前关于官僚机构致力于最大化他们的预算的假设……应该被完全放弃，而接受他们致力最大化自

---

[1] Breton A, Wintrobe R. The equilibrium size of a budget-maximizing bureau: A note on Niskanen's theory of bureaucracy[J]. Journal of political economy, 1975, 83(1): 195-207.
[2] Niskanen W A. Bureaucrats and politicians[J]. The Journal of law and economics, 1975, 18(3): 617-643.
[3] Wilson J Q. Bureaucracy[M]. New York: Basic Book, 1989: 180-181.
[4] 同[3]: 181.
[5] 同[3]: 182.
[6] 同[3]: 181.

由裁量的预算的假设。"① 追求盈余最大化的官僚机构是一个常例,而追求总预算最大化的官僚机构反而是一个特例②。换言之,他先前的官僚预算最大化模型,现在就不再是一个普遍适用的理论。② 他也放弃了以前的另一个假设,即政治资助人是"一个没有偏见的立法机构的样本,但是在评估官僚机构的提议时他们是消极的"③。

1994年,尼斯坎南在《官僚制与公共经济学》中对原初模型进行了总结,指出早期的理论框架在关于官僚和政治家的行为方面包括三个假设:第一,假设官僚致力于使其官僚机构预算预期的最大化;第二,假设资助者没有对其他选择认真考察或评估,"被动"地接受或拒绝官僚机构的预算/产出提案;第三,官僚与其资助者会在预算和产出的所有可能组合范围里进行讨价还价④。

"官僚预算最大化模型"不仅在我国政府预算中存在,而且在我国高校预算中也存在,这是我们要进一步深入研究的。

(三) 公共选择理论的述评

1. 公共选择理论是经济学视角还是政治学视角

(1) 公共选择理论的经济学视角

上述公共选择理论代表人物都是著名经济学家,其中三位获得诺贝尔经济学奖。

公共选择理论不仅仅是当代西方经济学的一个分支,当今在西方经济学界,公共选择理论已被列入"新制度经济学"(new institutional economics)的范畴,成为现代制度经济分析的支柱之一。

(2) 公共选择理论是以经济学观点来研究政治

公共选择理论初始研究是福利经济学,公共选择理论从经济学最根本的"经济人"(或理性人)假设移植到政治领域。公共选择理论中的"经济人"是"新经济人",而不是那种追求个人最大经济利益的"洁白无瑕的经济人"。

美国著名的公共选择理论大师丹尼斯·缪勒给公共选择理论下的定义常常被西方学者引用:"公共选择理论被定义为非市场决策的经济研究,或者可以简单地定义为把经济方法应用于政治科学。公共选择的方法仍然是经济学的方法。"⑤

萨缪尔森指出:"公共选择理论从一些方面看是回到18和19世纪的更为传统的经济学——在那个时期,这个学科被称为'政治经济学',这个名称提醒我们,经济行为根源于更广泛的政治体制中,而政治上的决策又常常产生于经济事务。"⑥

列宁在《再论工会、目前局势及托洛茨基和布哈林的错误》中指出:"政治是经济的集中表现。"

---

① Niskanen W A. A reflection on bureaucracy and representative government[M]//The budget-maximizing bureaucrat:Appraisals and evidence. Pittsburgh:University of Pittsburgh Press,1991:28.
② Wilson J Q. Bureaucracy[M]. New York:Basic Book,1989:22.
③ 同②.
④ 尼斯坎南.官僚制与公共经济学[M].王浦劬,等译.北京:中国青年出版社,2004:265.
⑤ 缪勒.公共选择[M].王诚,译.北京:商务印书馆,1992:4.
⑥ 萨缪尔森,诺德豪斯.经济学[M].12版.高鸿业,等译.北京:中国发展出版社,1992:1175.

缪勒认为，公共选择首创了以经济学观点来研究政治——行政过程，也就是说采用经济学方法研究政治科学的主题，包括国家理论、选举规则、选民行为、党派政治、官僚体制等等①。

(3) 公共选择理论是介于经济学和政治学之间的新兴交叉学科

公共选择理论的基本前提是，人类社会由两个市场组成：一是经济市场，其主体是消费者和厂商，他们通过货币选票来选择能带来最大效用的私人物品；二是政治市场，其主体是选民和政治家，他们通过选票来选择能够给他们带来最大的利益。前者通过市场机制，后者市场机制的分析方法应用于政治科学领域，分析自我利益是如何整合为社会公共利益的。公共选择的理论家创建的两个最重要的预算模型：比较有代表性的理论包括布莱克的中位投票人模型和尼斯坎南的官僚预算最大化模型。前者是一个关于公共产品需求的模型，后者是一个关于供给的模型②。

2. 公共选择理论的两大模型的历史贡献

无论是"中位投票人模型"还是"官僚预算最大化模型"，对公共选择理论的历史贡献都是巨大的。虽然这两大模型一直受到批评和责难，但是"中位投票人模型"和"官僚预算最大化模型"仍在不断完善和发展，并继续在实践中应用。因此，要继续改进"中位投票人模型"和"官僚预算最大化模型"，并创新公共选择理论中的其他理论。

在 20 世纪 60 年代，主要有渐进预算理论与公共选择理论的预算理论。一些公共预算专家不满意于渐进预算理论和公共选择理论对预算的观点，提出了研究公共预算的其他理论。下面进行简单介绍。

(四) 公共选择理论与预算绩效

"中间投票人模型"对预算研究还是具有一定价值的。其最大优点在于将公共产品产出的均衡水平简化为中间投票者的偏好，这使预算支出的分析大大简化。因此，该模型就被广泛应用于政府预算决策中。

"官僚最大化模型"表明，官僚是具有自我利益最大化的"经济人"，其行为是受立法机构严格制约的，必须有一种制度能限制官僚将个人或集团利益带入公共决策中。绩效预算必须尽可能减少官僚利益对预算过程的干预，尽可能在预算中体现以大多数人的意愿为诉求，为使公共产品配置效率帕累托最优，将公共满意度作为衡量绩效预算成败的重要标准。

---

① 缪勒.公共选择[M].张军,译.上海:三联书店,1993:1.
② 陈工.政府预算与管理[M].北京:清华大学出版社,2004:27-33.

第三章 高校预算绩效管理研究

第一节 高校预算绩效基础问题研究

绩效预算①是一个世界性的难题，也是公共预算部门、高校、企业等凡是有预算领域的国内外学者的热门话题。

一、绩效的基础概念

（一）绩效的涵义

1. 绩效的溯源

一般认为，"绩效"是个外来词，其实"绩效"的含义在我国古已有之。

首先，用于官员业绩的考核。据史料记载，"考绩"始于三皇五帝时代，在《尚书》中记载舜"三载考绩，三考黜陟幽明"；秦朝统一后就实施了对官员的考绩制度，设计了对朝官和外官两套考绩体系：对朝官采用"五善五失"的人格标准②。从西周到秦汉时期，我国的古代政权就普遍建立了"上计制度"，用于对财政活动和官吏政绩进行管理和考核。"上计制度"要求臣子必须在每年年初将该年度的预算数字写在政府所规定的"木券"上，送国君处存档。国君则将木券一分为二，国君执右券，臣下执左券，年终岁末，臣子到国君处报核"上计"，由国君亲自稽考，存优汰劣③。到汉朝时，"上计制度"已成为一种固定的制度。《后汉书·荀彧传》中提出"原其绩效，足享高爵"的绩效考核观，《旧唐书·夏侯孜传》也提出"录其绩效，擢处钧衡"（指将官员的绩效记录进行存档，并据其优劣任用）④的类似做法。由此可见，"绩效"一词当时已应用于政府管理官员。在宋庆历年间（1043年），范仲淹在向皇帝提交的《答手诏条陈十事》中，第一条为"明黜陟"，即废除"磨勘制"，恢复宋初的考绩制。他指出"我祖宗朝，文武百官皆无磨勘之例，惟政能可旌者……，故人人自励，以求绩效。"1060年，王安石当宰相时，在代宋神宗起草的《追官勒停人国子博士制》中，称赞沈

---

① 我国称"预算绩效"，OECD等国家称"绩效预算"。
② 《云梦秦简·为吏之道》.
③ 财政部预算司.中国预算绩效管理探索与实践[M].北京:经济科学出版社,2013:79.
④ 《旧唐书》:卷一百七十七 列传第一百二十七.

扶"尔行义智能，有闻于家。久于使事，绩效可称。"① 明朝万历年间，内阁首辅张居正针对当时吏治不清、法令不行的局面，推行了"考成法"。"考成法"的核心是根据政务的轻重缓急，列出处理的先后顺序和完成的期限，由六部和都察院按文簿登记事项逐月对完成情况进行检查，并根据检查结果，对尽职尽责、治绩显著的官员实施重奖，对不尽职守、未按期完成任务的官员则严加惩处。"考成法"实施后，行政效率得到很大提高，朝廷政令做到了"朝下而夕奉行"。

其次，对外官采用土地、财政和治安等业绩标准："在秋冬岁尽，各计县户口垦田，钱谷入出、盗贼多少，上其集簿"②；汉朝有"天子岁试天下，三试而一考，前后三考而黜陟"。如对县令为"户口垦田、钱谷出入、盗贼多少"，即人口、耕地增加，税赋完成和治安案件等四项指标。而对郡守则加考是否侵渔百姓、接受贿赂、杀赏聚敛等③。秦汉之后已形成较完整的考绩制度。考核官员的目的是检查官员的履职业绩，作为升职奖励或降职处罚的依据。

从上述内容可以看出，我国古代"绩效"理念和朴素的考核方式在古代政府治理中早有体现，成为后世政府绩效管理和财政预算绩效管理的思想渊源。

2. 绩效的定义

（1）国外

① 绩效是行为

坎贝尔（Camphll）指出："绩效是行为，应该与结果区分开，因为结果会受系统因素的影响。"④ 但他认为绩效不是活动的结果，而是活动本身，是人们实际做的、与组织目标有关，并且可以观察到的行动，而且这些行为完全能由个体自身控制。

墨菲（Murphy）给绩效下的定义是"绩效是与一个人在其中工作的组织或组织单元的目标有关的一组行为"⑤。

② 绩效是结果

英国学者伯拉丁（Bernaxdin）等认为，"绩效应该定义为工作的结果，因为这些工作结果与组织的战略目标、顾客满意感及所投资金的关系最为密切"⑥。

③ 绩效是行为和结果

布莱姆布兰西（Brumbrach）认为，"绩效指行为和结果。行为由从事工作的人表现出来，将工作任务付诸实施。行为不仅仅是结果的工具，行为本身也是结果，是为完成工作任务所付出的脑力和体力的结果，并且能与结果分开进行判断。"⑦

---

① 王安石全集（下）[M]．宁波，等校点．长春：吉林人民出版社，1996：606．
② 《后汉书·百官志》补注湖广曰．
③ 董仲舒．春秋繁录[M]．上海：上海古籍出版社，1989．
④ 仲理峰，时勘．绩效管理的几个基本问题[J]．南开管理评论，2002，5(3)：15．
⑤ Jensen M C, Murphy K J. Performance pay and top-management incentives[J]. Journal of political economy, 1990, 98(2): 225-264.
⑥ Borman W C, Motowidlo S J. Expanding the criterion domain to include elements of contextual Performance[M]//Schitt N, Borman W. Personnel selection in organizations. San Francisco: Jossey-Bass, 1993: 71-98.
⑦ Armstrong M, Baronl A. Per-formance management[M]. London: The Cromwell Press, 1998: 41.

姆维塔（Mwita）认为，绩效应是一个综合的概念，应包含三个因素：行为、产出和结果①。

普雷姆詹德认为，绩效包含效率、产品与服务数量及质量、机构所作的贡献与质量，同时包含节约、效益和效率②。

上述学者表述稍有差异，"绩效"的基本含义都表达为"行为""活动""执行""产出""结果""效益""效率"等。国外学者主要将"绩效"引申到经济学、管理学等领域。

(2) 国内

① "绩"和"效"

"绩"：字从纟，从责，责亦声。"责"意为"利息"，引申为"还本付息"。"纟"指"丝帛"。"纟"与"责"联合起来表示"用纺的纱织的布来还本付息"。本义：用家纺产品抵债。

"绩"：为成就；功业。如《尔雅》中记载："绩，功也，又，业也，又，事也，又，成也。"又如《左传·昭公元年》中记载："远绩禹功。"再如《诗·大雅·文王有声》中记载："维禹之绩。"

"效"：为效果，功效。如三国蜀诸葛亮《前出师表》："受命以来，夙夜忧叹，恐托付不效，以伤先帝之明。"此外，"效"还有其他含义，如"效法，模仿"。晋葛洪《抱朴子·审举》："上为下效，君行臣甚。"又如"贡献，效力"，《礼记·曲礼上》："效马效羊者右牵之，效犬者左牵之。"

《辞海》解释："绩：功业；成绩。如功绩；劳绩。《书·尧典》：'庶绩咸熙。'《诗·大雅·文王有声》：'丰水东注，维禹之绩。'"③

《现代汉语词典》解释："绩：功业；成果：成绩，功绩，战绩。"④

《辞海》解释："效：效果；功用。如有效；见效。《淮南子·修务》：'效亦大矣'。"⑤

《现代汉语词典》解释："效：效果；功用。如功效，成效，无效，见效。"⑥

此外，《韦氏词典》解释：绩效是完成某种任务或达到某个目标⑦。《牛津现代高级英汉双解词典》对 performance（绩效）的解释是"执行，履行，表现和成绩"。

"绩效"是"绩"和"效"的组合词，有业绩、功绩、实绩、效绩等含义。

② 绩效

亚洲开发银行的（Salvatore）认为，绩效是一个相对的概念，绩效实质上不仅包

---

① Mwita J I. Performance management model: A systems-based approach to public service quality [J]. International journal of public sector management, 2000, 13(1): 19-37.

② 普雷姆詹德. 公共支出管理 [M]. 王卫星, 等译. 北京: 中国金融出版社, 1995: 192-193.

③ 辞海编辑委员会, 上海辞书出版社. 辞海（中）[M]. 上海: 上海辞书出版社, 1979: 2697.

④ 中国社会科学院语言研究所词典编辑室. 现代汉语词典 [M]. 北京: 商务印书馆, 2019: 620.

⑤ 辞海编辑委员会, 上海辞书出版社. 辞海（下）[M]. 上海: 上海辞书出版社, 1979: 3361.

⑥ 中国社会科学院语言研究所词典编辑室. 现代汉语词典 [M]. 北京: 商务印书馆, 2019: 1447.

⑦ 汪家常, 魏立江. 业绩管理 [M]. 大连: 东北财经大学出版社, 2001: 11.

含外部效果，也包含内在的努力程度，也可以用"努力"和"结果"对其进行定义。它可以通过投入、产出和成果来描述①。

普雷姆詹德在《公共支出管理》一书中提到绩效包含效率、产品与服务数量及质量、机构所作的贡献与质量，同时包含节约、效益和效率②。

奥特利（Otley）认为绩效是工作的过程及其达到的结果③。

杜布尼克（Dubnick）认为绩效包含四层含义，分别是所有执行的活动（不论这些活动是否成功）、一种胜任能力（或者生产能力）、等同于结果（而不考虑结果的获得方式）、可持续的结果（即公共部门能够将自身能力转换为产量和成果）④。

杨周复、施建军等认为："绩是指'成绩'，效是指'效益'。以成绩和效益的内容综合说明教育产出的效益状况，而不仅仅侧重于经济效益，这样才能更全面地对高等院校进行评价。……'绩'反映的是高校社会功能的发挥；'效'则是经济功能的发挥。"⑤

刘玉光认为："绩效预算由绩、效、预算三个要素构成。其中，'绩'是指财政支出所要达到的目标，'效'是指用具体指标评估完成目标的情况和取得的成绩，'预算'是指财政为这一支出目标提供的拨款额。"⑥

笔者认为，所谓绩效是指"业绩""效果""效益""效率""结果""责任"等。

③ 绩效管理

迄今为止，学者们对于绩效管理的定义仍没有形成一致的意见。虽然早在1954年，彼得·德鲁克就提出了"目标管理"，但"绩效管理"这个概念是美国管理学家奥布里·丹尼尔斯（Aubrey Daniels）在20世纪70年代后期提出的。德鲁克曾指出，"绩效管理是20世纪最伟大的发现之一"。20世纪80年代后期和90年代早期，绩效管理逐渐成为一种非常流行的观点⑦。

20世纪70年代，丹尼尔斯提出"绩效管理"概念后，KPI（K就是关键性的，P就是绩效考核，I就是指标，加在一起就是关键性的绩效考核指标）得到了广泛的应用。通用电气公司前CEO杰克·韦尔奇指出，如果说，在我奉行的价值观里，要找出一个真正对企业经营成功有推动力的，那就是有鉴别力的考评，也就是绩效考核。然而，丹尼尔斯认为，"但大多数绩效管理系统没有发挥这个作用"。索尼前常务董事天外伺郎甚至写了《绩效主义毁了索尼》一文。但是，被尊称为"大师中的大师""现代管理学之父"的德鲁克却坚持认为："管理，首先要对产生绩效负责。""经理人是负责

---

① 亚洲开发银行.政府支出管理[M].财政部财政科学研究所,译.北京:人民出版社,2001:387.
② 普雷姆詹德.公共支出管理[M].王卫星,等译.北京:中国金融出版社,1995:192-193.
③ Otley D. Performance management: A framework for management control systems research[J]. Management accounting research,1990(10):363-382.
④ Dubnick M J. Accountability and the promise of performance: In search of the mechanisms[J]. Public performance & management review,2005,28(3):376-417.
⑤ 杨周复,施建军,等.大学财务综合评价研究[M].北京:中国人民大学出版社,2002:119-120.
⑥ 刘玉光.高等学校绩效预算管理问题研究[D].厦门:厦门大学:35.
⑦ 威廉姆斯.组织绩效管理[M].蓝天星翻译公司,译.北京:清华大学出版社,2002:1.

知识的运用与绩效表现的人。"

著名公共管理学家胡雷（Joseph S. Wholey）等人的观点是，绩效管理是改进公共组织和公共项目的生产能力、质量、时效性、回应性以及有效性的综合系统①。行政学家、美国匹兹堡大学公共与国际事务教授杰伊·M. 沙夫里茨（Jay M. Shafritz）和卢赛尔（E. W. Russell）认为，绩效管理是组织系统整合组织资源达到其目标的行为，绩效管理区别于其他方面的纯粹管理之处在于它强调系统的整合，包括全方位控制、监测、评估组织所有方面的绩效②。

1995年OECD在《转变中的治理：OECD国家的公共管理改革》中提出绩效管理是组织管理、绩效信息、评估绩效、监控评价和绩效报告的整合。2000年，OECD认为，绩效管理是绩效被视作资源获取和使用上的能力，是一个机构或当局获取资源以及高效率（投入——产出）、高效益（产出——结果）地利用那些资源实现绩效目标的熟练性③。

英国理查德·威廉姆斯（Richard Williams）在其所著的 *Performance Management* 中把绩效管理系统分成四个部分：一是指导与计划阶段，即为员工确定绩效目标和评价绩效的标准；二是管理与支持阶段，即对员工的绩效进行监督和管理，提供反馈和支持，帮助他们排除阻碍绩效目标完成的障碍；三是考查与评估阶段，即对员工的绩效进行考核和评估；四是发展与奖励阶段，即针对考核结果，对员工进行相应的奖励、培训和安置④。

英国学者罗杰斯（Rogers）和布瑞得鲁普（Bredrup）把绩效管理看作管理组织绩效的系统。他们从组织角度来考虑目标制定、绩效改进和考查计划。他们认为绩效管理通过决定组织战略以及通过组织结构、技术事业系统和程序等来加以实施，而在这个过程中个体员工虽然会受到影响，但不是绩效管理所要考虑的主要的对象⑤。

美国管理学会研究方法分会会长、科罗拉多大学商学院和卫生科学研究中心的Mehalchin教席管理学教授、战略性绩效管理的代表性学者赫尔曼·阿吉斯（Herman Aguinis）指出："绩效管理是一个识别、测量和开发个人及团队绩效并使其与组织战略目标保持一致的可持续过程。"⑥

科内（Kearney）和伯曼（Berman）认为，绩效管理是"面向结果的公共项目管理"。绩效类似于生产率概念，但又比生产率的涵义更加广泛。生产率一般仅指效率、效益等，而公共部门的目标远比私人部门的目标更为复杂，并指出："公共绩效的一个

---

① Wholey J S, Newcomer K E. Improving government performance: Evaluation strategies for strengthing public agencies and program[M]. San Francisco: Jossey-Bass Publishers, 1989:10.
② 张成福,党秀云. 公共管理学[M]. 北京:中国人民大学出版社,2001:271.
③ 孟华. 政府绩效评估:美国的经验与中国的实践[M]. 上海:上海人民出版社,2006:2.
④ Dayton F. The new thinking in performance appraisal[J]. Workforce,2001,80(5):36.
⑤ Evans J R. An exploratory study of performance measurement systems and relationships with performance results[J]. Journal of operations management,2004,22(3):219-232.
⑥ 阿吉斯. 绩效管理[M]. 刘昕,曹仰锋,译. 北京:中国人民大学出版社,2008:2.

显著特点就是它由效益、效率和公正的多个同等重要的标准引导和评估。"①

胡雷和约瑟夫（Ooseph S.）认为绩效管理是改进公共组织和公共项目的生产力、质量、时效性、回应性以及有效性的综合系统，是一种"融入多种判断价值的工具模式"②。

伯纳（Boyne）等提出公共组织绩效包括响应力、效率和公平，波利特（Pollitt）持有相似观点，但他的标准更加宽泛，包括了节约、过程改善、效率提高、效益增加。还包括整体的能力，灵活性、反应力增加等③。

斯科尼尔（Schneier）与贝蒂（Beatty）认为绩效管理系统应该是一个循环周期：包括衡量和标准；达成契约，规划；监督、帮助、控制；评估；反馈；人事决定；开发再回到衡量和标准④。

绩效管理（performance management，PM）可分为组织绩效评价管理和个人绩效管理。帕蒙特（Pamenter）指出应该把传统的绩效评估的目的转移到员工绩效的提高上来。传统的绩效评估存在着严重的不足：由于评估的主观性，评估没有得到很好的执行；许多管理者对员工的评估表面上和私下里是不一致的，表面上的评估分数可能很高，但私下里却想解雇他们；注重评估的过程和形式，不注重评估的价值，对组织和员工的作用不大等⑤。个人绩效管理如个人业绩考核，在政府、企业和事业单位中都在进行，并与绩效工资挂钩，本书不再展开阐述。

中国行政管理学会联合课题组认为："政府机关工作效率标准的拟订和检查，即绩效管理，是一项极为复杂的系统工程。……现代政府管理的核心问题是提高绩效。要提高绩效，必须首先了解现有绩效水平，要评估绩效高低就需要建立评估的标准。没有标准就不能测定，不能测定，就无法改善。抓住了标准就是抓住了改善行政管理的'牛鼻子'。"绩效管理为许多公共管理的新理念提供了有力的技术支持。首先，绩效管理以"结果为本"理念作为基础；其次，绩效管理以市场机制作为依据；最后，绩效管理以下放权力为取向。从国际经验来看，政府机关绩效管理在实践中具有五个重要的作用和功能：a. 绩效管理的计划辅助功能——管理计划和具体目标的确定要参照多方面的信息，其中之一是有关部门前一阶段的绩效状况。b. 绩效管理的监控支持功能——为评估而拟定的绩效标准及据此收集的系统资料，为监控提供了一个重要的、现成的信息来源。c. 绩效管理的促进功能——测量自己工作效果的组织，即使未把拨款或报酬同效果联系起来，也会发觉测量得到的信息会促使自己发生变化。d. 绩效管理的激励功能——美国学者曾引用许多实践案例，对绩效管理的激励功能做了这样的说

---

① Kearney R C, Berman E M. Public sector performance：Management, motivation, and measurement[M]. Oxford：Westview Press：1-2.

② Carter R. Improving government performance：Evaluation strategies for strengthening public agencies and programs[M]. San Francisco：Oossey-Bass Publishers，1989：1.

③ Boyne G A. Concepts and indicators of local authority performance：An evaluation of the statutory frameworks in England and Wales[J]. Public money and management，2002，22(2)：17-24.

④ Medori D, Steeple D. A framework for auditing and enhancing performance measurement systems[J]. International journal of operations and production management，2000，20(5)：520-533.

⑤ Fred P. Moving from appraisal to employee enhancement[J]. Canadian manager，2000，25(1)：13.

明：若不测定效果，就不能辨别成功还是失败；看不到成功，就不能给予奖励；不奖励成功，就可能是在鼓励失败，鼓励失败的结果是产生荒谬的刺激，导致组织绩效每况愈下。e. 绩效管理的资源优化功能——在缺乏关于效果的客观资料的情况下，当政治领导人在决定加强某个领域的工作时，往往不知道把新增加的资金投向何处；当他们在削减预算时，又不知道削减的是"肌肉"还是"脂肪"。绩效管理有助于科学设定目标并根据效果来配置资源①。

绩效管理分为政府绩效管理、事业单位绩效管理和企业绩效管理。因企业绩效管理在本书中不展开阐述，只简述如下：企业绩效管理（enterprise performance management，简称 EPM）或公司绩效管理（corporate performance management，简称 CPM）都是由 Gartner 定义或推广的。除了 EPM、CPM 外，还有所谓 FPM（财务绩效管理）、BPM（业务绩效管理）、FP&A（财务计划和分析）等等各种各样的说法。

所谓企业绩效管理，是指企业各级管理者和员工为了达到组织目标，共同参与的绩效计划制定、绩效辅导沟通、绩效考核评价、绩效结果应用、绩效目标提升的持续循环过程。这个循环分为四个环节，即 a. 制定绩效计划（P），确定关键绩效指标（KPI）；b. 绩效沟通与辅导（D），保证绩效管理过程的有效性；c. 绩效考核与反馈（C），对前一绩效周期的成果进行检验和反馈；d. 绩效诊断与提高（A），总结提高并进入下一循环。对一个企业的绩效管理体系进行有效性评价必须从八个纬度入手：a. 战略目标；b. 角色分工；c. 管理流程；d. 工具表格；e. 绩效沟通；f. 绩效反馈；g. 结果运用；h. 诊断提高。

笔者认为，所谓绩效管理是指组织（政府、事业单位和企业）为达到绩效目标通过对"过程"和"结果"制定绩效计划、确定绩效指标、参与绩效沟通与辅导、实施绩效考核、利用绩效信息反馈、绩效结果应用等促使组织承担"责任"的管理行为。

（二）绩效应用的领域

前已述及，绩效应用于组织（政府，事业单位和企业）；亦可应用于个人业绩考核，并与绩效工资挂钩。本节重点介绍目前主要应用的政府绩效和预算绩效。

1. 政府绩效

政府绩效起源于对官吏政绩的考核。

（1）"考核"的内容主要是个人但不是"政绩"

1928 年 7 月，《中国共产党组织决议案草案》中出现了"考核"的提法，但当时这种"考核"的实质仍是对干部阶级出身、政治立场、社会关系等的审查。

1949 年 11 月，中组部颁布的《关于干部鉴定工作的规定》指出，要在全国范围内普遍实行干部鉴定工作，鉴定主要采取个人自我检讨、群众会议讨论与领导审查相结合的方式，一年进行一次。在此后的几年中，中央曾多次就干部鉴定工作作出重要指示。针对新中国成立后干部调动频繁，未对全部干部进行逐一细致审查，"对大部分新

---

① 中国行政管理学会联合课题组.关于政府机关工作效率标准的研究报告[J].中国行政管理，2003(3)：8-16.

干部的全面的真实情况还未能切实掌握"的情况,把干部考察的重点放在"政治立场、观点作风、掌握政策、遵守纪律、联系群众、学习态度等方面"①。

1953年11月,中组部发出了《中共中央关于审查干部的决定》,对干部审查的目的、方法以及审查后的处理方式等作了详细阐述,决定在"两三年内对全国干部进行一次细致的审查,以便进一步了解我们的干部,保证国家建设任务的顺利进行。"②

1962年10月,党中央对干部考核作出重要指示,提出必须重新考察了解干部,把对干部的考察、鉴定、挑选、提拔、教育、监督的经常性工作认真抓起来。1964年,中组部制定了《科学技术干部管理工作条例试行草案》,提出对于科学技术干部,"不仅要了解掌握他们的政治思想情况,而且还必须把他们的专业、专长情况了解清楚。"把干部"考核"的内容从"政治审查"转变为政治审查与"业务专长"相结合。

(2)干部考核的内容为"德、能、勤、绩和廉"五个方面的实绩。

1979年11月21日,中组部发布的《关于实行干部考核制度的意见》明确了"干部考核的标准和内容,要坚持德才兼备的原则,按照各类干部胜任现职所应具备的条件,从德、能、勤、绩四个方面进行考核:考德,是考核干部的政治立场和思想品质,主要看是否坚决拥护党的政治路线和思想路线,贯彻执行党的方针政策,遵守党纪国法和社会主义公共道德,热爱祖国,努力为四个现代化贡献力量。考能,是考核干部的业务、技术、管理水平,工作效率和文化程度,是否具备胜任现职的能力。考勤,是考核干部的工作态度和事业心,是否肯学肯钻,对业务精益求精,任劳任怨,勇于创新,充分发挥工作积极性。考绩,是考核干部的工作成绩,主要看对现代化建设直接或间接所作的贡献。对各类干部的考核,要各有侧重。技术干部、专业干部,侧重技术、业务水平和成果;党政干部,侧重政治思想水平、政策水平和工作能力;对领导干部应更严些、更高些,要着重考核政策思想水平、组织领导能力、熟悉业务的程度,执行民主集中制的状况和工作的实际成效。"

1988年6月6日,中组部印发《关于试行地方党政领导干部年度工作考核制度的通知》(中组发〔1988〕7号)规定:"1983年全国组工座谈会又提出要对党政领导干部实行年度考核,规定了德、能、勤、绩四个方面的考核内容,其中要着重考核工作实绩。"第四条"考核内容"规定:"被考核者的德、能、勤、绩,重点是履行岗位职责的工作情况和实绩。"

1998年5月26日,中共中央组织部印发的《党政领导干部考核工作暂行规定》第三条将"注重实绩原则"作为考核工作必须坚持的四大原则之一。第九条"领导班子考核内容"第三款规定:"工作实绩:在经济建设、社会发展和精神文明建设、党的建设等方面所取得的成绩和效果,在推进改革、维护稳定方面取得的成绩和效果。地方县以上党委、政府领导班子的工作实绩主要包括:各项经济工作指标的完成情况,经济发展的速度、效益与后劲,以及财政收入增长幅度和人民生活水平提高的程度;教

---

① 中共中央文献研究室.建国以来重要文献选编:第4册[M].北京:中央文献出版社,1993:578.
② 同①:579.

育、科技、文化、卫生、体育事业的发展,环境与生态保护、人口与计划生育、社会治安综合治理等状况;党的思想、组织、作风、制度建设的成效等。"

2009年6月29日,中共中央办公厅印发的《关于建立促进科学发展的党政领导班子和领导干部考核评机制的意见》第六条指出:"完善考核内容。充分体现科学发展观和正确政绩观的要求。坚持以发展为第一要义,以人为本为核心,以全面协调可持续为基本要求,以统筹兼顾为根本方法,既注重考核发展速度,又注重考核发展方式、发展质量;既注重考核经济建设情况,又注重考核经济社会协调发展、人与自然和谐发展,特别是履行维护稳定第一责任、保障和改善民生的实际成效;既注重考核已经取得的显绩,又注重考核打基础、利长远的潜绩,注重综合分析局部与全局、效果与成本、主观努力与客观条件等各方面因素。坚持科学发展观与正确政绩观的有机统一,坚持从实绩看德才,促进领导干部以正确政绩观贯彻落实科学发展观。"

2019年4月20日,中共中央办公厅印发的《党政领导干部考核工作条例》第七条"领导班子考核内容主要包括"第三款规定:"工作实绩。全面考核领导班子政绩观和工作成效。考核政绩观,主要看是否恪守立党为公、执政为民理念,是否具有'功成不必在我'精神,以造福人民为最大政绩,真正做到对历史和人民负责。考核地方党委和政府领导班子的工作实绩,应当看全面工作,看推动本地区经济建设、政治建设、文化建设、社会建设、生态文明建设,解决发展不平衡不充分问题,满足人民日益增长的美好生活需要的情况和实际成效。考核其他领导班子的工作实绩,主要看全面履行职能、服务大局和中心工作的情况和实际成效。注重考核各级党委(党组)领导班子落实新时代党的建设总要求、抓党建工作的实绩。"第八条"领导干部考核内容主要包括":德、能、勤、绩、廉。第四款规定:"绩。全面考核领导干部坚持正确政绩观,履职尽责、完成日常工作、承担急难险重任务、处理复杂问题、应对重大考验的情况和实际成效。考核党委(党组)书记的工作实绩,首先看抓党建工作的成效,考核领导班子其他党员领导干部的工作实绩应当加大抓党建工作的权重。"

由此可见,"绩"不仅反映"社会功能",而且反映"经济功能"。如《党政领导干部考核工作暂行规定》指出:"工作实绩:在经济建设、社会发展和精神文明建设、党的建设等方面所取得的成绩和效果。"《关于建立促进科学发展的党政领导班子和领导干部考核评价机制的意见》指出:"既注重考核发展速度,又注重考核发展方式、发展质量;既注重考核经济建设情况,又注重考核经济社会协调发展、人与自然和谐发展,特别是履行维护稳定第一责任、保障和改善民生的实际成效;既注重考核已经取得的显绩,又注重考核打基础、利长远的潜绩,注重综合分析局部与全局、效果与成本、主观努力与客观条件等各方面因素。"《党政领导干部考核工作条例》指出:"应当看全面工作,看推动本地区经济建设、政治建设、文化建设、社会建设、生态文明建设,解决发展不平衡不充分问题,满足人民日益增长的美好生活需要的情况和实际成效。"

(3) 我国政府绩效

① 我国政府绩效的发展沿革

20世纪90年代初期,我国学术界开始使用了"绩效评估"的概念。如1994年,中国行政管理学会左然编译了英国布鲁内尔大学高级讲师大卫·伯宁翰的《英国地方政府中运用绩效评估尺度的观察》（该文来源于英国著名的布莱克威尔出版商出版的《公共服务管理手册》，刊登在《行政人事管理》1994 年第 1 期）；左然又翻译了英国监察与审计总监、英国国家审计办公室主任约翰·鲍恩的文章《评估中央政府的工作绩效》（该文是 1992 年由英国著名布莱克威尔出版商出版的《公共服务管理手册》中卷首篇，译文刊登在《改革与理论》1994 年第 2 期）。这两篇文章标志着以组织为对象的政府绩效评估正式开始。1995 年，北京大学周志忍发表了《公共组织绩效评估：英国的实践及其对我们的启示》（《新视野》1995 年第 5 期）一文。

1999 年初，国务委员兼国务院秘书长王忠禹同志在中国行政管理学会呈送的一份报告上批示："建议行政学会与人事部、中编办研究，在适当时候对机关工作效率拟订标准，进行检查，是一件很有意义的事情，也是为机构改革提供根据。"中国行政管理学会随即与有关部门成立了联合课题组，中国行政管理学会联合课题组指出："近 30 年来，这方面的研究取得了突破性进展。理论创新的重要成果之一就是确立了'政府绩效'这个范畴。西方国家又称'公共生产力'、'国家生产力'、'公共组织绩效'、'政府业绩'、'政府作为'等。它是运用科学的方法、标准和程序，对政府机关的业绩、成就和实际工作做出尽可能准确的评价，在此基础上对政府绩效进行改善和提高。"[①]

2004 年 7 月，桑助来、张平平指出："国家人事部'中国政府绩效评估研究'课题组 2004 年构建了一套政府绩效评估指标，以职能指标、潜力指标、影响指标为一级指标，细分 11 个指标为二级指标，33 个三级指标。"[②]

2005 年 3 月 5 日，温家宝同志在第十届全国人大三次会议上所作的政府工作报告中提出要"抓紧研究建立科学的政府绩效评估体系和经济社会发展评价体系"。

2006 年 2 月，国务院深化行政管理体制改革联席会议决定探索施行政府绩效评估，具体工作由人事部牵头。人事部确定湖南、吉林、上海杨浦区、南通市为第一批试点单位。

2008 年 3 月 3 日，中共中央、国务院印发的《关于深化行政管理体制改革的意见》指出："推行政府绩效管理和行政问责制度。建立科学合理的政府绩效评估指标体系和评估机制。"2008 年，政府绩效评估正式拓展为政府绩效管理。

2010 年 7 月，中编办批准在中纪委、监察部增设绩效管理监察室，负责政府绩效管理的调查研究、指导协调和监督检查工作。2011 年 3 月，国务院建立由监察部、中组部、发改委、财政部等九个部门组成的政府绩效管理工作部际联席会议制度。

2010 年 10 月 18 日，中国共产党第十七届中央委员会第五次全体会议通过的《中共中央关于制定国民经济和社会发展第十二个五年规划的建议》指出："完善政府绩效评估制度，提高政府公信力。"

---

① 中国行政管理学会联合课题组.关于政府机关工作效率标准的研究报告[J].中国行政管理,2003(3):8-16.
② 桑助来,张平平.政府绩效评估体系浮出水面[J].瞭望新闻周刊,2004(29):24-25.

2011年3月10日,国务院建立由监察部、中组部、中央编办、发改委、财政部、人力资源社会保障部(公务员局)、审计署、统计局、法制办等9个部门组成的政府绩效管理工作部际联席会议制度,指导和推动政府绩效管理工作,并选择了北京市、吉林省等8个地区进行地方政府及其部门绩效管理试点,选择国土资源部、农业部、质检总局进行国务院机构绩效管理试点,国家发改委、环境保护部进行节能减排专项工作绩效管理试点,财政部进行财政预算资金绩效管理试点①。

2011年6月10日,监察部印发的《关于开展政府绩效管理试点工作的意见》(监发2011〔6号〕)指出:"根据党中央、国务院关于加快推行政府绩效管理制度的部署和要求,政府绩效管理工作部际联席会议研究,选择北京市、吉林省、福建省、广西壮族自治区、四川省、新疆维吾尔自治区、杭州市、深圳市人民政府和发展改革委、财政部、国土资源部、环境保护部、农业部、质检总局开展政府绩效管理试点工作,为全面推行政府绩效管理制度探索和积累经验。"6月28日召开了政府绩效管理试点工作动员工作会议,正式启动了政府绩效管理试点工作。时任中央纪委常委、监察部副部长、联席会议成员兼办公室主任王伟在会上讲话时指出,政府绩效管理,是通过建立科学合理的政府绩效评价指标体系和评价机制,对政府及其工作人员履行职能、完成工作任务以及实现经济社会发展目标的过程、实绩和效果实行综合考核评价,并根据考评结果改进政府工作、降低行政成本、提高政府效能的一种管理理念和方式。

2012年3月,国务院政府绩效管理工作部际联席会议第二次会议通过《关于政府绩效管理试点工作中期评估情况的报告》《2012年政府绩效管理工作要点》《政府绩效管理工作部际联席会议议事规则》三项制度,进一步明确了政府绩效管理的基本运行规则,对政府绩效管理试点提出了进一步要求,并组织实施了对2011年政府绩效管理工作情况的中期评估。2012年8月,在青岛市召开了政府绩效管理推进会,部署加快推进政府绩效管理试点,继续推动试点工作深入开展。到2012年底,全国已有23个省(区、市)和20多个国务院部门开展政府绩效管理工作。

2012年1月10日,中国共产党第十七届中央纪律检查委员会第七次全体会议通过的《中共十七届中央纪委第七次全体会议公报》指出:"深入开展执法监察、廉政监察、效能监察,推行政府绩效管理。"2012年11月8日,党的十八大报告指出:"提高政府公信力和执行力,推进政府绩效管理。"

2013年3月5日,政府工作报告指出:"探索建立政府绩效管理制度,建立并切实执行以行政首长为重点的行政问责制度,努力提高行政效能。"

2014年3月5日,政府工作报告指出:"完善政绩考核评价体系。"

2019年3月5日,政府工作报告指出:"推进财税体制改革,预算绩效管理改革全面启动。"

2021年3月5日,政府工作报告指出:"推进预算管理一体化建设,出台全国统一

---

① 财政部.基层财政干部培训教材编审委员会组织.全过程预算绩效管理基本知识问答[M].北京:经济科学出版社,2013:103-105.

的业务规范和技术标准。预算绩效管理持续深化。进一步完善预算绩效管理制度体系,出台项目支出绩效评价管理办法。严格绩效目标管理,深入开展重点绩效评价。扩大向全国人大报送绩效信息范围,推动绩效信息向社会公开。"

2013年,中央纪委、监察部将不属于廉政、反腐核心职能的绩效评估与管理工作转移到了各级编制委员会,而编制委员会认为是"统一管理各级党政机关,人大、政协、法院、检察院机关,各民主党派、人民团体机关及事业单位的机构编制工作"的单位。尚虎平的研究显示:改革40年来中国政府绩效评估体制的类型有:纪委负责(政治监督评估型),财政部门负责(内部管理工具型),审计部门负责(内部管理工具型),人事部门负责(内部管理工具型),组织部门负责(政治监督评估型),本级政府负责(内部管理工具型),绩效考核办负责(内部管理工具型),编委负责(属性模糊)等[1]。

2018年3月21日,中共中央印发的《深化党和国家机构改革方案》第九条规定:"中央组织部统一管理中央机构编制委员会办公室。"第十条规定:"中央组织部统一管理公务员工作。指导全国公务员队伍建设和绩效管理。"

② 国外

政府绩效(government performance)概念出现于20世纪70年代的"新公共管理改革"。格里兹尔(Grizzle)认为政府绩效是一个多维概念,包括效率、成本—效益、服务提供的质量、政府财政的稳定性和政府政策的一致性。综合的绩效评估系统应该提供关于一个政府或单个政府机构在所有这些性能维度上运作得如何的信息[2]。

对政府绩效制定了法律法规,如美国1993年的《政府绩效与结果法案》和2010年的《政府绩效与结果现代化法案》;英国财政部2018年修订的《中央对地方政府绩效评价和评估的指导绿皮书》;加拿大2001年的《政府绩效评价政策和标准》;韩国2000年的《政府绩效评估框架法》;等等。但我国国家层面还没有对政府绩效管理立法。21世纪以后,政府从内部的、机构导向的绩效测量标准,转向更加强调外部的、公民对机构及其服务的视角。如从电子政务法案到《政府绩效与结果现代化法案》和众议院《为人民法案》(For the People Act),也都强调了以公民为中心的测量标准[3]。

(4)政府绩效与预算绩效的关系

① 国外:政府绩效=(等于)绩效预算

OECD等国家称"绩效预算"。程文辉的研究显示:英国的财政部、美国的管理与预算局都具有综合性管理职能,绩效预算制度等同于政府绩效管理。英国和美国绩效预算制度,是一套完整的政府绩效管理体系。预算的绩效,是政府的绩效,两者是相

---

[1] 尚虎平.合理配置政治监督评估与"内控评估"的持续探索:中国40年政府绩效评估体制改革的反思与进路[J].管理世界.2018(10):105-117.

[2] Grizzle G A. Measuring state and local government performance: Issues to resolve before implementing a performance measurement system[J]. State & local government review,1998(14).

[3] Morgeson F V. Government performance measurement comes of age in citizen satisfaction[M]. New York: Palgrave Macmillan,2014:15-32.

同的概念。英国的 PSA 目标类似。财政部门不参与政府和部门工作目标的分解、下达、考核。政府工作目标对财政部门而言是"外生变量"。换言之，预算要实现的绩效目标不是由财政部门决定的。我国政府绩效数据管理职责相对分散，如，具备绩效管理职能的各个牵头部门，各职能部门自行建立的行业统计体系、工作台账，还有国家统计部门建立的经济社会发展监测体系。我国财政部门的管理职能以资金为主线，预算绩效管理是政府绩效管理的组成部分，最终目标是为实现政府绩效目标服务[①]。

② 国内：政府绩效＞（大于）预算绩效

我国"政府绩效＞（大于）预算绩效"，下面文件提到"预算绩效管理是政府绩效管理的重要组成部分"。如：2011年7月5日，财政部发布的《关于推进预算绩效管理的指导意见》（财预〔2011〕416号）指出："预算绩效管理是政府绩效管理的重要组成部分。" 2012年9月21日，财政部印发的《预算绩效管理工作规划（2012—2015年）》（财预〔2012〕396号）又指出："预算绩效管理是政府绩效管理的重要组成部分。"

尚虎平研究的是"政府绩效评估"，"预算绩效"仅是其中的一部分。古代亦将财政拨款与官员绩效相联系，如宋朝在救灾上有个不成文规定，主办官员若能用好政府拨款，且无贪贿和灾民暴乱，则为"有功"；若不动用国库，而是运用地方资源救灾，则为"有绩效"。史载宋皇祐间，吴中大饥，值范仲淹知杭州。面对严重旱灾，他未向朝廷伸手，而是利用人们求富心理，动员富户出钱修建寺院，因而"大兴土木，日役千夫"。这不仅"使工技佣力之人，皆得仰食于公私"，更使上万人——烧砖瓦石灰者、运输者受益，也解决了灾后杭州的经济萧条难题。其结果是"惟杭州饥而不害"[②]。由此可见，"绩效"一词不单独用于"预算绩效"，如企业有销售人员业绩绩效工资，高校亦有绩效工资，高校还有学生资助绩效评估考核等。由此可见，正如中国财政科学研究院刘尚希院长指出的"绩效不是单一维度的，它涉及经济、政治、社会、环境等各个维度，如果仅从经济学的角度来定义绩效，有很大的片面性。"[③]

③ 中国预算绩效管理与政府绩效管理的关系

中国预算绩效管理与政府绩效管理的关系与OECD国家不同。前已述及，这些国家的绩效预算制度是一套完整的政府绩效管理体系，类似于我国的政府绩效。我国的政府绩效与绩效预算的关系：预算绩效管理是政府绩效管理的重要组成部分，两者的目的是相同的。早在1949年毛泽东同志就提出了"国家的预算是一个重大的问题，里面反映着整个国家的政策，因为它规定政府活动的范围和方向。"[④] 因此，预算是政府的主要职能和施政理念的体现，与政府施政方向是一致的，是政府公共支出的核心。推行预算绩效管理有利于提高公共服务质量，有效提升政府绩效。由此可见，预算绩效管理不仅仅是一种经济行为，更是一种政府治理行为，需要政府绩效管理层面进行

---

① 程文辉.中国预算绩效管理研究[D].武汉:武汉大学,2019:摘要,61.
② 马大英.中国财政历史资料选编:第六辑(宋辽金部分)[M].北京:中国财政经济出版社,1991:709.
③ 王泽彩,王敏.2019预算绩效管理国际研讨会:"新时代国家治理与全面预算绩效管理"观点综述[J].财政与国家治理:决策参考,2020:10-18.
④ 毛泽东主席1949年12月在中央人民政府委员会第四次会议的讲话[N].人民日报,1949-12-04(1).

推动。但两者的区别在于政府绩效侧重于政府整体层面的绩效，而预算绩效侧重于公共资金使用"结果"的绩效。当然，预算绩效是衡量政府绩效的重要指标，是影响政府整体绩效的关键因素。因此，预算绩效管理必须与政府绩效管理深度地融合，与政府绩效管理协同推进。正如《预算绩效管理工作规划（2012—2015年）》指出的："横向到边，纵向到底，全面推进。"加强和推进预算绩效管理，也正如《关于推进预算绩效管理的指导意见》指出的："有利于提升预算管理水平、增强单位支出责任、提高公共服务质量、优化公共资源配置、节约公共支出成本。这是深入贯彻落实科学发展观的必然要求，是深化行政体制改革的重要举措，也是财政科学化、精细化管理的重要内容，对于加快经济发展方式的转变和和谐社会的构建，促进高效、责任、透明政府的建设具有重大的政治、经济和社会意义。"

2. 我国企业

1999年6月1日，财政部、国家经济贸易委员会、人事部、国家发展计划委员会印发了《关于〈国有资本金效绩评价规则〉和〈国有资本金效绩评价操作细则〉的通知》（财统字〔1999〕2号）；2002年2月20日，财政部、国家经贸委、中共中央企业工作委员会、劳动和社会保障部、国家计委印发了《〈企业效绩评价操作细则（修订）〉的通知》（财统〔2002〕5号）。

1999年7月9日，财政部印发了《国有资本金效绩评价计分方法》；1999年7月9日，财政部印发了《企业效绩评价行业基本分类》。

2001年3月23日，财政部、国家经济贸易委员会、中共中央企业工作委员会、劳动和社会保障部印发了《关于进一步做好国有企业效绩评价工作的通知》（财统字〔2000〕3号）；2001年3月23日，财政部、国家经济贸易委员会、劳动和社会保障部、国家发展计划委员会印发了《关于深入开展企业效绩评价工作、加强国有企业监督管理的通知》（财统〔2001〕3号）。

3. 关于"预算绩效"与"绩效预算"

(1)"绩效预算"的提法

2003年12月，财政部在全国财政工作会议上提出：要"研究科学的绩效预算评价体系，促进财政支出效益的最大化"。

财政部预算司认为，"绩效预算不仅是预算方法的一种创新，而且是政府管理理念的一次革命"[①]。

2010年4月1日，时任财政部部长的谢旭人在《求是》杂志发表署名文章表示："积极推进绩效预算管理。"

2005年，河北省财政厅在石家庄举办了"绩效预算管理国际研讨会"，来自世界银行、财政部等的领导和专家，就如何编制好绩效预算、建立科学合理的绩效评价体系等问题进行了深入研讨。在此次研讨会上，学习借鉴了国外开展绩效预算管理的做法和经验，对近年来河北绩效预算试点的情况进行了总结，进一步明确了河北绩效预算

---

① 财政部预算司.绩效预算国际研讨会观点综述[J].预算管理与会计,2004(11):10.

改革的工作方向①。

在本书第二章已阐述,"绩效预算"的提法来自 OECD 国家,特别是美国,绩效预算是美国政府在 20 世纪 50 年代首次提出的一个概念。美国 OMB 提出:"绩效预算是阐明请求拨款所要达到的目标,为实现这些目标而拟定的计划需要花费多少钱,以及用哪些量化的指标来衡量其在实施每项计划的过程中取得的成绩和完成工作的情况的一种预算。"因此,绩效预算是一种以结果为导向的预算管理方式,符合新公共管理所倡导的理念,适应了政府部门改革的需要,并融入市场经济的一些概念,将政府预算建立在可衡量的绩效基础上,以提高财政支出效率,改进公共服务质量②。具体来讲,就是对政府职能部门按照所要达到的目标分配财政资金,并运用合理、规范的评价指标,对财政资金的使用结果、目标的完成情况和取得的效果进行评价并报告的一种预算管理模式。

但"绩效预算"目前仍无一个统一的定义,比较有代表性的观点主要有:

① 世界银行认为,绩效预算是一种以结果为导向、以项目成本为衡量、以业绩评估为核心的一种预算制度,具体来说,就是把资源分配的增加与绩效的提高紧密结合在一起的预算系统③。

世界银行将绩效预算定义为一种将政府活动的信息整合到预算过程,约束政府将每项活动的相关费用保持在预算范围内,同时将支出和效率联系在一起,使得预算决策能够很大程度上建立在政府做了什么及花费成本的联系上④。

② OECD 认为,绩效预算是把资金分配与可度量的结果连接起来的预算形式。"为了更好地实现结果责任,管理者拥有与此相增加的灵活性,以决定怎样提供最好的公共服务。"

③ 科斯伦(Cothran)对绩效预算进行定义,指出它是一项控制预算支出和利润分享的预算制度⑤。

④ 梅尔克斯(Melkers)、魏劳比(Willoughby)将绩效预算解释为对政府机构的使命和目标进行战略性规划⑥。

⑤ IMF 认为,绩效预算是系统地利用绩效评价和其他正式绩效信息,把公共机构所获得的资金和它们实现的最终结果连接起来,以改进公共支出的分配和技术效益。

⑥ 托尔(Thor)认为,应该从多角度对绩效评价进行衡量,包括顾客角度、财务

---

① 杜彦卿,冯鸿雁. 为河北绩效预算管理改革"把脉"[J]. 经济论坛,2005(20):23-24.
② 财政部预算司. 中国预算绩效管理探索与实践[M]. 北京:经济科学出版社,2013:4.
③ 财政部预算司. 绩效预算和支出绩效考评研究[M]. 北京:中国财政经济出版社,2007:4.
④ World Bank. Public expenditure management handbook[M]. Washington D. C.:The World Bank:12-15.
⑤ Cothran D. Entrepreneurial Budgeting:An Emerging Reform? [J]. Public administration review,1993,53: 445-454.
⑥ Melkers J,Willoughby K. The state of the states:Performance-based budgeting requirements in 47 out of 50 [J]. Public administration review,1998,58(1):66-73.

角度、人力资源角度、内部经营过程角度、技术和革新角度、合作角度和政策角度[①]。

⑦ 德国将绩效预算分为六个核心部分,并通过对这六个方面的完善,逐步改善政府管理的效率和有效性、提高透明度和责任归属、促进政府内部和外部的预算参与者之间更有效的沟通等。这六个核心部分包括:中期框架与目标,政府项目的组织方案与指标的设置,以监测、评估、绩效衡量为元素构建政府绩效信息收集体系,激励机制和绩效信息的整合,绩效审计和提高财政透明度以及绩效预算元素的构成[②]。

虽然国外学者关于绩效预算含义的表述不一致,但他们普遍认可的是绩效预算是一种以结果为导向的预算,各个部门在对其预算资金运用有较大自主权的前提下,利用可量化数据,对目标完成情况进行衡量和分析,对预算完成的情况进行绩效评价。

学者曾阐述过"绩效预算"。如:贾康认为:"究竟什么是绩效预算?怎样定义才相对合理呢?我们认为:解决这个问题必须把握好定义的角度。确定角度,应从理想模式与可能模式之间的关系方面去进行。进一步说,我们在给绩效预算下定义时,既要从预期目标出发,又要充分考虑已有的实践给予人们的启示,既要把握公共财政条件下预算制度的基本特征,又要认清绩效预算的特殊要求。由此,可以说,绩效预算首先是一种理念,它要求人们在编制预算时要以机构绩效为依据。进一步说,就是要把拨款和要做的事的结果联系起来,应该承认,这种理念并没有量的显示,就如同说爱有多深无法用数字表示一样。然而必须看到,这种理念相对于以往单纯分配资金的预算确实是一种突破,本质上是把行政目标与预算资源配置沟通起来了。其次,可以说,绩效预算又是绩效的核算,进一步说,就是从资金使用的角度去分别规划政府各个机构在单一预算年度内可能取得的绩效。再其次,绩效预算是一种示意图,它体现的是以民为本的执政观念,进一步说,就是预算资源的使用必须产生某种社会效益,而这种效益应是社会公众所需要的,并非政府认为应该取得的效益。概言之:绩效预算是一种预算模式,容含着预算理念和预算过程的变化,而预算编制方法的变化只是绩效预算实现方式所采用的手段。"[③]

财政部预算司认为:"绩效预算是一种以目标为导向的预算,它是以政府公共部门目标实现程度为依据,进行预算编制、控制以及评价的一种预算管理模式。其核心是通过制定公共支出的绩效目标,建立预算绩效考评体系,逐步实现对财政资金从注重资金投入的管理转向注重对支出效果的管理。"[④]

(2) 后改为"预算绩效"的提法

与国外不同,中国的预算绩效是财政概念,其主体是财政。企业有预算绩效,事业单位(包括高校)有预算绩效,甚至家庭(包括个人)也有预算绩效。政府发文一

---

① Thor C G. How to find,select and display performance measures in government[J]. Cost management,2003,17(3):31-38.
② Lorenz C. The impact of performance budgeting on public spending in Germany's lander[M]. [S. l.]:Gabler Verlag,2012:55-73.
③ 贾康.绩效预算之目的:实现高效率[N].中国财经报,2006-06-09(2).
④ 财政部预算司.绩效预算和支出绩效考评研究[M].北京:中国财政经济出版社,2007.

般指财政支出的预算绩效。

2003年10月,十六届三中全会提出"建立预算绩效评价体系"。

2004年12月23日,财政部发布《中央政府投资项目预算绩效评价工作的指导意见》(财建〔2004〕729号)。

2010年11月18日,谢旭人在"十二五"时期加快财税体制改革的主要任务时指出:"建立健全预算绩效管理制度。"

2010年12月27日,谢旭人在全国财政工作会议上指出:"逐步建立健全绩效目标设定、绩效跟踪、绩效评价及结果运用有机结合的预算管理机制,实现全过程预算绩效管理。"

2011年3月20日,谢旭人在北京举行的中国发展高层论坛指出:"建立健全预算绩效管理制度。"

2011年6月27日,谢旭人向全国人大常委会做关于2010年中央决算的报告时表示:"要逐步建立'预算编制有目标、预算执行有监控、项目完成有评价、评价结果有反馈、反馈结果要运用'的预算绩效管理模式。"

2011年7月5日,财政部发布《关于推进预算绩效管理的指导意见》(财预〔2011〕416号)。

这两个提法实际上是混用提法①。其实,我国称"预算绩效",OECD等国家称"绩效预算"。

二、预算绩效

(一)我国预算绩效的发展沿革

2003年财政部财政科学研究所成立了"绩效预算"课题组,对国外发达市场经济国家的绩效预算改革进行了深入研究,特别是对美国新绩效预算改革的法律、制度、评价体系等内容给予了详尽阐述,为国内预算支出绩效管理改革提供了必要参考。

2003年9月30日,财政部印发的《中央级行政经费项目支出绩效考评管理办法(试行)》(财行〔2003〕108号)第三条规定:"项目考评范围主要包括专项计划、大型修缮、大型购置、大型会议等项目。"第四条第三款规定:"坚持业务考评与财务考评相结合。"第七条规定:"项目考评的内容分为业务考评和财务考评。业务考评内容主要是项目执行情况。财务考评内容主要是资金和财务管理状况等。"其三个附件为:《中央级行政经费项目支出考评指标》、《中央级行政经费项目支出考评计分办法》和《中央级行政经费项目支出绩效报告》。

2003年10月14日,中国共产党第十六届中央委员会第三次全体会议通过的《中共中央关于完善社会主义市场经济体制若干问题的决定》第二十一条规定:"凡能纳入预算的都要纳入预算管理。改革预算编制制度,完善预算编制、执行的制衡机制,加强审计监督。建立预算绩效评价体系。"从此拉开了中国预算绩效管理改革的序幕。

---

① 乔春华.高校预算管理研究[M].苏州:苏州大学出版社,2013:220.

2004年5月13日，财政部印发的《中央本级项目支出预算管理办法（试行）》（财预〔2004〕84号）第八章为"项目的监督检查与绩效评价"，第三十六条规定："中央部门和财政部对年度预算安排的项目实行绩效评价。绩效评价办法由财政部另行制定，具体考评工作由中央部门和财政部组织实施。"第三十七条规定："中央部门应当将项目绩效评价结果报送财政部，财政部应当将绩效评价结果作为加强项目管理及安排以后年度项目支出预算的重要依据。"

2004年12月23日，财政部发布了《中央政府投资项目预算绩效评价工作的指导意见》（财建〔2004〕729号）。

2005年5月25日，财政部制定出台了《中央部门预算支出绩效考评管理办法（试行）》（简称《办法》），使我国绩效评价工作向前迈进了一大步。《办法》确定了我国建立公共支出绩效评价制度的基本思路，规定了绩效评价的组织程序、结果应用等内容，对绩效评价和绩效预算工作的顺利开展起到了重要的推动作用。在中央部门试点建立预算绩效评价体系，试点以社会效益明显、部门自主决策程度大的项目为主，先易后难，稳步推进。

2009年6月22日，财政部印发的《财政支出绩效评价管理暂行办法》（财预〔2009〕76号）第二条规定："财政支出绩效评价（简称"绩效评价"）是财政部门和预算部门（单位）根据设定的绩效目标，运用科学、合理的评价方法、指标体系和评价标准，对财政支出产出和效果进行客观、公正的评价。"之前全国各地在绩效评价探索中由于工作基础不同，各种制度不统一，全国绩效评价工作进展很不平衡。《财政支出绩效评价管理暂行办法》的出台，统一指导了全国绩效评价管理工作。地方财政部门根据文件要求，也加大了绩效评价的推动力度，绩效评价工作取得了新进展。

2009年10月26日，财政部印发了《关于进一步推进中央部门预算项目支出绩效评价试点工作的通知》（财预〔2009〕390号）。

2010年10月18日，在党的十七届五中全会通过的《中共中央关于制定国民经济和社会发展第十二个五年规划的建议》指出应"完善政府绩效评估制度"。

2011年4月2日，财政部印发的《财政支出绩效评价管理暂行办法》（财预〔2011〕285号）指出："为积极推进预算绩效管理工作，规范财政支出绩效评价行为，建立科学、合理的绩效评价管理体系，提高财政资金使用效益，我们重新修订了《财政支出绩效评价管理暂行办法》，现予印发，请遵照执行。"

2011年4月21日至22日，财政部第一次全国预算绩效管理工作会议在广州召开，财政部廖晓军副部长为全面推进预算绩效管理工作提出目标："建立覆盖所有财政性资金，贯穿预算编制、执行、监督全过程的具有中国特色的预算绩效管理体系。"这是首次提出"中国特色的预算绩效管理体系。"廖晓军强调，下一步，全面推进预算绩效管理改革，要以科学发展观为指导，充分借鉴发达市场经济国家预算绩效管理的成功经验，按照我国加强政府绩效管理的要求，不断完善公共财政体制机制，强化部门支出责任和效率，逐步建立以绩效目标的实现为导向，以绩效评价为手段，以结果应用为保障，覆盖所有财政性资金，贯穿预算编制、执行、监督全过程的具有中国特色的预算绩效管理体系，以改进预算管理，优化资源配置，控制节约成本，努力提高公共产品质量和公共服务水平。廖晓军提出，要进一步扩大绩效评价试点范围。

2011年6月10日，监察部印发的《关于开展政府绩效管理试点工作的意见》（监发2011〔6号〕）指出："财政部为试点单位之一，牵头组织财政预算资金绩效管理试点。"

2011年7月5日，财政部发布《关于推进预算绩效管理的指导意见》（财预〔2011〕416号），在"指导思想"中提出"逐步建立以绩效目标实现为导向，以绩效评价为手段，以结果应用为保障，以改进预算管理、优化资源配置、控制节约成本、提高公共产品质量和公共服务水平为目的，覆盖所有财政性资金，贯穿预算编制、执行、监督全过程的具有中国特色的预算绩效管理体系。"在第三部分"推进预算绩效管理的主要内容"中指出："预算绩效管理是一个由绩效目标管理、绩效运行跟踪监控管理、绩效评价实施管理、绩效评价结果反馈和应用管理共同组成的综合系统。推进预算绩效管理，要将绩效理念融入预算管理全过程，使之与预算编制、预算执行、预算监督一起成为预算管理的有机组成部分，逐步建立'预算编制有目标、预算执行有监控、预算完成有评价、评价结果有反馈、反馈结果有应用'的预算绩效管理机制。……预算绩效管理的主要内容：① 绩效目标管理；② 绩效运行跟踪监控管理；③ 绩效评价实施管理；④ 绩效评价结果反馈和应用管理。"由此可见，"绩效评价"是"预算绩效管理"的组成部分，预算绩效管理改革的重心由"建立预算绩效评价体系"拓展到"推进预算绩效管理"。这是一份推进预算绩效管理的重要指导文件。这里明确指出"预算绩效管理"≠"预算绩效评价"。

2012年9月21日，财政部印发《预算绩效管理工作规划（2012—2015年）》的通知（财预〔2012〕396号）。提出了"统一组织"是指预算绩效管理工作由财政部门统一组织和指导。提出了"一二三四"。一即"建立一个机制。建立'预算编制有目标、预算执行有监控、预算完成有评价、评价结果有反馈、反馈结果有应用'的全过程预算绩效管理机制，实现预算绩效管理与预算编制、执行、监督有机结合"。二即"完善两个体系。完善预算绩效管理制度体系和预算绩效评价体系"。三即"健全三个智库。健全专家学者库、中介机构库和监督指导库"。四即"实施四项工程。实施扩面增点工程，实施重点评价工程，实施质量提升工程，实施结果应用工程"。

2013年3月5日，财政部在第十二届全国人民代表大会第一次会议上作《关于2012年中央和地方预算执行情况与2013年中央和地方预算草案的报告》，提到"强化预算绩效管理"，"预算绩效管理有序推进"，"预算绩效管理需加快推进"，"积极推行预算绩效管理制度，逐步建立全过程预算绩效管理机制"。

2013年4月21日，财政部印发《预算绩效评价共性指标体系框架》的通知（财预〔2013〕53号）。

2014年8月31日，第十二届全国人民代表大会常务委员会第十次会议修改通过的《中华人民共和国预算法》第五十七条规定："各级政府、各部门、各单位应当对预算支出情况开展绩效评价。"

2014年9月26日,《国务院关于深化预算管理制度改革的决定》(国发〔2014〕45号)第三条第五款规定:"加强预算执行管理,提高财政支出绩效。"

2015年10月23日,财政部发布的《政府会计准则——基本准则》(财政部令第78号)第三条规定:"政府会计由预算会计和财务会计构成。预算会计实行收付实现制。财务会计实行权责发生制。"2017年10月24日,财政部印发的《政府会计制度——行政事业单位会计科目和报表》第五条规定:"单位财务会计核算实行权责发生制;单位预算会计核算实行收付实现制。"2019年1月1日起,行政事业单位开始全面执行政府会计准则和制度。

2016年4月6日,中注协印发《会计师事务所财政支出绩效评价业务指引》等。

2017年10月18日,习近平在党的十九大报告中明确提出:"建立全面规范透明、标准科学、约束有力的预算制度,全面实施绩效管理。"

2018年的政府工作报告指出:"全面实施绩效管理,使财政资金花得其所、用得安全。"

2018年3月21日,中共中央印发的《深化党和国家机构改革方案》第三条规定:"组建中央审计委员会。"其主要职责之一是"审议年度中央预算执行和其他财政支出情况审计报告。"使财政部有更多的精力投入绩效预算编制和财政政策规划等工作中去。

2018年7月,中央全面深化改革委员会第三次会议审议通过了《关于全面实施预算绩效管理的意见》,这是中央审议通过的首个关于预算绩效管理方面的文件。

2018年9月1日,中共中央、国务院颁发的《关于全面实施预算绩效管理的意见》(中发〔2018〕34号)指出:"全面实施预算绩效管理是推进国家治理体系和治理能力现代化的内在要求,是深化财税体制改革、建立现代财政制度的重要内容,是优化财政资源配置、提升公共服务质量的关键举措。为解决当前预算绩效管理存在的突出问题,加快建成全方位、全过程、全覆盖的预算绩效管理体系。""力争用3~5年时间基本建成全方位、全过程、全覆盖的预算绩效管理体系,实现预算和绩效管理一体化,着力提高财政资源配置效率和使用效益,改变预算资金分配的固化格局,提高预算管理水平和政策实施效果,为经济社会发展提供有力保障。""全方位、全过程、全覆盖"三个维度推动绩效管理全面实施,即"构建全方位预算绩效管理格局","建立全过程预算绩效管理链条","完善全覆盖预算绩效管理体系";还指出"切实做到花钱必问效、无效必问责"。这标志着预算绩效管理新时代的到来。这次提出"力争用3~5年时间基本建成全方位、全过程、全覆盖的预算绩效管理体系"比2011年《关于推进预算绩效管理的指导意见》提出的"建立覆盖所有财政性资金,贯穿预算编制、执行、监督全过程的具有中国特色的预算绩效管理体系"更全面。

2018年7月30日,财政部发布了《关于推进政府购买服务第三方绩效评价工作的指导意见》(财综〔2018〕42号),提出完善购买服务绩效指标体系,探索创新评价形式、方法和路径,稳步推广第三方绩效评价。

2018年11月16日,《财政部关于贯彻落实〈中共中央、国务院关于全面实施预算绩效管理的意见〉的通知》（财预〔2018〕167号）指出："到2020年底中央部门和省级层面要基本建成全方位、全过程、全覆盖的预算绩效管理体系，既要提高本级财政资源配置效率和使用效益，又要加强对下转移支付的绩效管理，防止财政资金损失浪费；到2022年底市县层面要基本建成全方位、全过程、全覆盖的预算绩效管理体系，做到'花钱必问效、无效必问责'，大幅提升预算管理水平和政策实施效果。"

2019年7月26日，财政部印发了《中央部门预算绩效运行监控管理暂行办法》（财预〔2019〕136号）；2020年1月8日，财政部印发了《中央财政预算执行动态监控管理办法》（财库〔2020〕3号），加强了预算绩效运行和预算执行的监控管理。

2020年2月25日，财政部在《财政支出绩效评价管理暂行办法》的基础上，修订形成了《项目支出绩效评价管理办法》，设置了包括决策、过程、产出、效益在内的绩效评价指标，总体上明确了指标权重、评价标准以及评价方法的规范，并进一步规范了绩效评价报告的体例与格式。在我国预决算报告中，也高度重视预算绩效管理的应用与实施，自2017年起预算绩效管理的实施情况都是年度中央预决算报告的重要内容之一。财政部《关于2019年中央和地方预算执行情况与2020年中央和地方预算草案的报告》中也明确指出，"健全绩效指标和标准体系，继续扩大重点绩效评价范围，加强评价结果应用"是2019年主要财税政策落实和重点财政工作之一，而2020年的财政改革与预算管理工作中，全面实施预算绩效管理也是重点，要做到"花钱必问效，无效要问责，低效多压减，有效多安排"。

2020年5月26日，第十三届全国人民代表大会第三次会议主席团第二次会议通过的《第十三届全国人民代表大会财政经济委员会关于2019年中央和地方预算执行情况与2020年中央和地方预算草案的审查结果报告》指出："在预算执行和财政管理中还存在一些不容忽视的问题，主要是：部分项目预算执行与预算相比变动较大，预算执行不够严肃；有的中央部门支出执行率低，年末结转资金较多，资金使用效率有待提高；一些预算支出项目固化的格局尚未根本改变，支出结构有待优化；全面实施预算绩效管理有待加强；有的支出预算与政策衔接不够紧密。"

2020年8月，修订后的《中华人民共和国预算法实施条例》将绩效评价的内容定义为"根据设定的绩效目标，依据规范的程序，对预算资金的投入、使用过程、产出与效果进行系统和客观的评价"。

2021年3月7日，国务院发布的《关于进一步深化预算管理制度改革的意见》（国发〔2021〕5号）第十七条规定："推动预算绩效管理提质增效。将落实党中央、国务院重大决策部署作为预算绩效管理重点，加强财政政策评估评价，增强政策可行性和财政可持续性。加强重点领域预算绩效管理，分类明确转移支付绩效管理重点，强化引导约束。加强对政府和社会资本合作、政府购买服务等项目的全过程绩效管理。加强国有资本资产使用绩效管理，提高使用效益。加强绩效评价结果应用，将绩效评价结果与完善政策、调整预算安排有机衔接，对低效无效资金一律削减或取消，对沉淀资金一律按规定收回并统筹安排。加大绩效信息公开力度，推动绩效目标、绩效评价结果向社会公开。"

(二) 预算绩效的涵义

1. 预算绩效的定义——"产出"和"结果"

2011年7月5日,财政部发布的《关于推进预算绩效管理的指导意见》(财预〔2011〕416号)指出:"预算绩效是指预算资金所达到的产出和结果。预算绩效管理是政府绩效管理的重要组成部分,是一种以支出结果为导向的预算管理模式。它强化政府预算为民服务的理念,强调预算支出的责任和效率,要求在预算编制、执行、监督的全过程中更加关注预算资金的产出和结果,要求政府部门不断改进服务水平和质量,花尽量少的资金、办尽量多的实事,向社会公众提供更多、更好的公共产品和公共服务,使政府行为更加务实、高效。"由此可见,"预算绩效是指预算资金所达到的产出和结果"。

2. 预算绩效是指对未来不确定性的预判,预算执行结果的评价应该是辅助性的而不是预算绩效管理的重点

刘尚希指出"预算绩效也不是针对过去的评价,因为预算本身是针对未来的,所以预算绩效自然也是指向未来,应对未来作出预判,而预算执行结果的评价应该是辅助性的,而不是预算绩效管理的重点;预算绩效更不是政府的自说自话,而是基于政府与民众对未来不确定性的分析判断而共同预期的某种确定性的结果。……预算的执行应当降低民众的不确定性,比如说上学的问题、医疗的问题、养老的问题,只有降低了老百姓的不确定性才谈得上有绩效,否则政府自评或者三方评价出来的可能不是真正的绩效,或者说是伪绩效。实施绩效管理应有与之相匹配的预算模式,现有的预算模式可能更多的是'以收定支'会计的预算模式,应该转向'以支定收'功能的预算模式,这种功能预算模式,在预算的思维上应该改变过去的那种顺着时间方向思考而变成现在要逆向思考,过去思考问题是从过去、现在再考虑未来,现在应该颠倒过来,应该从未来考虑现在,即从'过去——现在——未来'到'未来——现在——过去',只有更加注重对未来不确定性公共风险变化趋势的分析预测,并以此为基础规划和设计可预期的绩效目标,在这种预算模式基础上才可能谈得上有绩效。"①

三、中期预算框架

(一) 中期预算框架与预算绩效关系密切

中期预算框架与绩效预算之间有区别又有联系:区别在于两者是两个领域,中期预算框架是控制支出规模,中期预算框架的重点在于以预算的约束和规划为前提实现国家的政策目标,更强调预算管理的时间框架和空间范畴;绩效预算是以结果为导向,绩效预算的重点则在于"在绩效与预算分配管理之间建立强有力的联系"②。联系在于

---

① 王泽彩,王敏.2019预算绩效管理国际研讨会:"新时代国家治理与全面预算绩效管理"观点综述[J].财政与国家治理:决策参考,2020:10-18.

② Obinson M. Best practice in performance budgeting. [C]//Worthington A. Discussion papers in economics, finance and international competitiveness, 2002:1-30.

两者都强调预算管理上的战略性和长期性，在设定目标上较为一致，在和实施条件的技术基础较为相似。因此，强调绩效预算与中期预算的相结合。

（二）中期预算框架的发展沿革

1. 年度预算的不足

美国公共财政领域的先行者和杰出贡献者，美国预算和财政管理学会会长，美国国际开发署首席财政经济学家，《公共预算和财政》杂志主编，2002年荣获美国预算与财务管理学会颁发的终身学术成就——威尔达夫斯基奖（Wildavsky award），美国印第安纳大学公共环境事务学院荣誉校长教授约翰·L. 米克塞尔（John L. Mikesell）认为，传统年度预算的构建目的是要有利于对支出进行控制，而不是对资源进行配置。这是因为公共预算在产生之初，很大程度上是出于防止资金盗用的目的[①]。

美国著名预算学者凯顿认识到年度预算与持续性的公共服务之间的矛盾，她指出："年度预算试图使用一个相对静态的框架来控制持续的、动态的行为，这本身就构成了预算不稳定的源泉之一"[②]。

肖文东的研究显示：理论上，我们可以将年度预算的关键缺陷概括如下：① 短视，因为只是审查下一个年度的支出；② 过度开支，因为未来年度的大额支付被隐藏起来（许多应由本年度承担的开支未包含于预算中——政府担保就是一例）；③ 保守，因为边际变动并不展现宏大的未来远景；④ 狭隘，因为只是对规划进行孤立的审查，并不是将其未来成本与相关的预期收入进行对比[③]。

2. 中期预算思想的溯源

20 世纪 40 年代，美国经济学家阿尔文·汉森（Alvin Hansen）提出了周期预算平衡政策或长期预算平衡理论[④]；20 世纪 60 年代，著名预算学者威尔达夫斯基就曾预见性地指出，中期支出框架已逐渐成为弥补年度预算缺陷的一种方法，有望解决诸如决策短视、保守主义（预算僵化）、狭隘主义（争夺预算资源）、年终突击花钱等问题[⑤]；1978年，凯顿发展了周期预算平衡理论，创新性地提出预算管理模式可分为前预算时期（prebudgeting）、预算时期（budgeting）和超预算时期（super budgeting）三种类型；20 世纪 80 年代，澳大利亚的预算改革可作为当代中期支出框架（medium-term expenditure framework，MTEF）的雏形[⑥]。

3. "中期预算"的提法应改为"中期预算框架"

王朝才等指出："中期预算的名称在各个国家各不相同，比如，美国称之为 'long

---

① 米克塞尔.公共财政管理：分析与应用[M].白彦锋，马蔡琛，译.北京：中国人民大学出版社，2005：196.
② Caiden N. Public budgeting amidst uncertainty and instability[J]. Public budgeting and finance,1981,1(1):6-19.
③ 肖文东.年度预算与中期预算：比较及借鉴[J].中央财经大学学报，2007(12):7-11.
④ 马海涛，安秀梅.公共财政概论[M].北京：中国财政经济出版社，2003：295.
⑤ 威尔达夫斯基.预算：比较理论[M].苟燕楠，译.上海：上海财经大学出版社，2009：258.
⑥ World Bank. Beyond the annual budget:Global experience with medium-term expenditure frameworks[M]. Washington,D.C.:The World Bank,2013:27.

term budget outlook（中长期预算展望）'，英国叫'five-year forecasts for the economy and public finances（财政与经济状况五年预测）'，法国称为'stability programme（稳定计划）'，世界银行称为'medium-term expenditure framework（中期支出框架）'。中期预算是一种创新的公共管理方法。"①

前已述及，从20世纪50年代起，OECD国家相继经历了从"中期财政框架"、"中期预算框架"到"中期绩效框架"的三个发展阶段。

"中期财政支出框架"之所以是第二层次，是因为"中期绩效预算框架"的重点通常放在支出，因此，有以"中期支出框架"作为中期预算框架的替代，其意味着支出部门在中远期时间框架下安排支出。如联合国教科文组织将泰国的"中期支出框架"定义为"用于预测未来四年财政负担的规划工具"②。近年来，在发展中国家或转型经济体中正流行"中期支出框架"这一概念。

4. 中期预算框架的定义

在IMF的《修订的财政透明度手册》（2001）中，将"中期预算框架"定义为，将财政总量预测体系与各部委保持反映现行政府政策的详细中期预算估计的有纪律约束的过程联系起来，从而将中期财政政策和中期预算编制统一起来，对支出的远期估计成为预算后年度的预算协商的基础，并且远期估计与财政执行结果报告的最终结果相协调③。

OECD预算管理及公共服务管理部主任麦哲逊指出："为未来而预算。预算本来就是与未来相关的。但年度预算经常忽略长期问题。因而，我们极力主张政府为将来而预算，即为更长的时间做准备。讨论将来的需要并不难，难的是将其付诸实施。① 中期或多年预算框架。多数OECD成员国采纳了一些多年预算框架形式，以弥补年度预算的不足。但这种多年分配方案并不具备法律效力，而只是为未来3~5年的支出提供了一个导向或目标。② 长期预算框架。与中期框架被普遍接受相比，长期框架在OECD成员国中的应用既不普遍也不正式。与中期框架目标的可操作性相比，长期框架的目标更具有战略性。长期框架的主要目标是在早期阶段识别和揭露那些不利的支出趋势，这样便于早作打算，以尽早阻止、缓和这些支出或为其筹资，从而使各国能够注意列其当前政策的长期持续性。否则，等这些支出被注意的时候已经太晚了，无法对其公平或恰当的认识。"④

5. 中期预算框架的优势

OECD对于中期预算的优势表现在：① 建立宏观经济发展和总体财政政策的规划和目标，并有政府明确在计划年限内实现既定目标的策略和方式，制定切实可行的运作方案，并以此为基础确定预算支出额度的上限；② 评估现行财政政策继续执行的潜

---

① 王朝才,张晓云,马洪范,等.中期预算制度的国际经验及其启示[J].财政科学,2016(5):91-102.
② UNESCO. Education financial planning in Asia: Implementing medium-term expenditure frameworks Thailand[M]. Bangkok: UNESCO Asia and Pacific Regional Bureau for Education,2009:12.
③ 白彦锋,叶菲.中期预算:中国模式与国际借鉴[J].经济与管理评论,2013(1):76-85.
④ 陈小悦,陈立齐.政府预算与会计改革:中国与西方国家模式[M].北京:中信出版社,2002:31-33.

在成本，使政策制定者更易衡量现行政策安排中资源配置的合理性和优先性状况，选择能够达成未来政策目标的最优策略；③ 阐明现有政策在未来年度的预算内涵和意义，而这种内涵和意义在现行预算中不必一定得到具体体现，例如，多年度长期性的公共建设，其成本无法在单一预算年度内得到完整的体现，但会反映到未来的预算安排上来[①]。

桑贾伊·普拉丹（Pradhan S）认为，"通过将预算置于一个前后一贯的、有约束力的中期宏观经济框架中，这样可以使人们从较长时期来考虑问题，将眼前利益和未来利益结合起来。……同时中期宏观框架还可以告诉我们牺牲现在消费或削减开支，将来可以得到多少收益"，它可以减少所谓的"公共悲剧"问题[②]。

与年度预算相比，中期预算框架的优势体现在：① 强化了总量控制与财政纪律；② 有助于激活预算资源的再分配机制，以及促成政策优先性和预算优先性的一致；③ 及早鉴别和确认财政风险。

（三）国外中期预算框架发展历程

本部分介绍英国、澳大利亚、瑞典、俄罗斯四个代表性国家。

1. 英国

（1）英国中期预算框架发展的历程

英国是最早编制中期财政支出框架的国家之一。英国的中长期预算的经验起源于项目预算的编制，英国在20世纪50年代建立了比较成熟的项目预算。20世纪50年代，英国对国防和基本建设方面的支出实行五年支出计划并积累了一些经验，从1961年起开始尝试在预算编制中引入中期财政收支预测，编制为期五年的公共支出计划。项目预算主要包括公共支出整体分析、单个项目的分析与评估、独立的政策分析三个部分。为了开展这三方面的分析，1970年英国政府颁布的《中央政府重组白皮书》（White Paper on the Reorganization of Central Government）确定了PESC-PAR-CPRS决策体系，这一体系成为英国中期支出规划的三大支点。在20世纪70年代，英国也开始采用自下而上的基线分析编制中期财政规划，而目前基线分析是各国编制中期财政规划普遍采用的技术分析方法。

英国虽然建立了PESC-PAR-CPRS为三大支点的决策分析体系，但真正建立起中期财政框架是在20世纪90年代。英国《1998年财政法案》第156条规定，英国的财政部需提交《预算展望报告》和《债务管理报告》，还确定了建立部门限额支出（departmental expenditure limit，DEL）和年度变动支出（annual management expenditure，AME）。DEL是对各政府部门稳定的、跨度为3年（中期）的支出限制，包括了各部门的全部运作成本和所有投资项目的支出，这类支出比较稳定、具有非短期性，可以合理地确定它在3年内的限额，并在3年内受到严格控制，适用于特定的资源预算和资本预算。与部门支出限额配套的管理机制还有3年期的"公共服务协议"

---

① OECD. Budgeting for the Future[J]. OECD Working Papers,1997,5(95):37-38.
② 普拉丹.公共支出分析的基本方法[M].蒋洪,等译.北京:中国财政经济出版社,2000:172.

(public service agreement，PSA）制度，主要用于设定目标和绩效测量方法。AME 主要包括那些具有年度变动特性，需要根据年度经济状况进行调整、不适宜进行硬性限制和管理的各种其他支出，如社会保障、税收扣免、住房补贴、共同农业政策支出等；年度变动支出通常结合初预算和正式预算报告过程，一年进行两次评价检查和调整。这样做是为了使各部委"优先考虑资源和计划，为管理公共服务提供更稳定的基础"。《1998年财政法案》对中期预算编制的主体、程序和内容等做出明确规定，加强中期支出规划的约束力，规范中期预算的编制。2010年以来英国的中期财政规划修正措施主要包括：调整财政目标和规则，加强支出控制；改革财务审计报告，提高信息质量和透明度；绩效预算向放权性转移。

（2）英国中期财政规划的内容

在中期财政规划实施初期，英国的公共支出计划由财政部的公共支出调查委员会（PESC）负责每年进行一次公共支出调查并编制公共支出计划。2010年5月，英国成立了第一个独立的财政委员会——预算责任办公室（OBR）承担监督和报告公共财政可持续性的责任，其职责包括经济财政预测和分析、绩效评估、可持续性和资产负债表分析、财政风险评估、税收和福利政策成本审查等五大类。

英国中期财政规划包括：① 严格的支出控制。英国中期支出框架包括三个核心内容：部门支出限额、年度管理支出和总管理支出。② 准确的经济与财政预测。由具有高度独立性的预算责任办公室（OBR）负责编制独立的《经济与财经展望报告》（Economic and Fiscal Outlook，EFO）发布绩效目标评估、分析财政可持续性和资产负债表、评估财政风险、审查税收和福利政策成本等，为中期预算编制提供了全面、可靠的依据。③ 信息质量和透明度。1998年《财政稳定法案》明确提出预算透明原则，政府公布足够的信息使公众可以了解财政政策行为和公共财政状况。④ 财政风险评估。由于中期财政规划时间跨度为4~5年，经济和财政变化及不确定因素很多，需要进行风险评估。

（3）英国中期财政规划的编制流程

英国中期财政规划采取自上而下的编制程序：议会批准政府根据《预算责任章程》制定中期财政战略。《预算责任章程》要求在正常情况下，财政部至少提前10周向OBR通知预算或秋季预算声明。一旦确定日期，OBR和财政部共同确定一个时间表，根据该时间表沟通OBR所需的信息以进行经济和财政预测。EFO是在预算声明发布前1周的预测准备和漫长的政策审查的结果。其编制的主要步骤如下：首先，准备第一轮经济预测（如工资、利润、消费支出、失业和通货膨胀的展望）。其次，委托英国税务及海关总署（Her Majesty's Revenue and Customs，HMRC）、就业及退休保障部（Department of Work and Pensions，DWP）和其他政府部门及机构预测个人所得税和支出流。再次，整理个体预测，并生成支出和收入以及公共部门借贷和债务的各种指标的总体预测。通常在声明前约5周，将第一轮经济和财政预测的结果和政府很可能会在没有新的政策措施的情况下无法实现财政目标的情况的初步评估报告给首相。OBR通过修订最终预测来制定其最终的第四轮经济和财政预测，以反映首相最终决定对经济和财政的影响。然后，经过第二轮、第三轮预测更新的数据由 HMRC、DWP 和其他部门的专家对各种预测要素提供非常有用的建议，最终由 OBR 决定采用哪些模型进行最终判断、如何解释最近的数据等。在处理预测的同时，OBR 审查了首相正在考虑纳入预算声明的税务和福利支出措施。首先，财政部提出一份"计分卡"的初步清单；其次，基于其复杂性和与以前措施的相似性，对财政部和负责部门要求的审查进行讨论；再次，该部门将向 OBR 发送一份"成本核算"，列出该政策的详细情况，并估计每个预测年度将增加或支付的金额。OBR 结合对部门和财政部的分析，建议修改和更新，直到 OBR 同意支持这一估计或直到财政部和 OBR 都同意否决该政策。

(4) 英国中期财政规划的编制方法

前已述及，英国采用基线预测法编制中期财政规划。所谓基线法是指继续执行"现行政策"（即在政策不变的情况下）对指标进行预测的方法，而政策变动导致的收支变化构成预算的线上部分。基线预测法使财政部的角色由财政收入分配的协调者转变为执行规则的监督者，同时有效地解决了"增量预算"的问题。但基线预测的实施需要以下条件：① 从预算编制起，中央政府作为一个整体需要作出明确的自上而下的决定；② 独立的宏观经济与财政收入预测；③ 预算纪律，要求任何超支的项目在预算年度的年预算的编制和执行期间立即补偿规则，基线估计需要经常更新，至少每年四次；④ 在预算文件中公布中期财政规划和基线预测的两组协调一致的数据。基线预测方法需根据宏观经济、财政收入、现有和未来的项目支出预测，确定预算编制的限额。并通过一定的宏观模型对宏观经济进行预测，该模型中的方程代表了一组不同的经济变量之间的关系。这些关系可以分解为会计恒等式、计量经济学估计方程和技术关系三个部分。

2. 澳大利亚

(1) 澳大利亚中期预算框架发展的历程

澳大利亚、美国是中期支出框架改革的先行者。20 世纪 50 年代，澳大利亚最早提出中期支出框架的概念，并试图通过中期支出框架与年度预算的有机结合，实现控制财政支出增长、增强预算约束的目标。

20 世纪 70 年代以来，澳大利亚推动以基线筹划为核心、滚动预算为基础、事前评估为重点的跨年度滚动预算框架。具体包括两个：① 基线筹划法，如英国那样，澳大利亚进行中期财政预算的关键技术是基线筹划法；② 事前评估机制，事前评估机制以预算年度滚动方法为基础，公开未来四年的项目成本、部门支出信息和预算收支情况，适时调整中长期项目支出和各部门预算开支，保持中期支出框架与经济发展动态适应。20 世纪 80 年代，澳大利亚的预算改革大致可以算作当代中期支出框架（Medium-Term Expenditure Framework，MTEF）的雏形[①]。MTEF 通常是一个为期 3~5 年的滚动且具有较强约束力的支出框架。

---

① World Bank. Beyond the annual budget:Global experience with medium-term expenditure frameworks[M]. Washington,D. C.:The World Bank,2013:27.

1983年，鲍勃·霍克（Bob Hawke）任澳大利亚总理。1984年，霍克工党政府颁布了《澳大利亚公共服务改革法案》和《预算改革》两个重要文件，尤其是《预算改革》强调更谨慎地确定预算偏好、项目的目标、科学地创立并使用衡量绩效的技术标准。1983—1984年度，澳大利亚政府首次公布了未来三个财政年度的预算估计数。在此基础上，政府要求各部门按照项目结构重新编制本部门的预算，并上报新的预算提案以及今后年度的预算估计数。财政部同时测算各部门的资金需求，并就具体的预算支出额与执行部门进行谈判。一旦双方达成协议，该协议就成为财政部和各支出执行部门资金安排的基础，有效地遏制各支出部门扩张支出的欲望。马蔡琛等认为：澳大利亚在经历2008年金融危机之后，主权债务等级还被世界三大评级机构评为AAA级，这主要归功于其公共财政强大的稳健性。这与该国自20世纪70年代以来，实行的包括中期预算在内的一系列预算改革密不可分。澳大利亚适时建立了规则导向的中期预算框架，审慎预测经济政策的未来影响，进而调整财政政策以维持合理的债务规模。同时将中期预算框架与绩效预算、财政透明度改革紧密结合，为澳大利亚免遭债务危机重创发挥了重要作用[①]。

约翰·温斯顿·霍华德（John Winston Howard）总理在1998年颁发的《预算诚信章程》（Charter of Budget Honesty Ac）明确了健全财政管理的基本原则和财政战略声明（Fiscal Strategy Statements）、常规财政报告（Regular Fiscal Reporting）、代际报告（Intergenerational Reports）这三类报告的基本要求。健全的财政管理原则主要包括五方面：① 联邦政府必须审慎地管理可能遇到的财政风险，在充分考虑经济环境等影响因素的情况下，将联邦政府债务维持在一个谨慎的水平；② 确保财政政策有助于保证国民储蓄维持在足够充沛的水平，有助于调节经济活动的周期性，或在国民经济遭受威胁时，采用逆周期方法加以调节；③ 在充分考虑税负水平的稳定性和可预见性基础上设计支出和税收政策；④ 维持完整的税制；⑤ 财政政策和战略的制定充分考虑了对未来可能产生的财政影响。其中财政风险包括：① 因净债务过高而产生的风险；② 公有制企业产生的商业风险；③ 税基遭受侵蚀产生的风险；④ 资产和负债管理中产生的风险。

按照1998年《预算诚信章程》的要求，从1998年开始，澳大利亚联邦政府年度预算报告必须按照中期财政框架的要求进行编制，涵盖当年和之后三个财年在内的四个财年预算。《财政战略声明》（Fiscal Strategy Statements）内容主要包括：强调和说明短期财政政策是长期财政目标的组成部分，并且对当期财政年度和今后三个财政年度进行详细说明。需要详细说明的内容包括政府财政目标和政策实施预期效果，并且需要对逆周期财政政策及其实施过程进行详细说明。《常规财政报告》（Regular Fiscal Reporting）主要特点：① 涵盖四年的预算信息：不仅包括当前财政年度的信息，而且涵盖未来三年的预测信息；不仅包括财政和其他行政部门的预算信息，而且包括形成预算所需的经济预测等各类信息。② 年度绩效评价指标及其预测结果。报告会对当期

---

① 马蔡琛,袁娇.中期预算改革的国际经验与中国现实[J].经济纵横,2016(4):114-120.

财政绩效进行评估,标杆就是涵盖本年度的财政战略声明所列示的目标,通过比较评价来判断当前财年为实现战略目标而达成的绩效。③ 严格预测财政风险并做出详细说明,包括或有负债、未列入预算的公开性政府承诺、尚未形成最终结果的政府谈判内容。④ 必须有一份内容翔实的债务状况说明或债务情况分析报告。《代际报告》以长期眼光去评估当前政府战略和政策的可持续性,一般是将当前政策放在未来40年的时间里进行考查,并且在评估中会考虑"3P规划",即人口(population)、参与(participation)和生产率(productivity)的影响,"3P规划"是代际报告的基础。《代际报告》从1998财年开始编制,每五年编制一次,从澳大利亚国库官网可以查到2002年、2007年和2010年编制的代际报告①。

2008年,澳大利亚联邦政府面临全球主权债务危机,公布的《中期财政框架2008—2009》中提出了一个应对危机的新计划——"国家建设与就业计划"(Nation Building and Jobs Plan)。2009年,大卫·伍兹(David Woods)等以2009—2010年预算报告、代际报告以及年中经济与财政展望中的预测估计为起点构建了中期财政总规划模型②。2014年,贾里德·布伦(Jared Bullen)等对澳大利亚2014—2015财年中期经济发展状况进行了重新预测和规划③。澳大利亚财政部发布的《2009—2010年度政府预算报告》《2013年选举前经济与财政展望报告》《2015—2016年财政战略与展望报告》《2015年澳大利亚代际报告》《生产技术报告》等政府报告也对中期规划方法作了介绍。

(2)澳大利亚中期预算框架由谁负责

李燕等认为:"澳大利亚联邦政府的财政管理职能由国库部和财政部分担,国库部主要负责宏观经济政策以及税收管理,财政部主要负责财政支出管理和预算编制。在"1+3"的中期预算框架编制过程中,国库部和财政部既相互独立、各负其责,又通过组成联合工作组的方式密切合作。"④

澳大利亚的支出审查主要针对具有高优先性、较大的、复杂的、跨部门的项目,旨在协助政府提高开支的效率及适当性⑤。澳大利亚主要由总理、国库部长和财政部以及数名业务部长组成的支出审查委员会(Expenditure Review Committee,ERC)在年度预算准备中为部门设定支出最高限额。如果各部门支出限额之和低于未来年度既存项目成本,各相关部门则需要减少支出或者寻找其他更有效的办法以控制成本支出;如果各部门支出限额高于未来年度既存项目支出,则各部门将根据财政盈余引入新举措。

---

① 赵早早.澳大利亚政府预算改革与财政可持续[J].公共行政评论,2014,7(1):4-22.
② Wood D,Farrugia M,Pirie M. The Australian treasury's fiscal aggregate projection model[J]. Economic roundup,treasury,2009(3):37-40.
③ Bullen J,Greenwell J,Kouparitsas M,et al. Treasury's medium-term economic projection methodology[J]. Treasury working paper,2014(5):4-11,14-15.
④ 李燕,白彦锋,王淑杰.中期预算:理念变革与实践[J].财贸经济,2009(8):53-57.
⑤ Hawke L. Performance budgeting in Australia[J]. OECD journal on budgeting,2007,7(3):1-15.

(3) 澳大利亚中期预算框架的编制步骤和特点

李燕等认为,中期预算的编制大体有以下三种:第一,以报告年度为基年的滚动方式编制3年到5年期的预算计划,将年度预算纳入其中。这种方法将经过议会批准并付诸实施的预算年度定为中期预算的第一年,预算提交议会审议的预算年度为第二年,后续的一个到三个预算年度为"纯计划年度"。对3年到5年期间每一年都为执行政府职能安排了哪些支出、支出是如何筹措的,做详细、全面的安排和审查。这是典型的中期预算模式。第二,以报告年度为中心,将年度预算予以前后扩展,通常只是对原年度预算在编列形式上做某些改进。第三,在预算中增加了某些中期预算的因素,对某些重点项目做重点反映。不难看出,如果第一种模式是中期预算的典型(成熟)模式,那么第二种、第三种模式就是年度预算在向中期预算演进过程中的一些过渡形式,而这种演进和过渡正是发生在弥补年度预算不足、发挥中期预算优势的过程中,同时体现了中期预算作为一种新生事物的旺盛生命力[1]。

王宏武指出:20世纪80年代中期,澳大利亚一些州政府开始探索实行中期预算管理,澳大利亚联邦政府于1998年开始编制中期预算,涵盖当年和之后3个财年在内的4个财年预算。具体编制程序有五个步骤:① 国库部与财政部分别对经济运行和财政收支进行前瞻性预测,对未来4年的财政收支总量及结构进行基准性估计。② 由高级部长会议确立中期政策发展战略,分析研判中长期财政和经济发展趋势,决定政府支出的重点和优先领域。③ 由内阁支出审查委员会审查重大项目,确定各部门的支出预算限额,审查各部门与财政部协商后上报的部门预算及收支建议。④ 预算内阁审批预算。⑤ 预算内阁将所有报告上报国会,经过众、参两院审查通过后,成为预算法案。它有四个特点:① 中期预算中的第一年预算约束力强;② 中期预算中的后3年预算是指引性的;③ 中期预算限额自上而下设定,涵盖所有资金;④ 中期预算依法制定,分工明确[2]。

3. 瑞典

瑞典、英国是中期支出框架向中期绩效框架成功转型的典型代表。

瑞典是高福利和高税收的国家,但严重地影响了生产投资的空间。政府的公共开支是提高效率的重要措施,必须推行绩效预算管理。20世纪90年代,瑞典爆发严重的金融危机,出现了十分严重的财政赤字,瑞典政府修改了中央政府预算法案并提出了新的议会预算流程。新的流程要求议会确定公共开支各个支出领域的数额,并在各个领域内部根据经费情况进行预算安排。1996年,修改后的瑞典《国家预算法》对预算编制流程进一步细化而且加强了管理,并推行了中期绩效框架。

任中红等认为,中期绩效框架是中期支出框架的高级阶段,瑞典是中期绩效框架的先行者,瑞典的中期绩效框架有三个方面的特点:① 实行预算支出管理。中央政府及部门在财政部债务管理机构开立经常性支出付息账户,经常性支出按一定比例(年

---

[1] 李燕,白彦锋,王淑杰.中期预算:理念变革与实践[J].财贸经济,2009(8):53-57.
[2] 王宏武.澳大利亚中期预算和绩效预算管理的启示[J].财政研究,2015(7):103-106.

度预算的 1/12）存入该账户。如果当月的经常性支出低于这一比例，账户余额将计付利息；反之，则须支付利息以反映政府借款成本。针对转移性支出连续 3 年出现结余的情况，财政部将收回资金。② 完善财务评级体系。审计署负责对预算执行情况和机构内部控制制度进行评级，评级分为 A、B、C 三个等级。当机构评级为 C 等级时，机构将采取措施迅速修正错误。通过财务评级体系，以事前约束和事后监督两种方式，促使机构在预算管理中更加注重资源的使用效率，及时发现和解决预算执行过程中的错误和问题。③ 建立预算约束机制。瑞典在预算编制过程中，建立了滚动预算制度和部门年度预算制度；引入绩效评价内容，运用绩效指标对年度预算进行绩效评价；根据绩效评价结果，安排、调整下一年度的预算，实现绩效评价结果与预算编制紧密结合①。

4. 俄罗斯

俄罗斯的典型意义在于实施了又中止了中期预算框架。苏联实行计划经济体制，编制五年计划。新中国在成立初期就学习苏联实行计划经济体制，编制五年计划②。后来，俄罗斯和中国都由计划经济体制向市场经济转型（即转型经济国家），相对而言，俄罗斯在公共经济领域较早地实施了以中期预算和绩效预算为标志的预算管理改革。

傅志华、刘微的研究显示：纵观古今中外财政历史，俄罗斯无疑是最具有典型"惊心动魄"特征的国家之一。我们选取了 5 次有代表性的"预算困境"之年：1917 年和 1991 年是"没有预算的年度"，1998 年财政危机，2002 年"预算战"，2006 年"好日子下的预算困境"，它包括了被立法机构"放弃""拒绝""质疑""修正"等不同程度的"困境"③。

2004 年 5 月 22 日，俄罗斯联邦通过《2004—2006 年度俄罗斯联邦预算程序改革纲要》（第 249 号决议），简称《纲要》，开始了俄罗斯公共预算改革。该《纲要》评价了过去一个阶段俄罗斯联邦经济社会的发展成果和描绘了俄罗斯联邦包括宏观经济政策、制度改革、投资和产业结构政策、农业政策、生态政策、社会政策、区域经济政策、对外经济政策等中期的经济特征。该《纲要》要求提交附带绩效指标的预算资金管理目标和任务，以及为达到设定目标和任务的专项纲要和所必需的财政资源等信息。该报告促进了公共管理的目标、任务及成果信息与实际及规划的预算拨款额挂钩。即将现行国家计划与预算过程进行有逻辑的关联。通过提高预算参与者和预算资金管理者的责任感和独立性，将公共预算的重心从"管理支出"转移到"管理结果"上来，其核心就是实施在西方发达国家广泛采用的"结果导向的中期预算"（亦称"绩效预算"）。

童伟等指出：与其他国家中期预算由财政部门主导不同，俄罗斯中期预算的主要编制机构是俄罗斯经济发展部，由其在财政部的配合下完成中期预算计划的编制。根

---

① 任中红,陈新萍. OECD 国家中期支出框架改革经验及借鉴[J]. 中国财政,2018(13):73-76.
② 中国从 1953—1957 年实施第一个"五年计划"，2001—2005 年为第十个"五年计划"，2006—2010 年改称为"十一五规划"，从此，一直称为"五年规划"而不叫"五年计划"。
③ 傅志华,刘微. 透视俄罗斯百年财政中的五次"预算困境"[J]. 俄罗斯东欧中亚研究,2009(3):50-56.

据《俄罗斯联邦预算过程改革构想》的要求,俄罗斯于2004年开始试编中期预算,俄罗斯中期预算的编制与年度预算编制同步进行。其过程为：① 对宏观经济趋势进行分析预测；② 在宏观经济预测基础上对预算收入进行预测；③ 确定中期预算支出限额；④ 确定中期范围内的国家战略与政策优先支出方向；⑤ 确定各支出部门中期内各年度的支出需求,继而确定各年度支出预算；⑥ 对中期预算其他相关领域进行预测,例如中期预算赤字、中期国家债务、中期储备基金、国家福利基金、中期国家预算外基金等。中期预算的具体编制方式在各个国家各不相同,俄罗斯采取的是以报告年度为基年,以滚动的方法编制三年期预算计划的方法,即下一年度的预算需经过议会审议、批准并付诸实施,第二和第三年度为"纯计划年度",其预算需同时提交议会,但无须批准[1]。2006年俄罗斯开始试行编制中期预算,2007年第一次正式编制为期3年的中期预算[2]。

2006年4月3日,俄罗斯联邦政府发布了《2006—2008年俄罗斯联邦提高预算间关系效率及联邦政府和地方政府财政管理质量方案》（第467号令）,重点推出了以经济社会发展纲要为重要前提的项目型预算工具,将国家政策方向、预算资金使用预期及其结果进行关联而采用的预算编制、执行与管理控制办法,是预算支出管理体制的系统性转变。刘微等认为,2006—2008年中期财政计划的亮点之一是对俄罗斯当前的财政政策进行了部分调整。俄罗斯财政政策调整的内容之一是预算平衡政策：实现预算收支的长期平衡是俄罗斯财政政策的基本目标,并已经写入《俄罗斯联邦预算法典》。未来3年俄罗斯将实行有计划的预算平衡政策,使事权和财力相适应。对新的支出项目要严加审核,必须同时满足属于国家经济社会政策优先项目范畴、进行项目绩效评价以及不影响预算平衡这3个条件才可能通过审核。在形式上,俄罗斯财政政策调整既为转型国家进行中长期预算或滚动预算（连续预算）提供了思路,首次采取与许多发达国家一样的做法,将联邦预算列入未来3年财政计划的组成部分,同时,中期财政政策调整更加注重结果,在绩效预算方面进行了必要的尝试[3]。

2007年,中期预算框架开始在联邦部门和下级权力执行机关应用,增强了预算政策的"结果导向性"；2008年,因经济危机等原因导致中期预算和绩效预算暂时中断；2010年6月30日,俄罗斯联邦政府发布了《2012年前提高预算支出效率计划》（第1101-p号命令）,重点对专项项目进行结构性改革,试图解决《2004—2006年度俄罗斯联邦预算程序改革纲要》中没有涉及的各种专项计划、联邦计划、部门计划、区域机构计划、地方机构计划与预算过程有机结合的问题,并对项目型预算进行更好的完善。2010年8月2日,进一步发布联邦政府令《关于批准俄罗斯联邦国家规划制定、实施和评估的程序》,这些法律法规的颁布实施标志着俄罗斯绩效预算改革进入新阶段,三年中期预算的编制也重新进入正轨。

---

[1] 童伟,宋天伊,雷婕.俄罗斯为什么中止实施中期预算?[J].经济研究参考,2016(31):45-51.
[2] 童伟.俄罗斯中期预算改革:原因、现状及发展趋势[J].俄罗斯中亚东欧研究,2008(3):33-38.
[3] 刘微,于树一,赵磊.俄罗斯2006—2008年财政政策走势述评[J].俄罗斯东欧中亚研究,2007(2):37-42.

童伟等的研究表明：2014年12月3日，俄罗斯发布了经议会批准并由总统颁布的《2015—2017年联邦政府预算法》，与当年9月财政部提交的《2015—2017年联邦政府预算草案》相比出现了非常大的反差，即预算收支规模逆势扩大。在这种状况下，理论上来说应该调低预算收支预期，实施紧缩性财政政策；但俄罗斯采取了与此相反的措施，即不但没有下调反而在一定幅度上扩大了政府预算的增长幅度。这样一种预算被外界称为"史上最不靠谱"的预算，有人断言这样一种预算的寿命必不长久。果不其然，2015年1月，就在该预算法颁布后不到一个月的时间里，俄罗斯财政部就提出了预算调整的动议。2015年4月20日，俄罗斯国家杜马批准了《关于2015—2017年联邦预算调整法》（第93号）对2015年俄罗斯联邦预算进行了较大幅度的调整。基于此，俄罗斯2016—2018年中期预算报告迟迟无法出台。按照《预算法典》规定，本应在2015年9月底提交议会审议的2016—2018年联邦政府预算草案，因政府无法及时完成编制工作，不得不一再推迟。俄罗斯政府决定，中止实施中期预算，重新以年度为单位编制2016年预算。俄罗斯中止中期预算的主要原因在于：受外部政治经济环境影响、国内宏观经济形势不佳，以及政府预算收入与国际石油价格关联度过高[①]。

（四）国外中期预算框架的经验教训

20世纪80年代以后，美国、英国、澳大利亚等OECD国家先后推动了大规模的预算改革。改革的主线都是将投入基础（input basis）的年度预算向绩效基础（performance basis）的多年期预算转变，呈现出了三个趋势：① 许多国家已经引进了绩效预算（performance budget）技术，试图以此对绩效进行量化，并将预算资源的分配与绩效紧密联系起来；② 将中央政府主导型的预算转向各部门主导型的预算，这是通过向支出部门和机构下放预算管理自主权（包括自主管理投入组合）实现的；③ 在预算资源分配上引进了中期预算框架（MTBF）[②]。

1. 经验

（1）以结果为导向是"中期财政支出框架"向"中期绩效预算框架"发展的前提

希克（Schick）指出，澳大利亚、加拿大、丹麦、瑞典和英国等国家已经开始进行某种旨在"为结果而预算"的改革[③]。2013年，世界银行按照不同发展阶段的特征将中期支出框架分为：中期财政框架；中期预算框架；中期绩效框架[④]。中期财政框架强调通过自上而下的收入预测来体现总的财政纪律。中期预算框架通过自上而下的收入预测和自下而上的成本估算，将宏观财政目标转化为预算总量和支出计划，从而使支出受到财政资源的限制，并反映战略优先事项。与现代预算制度发展趋势大致相同的

---

① 童伟，宋天伊，雷婕. 俄罗斯为什么中止实施中期预算？[J]. 经济研究参考，2016(31)：45-51.
② White B. Performance and accountability reports revealing governments results[J]. Journal of government financial management，2005，54(3)：32-35.
③ Schick A. Budgeting for results：Recent developments in five industrialized countries[J]. Public administration review，1990，50(1)：26.
④ World Bank. Beyond the annual budget：Global experience with medium-term expenditure frameworks[M]. Washington，D.C.：World Bank，2013：15-58.

是，中期支出框架也从"投入控制"逐步过渡到"产出和结果控制"。作为中期支出框架的高级阶段，中期绩效框架更强调对产出与结果的衡量和评估，在中期支出框架内使用绩效信息来提高资金的使用效率①。研究表明，中期支出框架在发达国家已然被广泛采用，并从中期财政框架向中期预算框架和中期绩效框架逐步拓展。绩效预算不同于传统预算制度的主要特征在于，其更加强调公共支出目标的实现及其与公共政策的一致性。中期支出框架包括三个组成部分：① 自上而下的资源约束；② 自下而上的成本估算；③ 成本与可获得资源的配比。成本资源配比主要关注政策变化以及战略性的优先事项②。因此，中期支出框架提供了根据支出优先事项来分配资源的系统方法，并将资金与可能需要一年以上才能实现的产出和成果目标联系起来。同时，绩效评价所产生的结果信息，会同国家整体战略规划和政策的调整联系起来，进而对预算支出决策产生影响，并最终形成公共政策与预算绩效管理相互作用的绩效管理体系。另外，在中期支出框架下开展预算绩效管理，减少了未来支出的不确定性，避免产生增量预算中的顺周期效应。

（2）法律是实施中期预算框架的保障

美国在1990年出台的《预算执行法案》是中期预算的立法基础。美国总统预算管理办公室和国会预算办公室都对收支预测负有主要责任，美国的总统预算提案中包含一份中期支出预测和中期收入预测：收入预测反映了在现行税法框架下未来几年预计收集到的税收收入，支出预测里列出了当前政策下未来几年的支出成本。美国根据不同层级将支出审查分为三类，即联邦跨机构优先目标审查、机构优先目标审查、战略目标审查，并分别由不同的部门和机构实施③。此外，还有《国会改革法》和《国会预算及结留控制法》等。

英国的《1998年财政法案》和《预算责任和国家审计法案2011》，澳大利亚1998年颁发的《预算诚信章程》，1996年瑞典的《国家预算法》，德国的《联邦财政法律规章制度》，法国的《预算组织法》，日本的《财政法》和《预算决算及会计令》等是建立起中期财政框架的法治框架。

（3）中期预算的关键性特征和编制要点

肖文东的研究显示：根据国际货币基金组织和世界银行等机构的研究，中期预算的关键性特征和编制要点包括：① 中期预算应根据中期宏观经济框架、财政（与经济）政策目标报告书以及正式的财政约束（如赤字相对于GDP比率）编制；② 包含1份财政（和经济）政策报告书；③ 包含1份完整的中期宏观框架（经济和财政预测）；④ 包含支出部门和支出机构在下一个预算年度以后2～4年的支出估计数，并需按功能（比如教育与卫生领域）和经济性质（比如资本性支出与经常性支出）分类；⑤ 对各支出部门和支出机构的预算拨款数（限额）是硬预算约束（hard budgeting constraints）

---

① World Bank. Medium-term budget frameworks in sub-saharan african countries[M]. Washington, D.C.: World Bank, 2017:28-32.
② Williamson G. Public expenditure management handbook[M]. Washington, D.C.: World Bank, 1998:46-52.
③ 财政部预算司. 预算绩效管理国际发展趋势[N]. 中国财经报, 2019-07-06(7).

的；⑥ 为避免产生问题，中期预算应是导向性的而非强制性的（并非一个法定的预算方案），不需要立法机关的表决批准，但中期预算的第一个年度必须与年度预算完全一致；⑦ 中期预算由政府整体层面编制，但所有政府部门都应遵循中期预算为各部门确立的支出限额；⑧ 中期预算主要依据中期宏观经济框架编制，包括按功能和按大的经济类别（如工资、其他商品与服务、转移支付、利息和投资）分类得出的支出总额估计数；⑨ 中期预算框架的准备过程应与年度预算准备的过程（6个阶段）相对应，尤其需要根据年度支出限额加以构造[①]。

中期预算编制在年度预算编制之前还是之后？中期预算与年度预算同时编制，一起报送国会的如美国、德国、澳大利亚、日本等；中期预算编制在年度预算编制之前如法国等；中期预算编制在年度预算编制之后如巴西等[②]。由此可见，议会表决和批准的是年度预算而不是若干年的中期预算。

（4）引入 MTBF 的要点

王雍君的研究表明：引入 MTBF 的要点如下：① 在中期预测的基础上进行政策筹划。中期预测覆盖三个关键变量：收入、可接受的支出（与赤字）水平以及假如维持所有现行政策（支出项目）所需的中期支出水平。通过比较权衡后两个变量的相对大小，决定是否需要出台新政策，或维持、削减、中止某些现行政策（支出项目）。② 为使 MTBF 真正成为一个有用的决策手段（旨在促进预算资源配置反映政策重点），考虑由国务院、发展与改革委员会（负责制定政府战略并确定战略重点）和财政部牵头，成立由各部门代表参加的高级别的支出审核委员会，负责在相互竞争预算资源的各项政策之间进行权衡（现行做法是让低级别官员在预算协商中做出选择），确保按照政策重点决定各项支出，以及根据 MTBF 确定支出限额和继续现行政策所需支出水平，决定出台哪些能准确反映政府战略目标的新政策。③ 支出审核委员会的另一项重要职责是分解支出限额，也就是将中期预算框架建立的支出限额（通常是按功能与经济性质分类的合并的支出限额）分解为各支出部门和支出机构的支出限额，并确保各部门严格遵守指定的支出限额。④ 在支出审核委员会确定部门支出限额后，各支出部门在其支出限额内编制部门预算：首先提交财政部门，然后再提交立法机关审查。各部门所属支出机构的预算可作为部门预算报告的附件列示。为使支出审核委员会成为在预算与政策间建立紧密联系的有效工具，该委员会应直接对国务院负责，并向全国人大报告其工作。⑤ 相对于支出审核委员会机制而言，次优的方案是由财政部代行该委员会的职责，包括审查各部门的支出政策及其对预算的影响。这一方案的缺点在于将财政部（代表国务院的唯一成员）置于同其他政府部门利益对立的位置上，可能影响其工作的有效开展。⑥ 政府整体和支出部门提议采用的任何导致增加支出的新政策，都应根据"是否符合政府的战略重点"这一基本标准做出，而不应根据"是否能够筹措到资金"做出，避免"收入驱动预算"这类有害的预算行为（产生诸如"有钱就上政绩

---

① 肖文东.年度预算与中期预算：比较及借鉴[J].中央财经大学学报,2007(12):7-11.
② 王朝才,张晓云,马洪范,等.中期预算制度的国际经验及其启示[J].财政科学,2016(5):91-102.

工程"等后果)。⑦ 在引入 MTBF 取得实质进展的情况下,取消"法定支出",以激励相关的支出部门致力通过削减非重点项目支出来支持重点项目,从根本上克服法定支出削弱支出控制、降低预算灵活性、削弱预算作为宏观经济政策工具的作用等一系列内在缺陷①。

(5) 年度预算是实施中期预算框架的基础

中期预算框架为多年期预算。李红霞的研究表明:"IMF 在《财政透明度手册》中提出,各国应公布完整的、滚动的中期预算框架(3~5 年)。"② 实践中实施中期支出框架的国家都采用"1+n 年",而这个"n"至少是 2,因为"中期"至少是 3 年,否则滚动预算滚动不起来。至于"n"可以是 3、4 等。但 5 年以上则为"长期"而不是"中期"了,但财政经济预测有长期化趋势。石英华的研究显示:"近年来,随着对财政可持续性的普遍关注,OECD 国家越来越注重运用长期财政经济预测评估财政风险。例如,美国年度预算建议草案中包含对未来 75 年的预测;挪威 2004 年发布了到 2060 年的财政经济预测报告;英国的年度预算前文件中包含有对以后 50 年的财政经济预测;德国 2005 年发布了到 2050 年的财政预测;欧盟 2006 年发布了到 2050 年的财政预测;澳大利亚发布了直到 2044—2045 年的财政经济预测报告。"③

在"1+n 年"中"1"是关键,即中期预算框架是在年度预算基础上滚动,后面提的"跨年度预算平衡机制"也是在年度预算基础上"跨"。由此可见,年度预算的核心或者焦点是关于预算资金安排的重点与优先次序的"以支定收"的选择问题,年度预算是经议会审批具有法律依据的预算。理论上,预算收入计划通常是以对年度收入的预测数为基础、以年度财政支出的需求为导向制定的。但是,年度预算不是"一年预算"就"预算一年",年度预算由于时间跨度短、编制过程缺乏持续性而不能满足政策制定与执行的连贯性。世界银行出版过一本书《超越年度预算:中期支出框架的全球经验》(财政部综合司译,中国财政经济出版社 2013 年版),强调了"中期预算框架"并不仅仅是年度预算的拓展形式,其包括更加广泛的内容④。因此,年度预算与中期预算框架不是对立的,而是相辅相成相互促进的。正如王雍君指出的:"实践证明,只是在与 MTBF 紧密相连的情况下,年度预算才易取得成功。"⑤

王朝才等的研究表明:"中期预算与年度预算的区别主要体现在三个方面:① 对财政纪律的遵守方面。年度预算只考量短期的宏观经济形势和财政收支规模,而中期预算则将财政收支规模置于中期宏观经济视角和多部门视角中进行考量。② 对政府政策制定的指导意义。年度预算不具备连续性,难以体现政府财政支出的优先顺序。而中期预算将年度预算编制纳入政府中期预算和政策优先性考量的框架内,赋予了预算编

---

① 王雍君.中国的预算改革:引入中期预算框架的策略与要点[J].中央财经大学学报,2008(9):1-5.
② 李红霞,杨妍坤.中期预算构建中的难点问题与破解思路[J].经济研究参考,2017(50):23-30.
③ 石英华.预算与政府中长期规划紧密衔接的机制研究:研究改善政府预算执行的新视角[J].财政研究,2012(8):22-25.
④ Boex L F J,Martinez-Vazquez J,McNab R M. Multi-year budgeting:A review of international practices and lessons for developing and transitional economies[J]. Public budgeting & finance,2000,20(2):91-112.
⑤ 同①.

制极大的连续性。③ 在预算绩效管理和服务的提供方面，年度预算重投入轻绩效。相比之下，中期预算通过加强绩效管理的激励机制，提高了政府公共服务供给的效率。"①

（6）中期预算框架应具备的要素

王朝才等的研究显示："世界银行专家认为，中期预算应当具备以下七个要素：① 准确的宏观经济预测。科学准确的宏观经济分析和预测是中期财政支出框架实施的基础。② 可行的财政政策。中期预算框架的编制方法是建立在宏观经济政策和财政政策的协调配合基础之上的。要对未来的财政支出进行规划，必须首先对未来可利用的财政资源有一个合理的估算。③ 支出责任优先顺序的再次调整以及再分配。年度的预算制度本身无法对财政支出的优先顺序进行灵活调节，这也是实施中期预算的动机之一，即通过此机制将预算编制与财政政策调整更好地联系起来。④ 严格的财政纪律。预算配置必须受到预算资金总量的硬约束，各部委在决定预算拨款用途时必须做好支出优先顺序的协调。⑤ 统一的财政制度。中期预算的实施需要有一个支持它的制度基础，中期预算的编制和实施都需要在此制度约束下进行，尤其是政治决策制定者必须认同中期预算作为资源配置的手段。⑥ 合理的参数。中期预算设计的重要步骤是其参数的设定。参数包括总支出的限制、政府组织结构间的关系、支出计划的内容、对未来的财政支出进行估算时使用的价格标准、年度预算与中期预算的衔接机制、中期预算应对不同经济形势的灵活度。⑦ 充分的透明度。财政透明和政策透明有利于提高中期预算程序参与者的责任意识。财政透明意味着向公众公开政府的内部结构和职能、财政政策的意图、公共部门账户情况以及财政计划。政策透明则意味着公开政府在某个特定政策领域的意图、意欲达到的政策效果以及达到该效果所需的成本。此外，透明还意味着公布政府当前活动的绩效情况、产出质量等。"②

（7）中期绩效框架是中期预算框架发展的必然趋势

从上述内容可知，中期预算框架从初级经成熟到高级经历了三个阶段，是中期预算框架发展的必然趋势。

2. 教训

亚洲开发银行在《公共支出管理》中提出，有能力建立跨年度预算的集体应具备四个条件：① 经济较为稳定；② 有可靠的宏观经济预测、分析能力和严格的政策决策过程；③ 预算制度具有纪律性；④ 社会制度能有效支撑预算体系③。

王雍君的研究显示：成功引入 MTBF 需要具备的条件：发达国家的实践表明，MTBF 能够为制定、评估和实施财政政策提供比年度预算更好的和更透明的工具，但成功地实施 MTBF 并非易事。一般地讲，只有当存在着真正可控的、具有透明度和稳定的财政承诺（包括支出、赤字与债务）时，MTBF 才是有效的。此外，要想达到预期的目的，还需要有预算管理方面基本的制度创新、支持引入这一工具的强有力的政

---

① 王朝才,张晓云,马洪范,等.中期预算制度的国际经验及其启示[J].财政科学,2016(5):91-102.
② 同①.
③ 斯基亚沃—坎波,托马西.公共支出管理[M].北京:中国财政经济出版社,2001.转引自朱晓晨.中长期预算体制的国际比较与启示[J].经济研究导刊,2010(15):5-7.

治承诺、经济和财经预测的改进、对政府规划和活动实施严格的成本核算,以及有约束力的预算管理。目前美国、德国、英国和澳大利亚等发达国家已经成功地建立与实施了中期预算制度,但发展中国家要想取得成功,需要具备严格的条件并付出艰苦的努力。发展中国家在引入中期预算框架时,从发达国家的经验中吸取某些教训是十分必要的,这些教训包括:① 对财政(和经济)政策目标以及政府意欲实现的财政总量(预算限额),必须清楚地加以规定并得到高层决策者的强有力支持;② 政府期望(作为目标)的支出水平必须严格地与中期宏观经济框架相联结;③ 预算数据应以名义数确定,以便使特定规划的管理者能够对价格变动做出反应,因为价格变动将影响到这些规划所需的(名义)预算资源;④ MTBF中的支出数应充分反映所通过的政策提议的成本;⑤ MTBF应设置强有力的手段,用以审查每项支出政策及其实施机制[1]。

马蔡琛等[2]认为:与成功的国家相比,马拉维、加纳、莫桑比克、坦桑尼亚、肯尼亚、约旦、尼加拉瓜等国的中期预算改革效果相对较差,主要是因为未能充分考虑各自的初始条件,财政管理体系的基础相对薄弱。改革失败的原因主要有:① 在预算编制程序上,中期预算未能与年度预算充分融合,致使两套预算规程并行运转,降低了预算执行效率。② 中期预算与国家政策的联系不紧密,导致中期支出预测不准确,预算数与决算数相互脱节,预算偏离度往往较大。③ 某些支出部门缺乏健全的成本核算体系,未能准确核算项目支出成本,致使中期预算的执行效果大打折扣。④ 部分国家的中期预算改革缺乏高层决策的支持,支出部门在资源分配上缺乏应用的自由裁量权,导致部门参与度非常低。

特别值得注意的是,这些国家的中期预算改革带有较强的被动色彩,大体上属于"被动型"改革。这种内生动力的不足,很可能是改革效果欠佳的根本性原因。世界银行的研究也显示,中低等收入国家实行中期支出框架(MTEF),主要是因为捐助者认为MTEF可以确保这些国家在减贫战略文件中承诺的多年期政策,能够获得所需的资源配置[3]。例如,非洲国家的中期预算改革就是由世界银行或英国国际发展署(DFID)推动和支持的。这些国家在接受资金、顾问、培训等技术援助的同时,必须按照援助机构的要求编制中期预算。

(五)跨年度预算平衡机制

1. 跨年度预算平衡机制的提出

2013年11月12日,党的十八届三中全会通过的《中共中央关于全面深化改革若干重大问题的决定》中提出:"财政是国家治理的基础和重要支柱……改进预算管理制度。实施全面规范、公开透明的预算制度。审核预算的重点由平衡状态、赤字规模向支出预算和政策拓展,……建立跨年度预算平衡机制。"这是我国首次提出"建立跨年度预算平衡机制"。

---

① 王雍君.中国的预算改革:引入中期预算框架的策略与要点[J].中央财经大学学报,2008(9):1-5.
② 马蔡琛,袁娇.中期预算改革的国际经验与中国现实[J].经纬纵横,2016(4):114-120.
③ 世界银行.超越年度预算:中期支出框架的全球经验[M].北京:中国财政经济出版社,2013:1.

2014年8月31日，第十二届全国人民代表大会常务委员会第十次会议通过的《预算法》以法律形式明确了"各级政府应当建立跨年度预算平衡机制"的规定。

2014年9月26日，国务院颁布的《关于深化预算管理制度改革的决定》（国发〔2014〕45号）进一步规定："改进预算管理和控制，建立跨年度预算平衡机制。实行中期财政规划管理。财政部门会同各部门研究编制三年滚动财政规划，对未来三年重大财政收支情况进行分析预测，对规划期内一些重大改革、重要政策和重大项目，研究政策目标、运行机制和评价办法。中期财政规划要与国民经济和社会发展规划纲要及国家宏观调控政策相衔接。强化三年滚动财政规划对年度预算的约束。推进部门编制三年滚动规划，加强项目库管理，健全项目预算审核机制。提高财政预算的统筹能力，各部门规划中涉及财政政策和资金支持的，要与三年滚动财政规划相衔接。"

但是，在提出"跨年度预算平衡机制"的同时，又提出"中期财政规划"却未提"中期预算框架"，如：

2012年9月21日，财政部印发的《预算绩效管理工作规划（2012—2015年）》（财预〔2012〕396号）指出："'统筹规划'是指各级财政和预算部门要统筹谋划本地区、本部门预算绩效管理的指导思想、总体思路和长远规划，确定基本目标和主要任务，落实保障措施。'远近结合'是指各级财政和预算部门编制预算绩效管理规划时，要结合加强预算绩效管理的推进情况，既要着眼长远，又要立足当前，既要有中长期规划，又要有年度目标，建立完善年度工作计划与中长期规划相结合的机制。"

2015年1月23日，国务院颁发的《关于实行中期财政规划管理的意见》（国发〔2015〕3号）又规定："中期财政规划主要内容。中期财政规划是中期预算的过渡形态，是在对总体财政收支情况进行科学预判的基础上，重点研究确定财政收支政策，做到主要财政政策相对稳定，同时根据经济社会发展情况适时研究调整，使中期财政规划渐进过渡到真正的中期预算。中期财政规划涵盖一般公共预算、政府性基金预算、国有资本经营预算和社会保险基金预算。"主要包括四部分内容：① 预测现行政策下财政收支；② 分析现行财政收支政策问题；③ 制定财政收支政策改革方案；④ 测算改革后财政收支情况。

2015年4月3日，财政部发布的《关于推进中央部门中期财政规划管理的意见》（财预〔2015〕43号）在"中央部门中期财政规划管理的总体思路"中要求：① 与相关规划衔接；② 实行逐年滚动管理；③ 突出政策与预算相结合；④ 增强预算约束力；⑤ 完善激励机制。并在"主要内容"中规定："实施范围：① 预算范围。从编制2016年预算起，对纳入中央部门预算的一般公共预算和政府性基金预算拨款收支实行中期财政规划管理。② 支出范围。中央部门中期财政规划包括部门的基本支出和项目支出，重点针对项目支出，基本支出按财政部统一要求编制和调整。③ 单位范围。编制部门预算的中央部门全部纳入部门中期财政规划实施范围。"

2018年11月8日，财政部发布的《关于贯彻落实〈中共中央、国务院关于全面实施预算绩效管理的意见〉的通知》（财预〔2018〕167号）指出："统筹推进中期财政规划。"

2019年12月10日,教育部发布的《关于全面实施预算绩效管理的意见》(教财〔2019〕6号)在"主要任务"中第一条指出:"实施单位整体预算绩效管理。各单位要将预算收支全面纳入绩效管理,围绕单位职责和中长期事业发展规划,树立业务和财务有机融合、相互促进的绩效管理理念,以预算资金管理为主线,从运行成本、管理效率、履职效能、社会效应、可持续发展能力和服务对象满意度等方面,综合衡量本单位整体预算绩效。在年度绩效自评的基础上,原则上每五年为一周期开展单位整体绩效评价。"

2021年4月13日,国务院发布的《关于进一步深化预算管理制度改革的意见》(国发〔2021〕5号)第十三条指出:"加强跨年度预算平衡。加强中期财政规划管理,进一步增强与国家发展规划的衔接,强化中期财政规划对年度预算的约束。对各类合规确定的中长期支出事项和跨年度项目,要根据项目预算管理等要求,将全生命周期内对财政支出的影响纳入中期财政规划。"

2. 跨年度预算平衡机制是中国特色的词汇

马蔡琛等认为:"跨年度预算平衡机制作为一个具有较多自主创新色彩的词汇,在国外文献检索中甚难找到对应的恰当术语。仅就'跨年度预算'而言,在英文文献中大致对应的是 multi-year budgeting 一词,也有国家使用 forward budget、expenditure review、multi-year estimates、forward estimates 等近义词,在早期的分析中也曾使用 multi-annual budgeting。不同学者对于跨年度预算的影响机制也持不尽相同的观点。例如,为验证跨年度预算的积极作用,拉兹万(Razvan)等收集并分析了181个国家1990—2008年的面板数据,其结论认为,在平均意义上,跨年度预算可以提高2%的预算结余。……跨年度预算平衡机制是指,在预算决策中结合财政政策的相机变化,进行多年期的财政收入与支出预测,实现预算收支从强制约束性向展望预期性的转变,更加强调预算收支在一个动态经济周期内的大致均衡,而不再过多强调年度预算的收支平衡,从而兼顾预算的逆周期调节作用和预算在经济周期内的平衡。"①

3. 跨年度预算平衡机制分析

从"跨年度""预算平衡""机制"三个要素对"跨年度预算平衡机制"进行分析。

(1) 跨年度

"跨年度"是与"年度"相对而言,前已述及,"中期预算框架"溯源于20世纪40年代阿尔文·汉森的周期预算平衡政策或长期预算平衡理论,而这个"中期"和"长期"就是"跨年度"。

(2) 预算平衡

"预算平衡"是"跨年度预算平衡机制"的核心。法国著名经济学家萨伊(Jean-Baptiste Say)认为"国家需求和资源之间的平衡"即为预算。预算收支平衡的前提是"量入而出"。年度预算平衡是指收支平衡,跨年度预算平衡不仅是年度预算收支平衡。美国著名预算学者凯顿认识到年度预算与持续性的公共服务之间的矛盾,她指出:"年

---

① 马蔡琛,张莉.构建中的跨年度预算平衡机制:国际经验与中国现实[J].财政研究,2016(1):26-37.

度预算试图使用一个相对静态的框架来控制持续的、动态的行为,这本身就构成了预算不稳定的源泉之一。"[1] 李燕等指出:"按照传统预算理论,预算有三种基本功能——控制(control)、管理(management)和计划(planning),而这些功能的发挥都以平衡的年度预算为前提,即授权的支出不得超过授权的收入。"但她从政治层面和经济层面分析认为:"年度预算平衡:不可能完成的任务。"[2] 因此,"跨年度"自然涉及若干年,于是,提出了"中期预算"乃至"长期预算"。前已述及,跨年度预算平衡不是不要年度预算平衡,而是在年度预算平衡的基础上的跨年度预算平衡。之所以把严格的支出预算约束机制设定为跨年度预算平衡机制的重心,是因为以支出为核心的预算管理模式,其有效性是建立在"支"的合理基础上的。

(3) 机制

跨年度预算平衡的机制应包括:① 预算收入增长机制;② 预算支出的约束机制;③ 预算收支的调剂机制;④ 预算赤字的弥补机制;⑤ 重大项目的论证机制。

4. 跨年度预算平衡机制与中期预算框架本质是一致的

从上可以看出,跨年度预算平衡机制与中期预算框架的基本内涵是一致的。但应注意,跨年度周期由短期延展至中长期可能信息不准确而对预算决策带来消极影响。普雷姆詹德认为,从预算编制到预算执行之间的时间越长,由于缺乏相应数据而造成二者不符的可能性就越大[3]。

(六) 高校中期预算框架

1. 美国加州大学中期预算框架

周娟的研究显示[4]:2014 年年底出台了《加州大学三年财务可持续发展规划》(University of California's Three-Year Financial Sustainability Plan),为 2015—2016、2016—2017 及 2017—2018 年的财务规划。最近的一份财务规划则是 2015 年年底出台的关于 2016—2017、2017—2018 及 2018—2019 年的规划。但加州大学的《资本性支出规划》(Capital Outlay Plan)则早在 2000 年就已经出台了,一般为五年期,大体上每年出台一份,其实施至今已经非常成熟。这也为加州大学全面实施中期预算框架奠定了基础。

(1)《加州大学三年财务可持续发展规划》由谁编制

《加州大学三年财务可持续发展规划》由大学校长办公室(Office of the President, UCOP)负责制定,校长办公室下属的首席财务官办公室(Chief Financial Officer, CFO)的分支部门——预算分析和计划部(Budget Analysis and Planning, BAP)是这一工作的具体执行部门。预算分析和计划部既管理加州大学的年度预算,也负责整个

---

① Caiden N. Public budgeting amidst uncertainty and instability[J]. Public budgeting & finance, 1981, 1(1): 6-19.
② 李燕, 白彦锋, 王淑杰. 中期预算:理念变革与实践[J]. 财贸经济, 2009(8): 53-57.
③ Premchand. Government budgeting and expenditure controls: Theory and practice[M]. [S. l.]: International monetary fund, 1989: 138.
④ 周娟. 美国高校中期预算框架概述:以加州大学为例[M]//王蓉, 魏建国. 中国教育财政政策咨询报告(2015—2019). 北京:社会科学文献出版社, 2019: 635-641.

大学系统范围的财务规划。其具体的职能包括：大学预算的影响因素分析、制定年度预算并将预算请求提交州政府、各个校园之间与预算相关的各项事务的协调；动员各方力量支持大学预算的制定，领导整个大学系统将地方需求和加州大学优先事项整合到大学的财务预测和规划中。

（2）《加州大学三年财务可持续发展规划》是立法报告

《加州大学三年财务可持续发展规划》经大学董事会（The Regents of the University of California）会议通过，然后提交州议会。因此，《加州大学三年财务可持续发展规划》属于立法报告（legislative report）。在财政部一系列规章规定的前提下，加州《预算法案》以法律文件的形式，要求加州大学为未来三年设计一项可持续发展规划及相关项目和目标。值得注意的是，加州每年出台的《预算法案》会对大学财务规划的内容做出某些具体规定和限制。例如，《2015年预算法案》（the Budget Act of 2015）则对2016年及其后三年的财务规划做出了规定。此外，大学的财务规划还必须符合加州教育准则（California Education Code）和财政部的规定（Department of Finance Planning Assumptions）。

（3）《加州大学三年财务可持续发展规划》的内容

以2015年出台的《加州大学三年财务可持续发展规划》为例，该规划由财务规划、招生规划、教学表现的衡量因素，以及附录四个部分的内容组成。其中，财务规划、招生规划、教学表现的衡量因素这三个部分，直接对应于加州大学未来三年关于扩大入学规模、经济上可承受和提高教学质量这三个方面的发展目标。① 财务规划部分详述了加州大学财务规划的支出预测、可用资源预测（尤其是州政府拨款、学杂费的预期收入）、降低成本和提高效率的措施、其他收入来源、用于提高入学率和学生表现的措施，以及2016—2017、2017—2018、2018—2019年收支预测数。此外，由于《2015年预算法案》要求大学按照财政部的规定建立财务规划备选方案，所以这一部分最后附上了基于备选方案的支出和收入预测数。② 招生规划部分则对各类学生的规模做了预测和规划，包括本科生和研究生以及专业学位学生、本地学生和外地学生、高年级社区学院转学学生、低收入本科生、少数族裔本科生。同时，基于各类学生的招生计划，大学将采取不同的经费方面的措施，引导各类学生的入学规模按计划执行。③ 教学表现的衡量因素部分，则是基于加州大学以上关于财务和招生的预测和计划都已实现这个前提，介绍衡量大学教学效果的各项因素的发展情况，主要是改进毕业率和学业完成情况的措施。这些因素具体包括：新生和社区学院转学学生毕业率、各类学生的学位完成情况、新生和转学学生第一年获得的学分数、新生和转学学生毕业时的学分数、每学位核心经费支出水平、每学位本科教学核心经费支出水平。④ 附录部分，一是对规划内容是否符合相应年份预算法、加州教育准则以及财政部规定的各项条款逐一进行了解释，二是详细呈现了州预算法要求的备选方案的内容。A备选方案和B备选方案与这一规划的最大区别在于，在州政府不加大对加州大学的经费投入的情况下，大学没有扩大本地本科生和研究生规模的计划，因此也不会采取相应的财务措施。

2. 加州大学经验对中国推进高校中期预算框架的建议

（1）中期预算框架应在高校全面覆盖

加州大学的《三年财务可持续发展规划》涵盖"项目支出""基本支出""资本性支出"。而我国高校仅在部分"项目支出"（如科研经费未实施）启动一年就中止了。建议我国高校应推进大学中期预算框架的应用，可以先在"项目支出"（如重要专项、科研项目）试点，逐步推广到"资本性支出"，最后拓展到"基本支出"。

（2）中期预算框架法律支撑

加州《预算法案》以法律文件的形式要求加州大学为未来三年设计一项可持续发展规划及相关项目和目标。加州大学的《三年财务可持续发展规划》是经州议会审议通过的立法报告。建议我国高校应推进大学中期预算框架的法律法规建设。

（3）中期预算框架与学校的发展规划和战略目标相结合

加州大学的《三年财务可持续发展规划》与学校的发展规划和战略目标相结合。

预算活动的起点是具有明确的预算目标，预算是以预算目标为核心来展开的，预算目标决定预算编制，预算编制决定资源配置及其结果，因此，高校战略目标决定高校预算目标。毕马威有限责任公司高等教育方向的全国行业董事（industry director）罗纳德·E. 萨鲁兹奥（Ronald E. Salluzzo）指出："我们的出发点是在这项战略计划中创建清楚表述的目标。每一个学校倡导的活动都应该使其目标明确，并为其分配和再分配资源（财务资源、资本资源、人力资源和信息资源），确定所要求的新的收入和这些收入的来源（如果有新的收入的话），并且要明确关键的成功指标（key success indicators）。若没有明确清晰的目标、资源和绩效计量方式，很可能我们的项目就不能得到充分的支持，最终也就无法实施这些项目。大学必须在其战略计划中明确它成功的关键指标。每个重要项目都应该设有关键的成功指标，这些指标应该包括非财务指标（例如驱动因素）和财务指标（创建一种对于负担能力的计量方式）。……如果学校的计划要求实质性的跳跃，而且详细的财务或非财务方案都是增量型的，这个学校就可能无法实现它的战略目标。学校的战略性平衡计划所需要的资源数量并未满足，而是必须在下一年投入，这会使战略计划负担加重。许多学校在战略计划的最后一年需要调整自己的目标，但实际上亏空在其计划早期就产生了。"[①]

（4）我国高校中期预算框架应以四年为一个周期

加州大学的《三年财务可持续发展规划》是"三年规划"，我国高校通常编制五年期的事业发展规划，但我国高校本科生一届四年，建议我国中期预算框架应以四年为一个周期。

（5）我国高校中期预算框架的试行

加州大学的《三年财务可持续发展规划》由财务规划、招生规划、教学表现的衡量因素，以及附录四个部分的内容组成。前已述及，世界银行专家认为，中期预算应

[①] 拉普斯基,莫克.高校的财务运作(CFO译丛)[M].李正,主译,王晖,主校.北京:中国财政经济出版社, 2004:76-77.

当具备以下七个要素：① 准确的宏观经济预测；② 可行的财政政策；③ 支出责任优先顺序的再次调整以及再分配；④ 严格的财政纪律；⑤ 统一的财政制度；⑥ 合理的参数；⑦ 充分的透明度。编制方法采用基线法。建议我国高校试行中期预算框架时，预测收入要注意：未来新设专业和淘汰的专业，教育政策和科研政策，财政拨款政策和收费政策，等等；预测支出要注意：薪酬政策和学生资助政策，消费（标准）定额和物价政策，等等。

(6) 中期预算框架编制非常难

牛美丽指出："中期财政规划的编制非常困难。……这项改革的推动并不理想。究其原因，主要有两个：一是财政部门不清楚到底如何编制中期财政规划。虽然各级财政部门对于中期财政规划在提升财政政策的前瞻性、有效性和可持续性上已经达成共识，具体的编制是一项非常复杂的技术活，中期财政规划应该是什么样子？应该如何编制？这些技术问题并没有得到很好的回答；二是中期财政规划的编制需要很多配套的条件，例如完整的政府财务信息，尤其是资产负债的信息。"①

(7) 要有专职机构和人员

加州大学的《三年财务可持续发展规划》规定，校长办公室下属的首席财务官办公室的分支部门——预算分析和计划部专门负责加州大学的预算工作。笔者曾对我国高校的财务处既管预算编制，又管预算执行，还管预算评价提出过批评。笔者曾在10年前提出"财务机构与会计机构分设是趋势"②。《行政事业单位内部控制规范（试行）》第十九条指出："单位应当建立健全预算编制、审批、执行、决算与评价等预算内部管理制度。单位应当合理设置岗位，明确相关岗位的职责权限，确保预算编制、审批、执行、评价等不相容岗位相互分离。"《教育部直属高校经济活动内部控制指南（试行）》在"内部控制应用指南""第2号——预决算管理"的第六条指出："高校应当合理设置预决算管理岗位，明确相关岗位的职责权限，确保预算编制与预算审批、预算审批与预算执行、预算执行与预算考核、决算编制与审核、决算审核与审批等不相容岗位的分离。"

第二节 预算绩效评价内容研究

一、预算绩效目标

(一) 全面实施预算绩效管理需强化绩效目标管理

2018年9月1日，《中共中央 国务院关于全面实施预算绩效管理的意见》第七条指出："强化绩效目标管理。各地区各部门编制预算时要贯彻落实党中央、国务院各项

---

① 牛美丽.专栏导语:中期财政框架:并非锦上添花的改革[J].公共行政评论,2016(6):64-66.
② 乔春华.高校会计机构设置与会计人员配置研究:三论高校财务管理体制[J].教育财会研究,2011,22(2):3-10.

决策部署，分解细化各项工作要求，结合本地区本部门实际情况，全面设置部门和单位整体绩效目标、政策及项目绩效目标。……各级财政部门要将绩效目标设置作为预算安排的前置条件，加强绩效目标审核，将绩效目标与预算同步批复下达。"

2019年12月10日，《教育部关于全面实施预算绩效管理的意见》（教财〔2019〕6号）第三条第四款指出："强化绩效目标管理。各单位编制预算时要贯彻落实党中央、国务院有关决策部署，分解细化各项工作要求，结合教育领域和本单位实际情况，自主设置单位整体绩效目标、政策和项目绩效目标。部内各司局自主设置所管理的部门预算政策和项目的绩效目标。部内有关司局按照财政部要求设置转移支付整体绩效目标，组织省级教育主管部门设置区域绩效目标或项目绩效目标。……预算管理部门要将绩效目标设置作为预算安排的前置条件，加强绩效目标审核，并将绩效目标与预算同步批复下达。"

（二）预算绩效的目标管理

1. 目标管理涵义

美国管理大师彼得·德鲁克首创目标管理，其被尊称为"现代管理学之父"和"大师中的大师"，1954年写了一本书叫《管理的实践》，首先提出了目标管理（management by objectives，简称为MBO）的概念。德鲁克认为，并不是有了工作才有目标，而是有了目标才能确定每个人的工作。因此，"企业的使命和任务，必须转化为目标"。管理是围绕目标决策的一种实践，管理的核心是目标。组织最高层管理者确定了组织目标后，在工作中实行"自我控制"，并努力完成工作目标的一种管理制度。目标管理法属于结果导向型的考评方法之一，以实际产出为基础，考评的重点是员工工作的成效和劳动的结果。德鲁克认为："管理，首先要对产生绩效负责。"目标管理也就是执行力，执行力＝目标设定＋绩效检查。所以，"绩效管理"是德鲁克思想的核心，甚至可以说一切管理的成果是建立在"绩效管理"的基础之上。目标管理要求：① 设定"够得着"的目标，切合实际，既有挑战性（ambitious），又有可实现性（realistic）；② 目标要有时间限制，在规定时间内实现目标；③ 目标要具体、可衡量，德鲁克有句至理名言："不可衡量，就不可管理。"目标管理要符合SMART原则：specific——目标必须是具体的；measurable——目标必须是可以衡量的；attainable——目标必须是可以达到的；relevant——目标必须和其他目标具有相关性；time-based——目标必须具有明确的截止期限。

2. 预算绩效目标管理

财政部印发的《中央部门预算绩效目标管理办法》（财预〔2015〕88号）第四条规定："绩效目标管理是指财政部和中央部门及其所属单位以绩效目标为对象，以绩效目标的设定、审核、批复等为主要内容所开展的预算管理活动。"第五条规定："财政部和中央部门及其所属单位是绩效目标管理的主体。"第六条规定："绩效目标管理的对象是纳入中央部门预算管理的全部资金。"

预算编制必须有目标。如：2012年9月21日，财政部印发的《预算绩效管理工作规划（2012—2015 年）》（财预〔2012〕396 号）指出："绩效目标逐步覆盖。不断增加编报绩效目标的项目和部门，逐步扩大覆盖范围。"又指出："加强预算绩效管理，要求预算编制时申报绩效目标，实施绩效运行监控，加强绩效监督和结果问责，建立预算安排与绩效评价结果有机结合机制，把绩效理念融入预算编制、执行、监督管理全过程。"《预算绩效管理工作规划（2012—2015 年）》在"建立一个机制"中还指出："建立'预算编制有目标、预算执行有监控、预算完成有评价、评价结果有反馈、反馈结果有应用'的全过程预算绩效管理机制，实现预算绩效管理与预算编制、执行、监督有机结合。预算绩效目标管理是全过程预算绩效管理的基础。部门（单位）申请预算时，要按要求申报绩效目标。绩效目标应依据明确、相对具体、可衡量，并在一定时期可实现。"

(三) 预算绩效目标的内容

1. 预算绩效目标的定义

2009 年 6 月 22 日，财政部印发的《财政支出绩效评价管理暂行办法》（财预〔2009〕76 号）第十二条规定："绩效目标是被评价对象使用财政资金计划在一定期限内达到的产出和效果，根据不同情况由财政部门和部门（单位）分别或共同设定。"

2011 年 4 月 2 日，财政部印发的《财政支出绩效评价管理暂行办法》（财预〔2011〕285 号）第十二条规定："绩效目标是绩效评价的对象计划在一定期限内达到的产出和效果，由预算部门在申报预算时填报。预算部门年初申报预算时，应当按照本办法规定的要求将绩效目标编入年度预算；执行中申请调整预算的，应当随调整预算一并上报绩效目标。"

2015 年 5 月 21 日，财政部印发的《中央部门预算绩效目标管理办法》（财预〔2015〕88 号）第二条规定："绩效目标是指财政预算资金计划在一定期限内达到的产出和效果。绩效目标是建设项目库、编制部门预算、实施绩效监控、开展绩效评价等的重要基础和依据。"

上述仅指"财政预算资金"。下面拓展到"所有财政资金和非财政资金"，如：2018 年，中共中央、国务院《关于全面实施预算绩效管理的意见》"现行预算绩效管理仍然存在一些突出问题"中指出："绩效管理的广度和深度不足，尚未覆盖所有财政资金。"2019 年，教育部发布的《关于全面实施预算绩效管理的意见》（《教财〔2019〕6 号》）在"基本原则"中指出："预算绩效管理覆盖所有财政资金和非财政资金。"

2. 预算绩效目标的分类

《中央部门预算绩效目标管理办法》（财预〔2015〕88 号）第三条规定："本办法所称绩效目标：（1）按照预算支出的范围和内容划分，包括基本支出绩效目标、项目支出绩效目标和部门（单位）整体支出绩效目标。基本支出绩效目标，是指中央部门预算中安排的基本支出在一定期限内对本部门（单位）正常运转的预期保障程度。一般不单独设定，而是纳入部门（单位）整体支出绩效目标统筹考虑。项目支出绩效目标是指中央部门依据部门职责和事业发展要求，设立并通过预算安排的项目支出在一定期限内预期达到的产出和效果。部门（单位）整体支出绩效目标是指中央部门及其所属单位按照确定的职责，利用全部部门预算资金在一定期限内预期达到的总体产出和效果。（2）按照时效性划分，包括中长期绩效目标和年度绩效目标。中长期绩效目标是指中央部门预算资金在跨度多年的计划期内预期达到的产出和效果。年度绩效目标是指中央部门预算资金在一个预算年度内预期达到的产出和效果。"

3. 预算绩效目标的内涵

2009年6月22日，财政部印发的《财政支出绩效评价管理暂行办法》（财预〔2009〕76号）第十三条规定："绩效目标应编入部门年度预算。"第十四条规定：绩效目标应当包括以下主要内容：① 预期提供的公共产品和服务，包括产品和服务的数量目标、质量目标、时效目标、成本目标以及服务对象满意度目标；② 达到预期提供的公共产品和服务所必需的资源；③ 支出的预期效果，包括经济效益、社会效益、环境效益和可持续影响等；④ 衡量或评估每一项目活动的相关产出、服务水平和结果的考核指标。第十五条规定：绩效目标应当符合以下要求：① 指向明确。绩效目标要符合国民经济和社会发展规划、部门职能及事业发展规划，并与相应的财政支出范围、方向、效果紧密相关。② 具体细化。绩效目标应当从数量、质量、成本和时效等方面进行细化，尽量进行定量表述，不能以量化形式表述的，可以采用定性的分级分档形式表述。③ 合理可行。制定绩效目标要经过科学预测和调查研究，目标要符合客观实际。

2011年4月2日，财政部印发的《财政支出绩效评价管理暂行办法》（财预〔2011〕285号）第十三条规定：绩效目标应当包括以下主要内容：① 预期产出，包括提供的公共产品和服务的数量；② 预期效果，包括经济效益、社会效益、环境效益和可持续影响等；③ 服务对象或项目受益人满意程度；④ 达到预期产出所需要的成本资源；⑤ 衡量预期产出、预期效果和服务对象满意程度的绩效指标；⑥ 其他。第十四条规定：绩效目标应当符合以下要求：① 指向明确。绩效目标要符合国民经济和社会发展规划、部门职能及事业发展规划，并与相应的财政支出范围、方向、效果紧密相关。② 具体细化。绩效目标应当从数量、质量、成本和时效等方面进行细化，尽量进行定量表述，不能以量化形式表述的，可以采用定性的分级分档形式表述。③ 合理可行。制定绩效目标时要经过调查研究和科学论证，目标要符合客观实际。

（四）预算绩效目标的设定

1. 预算绩效目标设定

《中央部门预算绩效目标管理办法》（财预〔2015〕88号）第七条规定："绩效目标设定是指中央部门或其所属单位按照部门预算管理和绩效目标管理的要求，编制绩效目标并向财政部或中央部门报送绩效目标的过程。绩效目标是部门预算安排的重要依据。未按要求设定绩效目标的项目支出，不得纳入项目库管理，也不得申请部门预算资金。"

2. 预算绩效目标由单位设定

《中央部门预算绩效目标管理办法》（财预〔2015〕88号）第八条规定："按照'谁

申请资金,谁设定目标'的原则,绩效目标由中央部门及其所属单位设定。项目支出绩效目标,在该项目纳入中央部门项目库之前编制,并按要求随同中央部门项目库提交财政部;部门(单位)整体支出绩效目标,在申报部门预算时编制,并按要求提交财政部。"

3. 预算绩效目标要能清晰反映预算资金的预期产出和效果

《中央部门预算绩效目标管理办法》(财预〔2015〕88号)第九条规定:绩效目标要能清晰反映预算资金的预期产出和效果,并以相应的绩效指标予以细化、量化描述。主要包括:① 预期产出,是指预算资金在一定期限内预期提供的公共产品和服务情况;② 预期效果,是指上述产出可能对经济、社会、环境等带来的影响情况,以及服务对象或项目受益人对该项产出和影响的满意程度等。

4. 绩效目标设定的依据和要求

(1) 绩效目标设定的依据

《中央部门预算绩效目标管理办法》(财预〔2015〕88号)第十二条规定:绩效目标设定的依据包括:① 国家相关法律、法规和规章制度,国民经济和社会发展规划;② 部门职能、中长期发展规划、年度工作计划或项目规划;③ 中央部门中期财政规划;④ 财政部中期和年度预算管理要求;⑤ 相关历史数据、行业标准、计划标准等;⑥ 符合财政部要求的其他依据。

(2) 绩效标准是设定绩效指标时所依据或参考的标准

《中央部门预算绩效目标管理办法》(财预〔2015〕88号)第十一条规定:绩效标准是设定绩效指标时所依据或参考的标准。一般包括:① 历史标准,是指同类指标的历史数据等;② 行业标准,是指国家公布的行业指标数据等;③ 计划标准,是指预先制定的目标、计划、预算、定额等数据;④ 财政部认可的其他标准。

(3) 设定绩效目标的要求

《中央部门预算绩效目标管理办法》(财预〔2015〕88号)第十三条规定:设定的绩效目标应当符合以下要求:① 指向明确。绩效目标要符合国民经济和社会发展规划、部门职能及事业发展规划等要求,并与相应的预算支出内容、范围、方向、效果等紧密相关。② 细化量化。绩效目标应当从数量、质量、成本、时效以及经济效益、社会效益、生态效益、可持续影响、满意度等方面进行细化,尽量进行定量表述。不能以量化形式表述的,可采用定性表述,但应具有可衡量性。③ 合理可行。设定绩效目标时要经过调查研究和科学论证,符合客观实际,能够在一定期限内如期实现。④ 相应匹配。绩效目标要与计划期内的任务数或计划数相对应,与预算确定的投资额或资金量相匹配。

5. 绩效目标设定的方法

《中央部门预算绩效目标管理办法》(财预〔2015〕88号)第十五条规定:绩效目标设定的方法包括:(1) 项目支出绩效目标的设定。① 对项目的功能进行梳理,包括资金性质、预期投入、支出范围、实施内容、工作任务、受益对象等,明确项目的功能特性。② 依据项目的功能特性，预计项目实施在一定时期内所要达到的总体产出和效果，确定项目所要实现的总体目标，并以定量和定性相结合的方式进行表述。③ 对项目支出总体目标进行细化分解，从中概括、提炼出最能反映总体目标预期实现程度的关键性指标，并将其确定为相应的绩效指标。④ 通过收集相关基准数据，确定绩效标准，并结合项目预期进展、预计投入等情况，确定绩效指标的具体数值。（2）部门（单位）整体支出绩效目标的设定。① 对部门（单位）的职能进行梳理，确定部门（单位）的各项具体工作职责。② 结合部门（单位）中长期规划和年度工作计划，明确年度主要工作任务，预计部门（单位）在本年度内履职所要达到的总体产出和效果，将其确定为部门（单位）总体目标，并以定量和定性相结合的方式进行表述。③ 依据部门（单位）总体目标，结合部门（单位）的各项具体工作职责和工作任务，确定每项工作任务预计要达到的产出和效果，从中概括、提炼出最能反映工作任务预期实现程度的关键性指标，并将其确定为相应的绩效指标。④ 通过收集相关基准数据，确定绩效标准，并结合年度预算安排等情况，确定绩效指标的具体数值。

《中央部门预算绩效目标管理办法》（财预〔2015〕88号）第十四条规定："绩效目标申报表是所设定绩效目标的表现形式。其中，项目支出绩效目标涉及内容的相关信息，纳入项目文本中，通过提取信息的方式以确定格式生成。部门（单位）整体支出绩效目标，按照确定格式和内容填报，纳入部门预算编报说明中。"

6. 绩效目标设定程序

《中央部门预算绩效目标管理办法》（财预〔2015〕88号）第十六条规定："绩效目标设定程序为：基层单位设定绩效目标。申请预算资金的基层单位按照要求设定绩效目标，随同本单位预算提交上级单位；根据上级单位审核意见，对绩效目标进行修改完善，按程序逐级上报。"

7. 高校预算绩效目标设定的内涵

高校预算绩效目标的设定是指高校按照部门预算管理和绩效目标管理的要求，编制绩效目标并向财政部门或教育部门报送绩效目标的过程；绩效目标是部门预算安排的重要依据；绩效目标要能清晰反映预算资金的预期产出和效果，并以相应的绩效指标予以细化、量化描述。高校绩效目标设定要符合依据和要求、方法和程序。

（五）预算绩效目标的审核

1. 绩效目标审核

2011年7月5日，财政部发布的《关于推进预算绩效管理的指导意见》（财预〔2011〕416号）指出："绩效目标审核。财政部门要依据国家相关政策、财政支出方向和重点、部门职能及事业发展规划等对单位提出的绩效目标进行审核，包括绩效目标与部门职能的相关性、绩效目标的实现所采取措施的可行性、绩效指标设置的科学性、实现绩效目标所需资金的合理性等。绩效目标不符合要求的，财政部门应要求报送单位调整、修改；审核合格的，进入下一步预算编审流程。"

《中央部门预算绩效目标管理办法》（财预〔2015〕88号）第十七条规定："绩效目

标审核是指财政部或中央部门对相关部门或单位报送的绩效目标进行审查核实,并将审核意见反馈相关单位,指导其修改完善绩效目标的过程。"

2. 谁分配资金,谁审核目标

《中央部门预算绩效目标管理办法》(财预〔2015〕88号)第十八条规定:"按照'谁分配资金,谁审核目标'的原则,绩效目标由财政部或中央部门按照预算管理级次进行审核。根据工作需要,绩效目标可委托第三方予以审核。"第十九条规定:"绩效目标审核是部门预算审核的有机组成部分。绩效目标不符合要求的,财政部或中央部门应要求报送单位及时修改、完善。审核符合要求后,方可进入项目库,并进入下一步预算编审流程。"

3. 绩效目标审核的内容

《中央部门预算绩效目标管理办法》(财预〔2015〕88号)第二十条规定:中央部门对所属单位报送的项目支出绩效目标和单位整体支出绩效目标进行审核。有预算分配权的部门应对预算部门提交的有关项目支出绩效目标进行审核,并据此提出资金分配建议。经审核的项目支出绩效目标,报财政部备案。第二十一条规定:财政部根据部门预算审核的范围和内容,对中央部门报送的项目支出绩效目标和部门(单位)整体支出绩效目标进行审核。对经有预算分配权的部门审核后的横向分配项目的绩效目标,财政部可根据需要进行再审核。第二十二条规定:绩效目标审核的主要内容:① 完整性审核。绩效目标的内容是否完整,绩效目标是否明确、清晰。② 相关性审核。绩效目标的设定与部门职能、事业发展规划是否相关,是否对申报的绩效目标设定了相关联的绩效指标,绩效指标是否细化、量化。③ 适当性审核。资金规模与绩效目标之间是否匹配,在既定资金规模下,绩效目标是否过高或过低;或者要完成既定绩效目标,资金规模是否过大或过小。④ 可行性审核。绩效目标是否经过充分论证和合理测算。所采取的措施是否切实可行,并能确保绩效目标如期实现。综合考虑成本效益,是否有必要安排财政资金。

4. 绩效目标审核的流程

《中央部门预算绩效目标管理办法》(财预〔2015〕88号)第二十三条规定:"对一般性项目,由财政部或中央部门结合部门预算管理流程进行审核,提出审核意见。对社会关注程度高、对经济社会发展具有重要影响、关系重大民生领域或专业技术复杂的重点项目,财政部或中央部门可根据需要将其委托给第三方,组织相关部门、专家学者、科研院所、中介机构、社会公众代表等共同参与审核,提出审核意见。"第二十四条规定:"对项目支出绩效目标的审核,采用'项目支出绩效目标审核表'。其中,对一般性项目,采取定性审核的方式;对重点项目,采取定性审核和定量审核相结合的方式。部门(单位)整体支出绩效目标的审核,可参考项目支出绩效目标的审核工具,提出审核意见。"第二十五条规定:"项目支出绩效目标审核结果分为'优'、'良'、'中'、'差'四个等级,作为项目预算安排的重要参考因素。审核结果为'优'的,直接进入下一步预算安排流程;审核结果为'良'的,可与相关部门或单位进行协商，直接对其绩效目标进行完善后，进入下一步预算安排流程；审核结果为'中'的，由相关部门或单位对其绩效目标进行修改完善，按程序重新报送审核；审核结果为'差'的，不得进入下一步预算安排流程。"

5. 绩效目标审核的程序

《中央部门预算绩效目标管理办法》（财预〔2015〕88号）第二十六条规定：绩效目标审核程序如下：① 中央部门及其所属单位审核。中央部门及其所属单位对下级单位报送的绩效目标进行审核，提出审核意见并反馈给下级单位。下级单位根据审核意见对相关绩效目标进行修改完善，重新提交上级单位审核，审核通过后按程序报送财政部。② 财政部审核。财政部对中央部门报送的绩效目标进行审核，提出审核意见并反馈给中央部门。中央部门根据财政部审核意见对相关绩效目标进行修改完善，重新报送财政部审核。财政部根据绩效目标审核情况提出预算安排意见，随预算资金一并下达中央部门。

6. 高校预算绩效目标审核的内涵

上述是教育部门或财政部门对高校的审核，按照"谁分配资金，谁审核目标"的原则，高校对校内分配资金的各部门也应按上述要求、内容、流程和程序进行审核校内部门的预算绩效目标。

（六）绩效目标的批复、调整与应用

1. 绩效目标的批复

2011年7月5日，财政部发布的《关于推进预算绩效管理的指导意见》（财预〔2011〕416号）指出："绩效目标批复。财政预算经各级人民代表大会审查批准后，财政部门应在单位预算批复中同时批复绩效目标。批复的绩效目标应当清晰、可量化，以便在预算执行过程中进行监控和预算完成后实施绩效评价时对照比较。"

《中央部门预算绩效目标管理办法》（财预〔2015〕88号）第二十七条规定："按照'谁批复预算，谁批复目标'的原则，财政部和中央部门在批复年初部门预算或调整预算时，一并批复绩效目标。原则上，中央部门整体支出绩效目标、纳入绩效评价范围的项目支出绩效目标和一级项目绩效目标，由财政部批复；中央部门所属单位整体支出绩效目标和二级项目绩效目标，由中央部门或所属单位按预算管理级次批复。"

2. 绩效目标的调整

《财政支出绩效评价管理暂行办法》（财预〔2011〕285号）第十五条规定："财政部门应当对预算部门申报的绩效目标进行审核，符合相关要求的可进入下一步预算编审流程；不符合相关要求的，财政部门可以要求其调整、修改。"第十六条规定："绩效目标一经确定一般不予调整。确需调整的，应当根据绩效目标管理的要求和审核流程，按照规定程序重新报批。"第十七条规定："绩效目标确定后，随同年初预算或追加预算一并批复，作为预算部门执行和项目绩效评价的依据。"

《中央部门预算绩效目标管理办法》（财预〔2015〕88号）第二十八条规定："绩效目标确定后，一般不予调整。预算执行中因特殊原因确需调整的，应按照绩效目标管

理要求和预算调整流程报批。"

3. 绩效目标的应用

《中央部门预算绩效目标管理办法》(财预〔2015〕88号)第二十九条规定:"中央部门及所属单位应按照批复的绩效目标组织预算执行,并根据设定的绩效目标开展绩效监控、绩效自评和绩效评价。① 绩效监控。预算执行中,中央部门及所属单位应对资金运行状况和绩效目标预期实现程度开展绩效监控,及时发现和纠正绩效运行中存在的问题,力保绩效目标如期实现。② 绩效自评。预算执行结束后,资金使用单位应对照确定的绩效目标开展绩效自评,分别填写'项目支出绩效自评表'和'部门(单位)整体支出绩效自评表',形成相应的自评结果,作为部门(单位)预、决算的组成内容和以后年度预算申请、安排的重要基础。③ 绩效评价。财政部或中央部门要有针对地选择部分重点项目或部门(单位),在资金使用单位绩效自评的基础上,开展项目支出或部门(单位)整体支出绩效评价,并对部分重大专项资金或财政政策开展中期绩效评价试点,形成相应的评价结果。"第三十条规定:"中央部门应按照有关法律、法规要求,逐步将有关绩效目标随同部门预算予以公开。"

4. 高校预算绩效目标批复、调整与应用的内涵

上述是教育部门或财政部门对高校预算绩效目标的批复、调整与应用,按照"谁批复预算,谁批复目标"的原则,高校对校内分配资金的各部门也应按上述要求的批复、调整与应用进行对校内部门的预算绩效目标批复、调整与应用。

(七) 绩效目标执行监控

2016年7月22日,财政部办公厅印发的《关于开展2016年度中央部门项目支出绩效目标执行监控试点工作的通知》(财办预〔2016〕85号)指出:"绩效目标执行监控是全过程预算绩效管理的关键环节,也是确保中央部门实现绩效目标、落实绩效主体责任的重要手段。中央部门组织项目执行单位对照年初绩效目标,跟踪查找项目执行中资金使用和业务管理的薄弱环节,及时弥补管理中的'漏洞',纠正绩效目标执行中的偏差,能够克服'问题不被发现、事后发现的问题已是既成事实,或者发现滞后导致整改难度增加'等弊端,对促进预算管理、财务管理和项目管理的有效结合,提高中央部门和单位的资金使用绩效和管理水平,以及打造高效政府具有重要的现实意义。考虑到绩效目标执行监控是一项新的工作,专业性、技术性较强,需要逐步探索、积累经验。现决定,从2016年起,财政部选择部分中央部门开展项目支出绩效目标执行监控试点,2017年进一步扩大试点范围,争取2018年全面铺开。绩效目标执行监控的主要内容包括年初计划提供的公共产品和服务的数量、质量、时效、成本等产出指标的完成值,项目支出计划带来经济效益、社会效益、生态效益等效果的实现程度及趋势,相关满意度指标的实现程度及趋势等。在收集、分析上述绩效运行信息的基础上,对偏离目标的原因进行分析,对全年绩效目标完成情况进行预计,对预计到年底不能完成目标的原因及拟采取的改进措施等进行说明。绩效目标执行监控的有关信息以'项目支出绩效目标执行监控表'的形式体现。"

（八）预算绩效目标与绩效指标的关系

2011 年 7 月 5 日，财政部发布的《关于推进预算绩效管理的指导意见》（财预〔2011〕416 号）指出："绩效目标设定。绩效目标是预算绩效管理的基础，是整个预算绩效管理系统的前提，包括绩效内容、绩效指标和绩效标准。"

2018 年 9 月 1 日，中共中央、国务院颁布的《关于全面实施预算绩效管理的意见》第七条指出："绩效目标不仅要包括产出、成本，还要包括经济效益、社会效益、生态效益、可持续影响和服务对象满意度等绩效指标。各级财政部门要将绩效目标设置作为预算安排的前置条件，加强绩效目标审核，将绩效目标与预算同步批复下达。"

2019 年 12 月 10 日，《教育部关于全面实施预算绩效管理的意见》（教财〔2019〕6 号）指出："绩效目标不仅要包括产出、成本，还要包括经济效益、社会效益、生态效益、可持续影响和服务对象满意度等绩效指标。"

2015 年 5 月 21 日，财政部印发的《中央部门预算绩效目标管理办法》（财预〔2015〕88 号）第十条规定：绩效指标是绩效目标的细化和量化描述，主要包括产出指标、效益指标和满意度指标等。① 产出指标是对预期产出的描述，包括数量指标、质量指标、时效指标、成本指标等。② 效益指标是对预期效果的描述，包括经济效益指标、社会效益指标、生态效益指标、可持续影响指标等。③ 满意度指标是反映服务对象或项目受益人的认可程度的指标。

二、预算绩效评价及指标分析

麦克雷戈指出，目标管理力图将管理重点由寻找弱点转为绩效分析，以区别人的能力和潜力；为达成目标，每一个个体需要制定短期的目标和工作方案，以便于个体自身进行绩效考量[①]。

（一）绩效评价

1. 评价

美国印第安纳大学教育学院名誉教授埃贡·G. 古贝指出："评估是对人民和进步的投资。"[②] 他还指出："评估是由包括评估者以及由于评估而处于风险之中的利益相关者通过互动而实际创造的一种结果。"[③]

OECD 在一项有关高校管理的研究计划（IMHE）中对评价的定义为"一种用来测量那些难以数量化之物的数量价值。"[④]

美国著名行政学家罗森布鲁姆指出："如果不能评估某项活动，就无法管理它；也许更为正确的是，你评估什么你就得到什么。"[⑤] 奥斯本等指出："测量能推动工作；若

---

① McGregor D M M. An uneasy look at performance appraisal[J]. Harvard business review,1957,35(5/6):89-94.
② 古贝,林肯.第四代评估[M].秦霖,蒋燕玲,等译.北京:中国人民大学出版社,2008:389.
③ 同②:382.
④ 宋丽平,安宁.高校绩效评价指标体系构建[J].财会月刊(中),2006(3):9-11.
⑤ Rosenbloom D H. The context of management reform[J]. The public manager,1995(3).

不测量，就不能辨别成功还是失败；看不到成功，就不能给予奖励和从中学习；看不到失败，就不能纠正失败；展示成果，能赢得公众的支持。"① 林奇认为对所进行的支出活动的结果进行绩效衡量和测定，是提高公共产品产出和公共服务效率的有效途径②。

托尔（Thor）认为应该从多角度对绩效评价进行衡量，包括顾客角度、财务角度、人力资源角度、内部经营过程角度、技术和革新角度、合作角度和政策角度③。布朗克（Blank）更深入一步，他们从测量与评估的角度出发，指出绩效具有相对性，公共部门的绩效通常是相对于其他组织或其他时间点等的效率、效益和生产力变化④。

2. 绩效评价

2020年8月3日，《中华人民共和国预算法实施条例》（国务院令第729号）第二十条指出："预算法第三十二条第一款所称绩效评价，是指根据设定的绩效目标，依据规范的程序，对预算资金的投入、使用过程、产出与效果进行系统和客观的评价。绩效评价结果应当按照规定作为改进管理和编制以后年度预算的依据。"

斯潘伯格（Spangenberg）认为传统的绩效评估是一个相对独立的系统，通常与组织中的其他背景因素相脱离，如组织目标和战略、组织文化、管理者的承诺和支持等。而这些背景因素对于成功地实施绩效评估有着非常重要的作用。正因为传统的绩效评估对于提高员工的满意度和绩效的作用非常有限，对完成组织目标的作用也不大，所以才导致了绩效管理系统的发展⑤。

英国学者杰克逊（Jackson）指出，绩效评估"是政府责任的一个重要方式。责任涉及许多问题……评估是回答这些问题的有效方式。"⑥ 布鲁尔（Bruere）也将效率置于公共服务当中，他认为社会福利的持续性与政府的效率息息相关⑦。

伯曼（Berman）等认为绩效评价可以针对结果和质量，也可以针对工作任务⑧。贝恩（Behn）将绩效评价的目的总结为控制和激励政府行为以达到绩效标准。把绩效评价的目的分为八类，认为绩效评价是通过控制和激励以达到绩效的有效手段⑨。

---

① 奥斯本，盖布勒. 改革政府：企业家精神如何改革着公共部门[M]. 周敦仁，等译. 上海：上海译文出版社，2006：102-109.

② 林奇. 美国公共预算[M]. 董静，苟燕楠，译. 北京：中国财政经济出版社，2002：44-46.

③ Thor C G. How to find, select and display performance measures in government[J]. Cost management, 2003, 17(3): 31-38.

④ Blank J L T. Public provision and performance, contributions from efficiency and productivity measurement[M]. Amsterdam, the Netherlands: Elsevier Science B. V., 2000: 3-11.

⑤ Spangenberg H H. A system approach to performance appraisal in organizations[J]. Paper presented at the morning, 1992, 25(1): 1.

⑥ Jackson P M. Measures for success in the public sector[M]. London: CIP FA. In stock, 1995: 19.

⑦ Jonathan K. Budgeting democracy: State building and citizenship in American 1890—1928[J]. Ithaca. N Y: Cornell University Press, 1997: 65-66.

⑧ Berman E, Wang X H. Performance measurement in US countries: Capacity for reform[J]. Public administration review, 2000, 60(5): 409-420.

⑨ Robert B. Why measure performance? Different purposes require different measures[J]. Public administration review, 2003, 63(5): 586-604.

3. 预算绩效评价

(1)"预算绩效评价"原来称为"预算支出绩效考评"

2005年5月25日,财政部印发的《中央部门预算支出绩效考评管理办法(试行)》(财预〔2005〕86号)第三条规定:"本办法所称部门预算支出绩效考评(以下统称'绩效考评'),是指运用一定的考核方法、量化指标及评价标准,对中央部门为实现其职能所确定绩效目标的实现程度,以及为实现这一目标安排预算的执行结果所进行的综合性考核与评价。"

2009年6月22日,财政部印发的《财政支出绩效评价管理暂行办法》(财预〔2009〕76号)第二条规定:"财政支出绩效评价(以下简称绩效评价)是财政部门和预算部门(单位)根据设定的绩效目标,运用科学、合理的评价方法、指标体系和评价标准,对财政支出产出和效果进行客观、公正的评价。"

2011年4月2日,财政部印发的《财政支出绩效评价管理暂行办法》(财预〔2011〕285号)第二条规定:"财政支出绩效评价(简称'绩效评价')是指财政部门和预算部门(单位)根据设定的绩效目标,运用科学、合理的绩效评价指标、评价标准和评价方法,对财政支出的经济性、效率性和效益性进行客观、公正的评价。"

2020年2月25日,财政部印发的《项目支出绩效评价管理办法》(财预〔2020〕10号)第二条规定:项目支出绩效评价(简称"绩效评价")是指财政部门、预算部门和单位,依据设定的绩效目标,对项目支出的经济性、效率性、效益性和公平性进行客观、公正的测量、分析和评判。

(2)"预算绩效评价"≠"预算支出绩效考评"

贾康认为,"政府绩效预算评价体系"与"财政支出绩效评价体系"是两个概念,他在同一篇文章阐述了这两个概念。

贾康指出:"政府绩效预算评价体系是绩效预算的基础部分。政府绩效评价体系在绩效预算中的具体作用包括如下几个方面:首先,政府绩效分为政府行政总目标、部门总目标、部门目标结构、部门行政合规性、部门项目执行情况五个部分。当某一部门这五部分内容规定清晰以后,部门预算的支出结构和支出总额界定也就有了基本依据。其次,政府绩效评价标准说明的是政府各部门应该和可能做到什么、做到何种程度、什么时候做完。因此,一旦政府绩效评价标准明确下来,支出预算的合理性也就相应可以规定下来,支出结构的确定也就有了阶段依据。再其次,政府绩效评价指标本质上指明的是从哪几个方面和哪些点上去衡量政府绩效,同时也说明了政府绩效的可量化方面和不可量化方面。因此,一旦政府绩效评价指标确定下来了,当人们确定财政支出绩效评价指标体系时,也就可以把财政支出合理性指标测定与政府行政效果对应起来。"

贾康又指出:"财政支出绩效评价体系。近20年来伴随着西方国家政府公共支出管理改革的深化,财政支出绩效评价逐步制度化,其核心是强调公共支出管理中的目标与结果及其结果有效性的关系,形成一种新的、面向结果的管理理念和管理方式,以提高政府管理效率、资金使用效益和公共服务水平。建立财政支出绩效评价体系的核心，就是把现代市场经济的一些理念融入预算管理中，使政府预算能像企业财务计划一样，对政府的行为进行内控，并通过这种内控，保障政府目标的实现，提高政府运行效率，促进政府职能转变，提高政府与市场的协调能力。从操作层面上讲，财政支出绩效评价体系，不仅仅是对财政支出使用情况进行评价和监督，它的根本意义更是以财政支出效果为最终目标，考核政府的职能实现程度，也就是考核政府提供的公共产品或公共服务的数量与质量及成本。正因为财政支出绩效评价体系有着这样的功能，因此，如果仅仅从财政的角度来进行财政支出绩效评价，就很难全方位地反映财政支出的实际效益与效率。从这个意义上讲，财政支出绩效评价体系是以财政部门为主体，政府其他职能部门共同配合而形成的管理公共产品和公共服务的一项制度。由于财政支出范围广泛，再加上支出绩效呈多样性的表现特点，既有可以用货币衡量的经济效益，还有更多的无法用货币衡量的社会效益，而且不同的项目有不同的长短期效益，直接效益和间接效益。长期以来，财政部门一直无法采取一种比较准确的办法来对财政支出进行衡量。而这一'盲点'，恰恰是减少资源损失浪费、提高效率的关键点。财政支出绩效评价体系，就是要把"不可衡量的事"变为可衡量的，确定政府的职能、财政支出的目标以及实现这些目标所需的步骤，在给定目标的前提下寻求最有效率的实现目标的方式，以最低的成本最大限度地满足公共需要、社会经济发展的需要。财政支出绩效评价体系在绩效预算中的关键作用是从质和量两个角度说明政府资金的使用状况，从而使绩效预算的功能突出反映在资金使用效率评价对预算拨款的约束上。因此，可以说财政支出绩效评价是绩效预算的核心内容之一。政府绩效评价体系解决的是预算编制依据问题，财政支出绩效评价体系解决的则是编制好了的预算究竟是否被执行好、事后来看优劣之处是什么的问题。这两者可以说是绩效预算中前后相连的两大侧面。"①

（二）中国"预算绩效评价"的提出和发展

1."预算绩效评价"的提出

2003年10月14日，中国共产党第十六届中央委员会第三次全体会议通过的《中共中央关于完善社会主义市场经济体制若干问题的决定》第二十一条规定："凡能纳入预算的都要纳入预算管理。改革预算编制制度，完善预算编制、执行的制衡机制，加强审计监督。建立预算绩效评价体系。"

2003年12月，财政部在全国财政工作会议上提出：要"研究科学的绩效预算评价体系，促进财政支出效益的最大化"。此后，财政部预算司将推进绩效预算改革列入一项重要的工作计划②。

2004年12月23日，财政部发布了《中央政府投资项目预算绩效评价工作指导意见》（财建〔2004〕729号）。

2005年，财政部制定出台了《中央部门预算支出绩效评价管理办法（试行）》，使

---

① 贾康.绩效预算之目的：实现高效率[N].中国财经报，2006-06-09(2).
② 吕小艇,余元鹉.建立绩效预算评价体系的研究[J].预算管理与会计，2004(5):14-16.

我国绩效评价工作向前迈进了一大步。该办法确定了我国建立公共支出绩效评价制度的基本思路，规定了绩效评价的组织程序、结果应用等内容，对绩效评价和绩效预算工作的顺利开展起到了重要的推动作用。在中央部门试点建立预算绩效评价体系。试点以社会效益明显，部门自主决策程度大的项目为主，先易后难，稳步推进。

2."预算绩效评价"的启动

（1）《财政支出绩效评价管理暂行办法》发布和修改三次

2009年6月22日，财政部印发了《财政支出绩效评价管理暂行办法》（财预〔2009〕76号）；

2011年4月2日，财政部修改并印发了《财政支出绩效评价管理暂行办法》（财预〔2011〕285号）；

2020年2月25日，财政部在《财政支出绩效评价管理暂行办法》的基础上修订形成了《项目支出绩效评价管理办法》（财预〔2020〕10号）。

《财政支出绩效评价管理暂行办法》的修改在其他相关部分阐述。

（2）财政部发布《关于推进预算绩效管理的指导意见》

2011年7月5日，财政部发布的《关于推进预算绩效管理的指导意见》（财预〔2011〕416号）指出："预算支出绩效评价是预算绩效管理的核心。预算执行结束后，要及时对预算资金的产出和结果进行绩效评价，重点评价产出和结果的经济性、效率性和效益性。实施绩效评价要编制绩效评价方案，拟定评价计划，选择评价工具，确定评价方法，设计评价指标。预算具体执行单位要对预算执行情况进行自我评价，提交预算绩效报告，要将实际取得的绩效与绩效目标进行对比，如未实现绩效目标，须说明理由。组织开展预算支出绩效评价工作的单位要提交绩效评价报告，认真分析研究评价结果所反映的问题，努力查找资金使用和管理中的薄弱环节，制定改进和提高工作的措施。财政部门对预算单位的绩效评价工作进行指导、监督和检查，并对其报送的绩效评价报告进行审核，提出进一步改进预算管理、提高预算支出绩效的意见和建议。"并明确了"推进预算绩效管理的主要内容：预算绩效管理是一个由绩效目标管理、绩效运行跟踪监控管理、绩效评价实施管理、绩效评价结果反馈和应用管理共同组成的综合系统。推进预算绩效管理，要将绩效理念融入预算管理全过程，使之与预算编制、预算执行、预算监督一起成为预算管理的有机组成部分，逐步建立"预算编制有目标、预算执行有监控、预算完成有评价、评价结果有反馈、反馈结果有应用"的预算绩效管理机制。"预算绩效管理的主要内容包括：① 绩效目标管理；② 绩效运行跟踪监控管理；③ 绩效评价实施管理；④ 绩效评价结果反馈和应用管理。

（3）财政部发布《预算绩效管理工作规划（2012—2015年）》

2012年9月21日，财政部印发的《预算绩效管理工作规划（2012—2015年）》（财预〔2012〕396号）指出："预算绩效管理是政府绩效管理的重要组成部分，是财政科学化精细化管理的重要内容和结果要求。加强预算绩效管理的根本目的是改进预算支出管理、优化财政资源配置，提高公共产品和服务的质量。"提出了预算绩效管理的指导思想、基本原则和总体目标，在"总体目标"中明确了"贯彻党中央、国务院提出的建设高效、责任、透明政府的总体要求,构建具有中国特色的预算绩效管理体制,牢固树立'讲绩效、重绩效、用绩效''用钱必问效、无效必问责'的绩效管理理念,进一步增强支出责任和效率意识,全面加强预算管理,优化资源配置,提高财政资金使用绩效和科学化精细化管理水平,提升政府执行力和公信力。评价范围明显扩大。各级财政和预算部门都开展绩效评价工作,并逐年扩大评价的项目数量和资金规模。"

在"主要任务和重点工作"中提出了:

建立一个机制。即建立"预算编制有目标、预算执行有监控、预算完成有评价、评价结果有反馈、反馈结果有应用"的全过程预算绩效管理机制,实现预算绩效管理与预算编制、执行、监督有机结合。

完善两个体系。即"完善预算绩效管理制度体系和预算绩效评价体系。预算绩效管理制度体系着力建立健全预算绩效管理相关制度及具体实施细则,从方向和目标上加以规划和指导,增强可操作性。绩效评价体系着力规范评价主体范围,合理运用评价方式方法,切实完善绩效评价指标体系"。在"完善管理制度体系"中要求:一是加强法律法规建设,二是加强规章制度建设,三是加强业务规程建设。在"完善绩效评价体系"中要求:一是完善绩效评价主体,二是完善评价方式方法,三是完善绩效评价指标体系。加快对绩效指标的研究设计和修订补充,初步形成涵盖各类各项支出,符合目标内容,突出绩效特色、细化、量化的绩效指标;加强各类标准值的收集和整理,初步形成体现计划、行业、专业、历史等各方面特点的各类评价标准;强化评价权重设置的研究,选用各种科学的方法,合理设置权重分值,构建体现相关性、重要性、系统性、经济性原则的绩效评价指标体系,并实现绩效评价指标体系的共建共享。

健全三个智库。即健全专家学者库、中介机构库和监督指导库,分建共享,动态管理,为预算绩效管理提供智力支持和制衡监督。

实施四项工程。即实施扩面增点工程,实施重点评价工程,实施质量提升工程和实施结果应用工程。其中:在"实施扩面增点工程"中指出:"扩大绩效目标管理范围。逐年扩大绩效目标管理范围,到2015年,编报部门整体支出绩效目标的一级预算单位占本级所有一级预算单位的比例力争达到30%。编报绩效目标的转移支付资金占本级对下转移支付规模的比例力争达到40%。编报绩效目标的项目预算资金占本部门项目预算资金的比例力争达到50%,并将绩效目标管理范围逐步覆盖到绝大部分预算资金。"在"实施重点评价工程"中指出:开展绩效评价的资金总量占民生支出的比例逐年提高。逐步将涉及"三农"、教育、医疗卫生、社会保障和就业、节能环保、保障性安居工程等重大支出项目,尤其是上级对下级转移支付项目纳入重点评价范围。在"实施质量提升工程"中指出:以绩效评价质量控制为手段,以绩效信息系统建设为支撑,以预算绩效监督开展为保障,实现预算绩效管理质量的有效提升。一是实施绩效评价质量控制。二是完善绩效信息系统建设。三是加强预算绩效监督检查。在"实施结果应用工程"中要求:一是促进预算管理。建立完善绩效报告机制、反馈整改机制以及与预算安排有机结合机制。二是推进绩效信息公开。加强预算绩效信息发布管理制度建设,完善绩效信息公开机制,逐年扩大绩效目标、绩效报告、评价结果等绩效管理信息在本部门内部的公开范围，到 2015 年，实现在本部门内部的全面公开。三是实施结果奖惩。建立绩效管理工作考核和结果通报、约谈制度，对预算绩效管理工作表现突出的地区和部门，予以表扬和激励，对预算绩效管理工作做得较差的地区和部门，予以督促。研究将预算绩效管理工作考核结果纳入地区和部门工作目标考核范畴，作为评价地区和部门工作的重要依据，作为领导班子和领导干部综合考评的重要内容，逐步建立绩效问责机制。

最后，在附件中规定了县级财政支出管理绩效综合评价方案和绩效综合评价内容表，部门支出管理绩效综合评价方案和绩效综合评价指标体系。

（4）进一步推进项目支出绩效评价的试点工作和监控试点工作

2009 年 10 月 26 日，财政部发布了《财政部关于进一步推进中央部门预算项目支出绩效评价试点工作的通知》（财预〔2009〕390 号）。规定了项目支出绩效评价内容体系，包括项目绩效目标和项目绩效问题框架两部分。项目绩效目标，是中央部门（项目承担单位）根据其履行职能、发展事业的需要，结合项目支出预算提出的项目完成后将要达到的目的或结果。包括年度目标、长期目标和效率目标。其中：年度目标，是针对项目所期望达到的年度结果设定的目标；长期目标，是针对项目所期望达到的长期结果设定的目标；效率目标，是在实现项目结果方面体现成本节约或效率改进的目标。项目绩效问题框架，是开展项目支出绩效评价的工具，即围绕项目绩效目标，针对"项目定位、计划、管理和结果"设计的一系列问题。这些问题是项目承担单位进行事前自评、事后自评和主管部门组织进行绩效评价的依据。项目绩效问题框架包括以下四个部分：第一部分，项目定位。包括评价项目的绩效目标是否具体明确，项目的设计是否避免了重大缺陷，项目是否避免了与其他项目的重复，项目是否有明确的服务对象或受益人等。第二部分，项目计划。包括评价项目是否有明确的实施计划，项目是否有科学合理的绩效指标体系，项目的预算安排是否合理等。第三部分，项目管理。包括评价项目的管理者和参与者是否有明确的责任，项目是否有有效的财务管理办法，部门是否运用项目的绩效信息来加强项目管理等。第四部分，项目结果。包括评价项目是否实现了年度绩效目标、长期绩效目标和效率绩效目标等。项目绩效问题框架的每个部分、每个问题，均设定相应的权重值。通过采取评分和评级的方式，实施对项目支出的绩效评价。

最后，提出了绩效评价文本体系包括《中央部门预算项目支出自评报告》、《中央部门预算项目支出绩效报告》和《中央部门预算项目支出绩效评价报告》共三个报告。

2016 年 7 月 22 日，财政部办公厅发布的《关于开展 2016 年度中央部门项目支出绩效目标执行监控试点工作的通知》（财办预〔2016〕85 号）指出：绩效目标执行监控是全过程预算绩效管理的关键环节，也是确保中央部门实现绩效目标、落实绩效主体责任的重要手段。从 2016 年起，财政部选择部分中央部门开展项目支出绩效目标执行监控试点，2017 年进一步扩大试点范围，争取 2018 年全面铺开。2016 年开展绩效目标执行监控工作试点的有：教育部等 15 个中央部门。绩效目标执行监控的主要内容，包括年初计划提供的公共产品和服务的数量、质量、时效、成本等产出指标的完成值，项目支出计划带来经济效益、社会效益、生态效益等效果的实现程度及趋势，相关满意度指标的实现程度及趋势等。

3. "预算绩效评价"的深化

（1）"全面实施预算绩效管理"提出了"三全"要求

2018年9月1日，中共中央、国务院颁布的《关于全面实施预算绩效管理的意见》提出了"三全"即"构建全方位预算绩效管理格局"，"建立全过程预算绩效管理链条"，"完善全覆盖预算绩效管理体系"。

"构建全方位预算绩效管理格局"包括的内容：① 实施政府预算绩效管理。将各级政府收支预算全面纳入绩效管理。② 实施部门和单位预算绩效管理。……以预算资金管理为主线，统筹考虑资产和业务活动，从运行成本、管理效率、履职效能、社会效应、可持续发展能力和服务对象满意度等方面，衡量部门和单位整体及核心业务实施效果，推动提高部门和单位整体绩效水平。③ 实施政策和项目预算绩效管理。将政策和项目全面纳入绩效管理，从数量、质量、时效、成本、效益等方面，综合衡量政策和项目预算资金使用效果。

"建立全过程预算绩效管理链条"包括的内容：① 建立绩效评估机制。各部门各单位要结合预算评审、项目审批等，对新出台的重大政策、项目开展事前绩效评估，重点论证立项必要性、投入经济性、绩效目标合理性、实施方案可行性、筹资合规性等。② 强化绩效目标管理。各地区各部门编制预算时要贯彻落实党中央、国务院各项决策部署，分解细化各项工作要求，结合本地区本部门实际情况，全面设置部门和单位整体绩效目标、政策及项目绩效目标。绩效目标不仅要包括产出、成本，还要包括经济效益、社会效益、生态效益、可持续影响和服务对象满意度等绩效指标，各级财政部门要将绩效目标设置作为预算安排的前置条件，加强绩效目标审核。③ 做好绩效运行监控。各级政府和各部门各单位对绩效目标实现程度和预算执行进度实行"双监控"，发现问题要及时纠正，确保绩效目标如期保质保量实现。各级财政部门建立重大政策、项目绩效跟踪机制，对存在严重问题的政策、项目要暂缓或停止预算拨款，督促及时整改落实。④ 开展绩效评价和结果应用。通过自评和外部评价相结合的方式，对预算执行情况开展绩效评价。……逐步开展部门整体绩效评价，对下级政府财政运行情况实施综合绩效评价，必要时可以引入第三方机构参与绩效评价。健全绩效评价结果反馈制度和绩效问题整改责任制，加强绩效评价结果应用。

"完善全覆盖预算绩效管理体系"包括的内容：① 建立一般公共预算绩效管理体系。收入方面，要重点关注收入结构、征收效率和优惠政策实施效果。支出方面，要重点关注预算资金配置效率、使用效益，特别是重大政策和项目实施效果。② 建立其他政府预算绩效管理体系。除一般公共预算外，各级政府还要将政府性基金预算、国有资本经营预算、社会保险基金预算全部纳入绩效管理，加强四本预算之间的衔接。

《关于全面实施预算绩效管理的意见》还要求："力争用3~5年时间基本建成全方位、全过程、全覆盖的预算绩效管理体系，实现预算和绩效管理一体化，着力提高财政资源配置效率和使用效益，改变预算资金分配的固化格局，提高预算管理水平和政策实施效果,为经济社会发展提供有力保障。"

2018年11月8日,财政部发布的《关于贯彻落实〈中共中央国务院关于全面实施预算绩效管理的意见〉的通知》(财预〔2018〕167号)指出:"到2020年底中央部门和省级层面要基本建成全方位、全过程、全覆盖的预算绩效管理体系,既要提高本级财政资源配置效率和使用效益,又要加强对下转移支付的绩效管理,防止财政资金损失浪费;到2022年底市县层面要基本建成全方位、全过程、全覆盖的预算绩效管理体系,做到'花钱必问效、无效必问责',大幅提升预算管理水平和政策实施效果。"还指出:"强化绩效评价结果刚性约束。健全绩效评价结果反馈制度和绩效问题整改责任制,形成反馈、整改、提升绩效的良性循环。各级财政部门要会同有关部门抓紧建立绩效评价结果与预算安排和政策调整挂钩机制,按照奖优罚劣的原则,对绩效好的政策和项目原则上优先保障,对绩效一般的政策和项目要督促改进,对低效无效资金一律削减或取消,对长期沉淀的资金一律收回,并按照有关规定统筹用于亟需支持的领域。"

(2) 现行预算绩效管理仍然存在一些突出问题

2018年9月1日,中共中央、国务院颁布的《关于全面实施预算绩效管理的意见》指出:"现行预算绩效管理仍然存在一些突出问题,主要是:绩效理念尚未牢固树立,一些地方和部门存在重投入轻管理、重支出轻绩效的意识;绩效管理的广度和深度不足,尚未覆盖所有财政资金,一些领域财政资金低效无效、闲置沉淀、损失浪费的问题较为突出,克扣挪用、截留私分、虚报冒领的问题时有发生;绩效激励约束作用不强,绩效评价结果与预算安排和政策调整的挂钩机制尚未建立。"

(3) 我国的预算绩效管理工作仍处于起步阶段

2011年7月5日,财政部发布的《关于推进预算绩效管理的指导意见》(财预〔2011〕416号)指出:"从总体上看,我国的预算绩效管理工作仍处于起步阶段,思想认识还不够统一,制度建设相对滞后,试点范围较小,地区发展不平衡,与党中央、国务院对加强预算绩效管理的要求还有一定的差距。"

2012年9月21日,财政部印发的《预算绩效管理工作规划(2012—2015年)》(财预〔2012〕396号)指出:我国的预算绩效管理工作仍处于起步阶段,存在一些亟待解决的问题:绩效理念还未牢固树立,'重分配、轻管理,重支出、轻绩效'的思想还一定程度存在;绩效方面的法律法规相对缺失,统一的工作规划尚未制定,管理制度体系仍不健全,相关办法不具体、不细化、不系统,对预算绩效管理的保障支撑不强;绩效评价主体单一,第三方评价欠缺,绩效评价的公信力和权威性有待提高;全过程预算绩效管理还刚刚实行,绩效目标编制仍没有实质突破;基础管理工作比较薄弱,指标体系、信息系统、人员队伍、专业绩效评价机构建设等相对滞后,制约了绩效管理工作的深入开展;预算绩效管理试点面偏小、范围偏窄、进展不平衡,试点工作在省级开展得较多,市、县级开展得较少;激励约束机制不够健全,评价结果与预算安排还未有机结合,优化、促进预算管理的作用尚未充分体现。总体上看,预算绩效管理工作与党中央、国务院的要求和社会各界的期望还存在一定的差距,亟需统筹规划、协调推进。

苟燕楠、王海认为:"预算改革是一个长期渐进的过程。美国的基本预算模式从分项排列预算演进到新绩效预算经历了约80年时间,其间计划项目预算、零基预算、从上到下预算等改革失败者多,成功者少。即使是备受赞誉的新绩效预算,历十余年改革,在其核心目标'整合绩效与预算'上的成效也并不明显。这足以说明预算改革的艰难,绝非旦夕之功。与美国相比,我国的预算管理制度改革在时间跨度和深入程度上都刚刚起步。"[①] 我国从2003年10月才提出"建立预算绩效评价体系",至今仅20年时间,"全面实施预算绩效管理"任重道远。

2019年的政府工作报告指出:"预算绩效管理改革全面启动。"

(三) 中国"预算绩效评价"的基础内容

1. 预算绩效评价的主体

(1) 预算绩效评价的主体分为内部绩效评价主体和外部绩效评价主体。

① 内部绩效评价主体

内部绩效评价主体是指单位(行政单位、事业单位、企业等)内部组织的绩效评价。内部评价主体单位内部财政(财务)部门自评。内部绩效评价主体的优势是便于决策、控制与管理,贝恩(Behn)认为,绩效评价之目的在于获取绩效信息[②]。有利于实现以目标结果为导向的高效管理与自我激励。其弊端是既当裁判员,又当运动员,评价主体与评价对象的利益关系越密切,评估结论越容易被扭曲。美国著名非营利教育机构——林肯公共服务研究中心主席,曾任佛罗里达州立大学麦肯锡政府研究系教授托马斯·R. 戴伊(Thomas R. Dye)指出,若由执行决策的人来主持政策评估,那么评估结果只会显示项目所产生的积极效果[③]。因此,有必要引入利益相对超脱的外部评价主体(立法审计机构等),对预算绩效进行事后再评价。

② 外部绩效评价主体

外部绩效评价主体是指单位(行政单位、事业单位、企业等)外部组织的绩效评价。外部评价主体由审计署和公共账目审计联合委员会构成。外部绩效评价主体的优势是独立性和客观性[④]。澳大利亚国家审计署及新南威尔士州等地区的审计机关开展了跨部门重要项目的绩效审计,其比例占绩效审计总工作量的35%以上[⑤]。还有研究者认为,公众、媒体以及第三方评价主体(研究机构与民间中介组织)也是绩效评价的重要力量。公众参与绩效评估,能够强化政府治理与公共服务的质量[⑥]。如聘请会计师

---

① 苟燕楠,王海. 公共预算的传统与变迁:美国预算改革对中国的启示[J]. 财政研究,2009(6):78-81.
② Behn R D. Why measure performance? Different purposes require different measures [J]. Public administration review,2003,63(5):586-606.
③ 戴伊. 自上而下的政策制定[M]. 鞠方安,等译. 北京:中国人民大学出版社,2002:212.
④ Hawke L. Performance budgeting in Australia[J]. OECD Journal on budgeting,2007,7(3):1-15.
⑤ CPA Australia. Public sector performance audit[Z]. May 2015, https://www.cpaaustralia.com.au/~/media/corporate/allfiles/document/professional-resources/public-sector.
⑥ Yang K F, Holzer M. The performance-trust link: Implications for performance measurement[J]. Public administration review,2006,66(1):114-126.

事务所和专家团队等第三方机构。

③ 内外结合多元主体

田根宝、王文明的研究显示:"绩效管理主体及相应职责:a. 审计总署(GAO)。审计总署接受国会委托,代表国会对政府各部门进行年度绩效考评。对部门、计划、项目、专项工作的绩效进行专题评价。审计总署还可授权政府部门内设的评估机构对该部门的绩效或计划、项目进行考评。b. 管理和预算办公室(OMB)。总统管理和预算办公室主要协助总统工作,监督各部门提交年度预算和年度绩效报告,并要求各部门将预算和绩效报告提交总统,再由总统签署后提交国会,供国会审议、批准。c. 计划执行部门。美国主要政府部门都设立了计划与评价办公室,主要职责是:提交年度绩效计划和年度绩效报告,作为部门预算和申请拨款的基本文件;收集、整理绩效结果信息,提出制定或修订政策的建议;受国会审计署的委托,评价本部门的计划项目。"①

(2) 我国预算绩效评价的主体

预算绩效评价的"主体"是由"谁"实施预算绩效的评价。我国经历了从"单位"到"单位自评、部门评价和财政评价"三种方式再到在明确单位主体责任前提下"必要时可以引入第三方机构参与绩效评价"的过程。

绩效评价主体是预算绩效评价体系的重要内容。2012年9月21日,财政部印发的《预算绩效管理工作规划(2012—2015年)》(财预〔2012〕396号)在"完善绩效评价体系"中指出:"一是完善绩效评价主体。强化财政部门、预算部门绩效评价主体功能,探索引入第三方评价。"

① 单位是绩效评价的主体

2009年6月22日,财政部印发的《财政支出绩效评价管理暂行办法》(财预〔2009〕76号)第三条规定:"财政部门和各预算部门(单位)是绩效评价的主体。预算部门(单位)〔以下简称部门(单位)〕是指与财政部门有预算缴款、拨款关系的国家机关、政党组织、事业单位和社会团体。"

2011年4月2日,财政部印发的《财政支出绩效评价管理暂行办法》(财预〔2011〕285号)第三条规定:"各级财政部门和各预算部门(单位)是绩效评价的主体。预算部门(单位)(以下简称预算部门)是指与财政部门有预算缴拨款关系的国家机关、政党组织、事业单位、社会团体和其他独立核算的法人组织。"

② 绩效评价分为单位自评、部门评价和财政评价三种方式

2020年2月25日,财政部印发的《项目支出绩效评价管理办法》(财预〔2020〕10号)第四条规定:"绩效评价分为单位自评、部门评价和财政评价三种方式。单位自评是指预算部门组织部门本级和所属单位对预算批复的项目绩效目标完成情况进行自我评价。部门评价是指预算部门根据相关要求,运用科学、合理的绩效评价指标、评

---

① 田根宝,王文明.试论当前财政支出绩效监督的制度性安排:基于美国绩效评价制度设计的思考[J].财政监督,2009(1):23-25.

价标准和方法，对本部门的项目组织开展的绩效评价。财政评价是财政部门对预算部门的项目组织开展的绩效评价。"

③ 在明确单位主体责任前提下"必要时可以引入第三方机构参与绩效评价"

2011年4月2日，财政部印发的《财政支出绩效评价管理暂行办法》（财预〔2011〕285号）第二十五条规定："根据需要，绩效评价工作可委托专家、中介机构等第三方实施。财政部门应当对第三方组织参与绩效评价的工作进行规范，并指导其开展工作。"

2018年9月1日，中共中央、国务院颁布的《关于全面实施预算绩效管理的意见》第九条指出："各级财政部门建立重大政策、项目预算绩效评价机制，逐步开展部门整体绩效评价，对下级政府财政运行情况实施综合绩效评价，必要时可以引入第三方机构参与绩效评价。"

2018年11月8日，财政部发布的《关于贯彻落实〈中共中央、国务院关于全面实施预算绩效管理的意见〉的通知》（财预〔2018〕167号）指出："推动社会力量有序参与。引导和规范第三方机构参与预算绩效管理，加强执业质量全过程跟踪和监管。"

2018年7月30日，财政部发布的《关于推进政府购买服务第三方绩效评价工作的指导意见》（财综〔2018〕42号）指出："创新财政支持方式，加快转变政府职能，将第三方绩效评价作为推动政府购买服务改革的重要措施。明确相关主体责任。各级财政部门负责政府购买服务第三方绩效评价制度建设和业务指导，必要时可直接组织第三方机构开展绩效评价工作；购买主体负责承担第三方机构开展绩效评价的具体组织工作；第三方机构依法依规开展绩效评价工作，并对评价结果真实性负责；承接主体应当配合开展绩效评价工作。受益对象为社会公众的政府购买公共服务项目，应当积极引入第三方机构开展绩效评价工作。"

2021年4月13日，国务院颁布的《国务院关于进一步深化预算管理制度改革的意见》（国发〔2021〕5号）指出："为积极稳妥推进政府购买服务第三方绩效评价工作，财政部将于2018—2019年组织部分省市开展试点，通过试点完善政府购买服务绩效指标体系，探索创新评价形式、评价方法、评价路径，稳步推广第三方绩效评价。"

2. "预算绩效管理的基本原则""预算绩效评价的原则"与"绩效评价指标的原则"

（1）预算绩效管理的基本原则

2018年9月1日，中共中央、国务院颁布的《关于全面实施预算绩效管理的意见》在"基本原则"中指出：① 坚持总体设计、统筹兼顾。按照深化财税体制改革和建立现代财政制度的总体要求，统筹谋划全面实施预算绩效管理的路径和制度体系。既聚焦解决当前最紧迫问题，又着眼健全长效机制；既关注预算资金的直接产出和效果，又关注宏观政策目标的实现程度；既关注新出台政策、项目的科学性和精准度，又兼顾延续政策、项目的必要性和有效性。② 坚持全面推进、突出重点。预算绩效管理既要全面推进，将绩效理念和方法深度融入预算编制、执行、监督全过程，构建事前事中事后绩效管理闭环系统，又要突出重点，坚持问题导向，聚焦提升覆盖面广、社会关注度高、持续时间长的重大政策、项目的实施效果。③ 坚持科学规范、公开透明。抓紧健全科学规范的管理制度，完善绩效目标、绩效监控、绩效评价、结果应用等管理流程，健全共性的绩效指标框架和分行业领域的绩效指标体系，推动预算绩效管理标准科学、程序规范、方法合理、结果可信。大力推进绩效信息公开透明，主动向同级人大报告、向社会公开，自觉接受人大和社会各界监督。④ 坚持权责对等、约束有力。建立责任约束制度，明确各方预算绩效管理职责，清晰界定权责边界。健全激励约束机制，实现绩效评价结果与预算安排和政策调整挂钩。增强预算统筹能力，优化预算管理流程，调动地方和部门的积极性、主动性。

2011年7月5日，《财政部关于推进预算绩效管理的指导意见》（财预〔2011〕416号）在"推进预算绩效管理的基本原则"中指出：① 统一领导，分级管理。各级财政部门负责预算绩效管理工作的统一领导，组织对重点支出进行绩效评价和再评价。财政部负责预算绩效管理工作的总体规划和顶层制度的设计，组织并指导下级财政部门和本级预算单位预算绩效管理工作；地方各级财政部门负责本行政区域预算绩效管理工作。各预算单位是本单位预算绩效管理的主体，负责组织、指导单位本级和所属单位的预算绩效管理工作。② 积极试点，稳步推进。各级财政部门和预算单位要结合本地区、本单位实际情况，勇于探索，先易后难，优先选择重点民生支出和社会公益性较强的项目等进行预算绩效管理试点，积累经验，在此基础上稳步推进基本支出绩效管理试点、单位整体支出绩效管理试点和财政综合绩效管理试点。③ 程序规范，重点突出。建立规范的预算绩效管理工作流程，健全预算绩效管理运行机制，强化全过程预算绩效管理。加强绩效目标管理，突出重点，建立和完善绩效目标申报、审核、批复机制。④ 客观公正，公开透明。预算绩效管理要符合真实、客观、公平、公正的要求，评价指标要科学，基础数据要准确，评价方法要合理，评价结果要依法公开，接受监督。

2021年4月13日，国务院发布的《国务院关于进一步深化预算管理制度改革的意见》（国发〔2021〕5号）在"基本原则"中指出：① 坚持党的全面领导。将坚持和加强党的全面领导贯穿预算管理制度改革全过程。坚持以人民为中心，兜牢基本民生底线。坚持系统观念，加强财政资源统筹，集中力量办大事，坚决落实政府过紧日子要求，强化预算对落实党和国家重大政策的保障能力，实现有限公共资源与政策目标有效匹配。② 坚持预算法定。增强法治观念，强化纪律意识，严肃财经纪律，更加注重强化约束，着力提升制度执行力，维护法律的权威性和制度的刚性约束力。明确地方和部门的主体责任，切实强化预算约束，加强对权力运行的制约和监督。③ 坚持目标引领。按照建立现代财税体制的要求，坚持目标导向和问题导向相结合，完善管理手段，创新管理技术，破除管理瓶颈，推进预算和绩效管理一体化，以信息化推进预算管理现代化，加强预算管理各项制度的系统集成、协同高效，提高预算管理规范化、科学化、标准化水平和预算透明度。④ 坚持底线思维。把防风险摆在更加突出的位置，统筹发展和安全、当前和长远，杜绝脱离实际的过高承诺，形成稳定合理的社会预期。加强政府债务和中长期支出事项管理，牢牢守住不发生系统性风险的底线。

上述三个文件发布时间不同,表述存在差别。

(2) 预算绩效评价的原则

2009 年 6 月 22 日,财政部印发的《财政支出绩效评价管理暂行办法》(财预〔2009〕76 号)第五条指出:绩效评价应当遵循以下基本原则:① 科学规范原则。绩效评价应当注重财政支出的经济性、效率性和有效性,严格执行规定的程序,采用定量与定性分析相结合的方法。② 公正公开原则。绩效评价应当客观、公正,标准统一、资料可靠,依法公开并接受监督。③ 分级分类原则。绩效评价由各级财政部门、部门(单位)根据评价对象的特点分类组织实施。④ 绩效相关原则。绩效评价应当针对具体支出及其产出绩效进行,评价结果应清晰反映支出和产出绩效之间的紧密对应关系。

2011 年 4 月 2 日,财政部印发的《财政支出绩效评价管理暂行办法》(财预〔2011〕285 号)第五条指出:绩效评价应当遵循以下基本原则:① 科学规范原则。绩效评价应当严格执行规定的程序,按照科学可行的要求,采用定量与定性分析相结合的方法。② 公正公开原则。绩效评价应当符合真实、客观、公正的要求,依法公开并接受监督。③ 分级分类原则。绩效评价由各级财政部门、各预算部门根据评价对象的特点分类组织实施。④ 绩效相关原则。绩效评价应当针对具体支出及其产出绩效进行,评价结果应当清晰反映支出和产出绩效之间的紧密对应关系。

上述文件,第二个文件在修改第一个文件时对这一条未做修改。

2020 年 2 月 25 日,财政部印发的《项目支出绩效评价管理办法》(财预〔2020〕10 号)第五条规定:绩效评价应当遵循以下基本原则:① 科学公正。绩效评价应当运用科学合理的方法,按照规范的程序,对项目绩效进行客观、公正的反映。② 统筹兼顾。单位自评、部门评价和财政评价应职责明确,各有侧重,相互衔接。单位自评应由项目单位自主实施,即'谁支出、谁自评'。部门评价和财政评价应在单位自评的基础上开展,必要时可委托第三方机构实施。③ 激励约束。绩效评价结果应与预算安排、政策调整、改进管理实质性挂钩,体现奖优罚劣和激励相容导向,有效要安排、低效要压减、无效要问责。④ 公开透明。绩效评价结果应依法依规公开,并自觉接受社会监督。

第三个文件在修改第二个文件时变动较大,更接近"绩效评价"的本意,除了将第二个文件中的"科学""公正""客观""绩效""激励""公开"等进一步明确外,还增加了"谁支出、谁自评""透明"等。

(3) 绩效评价指标的原则

2009 年 6 月 22 日,财政部印发的《财政支出绩效评价管理暂行办法》(财预〔2009〕76 号)第十六条规定:绩效评价指标的确定应当遵循以下原则:① 相关性原则。绩效评价指标应当与绩效目标有直接的联系,能够正确反映目标的实现程度。② 重要性原则。应当优先使用最具部门(单位)或行业代表性、最能反映评价要求的核心指标。③ 系统性原则。绩效评价指标的设置应当将定量指标与定性指标相结合,系统反映财政支出所产生的社会效益、经济效益和可持续影响等。④ 经济性原则。绩效评价指标设计应当通俗易懂、简便易行,数据的获得应当考虑现实条件和可操作性,符合成本效益原则。

2011年4月2日，财政部印发的《财政支出绩效评价管理暂行办法》（财预〔2011〕285号）第十八条规定：绩效评价指标是指衡量绩效目标实现程度的考核工具。绩效评价指标的确定应当遵循以下原则：① 相关性原则。应当与绩效目标有直接的联系，能够恰当反映目标的实现程度。② 重要性原则。应当优先使用最具评价对象代表性、最能反映评价要求的核心指标。③ 可比性原则。对同类评价对象要设定共性的绩效评价指标，以便于评价结果可以相互比较。④ 系统性原则。应当将定量指标与定性指标相结合，系统反映财政支出所产生的社会效益、经济效益、环境效益和可持续影响等。⑤ 经济性原则。应当通俗易懂、简便易行，数据的获得应当考虑现实条件和可操作性，符合成本效益原则。

从以上内容不难看出，第二个文件多了一个"可比性原则"。

可以借助国外CREAM原则设计绩效指标。它包括：

① 清晰性（clear）

它是指指标的表述、内容清晰准确，边界明确。也可称为"可解释性"，评价者和被评价者都对指标的考核内容和目的有清楚的认识，解释无歧义。只有可解释性很强，才能够提供准确的信息。指标分为定性指标和定量指标。无论是定性指标还是定量指标，指标都必须满足清晰性要求。

② 相关性（relative）

它是指评价指标应当与绩效目标是相关的，是被评价者能够通过自身的努力所左右的，能够正确反映目标的实现程度，是适合于考察被评价者的目标完成程度的指标。但结果指标的可计量性和可控性要差一些，而易于计量的指标通常相关性会弱一些。

③ 充分性（adequate）

它是指评价指标的设定涵盖评价对象的全部，要求具有全面性，既不能顾此失彼，又不能以偏概全。不要设定花里胡哨的既无法找到数据的评价指标，又无适当方法测量的指标。要实事求是地充分体现被评价的对象。

④ 经济性（economic）

它是指绩效评价符合成本效益原则。绩效评价时评价指标的获取、绩效信息的收集和整理都需要成本。特别是在绩效计量时，不能仅考虑个体的价值判断，对成果的计量是很复杂的事情，被评价资金的收益要大于绩效评价本身所产生的成本，要符合成本效益原则，否则就不符合经济性要求。

⑤ 可监督性（monitorable）

它是指绩效指标无论是定性的还是定量的，设定时都必须考虑可监督性。可监督性包含可测性和可监控性两个方面。可测性是指设计的评价指标、收集被评价的信息和采用的方法都易操作；可监控性是指评价的过程和结果公开透明，一目了然，易监控。

3. 预算绩效评价的主要依据

2009年6月22日，财政部印发的《财政支出绩效评价管理暂行办法》（财预〔2009〕

76号)第六条规定:绩效评价的主要依据:① 国家相关法律、法规和规章制度;② 各级政府制订的国民经济与社会发展规划和方针政策;③ 财政部门制定的绩效评价管理制度及工作规范;④ 部门(单位)职能职责、中长期发展规划及年度工作计划;⑤ 相关行业政策、行业标准及专业技术规范;⑥ 部门(单位)预算申报的相关材料、依法批复的部门(单位)预算;地方申请专项转移支付资金的相关资料;⑦ 部门(单位)年度决算报告;⑧ 审计部门对预算执行情况的年度审计报告;⑨ 其他相关资料。

2011年4月2日,财政部印发的《财政支出绩效评价管理暂行办法》(财预〔2011〕285号)第六条规定:绩效评价的主要依据:① 国家相关法律、法规和规章制度;② 各级政府制定的国民经济与社会发展规划和方针政策;③ 预算管理制度、资金及财务管理办法、财务会计资料;④ 预算部门职能职责、中长期发展规划及年度工作计划;⑤ 相关行业政策、行业标准及专业技术规范;⑥ 申请预算时提出的绩效目标及其他相关材料,财政部门预算批复,财政部门和预算部门年度预算执行情况,年度决算报告;⑦ 人大审查结果报告、审计报告及决定、财政监督检查报告;⑧ 其他相关资料。

从上述内容不难看出,第二个文件少了一个"依据"。其中:第一个文件第3条"财政部门制定的绩效评价管理制度及工作规范"在第二个文件中改为"预算管理制度、资金及财务管理办法、财务会计资料";第一个文件第6条"部门(单位)预算申报的相关材料、依法批复的部门(单位)预算;地方申请专项转移支付资金的相关资料",第7条"部门(单位)年度决算报告"和第8条"审计部门对预算执行情况的年度审计报告"这三条在第二个文件中改为"申请预算时提出的绩效目标及其他相关材料,财政部门预算批复,财政部门和预算部门年度预算执行情况,年度决算报告";第二个文件增加了一条即第7条"人大审查结果报告、审计报告及决定、财政监督检查报告"。

2020年2月25日,财政部印发的《项目支出绩效评价管理办法》(财预〔2020〕10号)第六条规定:绩效评价的主要依据:① 国家相关法律、法规和规章制度;② 党中央、国务院重大决策部署,经济社会发展目标,地方各级党委和政府重点任务要求;③ 部门职责相关规定;④ 相关行业政策、行业标准及专业技术规范;⑤ 预算管理制度及办法、项目及资金管理办法、财务和会计资料;⑥ 项目设立的政策依据和目标,预算执行情况,年度决算报告、项目决算或验收报告等相关材料;⑦ 本级人大审查结果报告、审计报告及决定,财政监督稽核报告等;⑧ 其他相关资料。

从上述内容可以看出,其中:第二个文件第2条"各级政府制定的国民经济与社会发展规划和方针政策"在第三个文件中改为"党中央、国务院重大决策部署,经济社会发展目标,地方各级党委和政府重点任务要求";第二个文件第3条和第5条在第三个文件中改为第5条和第4条;第二个文件第4条"预算部门职能职责、中长期发展规划及年度工作计划"在第三个文件中改为"部门职责相关规定";第二个文件第6条"申请预算时提出的绩效目标及其他相关材料,财政部门预算批复,财政部门和预算部门年度预算执行情况,年度决算报告"在第三个文件中改为"项目设立的政策依据和目标,预算执行情况,年度决算报告、项目决算或验收报告等相关材料";第二个文件

第 7 条"人大审查结果报告、审计报告及决定、财政监督检查报告"在第三个文件中改为"本级人大审查结果报告、审计报告及决定,财政监督稽核报告等。"

三、预算绩效的指标

(一)"预算绩效管理"≠"预算绩效评价"

希克(Schick)认为绩效评价是绩效预算管理的基础环节,他在 20 世纪 70 年代就开始对项目预算中绩效的测量与评价展开研究[①]。

瑞典的决策部门认为绩效预算管理是以实现预算任务的成效和效率为目的的管理方式,而不是单纯的措施或方法,其中成效和效率是指要做合理的事以及高效地做事[②]。

2011 年 7 月 5 日,财政部发布的《关于推进预算绩效管理的指导意见》(财预〔2011〕416 号)指出:"推进预算绩效管理的主要内容:预算绩效管理是一个由绩效目标管理、绩效运行跟踪监控管理、绩效评价实施管理、绩效评价结果反馈和应用管理共同组成的综合系统。……绩效目标是预算绩效管理的基础,是整个预算绩效管理系统的前提,……预算绩效运行跟踪监控管理是预算绩效管理的重要环节。……预算支出绩效评价是预算绩效管理的核心。……预算绩效是指预算资金所达到的产出和结果。……强调预算支出的责任和效率,要求在预算编制、执行、监督的全过程中更加关注预算资金的产出和结果。"由此可见,"预算绩效评价"是"预算绩效管理"的一部分。

(二)绩效指标的内容

1. 绩效指标的涵义

OECD 将绩效指标分为单独指标(投入、产出、结果)与比率指标(效率、生产率、效果)两类[③]。

GAO 将绩效指标分为项目活动实施水平、项目直接提供的产品或服务、产品或服务的结果等三大类[④]。

澳大利亚按照投入、产出、结果的逻辑模型,采用 3E 法对应设置质量、数量及成本等指标[⑤]。

构建预算绩效指标是推进绩效评价的核心环节,就研究探索而言,早在半个多世纪以前,里奇微(Ridgway)就曾指出,使用单一评价指标容易出现博弈与合谋现象,应采用多重权重指标方法,为每一种指标设置各自的效度和信度范围,以此减少博弈

---

① Schick A. The road to PPB: The stages of budget reform[J]. Public administration review,1966,26(4):243-258.
② 贾康. 我国推行财政支出绩效考评研究[J]. 经济研究参考,2006(29):3-36.
③ OECD. Measuring government activity[M]. [S. l.]:OECD Publishing,2009.
④ GAO. Performance measurement and evaluation:Definitions and relationships[EB/OL]. [2023-10-11]. https://www.gao.gov/special.pubs/gg98026.
⑤ Australian government productive commission. Approach to performance reporting[EB/OL]. [2023-10-11]. https://www.pc.gov.au/research/ongoing/report-on-government-services/2015.

行为[①]。

卡拉汉（Callahan）从绩效目标、绩效指标的收集、数据来源、绩效信息追踪等角度，系统考察了绩效评价的操作过程，提出应设计并区分"中间结果"与"最终结果"两类指标[②]。

还有学者从预算的功能性出发，分类探讨诸如治安类等个性绩效评价指标的设计问题[③]。

2. 绩效评价的对象

2009年6月22日，财政部印发的《财政支出绩效评价管理暂行办法》（财预〔2009〕76号）第七条规定："绩效评价的对象包括部门（单位）预算管理的财政性资金和上级政府对下级政府的转移支付资金。"

2011年4月2日，财政部印发的《财政支出绩效评价管理暂行办法》（财预〔2011〕285号）第七条规定："绩效评价的对象包括纳入政府预算管理的资金和纳入部门预算管理的资金。按照预算级次，可分为本级部门预算管理的资金和上级政府对下级政府的转移支付资金。"

2020年2月25日，财政部印发的《项目支出绩效评价管理办法》（财预〔2020〕10号）第八条规定："单位自评的对象包括纳入政府预算管理的所有项目支出。"第九条规定："部门评价对象应根据工作需要，优先选择部门履职的重大改革发展项目，随机选择一般性项目。原则上应以5年为周期，实现部门评价重点项目全覆盖。"第十条规定："财政评价对象应根据工作需要，优先选择贯彻落实党中央、国务院重大方针政策和决策部署的项目，覆盖面广、影响力大、社会关注度高、实施期长的项目。对重点项目应周期性组织开展绩效评价。"

3. 绩效评价的内容

2005年5月25日，财政部印发的《中央部门预算支出绩效考评管理办法（试行）》（财预〔2005〕86号）第十条规定：绩效考评的主要内容包括：① 绩效目标的完成情况；② 为完成绩效目标安排的预算资金的使用情况和财务管理状况；③ 部门为完成绩效目标采取的加强管理的制度、措施等；④ 部门根据实际情况确定的其他考核内容。

2009年6月22日，财政部印发的《财政支出绩效评价管理暂行办法》（财预〔2009〕76号）第十条规定：绩效评价的基本内容：① 财政资金使用情况、财务管理状况和资产配置、使用、处置及其收益管理情况；② 为加强管理所制定的相关制度、采取的措施等；③ 绩效目标的实现程度，包括是否达到预定产出和效果等；④ 需要评价的其他

---

① Ridgway V F. Dysfunctional consequences of performance measurements [J]. Administrative science quarterly, 1956, 1(2): 240-247.

② Callahan K. Performance measurement: Getting results[J]. Journal of the American planning association, 2008, 74(1): 140-141.

③ Rautiainen A, Urquía-Grande E. Institutional logics in police performance indicator development: A comparative case study of Spain and Finland[J]. European accounting review, 2017, 26(2): 165-191.

内容。第十一条规定:"绩效评价一般以预算年度为周期,对跨年度的重大(重点)项目可根据项目或支出完成情况实施阶段性评价。"

2011年4月2日,财政部印发的《财政支出绩效评价管理暂行办法》(财预〔2011〕285号)第十条规定:"绩效评价的基本内容:① 绩效目标的设定情况;② 资金投入和使用情况;③ 为实现绩效目标制定的制度、采取的措施等;④ 绩效目标的实现程度及效果;⑤ 绩效评价的其他内容。"第十一条规定:"绩效评价一般以预算年度为周期,对跨年度的重大(重点)项目可根据项目或支出完成情况实施阶段性评价。"

2020年2月25日,财政部印发的《项目支出绩效评价管理办法》(财预〔2020〕10号)第十一条规定:单位自评的内容主要包括项目总体绩效目标、各项绩效指标完成情况以及预算执行情况。对未完成绩效目标或偏离绩效目标较大的项目要分析并说明原因,研究提出改进措施。第十二条规定:财政和部门评价的内容主要包括:① 决策情况;② 资金管理和使用情况;③ 相关管理制度办法的健全性及执行情况;④ 实现的产出情况;⑤ 取得的效益情况;⑥ 其他相关内容。

(三)我国绩效指标的初期考评——"业务考评"与"财务考评"相结合

前已述及,"预算绩效评价"原来称为"预算支出绩效考评"。

1. 项目考评的内容分为业务考评和财务考评

在绩效评价初期称为"绩效考评",当时是"业务考评与财务考评相结合"。

2003年9月30日,财政部发布的《中央级行政经费项目支出绩效考评管理办法(试行)》(财行〔2003〕108号)第七条规定:"项目考评的内容分为业务考评和财务考评。业务考评内容主要是项目执行情况。财务考评内容主要是资金和财务管理状况等。"

2003年4月21日,财政部发布的《中央级教科文部门项目绩效考评管理办法》(财教〔2003〕28号)第七条规定:"教科文部门项目考评的内容分为业务考评和财务考评。"

2005年9月9日,财政部发布的《中央级教科文部门项目绩效考评管理办法》(财教〔2005〕149号)第七条规定:"教科文部门项目考评的内容分为业务考评和财务考评。"

2. 业务考评和财务考评的内容

(1)业务考评的内容

2003年9月30日,财政部发布的《中央级行政经费项目支出绩效考评管理办法(试行)》(财行〔2003〕108号)第十一条规定:"'项目完成工作量'主要考核项目是否完成计划确定的工作量;'项目完成进度'主要考核项目是否按计划时间进展;'项目完成质量'主要考核项目的质量是否合格;'项目采购方式'主要考核项目的采购是否按照有关规定采取相应的采购方式,是政府集中采购,还是各单位分散采购。上述指标重点考核项目的业务情况。"

2003年4月21日,财政部发布的《中央级教科文部门项目绩效考评管理办法》

（财教〔2003〕28号）第八条规定："业务考评内容主要包括：立项目标完成程度、目标完成的可能性、立项目标的合理性、项目验收的有效性、项目组织管理水平、项目的经济效益、项目的社会效益、项目可持续性影响等。"

2005年9月9日，财政部发布的《中央级教科文部门项目绩效考评管理办法》（财教〔2005〕149号）第八条规定："业务考评内容主要包括：立项目标完成程度、目标完成的可能性、立项目标的合理性、项目验收的有效性、项目组织管理水平、项目的经济效益、项目的社会效益、项目可持续性影响等。"

（2）财务考评的内容

2003年9月30日，财政部发布的《中央级行政经费项目支出绩效考评管理办法（试行）》（财行〔2003〕108号）第十二条规定："'资金到位数量'主要考核项目资金包括财政拨款、预算外资金和其他资金是否按计划确定的数量到位；'资金到位及时性'主要考核各项资金是否按计划时间及时到位；'资金支出情况'主要考核项目支出预算完成情况以及各项资金支出构成是否符合项目计划的要求；'财务制度执行情况'主要考核项目执行中是否遵循了有关财务制度的规定。上述指标重点考核项目的财务情况。"

2003年4月21日，财政部发布的《中央级教科文部门项目绩效考评管理办法》（财教〔2003〕28号）第九条规定："财务考评内容主要包括：资金落实情况、实际支出情况、财务信息质量、财务管理状况等。"

2005年9月9日，财政部发布的《中央级教科文部门项目绩效考评管理办法》（财教〔2005〕149号）第九条规定："财务考评内容主要包括：资金落实情况、实际支出情况、财务信息质量、财务管理状况等。"

对照分析以上内容可以看出，《中央级教科文部门项目绩效考评管理办法》（财教〔2005〕149号）对《中央级教科文部门项目绩效考评管理办法》（财教〔2003〕28号）中关于"业务考评"与"财务考评"的内容没有修改。

3. 业务考评和财务考评的指标

（1）业务考评的指标

2003年9月30日，财政部印发的《中央级行政经费项目支出绩效考评管理办法（试行）》（财行〔2003〕108号）第九条规定："按照简明、实用的原则设置项目考评指标，既要客观、准确地对项目进展情况和执行结果进行考评，又要便于操作。"第十条规定："行政经费项目支出考评指标主要包括项目完成工作量、项目完成进度、项目完成质量、项目采购方式、资金到位数量、资金到位及时性、资金支出情况和财务制度执行情况等项指标。"第十一条规定："'项目完成工作量'主要考核项目是否完成计划确定的工作量；'项目完成进度'主要考核项目是否按计划时间进展；'项目完成质量'主要考核项目的质量是否合格；'项目采购方式'主要考核项目的采购是否按照有关规定采取相应的采购方式，是政府集中采购，还是各单位分散采购。上述指标重点考核项目的业务情况。"

(2) 财务考评的指标

2003年9月30日,财政部印发的《中央级行政经费项目支出绩效考评管理办法(试行)》(财行〔2003〕108号)第十二条规定:"'资金到位数量'主要考核项目资金包括财政拨款、预算外资金和其他资金是否按计划确定的数量到位;'资金到位及时性'主要考核各项资金是否按计划时间及时到位;'资金支出情况'主要考核项目支出预算完成情况以及各项资金支出构成是否符合项目计划的要求;'财务制度执行情况'主要考核项目执行中是否遵循了有关财务制度的规定。上述指标重点考核项目的财务情况。"

(3) 共性考评指标

2003年9月30日,财政部印发的《中央级行政经费项目支出绩效考评管理办法(试行)》(财行〔2003〕108号)第十三条规定:"以上指标为财政部根据考评内容统一制定的共性考评指标,对个性特点突出的项目,财政部商有关部门另行制定特性考评指标。"第十四条规定:"项目考评采用百分制。根据各项指标的重要性,其分值分别是:'资金支出情况'20分,'项目完成工作量'、'项目完成质量'和'资金到位数量'各15分,'项目完成进度'、'资金到位及时性'和'财务制度执行情况'各10分,'项目采购方式'5分。"

(四) 共性指标与个性指标(特性指标)

2003年9月30日,财政部发布的《中央级行政经费项目支出绩效考评管理办法(试行)》(财行〔2003〕108号)第十三条规定:"以上指标为财政部根据考评内容统一制定的共性考评指标,对个性特点突出的项目,财政部商有关部门另行制定特性考评指标。"这里称"特性指标"。

2005年5月25日,财政部印发的《中央部门预算支出绩效考评管理办法(试行)》(财预〔2005〕86号)第十四条规定:"绩效考评指标分为共性考评指标和个性考评指标。共性考评指标是适用于所有中央部门的绩效考评指标,个性考评指标是针对部门和行业特点确定的适用于不同中央部门的绩效考评指标。"

2005年9月9日,财政部发布的《中央级教科文部门项目绩效考评管理办法》(财教〔2005〕149号)第十六条规定:"财政部根据考评内容统一制定共性考评指标,教科文部门根据考评项目的特点商财政部确定个性考评指标。"这里称"个性指标"。

1. 共性指标包括"业务考评"与"财务考评"

(1)《中央级教科文部门项目绩效考评管理办法》(财教〔2003〕28号)的附件一:《中央级教科文部门项目绩效考评规范》第十六条规定:项目考评工作应制定科学、完整的考评指标。考评指标由共性和特性指标组成。共性考评指标包括:① 业务考评指标:A. 立项目标完成程度,主要考评项目阶段目标或总体目标的完成情况;B. 目标完成的可能性,根据项目实际进展情况预测项目目标实现的可能性;C. 立项目标的合理性,主要考评立项目标设置是否客观、科学;D. 项目验收的有效性,主要考评项目验收方式的合理性、验收机构的权威性和验收结果的公正性等;E. 项目组织管理水平，主要考评项目单位在实施项目过程中的组织、协调、管理能力和条件保障状况等；F. 项目的经济效益，主要考评项目对承担单位、区域及国家经济发展所带来的直接或间接效益等；G. 项目的社会效益，主要考评项目受益范围，项目对区域及国家经济社会发展和风俗习惯的影响等；H. 项目可持续性影响，主要考评项目的结果对项目单位以及社会经济和资源环境的持续影响力等。② 财务考评指标：A. 资金落实情况，主要考评预算执行情况、资金到位率和资金到位及时性等；B. 实际支出情况，主要考评项目实际支出构成的合理性、超支或结余情况等；C. 财务信息质量，主要考评与项目相关的财务会计信息资料的真实性、全面性等；D. 财务管理状况，主要考评项目单位财务制度健全性、财务管理有效性、财务制度执行状况等。财政部、教科文部门应根据考评项目的特点，在共性考评指标下确定特性考评指标。

（2）《中央级教科文部门项目绩效考评管理办法》（财教〔2005〕149号）的附件一：《中央级教科文部门项目绩效考评规范》第十六条规定："项目考评工作应制定科学、完整的考评指标。考评指标由共性和个性指标组成。共性考评指标包括：① 业务考评指标：A. 立项目标完成程度，主要考评项目阶段目标或总体目标的完成情况；B. 目标完成的可能性，根据项目实际进展情况预测项目目标实现的可能性；C. 立项目标的合理性，主要考评立项目标设置是否客观、科学；D. 项目验收的有效性，主要考评项目验收方式的合理性、验收机构的权威性和验收结果的公正性等；E. 项目组织管理水平，主要考评项目单位在实施项目过程中的组织、协调、管理能力和条件保障状况等；F. 项目的经济效益，主要考评项目对承担单位、区域及国家经济发展所带来的直接或间接效益等；G. 项目的社会效益，主要考评项目受益范围，项目对区域及国家经济社会发展和风俗习惯的影响等；H. 项目可持续性影响，主要考评项目的结果对项目单位以及社会经济和资源环境的持续影响力等。② 财务考评指标：A. 资金落实情况，主要考评预算执行情况、资金到位率和资金到位及时性等；B. 实际支出情况，主要考评项目实际支出构成的合理性、超支或结余情况等；C. 财务信息质量，主要考评与项目相关的财务会计信息资料的真实性、全面性等；D. 财务管理状况，主要考评项目单位财务制度健全性、财务管理有效性、财务制度执行状况等。教科文部门商财政部根据考评项目的特点，在共性考评指标下确定个性考评指标。"

对照分析以上内容可以看出，《中央级教科文部门项目绩效考评管理办法》（财教〔2005〕149号）的附件一《中央级教科文部门项目绩效考评规范》对《中央级教科文部门项目绩效考评管理办法》（财教〔2003〕28号）的附件一《中央级教科文部门项目绩效考评规范》中关于共性指标包括"业务考评"与"财务考评"的内容没有修改。

2. 三个文件对"共性指标"和"个性指标"的规定

2005年5月25日，财政部印发的《中央部门预算支出绩效考评管理办法（试行）》（财预〔2005〕86号）第十四条规定："绩效考评指标分为共性考评指标和个性考评指标。共性考评指标是适用于所有中央部门的绩效考评指标，个性考评指标是针对部门和行业特点确定的适用于不同中央部门的绩效考评指标。"第十五条规定："绩效考评共性指标主要包括以下类型：绩效目标完成程度、预算执行情况、财务管理状况、经济和社会效益、资产的配置和使用情况等。具体指标由财政部确定。"第十六条规定："绩效考评个性指标由中央部门商财政部根据被考评对象的绩效目标制定。"

2009年6月22日，财政部印发的《财政支出绩效评价管理暂行办法》（财预〔2009〕76号）第十七条规定："绩效评价指标分为共性指标和个性指标。① 共性指标是适用于所有部门的指标，主要包括预算执行情况、财务管理状况、资产配置、使用、处置及其收益管理情况以及社会效益、经济效益等衡量绩效目标完成程度的指标。② 个性指标是针对部门和行业特点确定的适用于不同部门的指标。③ 绩效评价指标由财政部门和部门（单位）分别或共同制定。"

2011年4月2日，财政部印发的《财政支出绩效评价管理暂行办法》（财预〔2011〕285号）第十九条规定："绩效评价指标分为共性指标和个性指标。① 共性指标是适用于所有评价对象的指标。主要包括预算编制和执行情况、财务管理状况、资产配置、使用、处置及其收益管理情况以及社会效益、经济效益等。② 个性指标是针对预算部门或项目特点设定的，适用于不同预算部门或项目的业绩评价指标。共性指标由财政部门统一制定，个性指标由财政部门会同预算部门制定。"

这三个文件对"共性指标"的规定，基本上都是"绩效目标完成程度"，"预算执行情况"，"财务管理状况"，"预算执行情况"，"资产的配置和使用情况"，"经济效益"，"社会效益"等。此外，《财政支出绩效评价管理暂行办法》（财预〔2011〕285号）没有提"绩效目标完成程度"，将"预算执行情况"改为"预算编制和执行情况"，将"资产的配置和使用情况"改为"资产配置、使用、处置及其收益管理情况"。

这三个文件对"个性指标"的规定，是"个性指标由中央部门商财政部根据被考评对象的绩效目标制定"。

3.《预算绩效评价共性指标体系框架》的内容

2013年4月21日，财政部印发的《预算绩效评价共性指标体系框架》（财预〔2013〕53号）提出了"共性指标体系框架"。笔者整理了三个框架（《项目支出绩效评价共性指标体系框架》《部门整体支出绩效评价共性指标体系框架》《财政预算绩效评价共性指标体系框架》）的"一级指标""二级指标""三级指标"，见表3-1。

表3-1 三个框架的"一级指标""二级指标""三级指标"

文件名称	一级指标	二级指标	三级指标
《项目支出绩效评价共性指标体系框架》	投入	项目立项	项目立项规范性
			绩效目标合理性
			绩效指标明确性
		资金落实	资金到位率
			到位及时率

续表 3-1

文件名称	一级指标	二级指标	三级指标
《项目支出绩效评价共性指标体系框架》	过程	业务管理	管理制度健全性
			制度执行有效性
			项目质量可控性
		财务管理	管理制度健全性
			资金使用合规性
			财务监控有效性
	产出	项目产出	实际完成率
			完成及时率
			质量达标率
			成本节约率
	效果	项目效益	经济效益
			社会效益
			生态效益
			可持续影响
			社会公众或服务对象满意度
《部门整体支出绩效评价共性指标体系框架》	投入	目标设定	绩效目标合理性
			绩效指标明确性
		预算配置	在职人员控制率
			"三公经费"变动率
			重点支出安排率
	过程	预算执行	预算完成率
			预算调整率
			支付进度率
			结转结余率
			结转结余变动率
			公用经费控制率
			"三公经费"控制率
			政府采购执行率
		预算管理	管理制度健全性
			资金使用合规性
			预决算信息公开性
			基础信息完善性

续表 3-1

文件名称	一级指标	二级指标	三级指标
《部门整体支出绩效评价共性指标体系框架》	产出	职责履行	实际完成率
			完成及时率
			质量达标率
			重点工作办结率
	效果	履职效益	经济效益
			社会效益
			生态效益
			社会公众或服务对象满意度
《财政预算绩效评价共性指标体系框架》	投入	预算安排	人员经费保障率
			公用经费保障率
			人均公用经费变动率
			民生支出占比
			民生支出占比变动率
			"三公经费"变动率
			预算完整性
			预算平衡性
			财政供养人员控制率
			债务率
《财政预算绩效评价共性指标体系框架》	过程	预算执行	收入完成率
			支出完成率
			支出均衡率
			资金结转率
			资金结转变动率
			"三公经费"控制率
			总预算暂存暂付率
	效果	经济效益	财政总收入占GDP的比重
			税收收入占比
			税收收入占比变动率
			非税收入占比
			非税收入占比变动率
			财政支出乘数

续表 3-1

文件名称	一级指标	二级指标	三级指标
《财政预算绩效评价共性指标体系框架》	效果	社会效益	城镇居民人均可支配收入变动率
			农村居民人均纯收入变动率
			人均受教育年限变动率
			人均期望寿命变动率
			城镇登记失业率变动率
		生态效益	空气质量变动率
			人均公共绿地面积变动率
			万元 GDP 能耗变动率
		社会公众满意度	

4. 个性指标

"个性指标"涉及高校领域，在本章第四节"高校预算绩效评价的探索"中阐述。

(五) 预算绩效目标决定预算绩效评价指标

2018年9月1日，《中共中央 国务院关于全面实施预算绩效管理的意见》第七条指出："绩效目标不仅要包括产出、成本，还要包括经济效益、社会效益、生态效益、可持续影响和服务对象满意度等绩效指标。"

2019年12月10日，《教育部关于全面实施预算绩效管理的意见》（教财〔2019〕6号）第三条第四款指出："绩效目标不仅要包括产出、成本，还要包括经济效益、社会效益、生态效益、可持续影响和服务对象满意度等绩效指标。"

2020年2月25日，财政部印发的《项目支出绩效评价管理办法》（财预〔2020〕10号）第十四条规定："财政和部门绩效评价指标的确定应当符合以下要求：与评价对象密切相关，全面反映项目决策、项目和资金管理、产出和效益；优先选取最具代表性、最能直接反映产出和效益的核心指标，精简实用；指标内涵应当明确、具体、可衡量，数据及佐证资料应当可采集、可获得；同类项目绩效评价指标和标准应具有一致性，便于评价结果相互比较。"

(六) 预算绩效目标与评价标准

预算绩效目标与评价标准关系密切。2015年5月21日，财政部印发的《中央部门预算绩效目标管理办法》（财预〔2015〕88号）是专门规定"预算绩效目标"的文件，其第十一条规定："绩效标准是设定绩效指标时所依据或参考的标准。一般包括：① 历史标准，是指同类指标的历史数据等；② 行业标准，是指国家公布的行业指标数据等；③ 计划标准，是指预先制定的目标、计划、预算、定额等数据；④ 财政部认可的其他标准。"

《预算绩效管理工作规划（2012—2015年）》（财预〔2012〕396号）在"完善绩效评价体系"中指出："加强各类标准值的收集和整理，初步形成体现计划、行业、专业、历史等各方面特点的各类评价标准。"

2009年6月22日,财政部印发的《财政支出绩效评价管理暂行办法》(财预〔2009〕76号)第十八条规定:绩效评价标准是指衡量财政支出绩效目标完成程度的尺度。绩效评价标准具体包括:① 计划标准。是指以预先制定的目标、计划、预算、定额等数据作为评价的标准。② 行业标准。是指参照国家公布的行业指标数据制定的评价标准。③ 历史标准。是指参照同类指标的历史数据制定的评价标准。④ 其他标准。

2011年4月2日,财政部印发的《财政支出绩效评价管理暂行办法》(财预〔2011〕285号)第二十条规定:绩效评价标准是指衡量财政支出绩效目标完成程度的尺度。绩效评价标准具体包括:① 计划标准。是指以预先制定的目标、计划、预算、定额等数据作为评价的标准。② 行业标准。是指参照国家公布的行业指标数据制定的评价标准。③ 历史标准。是指参照同类指标的历史数据制定的评价标准。④ 其他经财政部门确认的标准。

2020年2月25日,财政部印发的《项目支出绩效评价管理办法》(财预〔2020〕10号)第十五条规定:绩效评价标准通常包括计划标准、行业标准、历史标准等,用于对绩效指标完成情况进行比较。① 计划标准。指以预先制定的目标、计划、预算、定额等作为评价标准。② 行业标准。指参照国家公布的行业指标数据制定的评价标准。③ 历史标准。指参照历史数据制定的评价标准,为体现绩效改进的原则,在可实现的条件下应当确定相对较高的评价标准。④ 财政部门和预算部门确认或认可的其他标准。

(七)单位自评指标

2020年2月25日,财政部印发的《项目支出绩效评价管理办法》(财预〔2020〕10号)第十三条规定:"单位自评指标是指预算批复时确定的绩效指标,包括项目的产出数量、质量、时效、成本,以及经济效益、社会效益、生态效益、可持续影响、服务对象满意度等。单位自评指标的权重由各单位根据项目实际情况确定。原则上和一级指标权重统一设置为:预算执行率10%、产出指标50%、效益指标30%、服务对象满意度指标10%。如有特殊情况,一级指标权重可做适当调整。二、三级指标应当根据指标重要程度、项目实施阶段等因素综合确定,准确反映项目的产出和效益。"第十四条规定:"财政和部门绩效评价指标的确定应当符合以下要求:与评价对象密切相关,全面反映项目决策、项目和资金管理、产出和效益;优先选取最具代表性、最能直接反映产出和效益的核心指标,精简实用;指标内涵应当明确、具体、可衡量,数据及佐证资料应当可采集、可获得;同类项目绩效评价指标和标准应具有一致性,便于评价结果相互比较。"

(八)完善预算绩效评价体系

2003年10月14日,党的十六届三中全会通过的《中共中央关于完善社会主义市场经济体制若干问题的决定》第二十一条提出"建立预算绩效评价体系"。

2009年10月26日,《财政部关于进一步推进中央部门预算项目支出绩效评价试点工作的通知》(财预〔2009〕390号)指出:"财政部的职责:制定绩效评价办法,设计绩效评价体系，负责指导各部门的评价工作。"

2012年9月21日，财政部发布的《预算绩效管理工作规划（2012—2015年）》（财预〔2012〕396号）在"完善预算绩效管理制度体系和预算绩效评价体系"中指出："完善绩效评价体系。一是完善绩效评价主体。强化财政部门、预算部门绩效评价主体功能，探索引入第三方评价。财政部门负责本级预算部门和下级财政部门支出绩效的评价或再评价，涵盖所有财政性资金，包括纳入政府预算管理的资金和纳入部门预算管理的资金，按预算级次分为本级部门预算管理的资金和上级政府对下级政府的转移支付资金。预算部门负责组织实施本部门支出绩效评价工作，对下属单位支出进行评价或再评价。……二是完善评价方式方法。创新评价方式，逐步建立自我评价与外部评价相结合、定量评价与定性评价相结合的多种绩效评价方式，确保绩效评价结果的权威性、公正性。科学合理地运用成本效益分析法、比较法、因素分析法、最低成本法、公众评判法等一种或多种评价方法，对财政支出的经济性、效率性和效益性进行客观评价。三是完善绩效评价指标体系。加快对绩效指标的研究设计和修订补充，初步形成涵盖各类各项支出，符合目标内容，突出绩效特色，细化、量化的绩效指标；加强各类标准值的收集和整理，初步形成体现计划、行业、专业、历史等各方面特点的各类评价标准；强化评价权重设置的研究，选用各种科学的方法，合理设置权重分值，构建体现相关性、重要性、系统性、经济性原则的绩效评价指标体系，并实现绩效评价指标体系的共建共享。"

2018年9月1日，中共中央、国务院颁布的《关于全面实施预算绩效管理的意见》第十三条指出："绩效指标和标准体系要与基本公共服务标准、部门预算项目支出标准等衔接匹配，突出结果导向，重点考核实绩。创新评估评价方法，立足多维视角和多元数据，依托大数据分析技术，运用成本效益分析法、比较法、因素分析法、公众评判法、标杆管理法等，提高绩效评估评价结果的客观性和准确性。"

预算绩效评价方式方法在下节阐述。

第三节 预算绩效评价技术规范研究

2005年9月9日，财政部印发的《中央级教科文部门项目绩效考评管理办法》（财教〔2005〕149号）在其附件《中央级教科文部门项目绩效考评规范》第十二条规定："技术规范主要包括考评形式、考评方法、考评程序及考评指标等相关内容。"第十三条规定："项目考评形式包括现场考核评价和非现场考核评价。专家组和中介机构应根据财政部或教科文部门的要求以及考评项目的特点采取不同的考评形式，一般以现场考核评价形式为主。"第十四条规定："考评方法包括综合评价法、对比分析法、投入产出法等，专家组和中介机构根据财政部或教科文部门的要求以及考评项目的特点可采取一种或多种考评方法。"

预算绩效评价方式方法是完善绩效评价体系的重要内容。《预算绩效管理工作规划（2012—2015年）》（财预〔2012〕396号）在"完善绩效评价体系"中指出："二是完善评价方式方法。创新评价方式,逐步建立自我评价与外部评价相结合、定量评价与定性评价相结合的多种绩效评价方式,确保绩效评价结果的权威性、公正性。科学合理地运用成本效益分析法、比较法、因素分析法、最低成本法、公众评判法等一种或多种评价方法,对财政支出的经济性、效率性和效益性进行客观评价。"

一、绩效评价的方法

(一) 三方法

2003年4月21日,财政部印发的《中央级教科文部门项目绩效考评管理试行办法》(财教〔2003〕28号)在其附件《中央级教科文部门项目绩效考评规范》第十四条指出:"考评方法包括综合评价法、对比分析法、投入产出法等,专家组和中介机构根据财政部或教科文部门的要求以及考评项目的特点可采取一种或多种考评方法。"

2005年9月9日,财政部印发的《中央级教科文部门项目绩效考评管理办法》(财教〔2005〕149号)在其附件《中央级教科文部门项目绩效考评规范》第十四条指出:"考评方法包括综合评价法、对比分析法、投入产出法等,专家组和中介机构根据财政部或教科文部门的要求以及考评项目的特点可采取一种或多种考评方法。"

(二) 五方法

2005年5月25日,财政部印发的《中央部门预算支出绩效考评管理办法(试行)》(财预〔2005〕86号)第十一条规定:"绩效考评采取定性和定量相结合的方式。"第十二条规定:"绩效考评方法主要包括比较法、因素分析法、公众评价法、成本效益分析法等。① 比较法。是指通过对绩效目标与绩效结果、历史情况和考评期情况、不同部门和地区同类支出的比较,综合分析考评绩效目标完成情况的考评方法。② 因素分析法。是指通过分析影响目标、结果及成本的内外因素,综合分析考评绩效目标完成情况的考评方法。③ 公众评价法。是指对无法直接用指标计量其效果的支出,通过专家评估、公众问卷及抽样调查,对各项绩效考评内容完成情况进行打分,并根据分值考评绩效目标完成情况的考评方法。④ 成本效益分析法。是指将一定时期内的支出与效益进行对比分析,来考评绩效目标完成情况的考评方法。⑤ 财政部和中央部门确定的其他考评方法。"

(三) 六方法

2009年6月22日,财政部印发的《财政支出绩效评价管理暂行办法》(财预〔2009〕76号)第十九条规定:"绩效评价方法主要采用成本效益分析法、比较法、因素分析法、最低成本法、公众评判法等。① 成本效益分析法。是指将一定时期内的支出与效益进行对比分析以评价绩效目标实现程度。适用于成本、效益都能准确计量的项目绩效评价。② 比较法。是指通过对绩效目标与实施效果、历史与当期情况、不同部门和地区同类支出的比较,综合分析绩效目标实现程度。③ 因素分析法。是指通过综合分析影响绩效目标实现、实施效果的内外因素,评价绩效目标实现程度。④ 最低成本法。是指对效益确定却不易计量的多个同类对象的实施成本进行比较,评价绩效目标实现程度。适用于公共管理与服务、社会保障、文化、教育等领域支出的绩效评价。⑤ 公众评判法。是指通过专家评估、公众问卷及抽样调查等对财政支出效果进行评判，评价绩效目标实现程度。⑥ 其他评价方法。"第二十条规定："绩效评价方法的选用应当坚持定量优先、简便有效的原则。根据评价对象的具体情况，可采用一种或多种方法进行绩效评价。"

2011年4月2日，财政部印发的《财政支出绩效评价管理暂行办法》（财预〔2011〕285号）第二十一条规定："绩效评价方法主要采用成本效益分析法、比较法、因素分析法、最低成本法、公众评判法等。① 成本效益分析法。是指将一定时期内的支出与效益进行对比分析，以评价绩效目标实现程度。② 比较法。是指通过对绩效目标与实施效果、历史与当期情况、不同部门和地区同类支出的比较，综合分析绩效目标实现程度。③ 因素分析法。是指通过综合分析影响绩效目标实现、实施效果的内外因素，评价绩效目标实现程度。④ 最低成本法。是指对效益确定却不易计量的多个同类对象的实施成本进行比较，评价绩效目标实现程度。⑤ 公众评判法。是指通过专家评估、公众问卷及抽样调查等对财政支出效果进行评判，评价绩效目标实现程度。⑥ 其他评价方法。"第二十二条规定："绩效评价方法的选用应当坚持简便有效的原则。根据评价对象的具体情况，可采用一种或多种方法进行绩效评价。"

"六方法"与"五方法"比较，多了一个"最低成本法"。

（四）七方法

2020年2月25日，财政部印发的《项目支出绩效评价管理办法》（财预〔2020〕10号）第十六条规定："单位自评采用定量与定性评价相结合的比较法，总分由各项指标得分汇总形成。定量指标得分按照以下方法评定：与年初指标值相比，完成指标值的，记该指标所赋全部分值；对完成值高于指标值较多的，要分析原因，如果是由于年初指标值设定明显偏低造成的，要按照偏离度适度调减分值；未完成指标值的，按照完成值与指标值的比例记分。定性指标得分按照以下方法评定：根据指标完成情况分为达成年度指标、部分达成年度指标并具有一定效果、未达成年度指标且效果较差三档，分别按照该指标对应分值区间100%～80%（含）、80%～60%（含）、60%～0%合理确定分值。"第十七条规定："财政和部门评价的方法主要包括成本效益分析法、比较法、因素分析法、最低成本法、公众评判法、标杆管理法等。根据评价对象的具体情况，可采用一种或多种方法。① 成本效益分析法。是指将投入与产出、效益进行关联性分析的方法。② 比较法。是指将实施情况与绩效目标、历史情况、不同部门和地区同类支出情况进行比较的方法。③ 因素分析法。是指综合分析影响绩效目标实现、实施效果的内外部因素的方法。④ 最低成本法。是指在绩效目标确定的前提下，成本最小者为优的方法。⑤ 公众评判法。是指通过专家评估、公众问卷及抽样调查等方式进行评判的方法。⑥ 标杆管理法。是指以国内外同行业中较高的绩效水平为标杆进行评判的方法。⑦ 其他评价方法。"第十八条规定："绩效评价结果采取评分和评级相结合的方式，具体分值和等级可根据不同评价内容设定。总分一般设置为100分，等级一般划分为四档：90（含）～100 分为优、80（含）～90 分为良、60（含）～80 分为中、60 分以下为差。"

"七方法"与"六方法"比较，多了一个"标杆管理法"。标杆管理（benchmarking）又称基准管理，起源于 20 世纪 70 年代末至 80 年代初，最初由施乐公司使用，后经美国生产力与质量中心系统化和规范化。施乐公司将标杆管理定义为"一个将产品、服务和实践与最强大的竞争对手或行业领导者相比较的持续流程"。其核心就是以行业最高标准或是以最大竞争对手的标准作为目标，来改进自己的产品（或服务）和工艺流程。美国生产力与质量中心对标杆管理的定义是："标杆管理是一个系统、持续性的评估过程，它通过不断地将组织流程与世界上居领先地位的组织相比较，以获得帮助组织改善经营绩效的信息。"其实这个定义并不全面深刻，标杆管理不仅是一个信息获取过程和评估过程，它还涉及规划和组织实施的过程。

"标杆环"由立标、对标、达标、创标四个环节构成，前后衔接，形成持续改进、围绕"创建规则"和"标准本身"的不断超越、螺旋上升的良性循环。① 立标即树标杆，选择同行先进的指标为基准；② 对标即对照标杆找差距、寻短板，探索达标的方法与途径；③ 达标即落实达标的方法与途径，使之达到标杆水平；④ 创标即达标后超越初选标杆创新。帕特里夏·基利（Patricia Keehley）将标杆管理引入公共部门管理，现标杆管理被认为是一种通过比较、评价，以取得更高的绩效的有效方法。

二、绩效评价的权重

（一）绩效评价权重的规定

2003 年 4 月 21 日，财政部印发的《中央级教科文部门项目绩效考评管理试行办法》（财教〔2003〕28 号）在其附件《中央级教科文部门项目绩效考评规范》第十七条指出："项目考评指标的赋值、权重、计算方法等，由财政部商教科文部门确定。"2005 年 9 月 9 日，财政部印发的《中央级教科文部门项目绩效考评管理办法》（财教〔2005〕149 号）在其附件《中央级教科文部门项目绩效考评规范》第十七条做了同样的规定。

2009 年 10 月 26 日，《财政部关于进一步推进中央部门预算项目支出绩效评价试点工作的通知》（财预〔2009〕390 号）指出："项目绩效问题框架的每个部分、每个问题，均设定相应的权重值。通过采取评分和评级的方式，实施对项目支出的绩效评价。"

2016 年 10 月 31 日，财政部办公厅发布的《关于开展中央部门项目支出绩效自评工作的通知》（财办预〔2016〕123 号）指出："项目绩效自评采取打分评价的形式，满分为 100 分。一级指标权重统一设置为：产出指标 50 分、效益指标 30 分、服务对象满意度指标 10 分、预算资金执行率 10 分。如有特殊情况，上述权重可做适当调整，但加总后应等于 100%。各部门根据各项指标重要程度确定项目的二级绩效指标和三级绩效指标的权重。"

2018年7月30日,《财政部关于推进政府购买服务第三方绩效评价工作的指导意见》(财综〔2018〕42号)第四条指出:"建立健全指标体系。编制预算时应同步合理设定政府购买服务绩效目标及相应指标,作为开展政府购买服务绩效评价的依据。指标体系要能够客观评价服务提供状况和服务对象、相关群体以及购买主体等方面满意情况,特别是对服务对象满意度指标应当赋予较大权重。"

2020年2月25日,财政部印发的《项目支出绩效评价管理办法》(财预〔2020〕10号)第十三条规定:"单位自评指标的权重由各单位根据项目实际情况确定。原则上预算执行率和一级指标权重统一设置为:预算执行率10%、产出指标50%、效益指标30%、服务对象满意度指标10%。如有特殊情况,一级指标权重可做适当调整。二、三级指标应当根据指标重要程度、项目实施阶段等因素综合确定,准确反映项目的产出和效益。"第十四条规定:"财政和部门评价指标的权重根据各项指标在评价体系中的重要程度确定,应当突出结果导向,原则上产出、效益指标权重不低于60%。同一评价对象处于不同实施阶段时,指标权重应体现差异性,其中,实施期间的评价更加注重决策、过程和产出,实施期结束后的评价更加注重产出和效益。"

(二)绩效评价权重的重要性

2012年9月21日,财政部发布的《预算绩效管理工作规划(2012—2015年)》(财预〔2012〕396号)在"完善绩效评价体系"中指出:"强化评价权重设置的研究,选用各种科学的方法,合理设置权重分值,构建体现相关性、重要性、系统性、经济性原则的绩效评价指标体系,并实现绩效评价指标体系的共建共享。"

评价权重设置是完善绩效评价体系的重要内容。绩效评价是主观行为,但绩效评价应尽量客观公正,因此,评价权重设置应体现重要性、相关性等原则,强调结果导向,原则上产出、效益指标权重不低于60%。

三、绩效评价的组织管理与实施

2009年6月22日,财政部印发的《财政支出绩效评价管理暂行办法》(财预〔2009〕76号)第二十一条规定:"财政部门负责制定绩效评价规章制度,指导、检查各部门(单位)的绩效评价工作,并根据需要对部门(单位)支出绩效实施评价和再评价。"第二十二条规定:"部门(单位)负责组织实施本部门(单位)的绩效评价工作。"第二十三条规定:"根据需要,绩效评价可聘请专家或中介机构进行。"

2011年4月2日,财政部印发的《财政支出绩效评价管理暂行办法》(财预〔2011〕285号)第二十三条规定:"财政部门负责拟定绩效评价规章制度和相应的技术规范,组织、指导本级预算部门、下级财政部门的绩效评价工作;根据需要对本级预算部门、下级财政部门支出实施绩效评价或再评价;提出改进预算支出管理意见并督促落实。"第二十四条规定:"预算部门负责制定本部门绩效评价规章制度;具体组织实施本部门绩效评价工作;向同级财政部门报送绩效报告和绩效评价报告;落实财政部门整改意见;根据绩效评价结果改进预算支出管理。"第二十五条规定:"根据需要,绩效评价工作可委托专家、中介机构等第三方实施。财政部门应当对第三方组织参与绩效评价的工作进行规范，并指导其开展工作。"

2020年2月25日，财政部印发的《项目支出绩效评价管理办法》（财预〔2020〕10号）第十九条规定："财政部门负责拟定绩效评价制度办法，指导本级各部门和下级财政部门开展绩效评价工作；会同有关部门对单位自评和部门评价结果进行抽查复核，督促部门充分应用自评和评价结果；根据需要组织实施绩效评价，加强评价结果反馈和应用。"第二十条规定："各部门负责制定本部门绩效评价办法，组织部门本级和所属单位开展自评工作，汇总自评结果，加强自评结果审核和应用；具体组织实施部门评价工作，加强评价结果反馈和应用。积极配合财政评价工作，落实评价整改意见。"第二十一条规定："部门本级和所属单位按照要求具体负责自评工作，对自评结果的真实性和准确性负责，自评中发现的问题要及时进行整改"。第二十三条规定："财政和部门评价根据需要可委托第三方机构或相关领域专家（以下简称第三方，主要是指与资金使用单位没有直接利益关系的单位和个人）参与，并加强对第三方的指导，对第三方工作质量进行监督管理，推动提高评价的客观性和公正性。"第二十四条规定："部门委托第三方开展绩效评价的，要体现委托人与项目实施主体相分离的原则，一般由主管财务的机构委托，确保绩效评价的独立、客观、公正。"

四、绩效评价和再评价的工作程序

（一）绩效评价的工作程序

2003年4月21日，财政部印发的《中央级教科文部门项目绩效考评管理试行办法》（财教〔2003〕28号）在其附件《中央级教科文部门项目绩效考评规范》第十五条指出："考评程序包括委托受理、方案设计、专家评价、综合分析、撰写报告、提交备案等环节。① 委托受理。专家组和中介机构在接受委托任务时，须收集考评项目的有关信息资料，明确考评的目标、要求等，签订协议并取得项目考评委托书。② 方案设计。专家组和中介机构应针对考评项目的特点，拟定具体考评方案，选择考评形式和方法，确定考评专家和人员，编制考评工作手册。③ 专家评价。采取现场考评形式的，考评专家根据考评工作需要到现场采取勘察、问询、复核等多种方式，对考评项目的有关情况进行核实，并对所掌握的有关信息资料进行分类、整理和初步分析；采取非现场考评形式的，考评专家应根据项目单位提交的资料进行分析，提出考评意见。对上述两种考评形式，考评专家均应独立提出书面考评意见。④ 综合分析。专家组和中介机构汇总各方面的资料信息，采取相应的考评方法进行分析评价，对考评中的重点、难点和疑点问题，应组织相关人员进行会审，在此基础上形成考评结论。⑤ 撰写报告。专家组和中介机构按照规定的文本格式和协议要求撰写项目绩效考评报告。项目绩效考评报告应依据充分、内容完整、真实准确。⑥ 提交备案。项目绩效考评报告经专家组或中介机构负责人签章后，在规定时间内提交给财政部或教科文部门。工作草稿和有关资料应妥善保管，以便备查。"

2005年5月25日，财政部印发的《中央部门预算支出绩效考评管理办法（试行）》（财预〔2005〕86号）第五章为"绩效考评的工作程序"，第二十一条规定："绩效考评工作程序一般分为准备、实施、撰写和提交绩效考评报告三个阶段。"第二十二条规定：绩效考评的准备阶段：① 确定考评对象和下达考评通知。中央部门商财政部根据绩效目标以及预算管理的要求确定绩效考评对象，下达考评通知（内容主要包括考评目的、内容、任务、依据、考评时间、考评的具体实施者等）。对确定的绩效考评对象，中央部门应在向财政部编报"二上"预算时，对绩效目标做出规定；根据财政部"二下"批复的预算，中央部门对绩效目标作出调整的，应报财政部备案。② 拟定考评工作方案。考评的具体实施者根据绩效考评对象和考评通知拟定具体考评工作方案，报中央部门审定。第二十三条规定：绩效考评的实施阶段：① 形式审查。考评的具体实施者应当对中央部门提交的绩效报告及相关资料的格式和内容进行审查。中央部门对所提供资料的真实性和准确性负责。② 现场和非现场考评。绩效考评的形式包括现场考评和非现场考评，考评的具体实施者可根据具体情况，结合考评对象的特点采取不同的考评形式。现场考评，是指考评的具体实施者到现场采取勘察、询查、复核等方式，对有关情况进行核实，并对所掌握的有关信息资料进行分类、整理和分析，提出考评意见。非现场考评，是指考评的具体实施者在对中央部门提交的资料进行分类、整理和分析的基础上，提出考评意见。③ 综合评价。考评的具体实施者在现场和非现场考评的基础上，运用相关考评方法对绩效情况进行综合评价，形成考评结论。考评结论包括定性分析和定量分析两个方面。第二十四条规定：撰写和提交绩效考评报告阶段：① 撰写报告。考评的具体实施者按照规定的文本格式和要求撰写绩效考评报告。绩效考评报告应依据充分，内容完整，数据准确，分析透彻，逻辑清晰。② 提交报告。绩效考评报告应当在规定时间内提交，并将绩效考评结论通知中央部门。

2005年9月9日，财政部印发的《中央级教科文部门项目绩效考评管理办法》（财教〔2005〕149号）在其附件《中央级教科文部门项目绩效考评规范》第十五条指出："考评程序包括下达通知、委托受理、方案设计、形式审查、开展评价、综合分析、撰写报告、提交备案等环节。① 下达通知。教科文部门商财政部根据绩效目标以及预算管理的要求在'一下'之前确定绩效考评对象，下达考评通知（内容主要包括考评目的、内容、任务、依据、考评时间、考评的具体实施者等）。对确定的绩效考评对象，教科文部门应在向财政部编报'二上'预算时，对绩效目标做出规定；根据财政部'二下'批复的预算，教科文部门对绩效目标做出调整的，应报财政部备案。② 委托受理。委托专家组或中介机构进行考评的项目，专家组和中介机构在接受委托任务时，须收集考评项目的有关信息资料，明确考评的目标、要求等，签订协议并取得项目考评委托书。③ 方案设计。考评实施人，包括专家、中介机构和部门内部相关人员等，根据绩效考评对象和考评通知拟订具体考评工作方案，由教科文部门审定。④ 形式审查。考评实施人应当对教科文部门提交的绩效报告及相关资料的格式和内容进行审查。教科文部门对所提供资料的真实性和准确性负责。⑤ 开展评价。采取现场考评形式的，考评实施人根据考评工作需要到现场采取勘察、问询、复核等多种方式，对考评项目的有关情况进行核实，并对所掌握的有关信息资料进行分类、整理和初步分析；采取非现场考评形式的，考评实施人应根据项目单位提交的资料进行分析，提出考评意见。对上述两种考评形式，考评实施人均应独立提出书面考评意见。⑥ 综合分析。考评实施人汇总各方面的资料信息，采取相应的考评方法进行分析评价，对考评中的重点、难点和疑点问题，应组织相关人员进行会审，在此基础上形成考评结论。⑦ 撰写报告。考评实施人按照规定的文本格式和协议要求撰写项目绩效考评报告。项目绩效考评报告应依据充分、内容完整、真实准确。⑧ 提交备案。重大项目的绩效考评报告经专家组或中介机构负责人签章后，在规定时间内提交给委托方。一般项目的绩效考评报告应由部门负责人签章。主管部门应将项目绩效考评报告在考评结束一个月内报送财政部备案。工作草稿和有关资料应妥善保管，以便备查。"

2009年6月22日，财政部印发的《财政支出绩效评价管理暂行办法》（财预〔2009〕76号）第二十四条规定：财政部门或部门（单位）实施绩效评价的工作程序：① 设定绩效目标。部门（单位）编制支出预算时，应当设定绩效目标。② 确定被评价的部门（单位）或项目。③ 撰写绩效报告。预算年度终了或跨年度重大项目实施一定阶段时，部门（单位）应当分析绩效目标完成情况，撰写绩效报告。④ 完成绩效评价。评价部门根据被评价部门（单位）的绩效报告，对其绩效目标的完成情况进行绩效评价，撰写绩效评价报告，并报送财政部门备案。⑤ 绩效评价结果反馈和应用。

2011年4月2日，财政部印发的《财政支出绩效评价管理暂行办法》（财预〔2011〕285号）第二十六条规定：绩效评价工作一般按照以下程序进行：① 确定绩效评价对象；② 下达绩效评价通知；③ 确定绩效评价工作人员；④ 制订绩效评价工作方案；⑤ 收集绩效评价相关资料；⑥ 对资料进行审查核实；⑦ 综合分析并形成评价结论；⑧ 撰写与提交评价报告；⑨ 建立绩效评价档案。预算部门年度绩效评价对象由预算部门结合本单位工作实际提出并报同级财政部门审核确定；也可由财政部门根据经济社会发展需求和年度工作重点等相关原则确定。

2020年2月25日，财政部印发的《项目支出绩效评价管理办法》（财预〔2020〕10号）第二十二条规定：财政和部门评价工作主要包括以下环节：① 确定绩效评价对象和范围；② 下达绩效评价通知；③ 研究制订绩效评价工作方案；④ 收集绩效评价相关数据资料，并进行现场调研、座谈；⑤ 核实有关情况，分析形成初步结论；⑥ 与被评价部门（单位）交换意见；⑦ 综合分析并形成最终结论；⑧ 提交绩效评价报告；⑨ 建立绩效评价档案。

（二）绩效再评价的工作程序

2009年6月22日，财政部印发的《财政支出绩效评价管理暂行办法》（财预〔2009〕76号）第二十一条规定："财政部门负责制定绩效评价规章制度，指导、检查各部门（单位）的绩效评价工作，并根据需要对部门（单位）支出绩效实施评价和再评价。"第二十五条规定：财政部门可以对部门（单位）实施的财政支出绩效评价结果实施再评价。再评价的工作程序是：① 确定被评价的部门（单位）及项目；② 确定再评价的指标、标准和方法；③ 具体组织或委托中介机构进行再评价，撰写再评价报告；④ 绩效评价结果反馈及应用。

五、绩效报告和绩效评价报告

（一）绩效报告和绩效评价报告

2009年6月22日，财政部印发的《财政支出绩效评价管理暂行办法》（财预〔2009〕76号）第二十六条规定："绩效报告和绩效评价报告应当依据充分、内容完整、数据准确、分析透彻、逻辑清晰。"第二十九条规定："绩效报告和绩效评价报告的具体格式由财政部门统一制定。"

2011年4月2日，财政部印发的《财政支出绩效评价管理暂行办法》（财预〔2011〕285号）第三十条规定："绩效报告和绩效评价报告应当依据充分、真实完整、数据准确、分析透彻、逻辑清晰、客观公正。预算部门应当对绩效评价报告涉及基础资料的真实性、合法性、完整性负责。财政部门应当对预算部门提交的绩效评价报告进行复核，提出审核意见。"第三十一条规定："绩效报告和绩效评价报告的具体格式由财政部门统一制定。"

（二）绩效报告

2009年6月22日，财政部印发的《财政支出绩效评价管理暂行办法》（财预〔2009〕76号）第二十七条规定："绩效报告应当包括以下主要内容：① 基本概况，包括部门（单位）职能、事业发展规划、预决算情况、项目立项依据等；② 绩效目标及其设立依据和调整情况；③ 对预算年度内目标完成情况进行总结；④ 对照绩效目标，对所取得的业绩进行评价；⑤ 分析说明未完成项目目标及其原因；⑥ 下一步改进工作的意见及建议。"

2011年4月2日，财政部印发的《财政支出绩效评价管理暂行办法》（财预〔2011〕285号）第二十八条规定："财政资金具体使用单位应当按照本办法的规定提交绩效报告，绩效报告应当包括以下主要内容：① 基本概况，包括预算部门职能、事业发展规划、预决算情况、项目立项依据等；② 绩效目标及其设立依据和调整情况；③ 管理措施及组织实施情况；④ 总结分析绩效目标完成情况；⑤ 说明未完成绩效目标及其原因；⑥ 下一步改进工作的意见及建议。"

（三）绩效评价报告

2009年6月22日，财政部印发的《财政支出绩效评价管理暂行办法》（财预〔2009〕76号）第二十八条规定："绩效评价报告应当包括以下主要内容：① 绩效评价指标体系和评价标准；② 为实现绩效目标所采取的主要措施；③ 绩效目标的实现程度；④ 存在问题及原因分析；⑤ 评价结论及建议。"

2011年4月2日，财政部印发的《财政支出绩效评价管理暂行办法》（财预〔2011〕285号）第二十九条规定："财政部门和预算部门开展绩效评价并撰写绩效评价报告，绩效评价报告应当包括以下主要内容：① 基本概况；② 绩效评价的组织实施情况；

③ 绩效评价指标体系、评价标准和评价方法；④ 绩效目标的实现程度；⑤ 存在问题及原因分析；⑥ 评价结论及建议；⑦ 其他需要说明的问题。"

六、绩效评价结果及其应用

2005年5月25日，财政部印发的《中央部门预算支出绩效考评管理办法（试行）》（财预〔2005〕86号）第六章为"绩效考评结果的应用"，第二十五条规定："中央部门应当根据部门的绩效目标和绩效考评结果，及时调整和优化本部门以后年度预算支出的方向和结构，合理配置资源，加强财务管理，提高财政资金的使用效益和效率。对绩效考评发现的问题及提出的整改措施，应报财政部备案。"第二十六条规定："财政部根据绩效考评中发现的问题，及时提出改进和加强中央部门预算支出管理的意见，并督促中央部门落实。"第二十七条规定："中央部门、财政部应当将绩效考评结果作为以后年度编制和安排预算的重要参考依据。"第二十八条规定："为增强政府公共支出的透明度，财政部和中央部门要建立部门绩效考评信息公开发布制度，将绩效考评的结果在一定范围内公布。"

2009年6月22日，财政部印发的《财政支出绩效评价管理暂行办法》（财预〔2009〕76号）第三十条规定："绩效评价结果应当采取评分与评级相结合的形式，具体分值和等级可根据不同评价内容设定。"第三十一条规定："财政部门和部门（单位）应当及时整理、归纳、分析绩效评价结果，将评价结果及时反馈被评价部门（单位），作为改进预算管理和安排以后年度预算的重要依据。评价结果较好的，可采取适当方式在一定范围内予以表扬，评价结果未达到规定标准的，可在一定范围内予以通报并责令其限期整改，也可相应减少其以后年度预算。"第三十二条规定："绩效评价结果应当按照政府信息公开有关规定在一定范围内公开。"

2010年3月5日，财政部在第十一届全国人民代表大会第三次会议上作的《关于2009年中央和地方预算执行情况与2010年中央和地方预算草案的报告》指出："大力推进财政科学化精细化管理。……规范预算编制程序，提前编制预算，细化预算内容，减少代编预算规模，提高年初预算到位率，严格部门预算管理。加快预算执行进度，完善预算支出执行责任制度，强化基本支出和项目支出管理，健全当年预算编制与上年预算执行的有效衔接机制，进一步提高预算执行的均衡性和有效性。……积极开展预算支出绩效评价，探索建立绩效评价结果公开机制和有效的问责机制。……积极推进预算公开，建立健全规范的预算公开机制，自觉接受社会监督。"

2011年4月2日，财政部印发的《财政支出绩效评价管理暂行办法》（财预〔2011〕285号）第三十二条规定："绩效评价结果应当采取评分与评级相结合的形式，具体分值和等级可根据不同评价内容设定。"第三十三条规定："财政部门和预算部门应当及时整理、归纳、分析、反馈绩效评价结果，并将其作为改进预算管理和安排以后年度预算的重要依据。对绩效评价结果较好的，财政部门和预算部门可予以表扬或继续支持。对绩效评价发现问题、达不到绩效目标或评价结果较差的，财政部门和预算部门可予以通报批评，并责令其限期整改。不进行整改或整改不到位的，应当根据情况调整项目或相应调减项目预算,直至取消该项财政支出。"第三十四条规定:"绩效评价结果应当按照政府信息公开有关规定在一定范围内公开。"

2020年2月25日,财政部印发的《项目支出绩效评价管理办法》(财预〔2020〕10号)第二十五条规定:"单位自评结果主要通过项目支出绩效自评表的形式反映,做到内容完整、权重合理、数据真实、结果客观。财政和部门评价结果主要以绩效评价报告的形式体现,绩效评价报告应当依据充分、分析透彻、逻辑清晰、客观公正。绩效评价工作和结果应依法自觉接受审计监督。"第二十六条规定:"各部门应当按照要求随同部门决算向本级财政部门报送绩效自评结果。部门和单位应切实加强自评结果的整理、分析,将自评结果作为本部门、本单位完善政策和改进管理的重要依据。对预算执行率偏低、自评结果较差的项目,要单独说明原因,提出整改措施。"第二十七条规定:"财政部门和预算部门应在绩效评价工作完成后,及时将评价结果反馈被评价部门(单位),并明确整改时限;被评价部门(单位)应当按要求向财政部门或主管部门报送整改落实情况。各部门应按要求将部门评价结果报送本级财政部门,评价结果作为本部门安排预算、完善政策和改进管理的重要依据;财政评价结果作为安排政府预算、完善政策和改进管理的重要依据。原则上,对评价等级为优、良的,根据情况予以支持;对评价等级为中、差的,要完善政策、改进管理,根据情况核减预算。对不进行整改或整改不到位的,根据情况相应调减预算或整改到位后再予安排。"第二十八条规定:"各级财政部门、预算部门应当按照要求将绩效评价结果分别编入政府决算和本部门决算,报送本级人民代表大会常务委员会,并依法予以公开。"

在2020年的《项目支出绩效评价管理办法》中强调了"绩效评价工作和结果应依法自觉接受审计监督","对预算执行率偏低、自评结果较差的项目,要单独说明原因,提出整改措施","对评价等级为中、差的,要完善政策、改进管理,根据情况核减预算。对不进行整改或整改不到位的,根据情况相应调减预算或整改到位后再予安排"等等。

七、法律责任

2011年4月2日,财政部印发的《财政支出绩效评价管理暂行办法》(财预〔2011〕285号)第三十五条规定:"在财政支出绩效评价工作中发现的财政违法行为,依照《财政违法行为处罚处分条例》(国务院令第427号)等国家有关规定追究责任。"

2020年2月25日,财政部印发的《项目支出绩效评价管理办法》(财预〔2020〕10号)第二十九条规定:"对使用财政资金严重低效无效并造成重大损失的责任人,要按照相关规定追责问责。对绩效评价过程中发现的资金使用单位和个人的财政违法行为,依照《中华人民共和国预算法》《财政违法行为处罚处分条例》等有关规定追究责任;发现违纪违法问题线索的,应当及时移送纪检监察机关。"第三十条规定:"各级财政部门、预算部门和单位及其工作人员在绩效评价管理工作中存在违反本办法的行为,以及其他滥用职权、玩忽职守、徇私舞弊等违法违纪行为的,依照《中华人民共和国预算法》《中华人民共和国公务员法》《中华人民共和国监察法》《财政违法行为处罚处分条例》等国家有关规定追究相应责任;涉嫌犯罪的,依法移送司法机关处理。"

第四节　高校预算绩效评价的探索

一、我国高校预算绩效的发展沿革

1. 高校"提高教育经费的使用效益"的发展沿革

1957年1月6日《人民日报》发表了一篇名为《充分考虑经济效果》的社论,提出了提高财政支出效益的思想。

葛家澍指出:"只要有经济活动,不论发生在企业、机关或事业单位,都需要节约,这是毫无疑问的。……所以,经济核算的本质只能理解为以最小为消耗,产生最大经济效果。既然经济核算要求的是最大的经济效果,当然不能把它应用于机关、事业单位和一切非生产性组织中。"①

通讯员报道:"在社会主义制度下,只是企业实行经济核算制不行,所有事业单位,直至行政管理部门都应该考核经济效果,关于建立考核经济效果的指标体系问题,代表们认为这是一个难度较大但又非常重要的课题,应该花大力气进行研究。"②

焦纪才报道:"教育部于1982年10月在上海召开了'高等学校经济效益问题座谈会'。与会同志指出,胡耀邦同志在十二大报告中关于'把全部经济工作转移到以提高经济效益为中心的轨道上来'的指示,也完全适用于高等学校。教育部门不是单纯的消费部门,高等学校是出人才、出知识的地方,国家拨给的教育经费是一种智力开发投资,因此,教育部门同其他经济部门一样都有一个经济效益问题。……当前高等学校的财务管理工作还远远不能适应新形势的需要,因此应及时地将高等学校财务管理工作的重点转移到以提高经济效益为中心的轨道上来。……娄尔行教授提出了以讲求经济效益为中心的'新型大学会计'的设想,以区别于过去那种以经费收支为中心的会计。"③

1986年10月15日,国家教委、财政部制定的第一个高校财务制度——《高等学校财务管理改革实施办法》(〔86〕教计字162号)第二条指出:"高等学校财务管理改革是高等教育管理体制改革的重要组成部分,应按照教育规律和经济规律办事,讲求社会效益和经济效益。"因此,研究高等学校财务管理必定涉及高等教育的社会效益和经济效益。

1991年4月8日,国家教委、财政部印发的《高等学校"八五"期间财务工作的若干意见》(教财〔1991〕33号)指出:"'八五'期间高等学校财务工作的指导思想

---

① 葛家澍.经济核算的客观依据是时间节约规律[J].中国经济问题,1961(3):8-15.
② 通讯员.开展会计理论研究 促进会计科学发展:中国财政学会、中国会计学会成立大会,第三次全国财政理论讨论会关于会计理论问题的讨论情况简介[J].会计研究,1980(1):76-79.
③ 焦纪才.以提高经济效益为中心,开创高等学校财务管理新局面:教育部召开高等学校经济效益座谈会[J].会计研究,1983(2):45-46.

是：继续贯彻'治理整顿、深化改革'的方针，开源节流，艰苦奋斗，勤俭办学，强化管理，提高资金使用效益，支持和促进学校内部各项事业的持续、稳定、协调发展。"

1993年2月8日，国家教委、国务院学位委员会联合发布的《关于中央部门所属普通高等学校深化领导管理体制改革的若干意见》第十条指出："高等学校要加强资金管理，杜绝浪费现象；要精减机构和行政管理人员，减少开支；严格控制教师编制，提高生师比例；要建立健全财务制度和审计制度，切实把教育经费管好用好，提高资金的使用效益。"

1993年2月13日，中共中央、国务院颁发的《中国教育改革和发展纲要》（中发〔1993〕3号）第五十条指出："各级教育部门和学校必须努力提高教育经费的使用效益。要合理规划教育事业的规模，调整教育结构和布局，避免结构性浪费；要坚持艰苦奋斗、勤俭办学的方针，建立健全财务规章制度，加强财会队伍建设。各级财政和审计部门要加强财务监督和审计，共同把教育经费管好用好。"

《中华人民共和国高等教育法》（2015）第十二条指出："国家鼓励高等学校之间、高等学校与科学研究机构以及企业事业组织之间开展协作，实行优势互补，提高教育资源的使用效益。"第六十五条规定："高等学校应当依法建立、健全财务管理制度，合理使用、严格管理教育经费，提高教育投资效益。"

国务院1999年1月13日批转的、教育部1998年12月24日制定的《面向21世纪教育振兴行动计划》第十七条指出："'211工程'二期计划建设资金仍采取国家、部门、地方和高等学校共同筹集的方式。其中，中央专项投入部分的力度至少与首期计划持平，主要用于加大已立项的重点学科建设力度。同时加强项目管理，提高资金使用效益。"第四十五条指出："各级教育部门必须采取各种措施深化教育改革，完善拨款制度，精简机构和冗员，提高经费使用效益。同时，加强对教育经费的审计与监督。"

1997年6月23日，财政部、国家教委印发的《高等学校财务制度》（财文字〔1997〕280号）第四条规定："高等学校财务管理的主要任务是：……科学配置学校资源，努力节约支出，提高资金使用效益；……"

1999年6月13日，中共中央、国务院发布的《关于深化教育改革全面推进素质教育的决定》指出："进一步完善教育经费拨款办法，充分发挥教育拨款在宏观调控中的作用，不断提高教育经费的使用效益。"

2000年6月12日，教育部、财政部发布的《关于高等学校建立经济责任制加强财务管理的几点意见》（教财〔2000〕14号）指出："必须充分发挥内审机构的作用。高等学校内审机构是学校内部监督经费合理有效使用、帮助提高经费使用效益、保障学校经济活动健康有序开展的不可替代部门。"

2004年3月3日，国务院批转教育部的《2003—2007年教育振兴行动计划的通知》（国发〔2004〕5号）第四十三条指出："严格管理，不断提高教育经费的使用效益。牢固树立勤俭办教育事业的思想。建立科学、规范的教育经费管理制度，进一步完善、规范各级各类学校收费政策,加强对教育经费的审计与监督,提高使用效益。"

2004年7月13日,教育部、财政部发布的《关于进一步完善高等学校经济责任制加强银行贷款管理切实防范财务风险的意见》(教财〔2004〕18号)指出:"应始终坚持效益第一的思想,切不可把利用贷款作为融通资金的主要方式,要在切实加强管理、提高资金使用效益上动脑筋、想办法,充分挖掘内部潜力,整合现有资源,合理调度资金,通过自有资金的有效运作,减少贷款额度,降低贷款成本。"

2007年1月15日,教育部、财政部发布的《关于"十一五"期间进一步加强高等学校财务管理工作的若干意见》(教财〔2007〕1号)指出:"高等学校应建立绩效考核和追踪问效制度,提高资金的使用效益。"

2012年12月19日,财政部、教育部印发的《高等学校财务制度》(财教〔2012〕488号)第一条指出:"为了进一步规范高等学校财务行为,加强财务管理和监督,提高资金使用效益,促进高等教育事业健康发展,根据《事业单位财务规则》(财政部令第68号)和国家有关法律制度,结合高等学校特点,制定本制度。"第四条指出:"高等学校财务管理的主要任务是:合理编制学校预算,有效控制预算执行,完整、准确编制学校决算,真实反映学校财务状况;依法多渠道筹集资金,努力节约支出;建立健全学校财务制度,加强经济核算,实施绩效评价,提高资金使用效益;加强资产管理,真实完整地反映资产使用状况,合理配置和有效利用资产,防止资产流失;加强对学校经济活动的财务控制和监督,防范财务风险。"

2014年4月5日,教育部、财政部印发的《2011协同创新中心建设发展规划》(教技〔2014〕2号)在"六、保障措施"第三条中指出:"落实专项经费支持,提高经费使用效益。2011协同创新中心的经费支持来源于中央财政专项资金、地方财政资金、行业部门和企业投入资金以及高校自筹资金等,高校和中心应统筹规划各项经费,科学、合理地安排使用。"

2014年8月7日,国家教育体制改革领导小组办公室发布的《关于进一步落实和扩大高校办学自主权,完善高校内部治理结构的意见》(教改办〔2014〕2号)指出:"支持高校自主管理使用学校财产经费,提高经费使用效益。"

2014年11月28日,财政部、教育部发布的《关于建立完善以改革和绩效为导向的生均拨款制度加快发展现代高等职业教育的意见》(财教〔2014〕352号)在"原则"第四条中指出:"注重绩效。切实提高财政资金使用效益,建立完善高职院校生均拨款制度要与强化绩效管理相结合,将绩效理念和绩效要求贯穿于高职教育经费分配使用的全过程,体现目标和结果导向,加快发展现代高等职业教育。"

2015年5月22日,教育部发布的《关于直属高校落实财务管理领导责任,严肃财经纪律的若干意见》(教财〔2015〕4号)第十条指出:"加强对采购需求、采购效果的管理,提高资金使用效益。"

2018年9月4日,教育部印发的《高校思想政治工作专项资金管理暂行办法》在第三条"思政专项资金的使用和管理遵循以下原则"中指出:"注重绩效。项目依托单位应强化绩效理念,加强可行性和科学性论证,合理确定预算需求,科学设定绩效目标,全面实施绩效管理,提高资金使用效益。"第二十条指出:"项目依托单位应当加强思政专项资金管理,自觉接受审计、纪检监察等有关部门对项目预算执行、资金使用效益和财务管理等情况的监督检查。对于截留、挤占、挪用资金的行为,以及因管理不善导致资金浪费、资产毁损、效益低下的,视情节轻重,分别采取通报批评、停止拨款、撤销项目、追回已拨资金、取消项目承担者一定期限内项目申报资格等处理措施,涉嫌违法的移交司法机关处理。"

刘玉光认为:"高等学校绩效预算是为达到绩效管理所确定的项目或活动的绩效目标而需要耗费资源的一种财务计划。……绩效预算可以从以下四个角度进行解释。绩效预算首先是一种理念,'绩效预算不仅是预算方法的一种创新,而且是政府管理理念的一次革命'。它要求人们在编制预算或执行预算时要以机构绩效为依据,在理念上要把拨款和拟做的事的结果联系起来。其次,绩效预算将政府预算建立在可衡量的绩效基础上,强调的是'结果导向'或责任和效率,增强了预算资源分配与政府部门绩效之间的联系,其目的在于提高财政支出的有效性。再次,绩效预算的核心是建立起一套能够反映政府公共活动效能的指标体系、评价标准和计量方法。与传统的政府预算相比,绩效预算是一种新的预算模式,具有以下几个基本特征:① 绩效预算注重对预算支出的绩效进行考察,并以预期收益作为编制预算支出的依据,强调管理的责任和义务,重视任务绩效目标的实现,关心预算的产出和效率,是以结果为导向、绩效为导向的预算。② 绩效预算要求判断各项支出是否符合经济原则,在部门预算的基础上按职能和项目计划编制,以便可以详细制定绩效指标,并且可以进行有效的成本计量,从过去的收支核算转到成本核算。③ 绩效预算强调计量和报告绩效与成本。……绩效管理是一种以'结果'为导向的管理模式,放松对'过程'、'投入'等控制,强调对产出和结果负责。这就需要对执行效果(产出和结果)设计一套科学合理的评价指标体系,……而绩效预算是以货币或价值的形式对绩效目标的设定、项目活动的资源投入,以及结果和产出进行财务规划和控制,它是绩效管理的前提和基础,也是绩效管理最重要的内容,也是以绩效为目标进行资源配置的基本方法。"[①]

2. 高校"预算绩效"的发展沿革

2000年7月,财政部教科文司成立了政府公共支出绩效考评课题组,对美国、英国、加拿大、澳大利亚、新西兰等发达市场经济国家的公共支出绩效考评制度进行了系统考察,并在考察基础上设计了建立我国公共支出绩效考评制度的方案。

2002年10月,教科文司首先在其分管的预算资金范围内进行了绩效考评试点。

2003年4月21日,财政部在试点基础上颁发了《中央级教科文部门项目绩效考评管理办法(试行)》(财教〔2003〕28号),其附件为《中央级教科文部门项目绩效考评规范》,迈出了我国中央预算绩效评价工作制度化的第一步。

2005年5月25日,财政部出台了《中央部门预算支出绩效考评管理办法(试行)》,对中央部门绩效评价试点工作进行推动。从2007年,选择教育部等6部门进

---

① 刘玉光.高等学校绩效预算管理问题研究[D].厦门:厦门大学,2007.

行绩效评价试点。

2005 年 9 月 9 日，财政部对实施了两年的《中央级教科文部门项目绩效考评管理办法（试行）》及其附件《中央级教科文部门项目绩效考评规范》进行了修订，又颁发了《中央级教科文部门项目绩效考评管理办法》（财教〔2005〕149 号），进一步规范了绩效考评程序，细化和优化了绩效评价指标体系。

2010 年 6 月 21 日，中共中央政治局审议并通过的《国家中长期教育改革和发展规划纲要（2010—2020 年）》第五十八条的标题为："加强经费管理"。其中规定："建立经费使用绩效评价制度"。

2011 年 6 月 29 日，国务院发布的《关于进一步加大财政教育投入的意见》指出："全面推进教育经费的科学化精细化管理。……建立健全教育经费绩效评价制度。"

2017 年 1 月 19 日，国务院印发的《国家教育事业发展"十三五"规划》（国发〔2017〕4 号）指出："精简对高校经费使用的考核评估，扩大项目资金统筹使用权，落实高校经费使用管理自主权。"

2018 年 8 月 27 日，国务院办公厅发布的《关于进一步调整优化结构提高教育经费使用效益的意见》（国办发〔2018〕82 号）第十二条指出："全面改进管理方式。以监审、监控、监督为着力点，建立全覆盖、全过程、全方位的教育经费监管体系。健全预算审核机制，加强预算安排事前绩效评估。逐步扩大项目支出预算评审范围。加强预算执行事中监控，硬化预算执行约束，从严控制预算调剂事项，健全经济活动内部控制体系，实施大额资金流动全过程监控，有效防控经济风险。加强预决算事后监督。"第十三条指出："全面提高使用绩效。各级教育部门和学校要牢固树立'花钱必问效、无效必问责'的理念，逐步将绩效管理范围覆盖所有财政教育资金，并深度融入预算编制、执行、监督全过程，完善细化可操作可检查的绩效管理措施办法，建立健全体现教育行业特点的绩效管理体系。强化预算绩效目标管理，紧密结合教育事业发展，优化绩效目标设置，完善绩效目标随同预算批复下达机制。开展绩效目标执行监控，及时纠正偏差。坚持财政教育资金用到哪里、绩效评价就跟踪到哪里，加强动态绩效评价，及时削减低效无效资金。强化绩效评价结果应用，加大绩效信息公开力度，将绩效目标执行情况和绩效评价结果作为完善政策、编制预算、优化结构、改进管理的重要依据，作为领导干部考核的重要内容。坚持厉行勤俭节约办教育，严禁形象工程、政绩工程，严禁超标准建设豪华学校，每一笔教育经费都要用到关键处。"第十五条指出："认真落实完善教育经费投入机制、优化教育经费使用结构、科学管理使用教育经费等各项任务，切实提高教育经费使用效益。……"

2018 年 11 月 23 日，教育部办公厅、国家发展改革委办公厅、财政部办公厅、人力资源社会保障部办公厅等四部门制定的《关于推动落实〈国务院办公厅关于进一步调整优化结构提高教育经费使用效益的意见〉的通知》（教财厅〔2018〕6 号）指出："以调整优化结构为主线，以提高效益为目的。"

2019 年 2 月，中共中央办公厅、国务院办公厅印发的《加快推进教育现代化实施方案（2018—2022）》提出："完善多渠道教育经费筹措体制，完善国家、社会和受教育者合理分担非义务教育培养成本的机制,支持和规范社会力量兴办教育。优化教育经费使用结构,全面实施绩效管理,建立健全全覆盖全过程全方位的教育经费监管体系,全面提高经费使用效益。"

2019年12月10日,教育部发布的《关于全面实施预算绩效管理的意见》(教财〔2019〕6号)指出:"到2020年底,基本建成覆盖部门预算和转移支付的全面预算绩效管理制度体系。在此基础上,不断总结和推广实践经验,逐步推动形成体系完备、务实高效的教育预算绩效管理模式。原则上每五年为一周期开展单位整体绩效评价。"

二、基本支出绩效评价和项目支出绩效评价

(一)"基本支出"与"项目支出"

2001年7月25日,财政部印发的《中央部门基本支出预算管理试行办法》(财预〔2001〕330号)第三条指出:"基本支出预算是行政事业单位为保障其机构正常运转、完成日常工作任务而编制的年度基本支出计划。"第四条指出:"行政事业单位在基本支出之外为完成其特定行政任务和事业发展目标所发生的支出作为项目支出预算管理。"

2008年,财政部、教育部进一步建立了以"生均综合定额+专项资金"为主体的中央高校预算拨款制度。即"1+6","1为生均综合定额拨款","6为拨款专项资金",具体为:① 重点引导类,比如,以前有"211工程"专项经费、"985工程"专项经费,后来有了"2011"协同创新计划专项经费、"双一流"建设经费等;② 改善办学条件类,如中央高校改善基本办学条件专项经费;③ 绩效引导类,如绩效拨款、捐赠配比专项经费;④ 学生资助类,如国家奖助学金、国家励志奖学金;⑤ 国际交流类,如留学生经费、孔子学院拨款;⑥ 其他类,如本科教学工程专项经费、中央高校基本科研业务费、基础学科拔尖创新人才专项经费等。

2015年11月17日,财政部、教育部印发的《关于改革完善中央高校预算拨款制度的通知》将改革定为"1+6"模式。"1"是指"基本支出体系","6"是指"项目支出体系",具体为:① 中央高校改善基本办学条件专项资金;② 中央高校教育教学改革专项资金;③ 中央高校基本科研业务费;④ 中央高校建设世界一流大学(学科)和特色发展引导专项资金;⑤ 中央高校捐赠配比专项资金;⑥ 中央高校管理改革等绩效拨款。

财政部、教育部有关负责人在解读改革完善中央高校预算拨款制度相关问题时指出:"现行中央高校预算拨款体系包括基本支出和项目支出两部分,占比约为6∶4。基本支出主要用于高校的正常运转和完成日常工作任务,以生均定额拨款为主,还包括离退休补助经费等政策性经费。项目支出主要用于高校完成特定的工作任务或事业发展目标,主要包括用于改善办学条件、教学科研、重点建设等方面的13个项目。"[①]

---

① 财政部、教育部有关负责人解读改革完善中央高校预算拨款制度相关问题[Z].财政部网站 2015-11-25.

(二) 从 2002 年起至 2003 年，财政部规定的都是"项目支出"绩效考评

前已指出，2002 年 10 月，教科文司首先在其分管的预算资金范围内进行了绩效考评试点。

2003 年 4 月 21 日，财政部在试点基础上颁发了《中央级教科文部门项目绩效考评管理试行办法》（财教〔2003〕28 号），其附件为《中央级教科文部门项目绩效考评规范》。

2003 年 9 月 30 日，财政部印发的《中央级行政经费项目支出绩效考评管理办法（试行）》（财行〔2003〕108 号）第二条规定："中央级行政经费项目支出绩效考评（以下简称项目考评），是指对中央财政预算安排的行政经费专项资金项目的实施过程及其完成结果进行综合性考核与评价。"第三条规定："项目考评范围主要包括专项计划、大型修缮、大型购置、大型会议等项目。"

(三) 从 2005 年起至 2011 年，财政部规定的是从"项目支出"拓展到"基本支出"和"项目支出"

1. 绩效考评可以以包括基本支出和项目支出在内的部门预算支出为对象

2005 年 5 月 25 日，财政部印发的《中央部门预算支出绩效考评管理办法（试行）》（财预〔2005〕86 号）第二章为"绩效考评的内容和方法"，第八条规定："绩效考评可以以包括基本支出和项目支出在内的部门预算支出为对象实施部门预算绩效考评，也可以以项目支出为对象实施项目支出预算绩效考评。绩效考评项目应以行政事业类项目或其他类项目为主，包括重大项目和一般性项目，其中重大项目是指资金数额较大、社会影响较广、具有明显社会效益的本部门或者跨部门的项目。"这里称为"绩效考评"。

2. 部门预算支出绩效评价包括基本支出绩效评价和项目支出绩效评价

2009 年 6 月 22 日，财政部印发的《财政支出绩效评价管理暂行办法》（财预〔2009〕76 号）第八条规定："部门预算支出绩效评价包括基本支出绩效评价和项目支出绩效评价。部门预算支出绩效评价应当以项目支出为重点，重点评价一定金额以上、与本部门职能密切相关、具有明显社会影响和经济影响的项目。有条件的地方可以对部门整体支出进行评价。"2009 年起称为"绩效评价"。

3. 部门预算支出绩效评价包括基本支出绩效评价、项目支出绩效评价和部门整体支出绩效评价

2011 年 4 月 2 日，财政部印发的《财政支出绩效评价管理暂行办法》（财预〔2011〕285 号）第八条规定："部门预算支出绩效评价包括基本支出绩效评价、项目支出绩效评价和部门整体支出绩效评价。绩效评价应当以项目支出为重点，重点评价一定金额以上、与本部门职能密切相关、具有明显社会影响和经济影响的项目。有条件的地方可以对部门整体支出进行评价。"

对照分析上述三个文件可以得出，相关内容由"部门预算支出绩效评价包括基本支出绩效评价和项目支出绩效评价"拓展到"部门预算支出绩效评价包括基本支出绩

效评价、项目支出绩效评价和部门整体支出绩效评价",并规定"绩效评价应当以项目支出为重点"。

(四)预算绩效目标从"绩效目标逐步覆盖"变为"基本支出绩效目标一般不单独设定"

1. 绩效目标逐步覆盖

2012年9月21日,财政部印发的《预算绩效管理工作规划(2012—2015年)》(财预〔2012〕396号)在"总体目标"提出:"绩效目标逐步覆盖。不断增加编报绩效目标的项目和部门,逐步扩大覆盖范围。"

2012年,财政部开展全国县级财政支出管理绩效综合评价试点;2013年起,省级财政部门开展市、县财政支出管理绩效综合评价试点。

2013年,财政部开展中央部门支出管理绩效综合评价试点;2014年起各级财政部门对预算部门,预算部门对下属单位都开展部门(单位)支出管理绩效综合评价试点。

2013年起,各级财政部门将预算部门报送的重点绩效评价结果,向同级政府报送,为其决策提供依据;评价结果等绩效管理信息在本部门内部的公开范围,到2015年,实现在本部门内部的全面公开。

2. 基本支出一般不单独设定绩效目标

2015年5月21日,财政部印发的《中央部门预算绩效目标管理办法》(财预〔2015〕88号)第三条指出:"基本支出绩效目标,是指中央部门预算中安排的基本支出在一定期限内对本部门(单位)正常运转的预期保障程度。一般不单独设定,而是纳入部门(单位)整体支出绩效目标统筹考虑。项目支出绩效目标是指中央部门依据部门职责和事业发展要求,设立并通过预算安排的项目支出在一定期限内预期达到的产出和效果。……部门(单位)整体支出绩效目标是指中央部门及其所属单位按照确定的职责,利用全部部门预算资金在一定期限内预期达到的总体产出和效果。"

这两个文件的被发文单位都包括"党中央有关部门,国务院各部委、各直属机构,总后勤部,武警各部队,全国人大常委会办公厅,全国政协办公厅,高法院,高检院,各民主党派中央,有关人民团体,有关中央管理企业"。这里有个问题:只规定了行政单位(政府机关)和"央管企业","央管高校"怎么办?"央管高校"的绩效目标能否"纳入部门(单位)整体支出绩效目标统筹考虑"?"央管高校"大都隶属于教育部,中国科学技术大学隶属于中国科学院,北京航空航天大学隶属于工业和信息化部,哈尔滨工业大学隶属于国防科工委,中央民族大学隶属于国家民委,等等。高校的绩效目标与教育部、中国科学院、工业和信息化部、国防科工委、国家民委能否"纳入部门(单位)整体支出绩效目标统筹考虑"?再如:暨南大学隶属于国务院侨办,北京体育大学隶属于体育总局,大连海事大学隶属于交通运输部,中国人民公安大学隶属于公安部,外交学院隶属于外交部,北京电子科技学院隶属于中共中央办公厅,中国劳动关系学院隶属于中华全国总工会,中国消防救援学院隶属于应急管理部,等等。这些高校的绩效目标与直属于部委等能否"纳入部门(单位)整体支出绩效目标统筹考虑"?

3. 共性指标是适用于所有中央部门的绩效考评指标

2005年5月25日，财政部印发的《中央部门预算支出绩效考评管理办法（试行）》（财预〔2005〕86号）第十四条规定："绩效考评指标分为共性考评指标和个性考评指标。共性考评指标是适用于所有中央部门的绩效考评指标，个性考评指标是针对部门和行业特点确定的适用于不同中央部门的绩效考评指标。"

4. 高校"基本支出"的绩效目标与政府和企业的绩效目标不同

高校的使命是高校"基本支出"预算绩效评价的内容基本出发点：

① 高校的使命

国内外高等学校预算绩效评价内容有其共性，但社会主义大学预算绩效评价内容有其特性，因此，要构建中国特色社会主义大学预算绩效评价的内容。

德鲁克曾指出："非营利性组织的驱动因素不是'利润'而是其'使命'的引导和凝聚，非营利性组织的绩效评价的标准主要是其对'使命'的完成程度。"① 我们要牢记使命，高等学校的使命是什么？《关于加强和改进新形势下高校思想政治工作的意见》（中发〔2016〕31号）指出："高校肩负着人才培养、科学研究、社会服务、文化传承创新、国际交流合作的重要使命。"高校的使命有五个，高校的产出是多元化的，高校的职能经历了一个从单一"人才培养"到多元功能的演变过程。高校的"基本支出"预算绩效评价的内容是培养人。

② 高校单位整体绩效评价的设计

教育部"教财〔2019〕6号"文件要求"各单位探索开展单位整体绩效评价"。财政部"财预〔2018〕167号文件"指出："对全面实施预算绩效管理进行统筹谋划和顶层设计，是新时期预算绩效管理工作的根本遵循。"教育部"教财〔2019〕6号"文件指出："各单位应于2020年8月底前出台本单位贯彻落实全面实施预算绩效管理的文件或实施方案，加强统筹规划和顶层设计。"

高校单位整体绩效评价的设计：第一层次是"单位整体绩效"，它包括"基本支出"和"项目支出"的绩效评价。第二层次是"基本支出"和"项目支出"的绩效评价，其中"基本支出"是"五大使命"（或五大功能、五大产出）之一的"人才培养"；"项目支出"是"五大使命"（或五大功能、五大产出）之一的其他内容，如"科学研究"等项目。第三、第四等层次的指标是再根据第二层次使命（或功能、产出）的具体化。

三、国外高校预算绩效管理的借鉴

（一）预算绩效是高校关注的重点之一

根据洛克菲勒（Rockefeller）机构1999年的调查，预算与绩效的有机结合已经成

---

① 德鲁克.非营利组织机构的经营之道[M].台北：台北远流出版社，1994：3-7.

为州政府和公立高等学校的关注重点[1]。

盖瑟（Gaither）等认为，绩效指标运用到绩效拨款（performance funding）能够促使高校和政策制定者进一步深入研究绩效指标体系，并能提高高校绩效，优化高等教育资源配置[2]。

（二）国外绩效管理的指标

1985年贾勒特委员会提交了《大学效率研究指导委员会报告》（Report of Steering Committee for the Efficiency Studies in Universities），建议政府退出对高校的事务性管理，让高校自己制定出发展战略和计划，并研制出可行的绩效评价指标对高校进行绩效评价，促进高校的教学和管理更具效率性和效益性。并将高等教育绩效指标分为三类：内部指标、作业指标和外部指标。

1988年，英国副院长和校长协会和大学拨款委员会（CVCP/UGC）联合工作小组将绩效评价指标分为投入指标、过程指标和产出指标。投入指标主要体现了高等院校现有条件和实力，过程指标主要是高等院校的行为，产出指标是高等院校的最终成果和产出[3]。

2000年，伯曼（Berman）等提出绩效评价对象不仅包括工作结果和质量，也应对工作任务和计划展开绩效评价，这样才能增强绩效评价的可比性[4]。

2008年，OMB将绩效指标分为投入类、产出类、结果类、效率类，并为每一个指标设置了目标值和基准值[5]。

在对美国州和地方政府层级的绩效评价情况所做的调查中提出地方绩效评价产出、效率、效力、结果和生产率五个指标的是阿蒙斯（Ammons）[6]和凯利（Kelly）等[7]。

2014年，哈立德（Khalid）等提出绩效指标选择的标准为相关性、真实性、能与其他指标协调的综合性、精度和可比性、可靠性和即时性。把考评高校的绩效指标分为五大类：成本指标（cost indicators）；结果指标（results indicators）；活动指标（activity indicators）；绩效指标（performance indicators）；战略指标（strategic indicators）[8]。

---

[1] Burke J C, Modarresi S, Serban A M. Performance: Shouldn't it count for something in state budgeting[J]. Change, 1999, 31(6): 16-23.

[2] Gaither G, Nedwek B P, Neal J E. Measuring Up: The promises and pitfalls of performance indicators in higher education[R]. Washington D.C.: Office of Educational Research and Improvement, 1997.

[3] Burke J C. Performance funding: Arguments and an-swers[J]. New directions for institutional research, 1998, 97(1): 85-90.

[4] Berman E, Xiaohu W. Performance measurement in US countries: Capacity for reform [J]. Public administration review, 2000, 60(5): 409-420.

[5] OMB: Guidance for Completing 2008 PARTs.

[6] Ammons D N. Municipal benchmarks[M]. Thousand Oaks: Sage Publications, 2001.

[7] Kelly, Rivenbark W C. Performance budgeting for state and local government[M]. New York: M. E. Sharpe, Inc., 2003: 136.

[8] Khalid S, Knouzi N. Balanced scoreboard, the performance tool in higher education: Establishment of performance indicators[J]. 5th World Conference on Educational Sciences, 2014, 116(21): 4552-4558.

席尔（Seal）等分析了公共部门预算决策和制定流程，对高校预算编制方法进行探讨，运用控制论对如何实现短周期预算和长周期预算编制的平衡进行了阐释[①]。

四、高校预算绩效的个性指标分析

在本章第二节已阐述了高校与其他行业的预算绩效共性指标，下面分析高校预算绩效的个性指标。

（一）需要设置分行业、分领域的绩效指标

2018年9月1日，《中共中央、国务院关于全面实施预算绩效管理的意见》指出："健全共性的绩效指标框架和分行业领域的绩效指标体系，各级财政部门要建立健全定量和定性相结合的共性绩效指标框架。各行业主管部门要加快构建分行业、分领域、分层次的核心绩效指标和标准体系，实现科学合理、细化量化、可比可测、动态调整、共建共享。"

2018年11月8日，财政部发布的《关于贯彻落实〈中共中央 国务院关于全面实施预算绩效管理的意见〉的通知》（财预〔2018〕167号）指出："完善共性绩效指标框架，组织建立分行业、分领域、分层次的绩效指标体系，推动绩效指标和评价标准科学合理、细化量化、可比可测，夯实绩效管理基础。"还指出："各部门各单位要切实履行预算绩效管理主体责任，健全预算绩效管理操作规范和实施细则。"

2005年5月25日，财政部印发的《中央部门预算支出绩效考评管理办法（试行）》（财预〔2005〕86号）第十四条规定："绩效考评指标分为共性考评指标和个性考评指标。……个性考评指标是针对部门和行业特点确定的适用于不同中央部门的绩效考评指标。"

（二）2019年教育部认为绩效管理未能充分体现教育行业规律和经费使用特点，"逐步探索"具有教育行业特点的绩效指标和标准体系

1. 缺乏高校绩效监测和考评机制等问题

2008年10月8日，财政部、教育部《关于完善中央高校预算拨款制度的通知》（财教〔2008〕232号）指出："高校预算拨款制度是高等教育财政政策的核心内容之一，也是高等教育宏观调控的重要手段。为解决目前中央高校基本支出财政补助水平偏低，财政拨款体系不能完全体现高校人才培养、科学研究和社会服务三大职能，财政支持手段不精细、导向不明确，不能实现分类支持和引导，缺乏高校绩效监测和考评机制等问题，今年1月份以来，财政部、教育部在深入调研、多次召开专题研讨会的基础上，按照新的思路和框架，对中央高校预算拨款制度进行了改革。"

2. 绩效管理未能充分体现教育行业规律和经费使用特点等

2019年12月10日，教育部发布的《关于全面实施预算绩效管理的意见》（教财

---

① Seal W, Ball A. Interpreting the dynamics of public sector budgeting: A dialectic of control approach[J]. Financial accountability & management, 2011, 27(4): 409-436.

〔2019〕6号）指出："但与中央全面实施预算绩效管理的要求相比还存在一定差距，主要表现在：绩效管理意识有待进一步加强；绩效管理的广度和深度有待进一步拓展；绩效评价结果的应用不充分，激励约束机制有待进一步完善；绩效管理未能充分体现教育行业规律和经费使用特点等。"

3."逐步探索"具有教育行业特点的绩效指标和标准体系

教育部发布的《关于全面实施预算绩效管理的意见》在"主要任务"中第五条指出："健全绩效指标和标准体系。逐步探索建立健全定量和定性相结合、具有教育行业特点的绩效指标和标准体系，实现科学合理、细化量化、可比可测、动态调整、共建共享。绩效指标和标准体系要与基本公共服务标准、部门预算项目支出标准、教育行业标准等相适应，突出结果导向，重点考核实绩。"

（三）高校预算绩效个性指标研究的演变

1. 高校财务绩效研究阶段

高校财务绩效研究起始于1995年，具有代表性的研究主要有：

（1）施建军的观点

施建军等认为，财务绩效指标有"总经费效益指标"，"事业发展成绩"，"产业效益"，"对外服务绩效"，"科技成果"五个[①]；后来，在《大学财务综合评价研究》中提出，"财务绩效"指标包括"教学绩效""科研绩效""自筹能力""资产绩效""产业绩效"五个[②]。虽然，这五个并不限于"财务绩效"，但还是开启了高校财务绩效研究的序幕。

（2）代蕊华的观点

代蕊华的研究表明，美国高校财务评价的指标有：①"资产负债指标"，包括"可用资金余额/固定资产负债"，"固定资产的净投资/固定资产负债"，"可用资金余额/总支出和强制性转让资金"，"存储资金余额/总支出和强制性转让资金"；②流动资金净营运指标，包括"总净收入/总收入"，"教育和一般净收入/教育和一般总收入"，"附属事业净收入/附属事业的总收入"；③资金的供给与需求指标，包括"供给指标通常有六个"，即"学费、来自联邦政府的收入、来自州政府的收入、来自地方政府的收入、私人的捐赠、合同和捐献收入"；"需求指标项"有八个，即"教学、科研、公共服务、学术资助、学生劳务的机构性资助、固定资产的运营和维修、奖学金和助学金，以及强制性转让资金的活动。"此外，还有学校信贷价值的指标，通常分为两类：一类是直接与财务状态相联系的金融性指标；另一类则是非金融性的指标[③]。这些指标都是"财务绩效"指标，为我国学者研究高校财务绩效开辟了新视野。

---

① 施建军,杜元炳,李杰.高等学校财务评价体系研究[J].教育财会研究,1995(1):40-43.
② 杨周复,施建军.大学财务综合评价研究[M].北京:中国人民大学出版社,2002:137-138.
③ 代蕊华.美国高校财务评价的指标[J].吉林教育科学,1998(3):23-26.

此外，早期还有项华录[①]等、韩卓飞[②]、李红民[③]、孟凡红[④]、徐丽馨[⑤]、王江丽[⑥]、马红斌[⑦]、戴晓燕[⑧]等的研究。一直到2022年还有关于"财务绩效"的论文。

(3)《事业单位财务规则》对"事业单位财务分析指标"的规定

1996年10月22日，财政部发布的《事业单位财务规则》（财政部令第8号）规定了"事业单位财务分析指标"共三个：经费自给率，资产负债率和人员支出、公用支出占事业支出的比率。

2012年2月7日，财政部发布的《事业单位财务规则》（财政部令第68号）规定了"事业单位财务分析指标"包括：预算收入和支出完成率、人员支出与公用支出分别占事业支出的比率、人均基本支出、资产负债率等。

2022年1月7日，财政部发布的《事业单位财务规则》（财政部令第108号）在第四条提到了"全面实施绩效管理，提高资金使用效益"，在第十五条提到了"全面加强预算绩效管理，提高资金使用效益"，但对"事业单位财务分析指标"未做规定。

2. 高校预算绩效评价指标

2003年10月14日，中国共产党第十六届中央委员会第三次全体会议通过的《中共中央关于完善社会主义市场经济体制若干问题的决定》第二十一条规定："建立预算绩效评价体系。"学者研究的提法转为"预算绩效评价"，高校预算绩效评价指标起始于2005年，如王明秀等认为，高校预算绩效评价指标有"综合实力""运行绩效""偿债能力""发展潜力"[⑨]。张晓岚、吴勋的研究显示："美国纽约州高等和职业教育办公室在1996年的一份报告中指出：从20世纪80年代开始，美国逐渐表现出对改进大学教育以及高等教育对公众责任性问题的极大关注。80年代的评价行动（assessment movement）允许高校依据自身制订的标准、规则和程序评估其效益（effectiveness）；90年代的问责行动（accountability movement）集中于应对外部公众要求运用普遍、可比的绩效指标来衡量公共政策目标；1996年，超过半数的州正在开发或已经发布了高等教育绩效报告系统。盖瑟（Gaither）等也总结了国际高等教育绩效评价的背景：20世纪70年代末，绩效指标和质量评价开始成为国际性议题，逐渐形成管理和评价高等教育的一种通用方法，旨在提供有关教育质量、效益和效率在国家层次上的状况和国际之间的比较。对高校效益性问题和问责行动的关注在一定程度上促进了高校绩效评价的发展，前者侧重基于机构层次的视角，实质上是内部绩效评价；而后者侧重基

---

① 项华录,董丽丹,徐珊珊,等.高校财务绩效评价指标体系的构建[J].教育财会研究,2007(2):16-18.
② 韩卓飞.高校财务绩效与评价[J].科协论坛(下半月),2008(5):100-101.
③ 李红民.高校财务绩效评价研究[J].教育财会研究,2008(6):19-22.
④ 孟凡红.高校财务绩效评价研究[D].合肥工业大学硕士论文,2006.
⑤ 徐丽馨.高校财务绩效评价研究[D].西安:西安建筑科技大学,2008.
⑥ 王江丽.高校财务绩效评价研究[D].苏州:苏州大学,2010.
⑦ 马红斌.高校财务绩效评价指标体系研究：以西安6所二本院校为例[D].西安:西安工业大学,2010.
⑧ 戴晓燕.高校财务预算与绩效管理研究[D].武汉:华中农业大学,2007.
⑨ 王明秀,孙海波.高等学校预算绩效评价及对策与措施研究[J].科技与管理,2005,7(4):151-153.

于高校外部的视角,实质上是外部绩效评价。"[①] 张晓岚、吴勋还认为:绩效指标用途的延伸——绩效指标与预算的结合。Sizer 分析绩效指标体系可以起到资源合理分配的作用,从而作为政府拨款的重要标准或参照系。盖瑟(Gaither)等提出了一个指标系统必须具有能够提供不同类型机构评价的弹性,绩效指标的运用最终要涉及自身、标准与同业的比较,而对于绩效的关注,利用激励拨款(funding incentives)有助于鼓励政策制定者和高校探索绩效指标系统在改善高等教育效率和效益中的应用。伯克(Burke)等指出预算与绩效的结合已经成为州政府和公办高等学校的热门话题。洛克菲勒机构1999年的一项调查显示全美30个州已经或正在考虑将绩效作为高校预算过程的一部分。各州逐渐开始将绩效指标与预算和资源分配相联系,绩效信息被视为向计划提供拨款的重要考虑因素,对达到一定目标的机构提供激励拨款。戴维斯(Davis)认为绩效指标系统可以采取不同的形式,一些仅仅承担向州政府报告的功能,而另一些提供了能够影响公共财政分配的绩效数据。在绩效拨款当中,绩效与预算分配紧密联系;绩效指标系统更为普遍的运用是在绩效预算当中。绩效指标与预算的结合反映了高校绩效评价从最初的评价机构效益性和责任性延伸到预算管理范畴,体现了对高等教育资源配置效率的重视[②]。

张泽明等[③]、陆媛[④]、宋丽平等[⑤]、张重[⑥]、张克友[⑦]、张庆余[⑧]、张甫香[⑨]的研究。目前,学术界以"高校预算绩效评价"研究为主潮流。

3. 高校预算绩效评价研究并不限于"预算"和"财务"

早期限于"预算",如:张晓岚等认为,高校预算绩效评价指标有"预算管理绩效","配置绩效","运行绩效","将准则层确定为预算管理、资源配置和运行绩效。预算管理绩效包括预算编制、调整、完成情况等内容;资源配置绩效涵盖了学校对基层预算单位人力、物力、财力的配置情况;运行绩效则是对基层预算单位执业能力和筹资能力的反映,体现了预算的执行效果"[⑩]。

早期限于"财务",如:张甫香等指出:"目标层是预算绩效综合评价数值,由准则层四组指标赋权后数值相加得到;准则层由操作层四组指标构成:预算管理绩效指标6个、收支结构绩效指标7个、资源运行绩效指标4个、资源配置绩效指标5个。预算管理绩效指标,即预算完成相对数,包括收入预算总完成率、非税资金预算完成率、其他资金预算完成率;支出预算总完成率、基本支出预算完成率、项目支出预算完成

[①] 张晓岚,吴勋. 国外高校预算绩效评价研究的背景、现状与启示[J]. 西安交通大学学报:社会科学版,2007,27(1):87-92.
[②] 同①.
[③] 张泽明等. 高校绩效预算管理模式研究[J]. 西南科技大学学报(哲学社会科学版),2004(3):97-100.
[④] 陆媛. 高校预算绩效评价的理论研究及绩效指标体系设计[J]. 技术经济与管理研究,2006(1):60-61.
[⑤] 宋丽平,安宁. 高校绩效评价指标体系构建[J]. 财会月刊(理论版),2006(3):9-11.
[⑥] 张重. 高校财务绩效评价可行性研究[J]. 湖北民族学院学报(哲学社会科学版),2007(1):155-157.
[⑦] 张克友. 高校预算绩效评价指标的应用分析[J]. 企业经济,2007(10):25.
[⑧] 张庆余. 高校财务预算绩效管理的实施[J]. 当代经济(下半月),2008(12):132.
[⑨] 张甫香. 高校预算绩效偏离度评价指标体系设计[J]. 会计之友,2010(10)(中旬刊):42-45.
[⑩] 张晓岚,吴勋. 高校预算绩效评价指标体系设计[N]. 中国财经报,2006-08-25.

率等指标。收支结构绩效指标，即比较相对数，包括财政拨款占总收入比重、非税资金占总收入比重、其他资金占总收入比重、工资福利性支出占基本支出比重、项目支出占总支出比重、财政拨款占总支出比重、自筹收入占总支出比重等指标。资源运行绩效指标，即动态相对数，包括自筹收入年增长率、固定资产年增长率、事业基金年增长率、专用基金年增长率等指标。资源配置绩效指标，即强度相对数，包括师生比、人均工资福利支出、人均房屋面积、生均固定资产、生均房屋面积等指标。"[1] 张泽明等也提出了"用钱效益"[2]。但是，大多数学者的研究并不限于"预算"和"财务"指标，相当多的是非"预算"或"财务"指标。如：刘玉光认为，高校预算绩效评价指标有："① 人才培养绩效指标：A. 投入指标：师资资源，学生资源，财务资源；B. 过程指标：课程教学，教学环节，素质培养，教学设施利用；C. 产出指标：在校生的教学产出，毕业就业的教学产出，教学成果。② 科学研究绩效指标：A. 科研投入指标：科研投入主要可以从研究平台、研究队伍、物质资源、财务资源四个方面进行衡量；B. 科研成果产出指标：大学科学研究活动的成果产出也表现在很多方面，除了直接产出如获得科研课题资助、学术论文、科研专著、发明专利、成果转化与产业化、各级各类科研奖励等之外，还有其他相关的成果产出，包括科研对教学和学科建设的促进与推动，如教材的出版、教学内容更新，学科实力和水平的提高等；也促成研究平台、研究团队的形成和批准，国际学术交流与合作的扩展与加强等。所以，评价和衡量科学研究的成果产出应是多方面、多角度的。③ 社会服务绩效指标：主要从以下几个方面来衡量：社区接受科技文化知识普及教育人/次数、举办科技文化宣传次数、各类非学历人才培训人/次数、各类成人学历教育人数、咨询服务产生的经济效益、科技成果转化及产业化的经济效益、社会服务费用、社会服务为办学提供的经费等。④ 管理绩效指标：A. 战略规划绩效；B. 制度绩效；C. 人事管理绩效；D. 物质资源管理绩效。⑤ 财务绩效指标：A. 财务实力指标：如办学总经费、办学总经费增长率、科研经费总额、教职工人均经费、师均科研经费等作为衡量大学财务实力的指标；B. 财务预算绩效：可以通过预算准确率和支出预算调整率这两个指标来衡量财务预算绩效；C. 筹资能力指标：包括教学活动、科研活动、社会服务活动、校办产业经营活动、接受捐赠和赞助活动等筹集经费的能力；D. 经费配置指标：即学校将办学经费安排到教学、科研、人员待遇和物质、资源购置等方面的比例和结构；E. 费用支出控制指标；F. 资产管理指标；G. 财务效益；H. 财务安全指标。"[3] 刘玉光又指出："高校所确定的绩效目标都能够以数量表示，许多目标属于质量目标，如大学的办学实力和办学水平、学生培养质量、科学研究成果的水平等，而且可量化的数量目标如高素质教师数量、招收学生数、开出课程门数、毕业生就业率、办学总经费等，也具有多种计量方式，而不像企业那样可以用产值、销售收入、利润等单一的具体可量化的经济指标作为其绩效

---

① 张甫香,张健,等.高校预算绩效偏离度评价指标体系设计[J].会计之友,2010(10):42-45.
② 张泽明,王丽萍,唐蓉,等.高校绩效预算管理模式研究[J].西南科技大学学报(哲学社会科学版),2004,21(3):97-100.
③ 刘玉光.高等学校绩效预算管理问题研究[D].厦门:厦门大学,2007:39-45.

目标。"① 刘玉光还指出:"绩效指标的价值量化模式。在衡量高校办学绩效指标中,反映投入和产出的许多指标都可以用价值量予以反映,如为开展教学、科研活动而投入的经费,教学、科研及社会服务活动为学校办学所贡献的收入等。"② 刘玉光还指出:"绩效指标的非价值量化模式。绩效指标用价值量表示只是绩效指标量化的一种方式,其实大学的绩效表现在多方面。因为大学作为非营利的公益事业单位,其绩效并不表现在价值方面,而更多的是表现在非价值方面,也就是我们通常所说的社会效益方面。"③

从上述内容可见,高校预算绩效评价指标是"预算"或"财务"指标还是高校绩效评价指标? 接下来先看看我们参照的发达国家高校预算绩效评价指标。

五、发达国家高校预算绩效评价指标分析

(一) 发达国家高校预算绩效评价指标

1. 英国

在 1985 年英国的贾勒特报告 (Jarratt Report) 中,曾将高校的绩效指标分为三类:内部指标 (反映学校的特征)、外部指标 (反映高校所设置的学科适应社会经济的情况) 和运行指标 (反映学校的资源利用率)④。

1986 年,英国副院长和校长协会和大学拨款委员会 (CVCP/UGC) 联合工作小组将绩效指标分为输入指标、过程指标、输出指标三类:输入指标主要指高校可利用的资源、人力和经费情况,体现高校现有的办学条件和实力;过程指标主要指办学过程中有关资源的使用率、管理行为和组织行为情况;输出指标是指高校通过办学科研等活动,最终取得的成绩与产出。对之进行补充的有卡伦 (Cullen),称其为"三 E"的指标分类:经济指标 (indicators of economy)、效率指标 (indicators of efficiency) 和效益指标 (indicators of effectiveness)⑤。经济指标着眼于将实际输入与目标所规定的输入作比较,从而测量输入的节省情况,以避免过多的花费;效率指标注重于办学过程中的资源使用情况,以追求成本最小化或收益最大化;效益指标着重衡量结果既定的目标是否已经实现,从而测量工作的有效性,以追求目标的完成。经济、效率、效益分别对应于学校办学的资源输入、过程和输出,故而说它是对上一种分类的补充。它与我们对绩效的定义 (效果、效率、效益) 也有一定吻合之处。

关于绩效指标体系的具体内容与体系,目前比较全面的是英国副院长和校长协会和大学拨款委员会联合工作小组编制的英国大学管理统计和绩效指标体系,见表 3-2。

---

① 刘玉光.高等学校绩效预算管理问题研究[D].厦门:厦门大学,2007:46.
② 同①:46.
③ 同①:47.
④ Martin C,Stephen H,Mauric K. The use of performance indicators in higher education:A critical analysis of developing practice[M].[S. l.]:Jessica Kingsleg Publishers Ltd.,1998:40-41.
⑤ 杨周复,施建军.大学财务综合评价研究[M].北京:中国人民大学出版社,2002:129.

表 3-2　英国大学管理统计和绩效指标体系（第二次公布）①

人均学生费用	计算机服务费用占一般费用的比例
人均教学费用	计算机服务人员占计算机服务费用的比例
人均教学人员的辅助人员费用	人均学生的计算机服务费用
人均教学人员的设备费用	人均学生的计算机服务人员费用
人均科研收入	房地产费用占总的一般费用的比例
科研研究生占学生的比例	房地产人员费用占房地产费用的比例
教学研究生占学生的比例	取暖水电费占总的一般费用的比例
所有研究生占学生的比例	清洁和保管费用占总的一般费用的比例
学生与教学人员的比例	修理和维护费用占总的一般费用的比例
学校管理费用占拨款总费用的比例	电话费占总的一般费用的比例
学校管理人员费用占学校管理费用的比例	人均学生的房地产费用
人均学生的学校管理费用	人均学生的房地产人员费用
人均教学人员学校管理费用	人均学生的取暖水电费
图书馆费用占一般费用的比例	人均学生的清洁和保管服务费用
图书费用占图书馆的费用比例	人均学生的修理和维护费用
图书馆人员费用占图书馆费用的比例	人均学生的电话费用
人均学生的图书馆费用	人均学生的就业指导费
人均教学人员的图书馆费用	人均学生的学生会和社团费用
人均学生的图书费用	六个月后毕业生的就业率
人均学生的期刊费用	

　　杨周复等认为："英国大学管理体系和绩效指标体系中所有的指标均为财务指标，但采用的大多是生均成本和生师比等用来评价学校效率方面的指标，而对于学校办学效益的指标基本上无所涉及。虽然效率与效益之间存在着密切的关系，如学校办学如果是有效益的，则肯定是有效率的，但是它们所反映的经济内涵毕竟不一样，不能相互取代。因此，该指标体系的建立相对于建立我国高校财务绩效评价体系的目标和要求来说，就显得不够完整，但其比较完善的效率指标还是值得我们借鉴的。"② 这里，提到"所有的指标均为财务指标"，但这些"财务指标"都是"过程"指标，不是"产出"和"结果"指标；正如该文指出的"该指标体系的建立相对于建立我国高校财务绩效评价体系的目标和要求来说，就显得不够完整"。

　　2. 美国的高等教育绩效评价

　　美国的高等教育绩效指标体系主要是作为政府教育拨款的一个参考因素。最有代

---

① 杨周复,施建军.大学财务综合评价研究[M].北京:中国人民大学出版社,2002:129.
② 杨周复,施建军.大学财务综合评价研究[M].北京:中国人民大学出版社,2002:130.

表性的是美国肯塔基州的高等教育绩效指标体系,共包括教育质量、教育培养、机会均等、经济发展和生活质量、协调与倡议精神等五大类 25 个指标。具体见表 3-3。

表 3-3　美国肯塔基州高等教育绩效指标①

办学任务	计划目标	绩效指标
教育质量	教育产出 总体质量 质量评审 教职工水平	1. 普通教育成果
		2. 学位教育成果
		3. 学术成果
		4. 师生发展机会
		5. 州范围的评审
		6. 校内评审
		7. 专业发展机会
		8. 教师薪资的竞争力
教育培养	教育成就支持基础 教育技术运用	9. 补习
		10. 学生保持率
		11. 毕业率
		12. 地方中小学满意度
		13. 合作教育计划
		14. 远距离学习
		15. 技术手段用于教学
机会均等	高教机会均等	16. 就业
		17. 招生
经济发展和生活质量	劳动力培训和为本州经济部门服务、科研和公共服务	18. 劳动力培训
		19. 工业和雇主的满意度
		20. 科研
		21. 社会服务
协调与倡议精神	合作措施和成效有效性	22. 校内合作
		23. 高校和职业技术学校合作
		24. 计划、预算和评价的结合
		25. 设备维修

杨周复等指出:"该绩效指标体系的建立旨在服务于教育拨款,以使高教拨款能更好地体现公平和效率的原则。由于该指标体系注重的是学校办学质量和办学水平,因此指标体系中有许多非财务性指标和定性指标,如教育培养这一类;而且由于体系建

---

① 肯塔基州高教委员会报告:Concept Paper on Performance Funding. October,1995.

立的目标不同,使得该指标体系对学校的资金投入效率和效益方面基本上无所涉及。"正如该文指出的"由于该指标体系注重的是学校办学质量和办学水平,因此指标体系中有许多非财务性指标和定性指标"。

(二)"教育评价"≠"教育预算绩效评价"

上述两表名称"英国大学管理统计和绩效指标体系"和"美国肯塔基州高等教育绩效指标"都属于"教育评价"而不是"教育预算绩效评价"。

笔者曾指出:"教育评价"≠"教育预算绩效评价"。2020年中共中央、国务院印发的《深化新时代教育评价改革总体方案》提及"教育评价"。众所周知,在2004年教育部印发的《普通高等学校本科教学工作水平评估方案(试行)》中,财务指标只是其中评估指标的一小部分。2019年教育部印发的《关于全面实施预算绩效管理的意见》中提及"教育预算绩效评价"。所谓"毕业率""就业率""生师比""满意度"等是统计指标,非财务指标,是"高等教育评价"指标,不是"高等教育预算绩效评价"指标①。

(三)"科研评价"≠"科研预算绩效评价"

1. 科研评价

中共中央国务院印发的《深化新时代教育评价改革总体方案》提出:"克服唯分数、唯升学、唯文凭、唯论文、唯帽子的顽瘴痼疾"(即五唯)②。

2019年12月17日,财政部、科技部印发的《国家科学技术奖励绩效评价暂行办法》(财教〔2019〕228号)第三条规定:"本办法所称绩效评价是指根据绩效目标,运用科学合理的绩效评价指标和评价方法,对国家科学技术奖励目标定位、奖种设置、组织实施、奖励效果等开展的评价。"第四条规定:"绩效评价旨在提升国家科学技术奖励绩效,推动完善国家科学技术奖励制度,更好发挥国家科学技术奖励激励自主创新、激发人才活力、营造良好创新环境的导向作用。"第六条规定:"绩效评价采取年度评价和综合评价相结合方式开展。年度评价是指对国家科学技术奖励工作组织实施情况开展的绩效评价,结合中央部门预算管理要求,每年开展一次。综合评价是指对国家科学技术奖励制度和实施总体情况的系统评价,根据工作需要阶段性开展。"第七条规定:"年度评价指标主要包括国家科学技术奖励提名、评审、授奖、监督等年度工作的组织实施的规范性、科学性,奖励工作专项经费支出的合规性、有效性,以及影响国家科学技术奖励绩效的其他相关事项。综合评价指标主要包括国家科学技术奖励目标定位与我国科技创新、经济社会发展、国家安全需要的适应性,奖种设置、等级划分、数量设定、奖金标准的合理性,评奖机制的科学性,提名与评审工作的规范性,提名方、评审专家、评审对象、科技界、社会公众对奖励工作的满意度,奖励目标的实现程度,以及影响国家科学技术奖励绩效的其他相关事项。"

---

① 乔春华.论高校预算绩效过程评价[J].会计之友,2022(14):148-153.
② 中共中央国务院印发深化新时代教育评价改革总体方案[N].人民日报,2020-10-14(1).

关于 SCI。《关于规范高等学校 SCI 论文相关指标使用 树立正确评价导向的若干意见》(教科技〔2020〕2 号)规定:"学校在绩效和聘期考核中,不宜对院系和个人下达 SCI 论文相关指标的数量要求,在资源配置时不得与 SCI 相关指标直接挂钩。"记者邓晖报道:"教育部科技司相关负责人指出:'一是不能把 SCI 论文简单等同于高水平论文。二是 SCI 论文的引用数反映的是论文受关注情况,不能对应于创新水平和实质贡献,高被引论文更多反映的是学术研究热点,并不直接说明其创新贡献。三是论文主要是基础研究成果的表达形式,SCI 论文相关指标并不能全面反映科技创新贡献,不适用对技术创新、成果转化等工作的评价。'"[1]

2020 年 2 月 23 日,教育部科技司负责人就《关于规范高等学校 SCI 论文相关指标使用 树立正确评价导向的若干意见》答记者问时指出:"SCI 论文相关指标直接用于科研评价,具有很大的局限性。一是 SCI 的本质是文献索引系统,并非评价系统,不能把 SCI 论文简单等同于高水平论文。二是 SCI 论文的引用数反映的是论文受关注情况,而不能对应于创新水平和实质贡献,高被引论文更多反映的是学术研究热点,但并不直接说明其创新贡献。三是论文主要是基础研究成果的表达形式,SCI 论文相关指标并不能全面反映科技创新贡献,不适用对技术创新、成果转化等工作的评价。"[2] 将论文的"引用数"作为评判论文质量的标准是学术界无知的悲哀。众所周知,批评反驳一种错误的观点,必须有根据地指出其发表在哪个论文著作中,而引用了却使论著因"引用数"高而成为高质量论著,这不是荒唐吗?

2. 科研预算绩效评价

2003 年 12 月,财政部在全国财政工作会议上提出:要"研究科学的绩效预算评价体系,促进财政支出效益的最大化"。

2020 年,教育部学位与研究生教育发展中心在《第五轮学科评估工作方案》中列出了 4 个一级指标,12 个二级指标,25 个三级指标。其中,一级指标"C. 科学研究"下为二级指标"C2. 科研项目与获奖",其下三级指标是"S18. 科研项目情况,S19. 科研获奖情况"。"S18. 科研项目情况"应指"在研项目",不论是国家级还是省部级课题,申报成功是起点,不是终点,不是"结果",能否完成课题即结题是未知数,结题后的质量也是未知数。前已阐述了"产出"与"结果"的关系,即使申报到科研项目,即使发表了论文或出版了专著,这些论文或专著仅是"产出",不是"结果",不能算是"科研绩效",因为这些论文或专著是否具有创新性,是否有理论意义或应用价值有待审核。有不少发表的论文是东拼西凑的,有抄袭之嫌,论文或专著应在实践中检验。

曹雪芹历经 10 年创作了《红楼梦》前八十回的稿子;"杂交水稻之父"袁隆平 1964 年开始研究杂交水稻,1974 年育成第一个杂交水稻强优组合"南优 2 号",1975 年研制成功杂交水稻制种技术,用了 10 多年时间;屠呦呦教授也是在 1972 年成功提取到了青蒿素,40 多年后才获得诺贝尔奖。刘道玉指出:"像过去那种'板凳一坐十年

---

[1] 邓晖. 破除论文"SCI 至上",让学术回归"初心"[N]. 光明日报,2020-02-25(9).
[2] 张烁. 破除"SCI 至上"评价更科学[N]. 人民日报,2020-02-24(13).

冷'的学风已经少见,而浮躁、急功近利的风气确很有市场。大家知道,2002年世界数学大会在北京召开,法国年轻的数学家拉佛阁获得了相当于数学界的诺贝尔奖的菲尔兹奖。他埋头研究了7年世界重大难题——'朗兰兹纲领'。功夫不负有心人,他于2000年将对'朗兰兹对应猜想的证明从局部推向了整体',终于解决了这个世界难题。近10年来,法国已经出现了4位菲尔兹奖得主。正是由于这些出色的数学研究,法国才成为世界数学大国。对比之下,我国在百年诺贝尔奖的历史上,至今还没有零的突破。"① 此外,还有"十年"之说的如:历史学家范文澜主张"板凳要坐十年冷,文章不写一句空",以及"十年寒窗苦""台上一分钟,台下十年功"等等,都表示一部名著,一篇传世之作,并非旦夕之功②。为了保障论著的高质量,应延长论著评审的发表时间,建议在发表10年后才可评奖,这样,既有学术争鸣和学术批判(学术评判)的时间,又有实践检验的时间。

正因为科研工作具有迟效性和不确定性的特征,因此,不可能当年投入当年产出,而是几年甚至几十年才见绩效。

六、高校预算绩效评价方法的分析

(一)最低成本法不适用于高校

2009年6月22日,财政部印发的《财政支出绩效评价管理暂行办法》(财预〔2009〕76号)第十九条规定:"绩效评价方法主要采用成本效益分析法、比较法、因素分析法、最低成本法、公众评判法等。……最低成本法。是指对效益确定却不易计量的多个同类对象的实施成本进行比较,评价绩效目标实现程度。适用于公共管理与服务、社会保障、文化、教育等领域支出的绩效评价。"笔者认为,高校不适用"最低成本法"。笔者曾指出:"成本不是越低越好。'好'与'省'的关系是'质量'与'成本'的关系,质量永远放第一位,生产废品也要花成本。企业经营的基本环节是'供应、生产、销售',而现在高校只有'招生、教学'环节,学生质量学校自己没有验收。因此,突出的问题是很多高校不是按教学计划教学:一是大班授课,成本低了,质量差了;二是降低实践要求,如医科类的实习应1名学生解剖4只白鼠,而现在因经费紧张4名学生解剖1只白鼠,财经政法类专业更甚。因此,高校的财务目标绝不能更低化,准确的提法应为'保证教育质量的前提下教育成本较低化'。"③

(二)中国高校预算绩效评价的方法没有平衡计分卡

2019年12月10日,教育部发布的《关于全面实施预算绩效管理的意见》(教财〔2019〕6号)指出:"创新评估评价方法,依托大数据分析技术,运用成本效益分析法、比较法、因素分析法、公众评判法、标杆管理法等,提高绩效评估评价结果的客

---

① 刘道玉.中国怎样建成世界一流水平的大学[J].高等教育研究,2003,24(2):4-10.
② 乔春华.高校预算管理研究[M].苏州:苏州大学出版社,2013:269.
③ 乔春华.《事业单位会计准则》与《事业单位财务规则》研究:以高等学校为例[M].南京:南京大学出版社,2010:225.

观性和准确性。"

2020年2月25日,财政部印发的《项目支出绩效评价管理办法》(财预〔2020〕10号)第十七条指出:"财政和部门评价的方法主要包括成本效益分析法、比较法、因素分析法、最低成本法、公众评判法、标杆管理法等。根据评价对象的具体情况,可采用一种或多种方法。"

中国高校预算绩效评价的方法虽然没有规定采用平衡计分卡,但不是不能采用,关键在于中国高校预算绩效评价采用平衡计分卡是否运用得法,运用是否到位,运用是否全面准确。

(三)高校预算绩效评价中使用平衡计分卡的问题

1. 平衡计分卡的产生

一般认为,平衡计分卡产生于1992年。美国著名的管理会计学家、哈佛商学院教授罗伯特·S. 卡普兰(Robert S. Kaplan)和美国复兴全球公司总裁戴维·P. 诺顿是平衡计分卡(balanced scorecard,BSC)的创始人。如于增彪等认为:"1992年卡普兰(Robert S. Kaplan)和诺顿(David P. Norton)发表《平衡计分卡——驱动业绩的指标体系》(《哈佛商业评论》第1~2月号),标志着平衡计分卡的正式诞生。"①

卡普兰和诺顿的研究表明:20世纪,以财务为中心的绩效评价方法被应用在企业的绩效评价中,由于财务指标目标明确、针对性强,财务评价方法被广泛推广,已成为那时企业绩效评价的重要工具。但随着实践的深入,它的局限和不足逐渐显现,到了中后期,财务指标在时间上的滞后性、组织目标易与部门目标发生冲突、长期利益和短期利益不能同时兼顾等缺陷暴露出来,已经不能满足当时绩效管理需要,学者和组织的使用者开始了深刻的反思。于是,在毕马威会计师事务所的资助下,一项名为"未来的组织业绩衡量"的研究项目顺利开展。在研究过程中,时任模拟设备公司副总裁的阿特·施奈德曼贡献了自己公司使用的、相对全面的"组织记分卡",它在保留传统财务指标的同时,注入了一些新的相关的衡量指标,这引起了学者们的兴趣,围绕着这些新的衡量指标他们展开了讨论和总结。1992年,在总结12家大型企业业绩评价体系成功经验的基础上提出了平衡计分卡②。1993年,卡普兰和诺顿在《哈佛商业评论》9~10月号上发表了文章《平衡计分卡的实践》;1996年,卡普兰和诺顿在《哈佛商业评论》1~2月号上发表了他们的第三篇平衡计分卡文章——《平衡计分卡在战略管理系统中的应用》。其明确指出,平衡计分卡不仅仅能够运用到绩效评价领域,它在帮助企业取得突破性发展方面也颇为有效。文章系统地介绍了应用平衡计分卡将长期的战略目标与短期的行为联系在一起的四个程序(阐明愿景、沟通与联系、业务规划、反馈与学习),扩大了平衡计分卡的使用范围,把它作为战略管理的基石。同年,卡普兰和诺顿出版了他们的第一部平衡计分卡专著:《平衡计分卡——化战略为行动》,总

---

① 于增彪,张黎群. 平衡计分卡:理念、要点与经验[J]. 财务与会计(理财版),2010(4):17-20.
② Kaplan R S, Norton D P. The balanced scorecard measures that drive performance[J] Harvard business review,1992,70(1):712

结了 1993—1996 年平衡计分卡的演变和实践经验，标志着平衡计分卡作为战略管理系统的初步形成。

由此可见，平衡计分卡产生的背景与战略管理和非财务信息有关。于增彪等的研究显示："而财务指标却无法直接和准确地反映这些作为财务指标中长期驱动因素的客户需求和无形资产，导致财务数据被肆意操纵、扭曲。值得注意的是，这种缺陷是财务指标内在的或固有的，尽管后来有经济增加值（EVA）隆重登场，但却并未从根本上弥补或者缓解这种缺陷。"①

2. 平衡计分卡也适用于高校绩效评价

（1）平衡计分卡适用于教育绩效评价而不是高校预算绩效评价

帕彭豪森（Chris Papenhausen）等研究了平衡计分卡的方法应用到高校管理当中，得出平衡计分卡对高校使命的完成具有独特的适用性②。这里明显指的是"卡对高校使命的完成"而不是"高校预算绩效评价"。

卡拉塔诺斯（Karathanos）等认为可以将平衡计分卡应用到高校当中，对其进行绩效评价体系的建立，能够促进高校更好地为社会提供良好的服务③。这里明显指的是"促进高校更好地为社会提供良好的服务"而不是"高校预算绩效评价"。

卡多佐（Elsa Cardoso）等人将决策支持系统理论与平衡计分卡相结合建立高校绩效评价策略系统，对应用结果的改进提出相关策略④。这里明显指的是"高校绩效评价策略系统对应用结果的改进提出相关策略"而不是"高校预算绩效评价"。

（2）平衡计分卡提高教学效率

孔真真的硕士论文标题中是"高校绩效管理"而不是"高校预算绩效评价"。孔真真的研究表明："平衡计分卡在国外高校中的应用也日趋广泛，以美国为例的很多高等院校都采用了这种绩效管理方法，它也逐渐成为高等院校实施战略管理和评价的一条捷径。平衡计分卡在康奈尔大学、加州大学、华盛顿大学的成功应用，使得这些学校绩效管理进一步清晰明确，如位于美国亚特兰大市的富尔顿学区共有 77 所公立学校，在运用平衡计分卡的一年内，该学区系统通过标准化数学考试的学生人数提高了 22%（从 66% 到 88%），两年后，该学区在高级学位考试中获得 3 分以上的学生比例提高了 39%（从 37% 到 76%），并比当地平均水平高出了 17%。除美国外，平衡计分卡在德国、瑞士等高校也广泛应用，如弗吉尼亚大学图书馆成功运用平衡计分卡，改进了图书馆的业务流程。"⑤ 孔真真的研究还显示："以英国古老的爱丁堡大学为例，学校高层和管理者根据树立的战略目标和远景，对平衡计分卡的四个维度进行了重新定位和规

---

① 于增彪，张黎群. 平衡计分卡：理念、要点与经验[J]. 财务与会计（理财版），2010(4)：17-20.
② Papenhausen C, Einstein W. Insights from the balanced Scorecard implementing the balanced scorecard at a college of business[J]. Measuring business excellence, 2006(10): 15-22.
③ Karathanos K P. Applying the balanced scorecard to education[J]. Journal of education for business, 2005, 80(4): 222-230.
④ Cardoso E, Triggers M J, Narcoso P. A balanced scorecard approach for strategy-and auality-driven universities[C]. Manchester: The 11th International Conference of EUNIS, 2005: 1-6.
⑤ 孔真真. 平衡计分卡在高校绩效管理中的应用研究[D]. 郑州：郑州大学，2010：14.

划,把顾客维度和内部业务流程维度分别修正和调整为相关利益者维度和内务维度,财务维度和学习成长维度则保持不变。相关利益者维度包括学生、教师、立法机构和媒体,他们的衡量和态度关系着高校绩效管理的成功与否;内务维度包括合理的学科建设、雄厚的师资力量、健全的管理流程、完善的制度保证和较高的行政效率等。同时,平衡计分卡的制定者还把学习与成长维度置于最上层,财务维度置于最底层,表明:第一,高层管理者将高校的成长和可持续发展作为关注目标和未来诉求;第二,高校的正常运转离不开财务和教育资源的支持,但因为是非营利性组织,财务的增长和利润的获得不是学校开办的目的。"①

3. 目前研究平衡计分卡在"高校预算绩效评价"中应用的论文只是四个维度却忽略了平衡计分卡的核心是战略

平衡计分卡的工具特性主要有三个:一是强调有效平衡;二是以战略为轴心;三是重视因果关系。

创立者卡普兰与诺顿在平衡记分卡创立之初,就明确表示平衡计分卡不仅是一个战术性的衡量系统,而且应是一个战略管理系统。并指出要把远景与战略放在平衡记分卡的中心地位。他们认为,应运用平衡记分卡完成下列各项重要管理流程:① 阐明并诠释愿景与战略;② 沟通并连接战略目标和指标;③ 计划、制定目标值并协调战略行动方案;④ 加强战略反馈与学习。如图3-1所示②

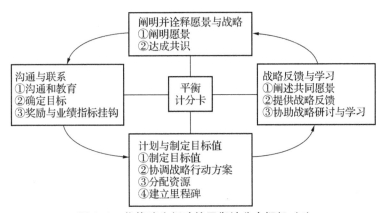

图 3-1 化战略为行动的平衡计分卡框架(1)

"化战略为行动的平衡计分卡框架"如图3-2所示③。卡普兰和诺顿又认为,平衡计分卡是将企业愿景与使命和企业战略转换成了企业的具体衡量指标。平衡计分卡包括四个方面:即从财务、客户、内部业务流程、员工的学习与成长四个维度来考核一个企业的绩效,这四个维度构成平衡计分卡的框架。

卡普兰和诺顿指出:"平衡计分卡将企业的使命和战略化为一套全面的指标,这些指标为战略衡量和管理系统提供了架构。平衡计分卡仍然重视实现财务目标,但是也

---

① 孔真真.平衡计分卡在高校绩效管理中的应用研究[D].郑州:郑州大学,2010:3.
② 卡普兰.诺顿.平衡计分卡:化战略为行动[M].刘俊勇,孙薇.译.广州:广州经济出版社,2004:10.
③ 同②:5.

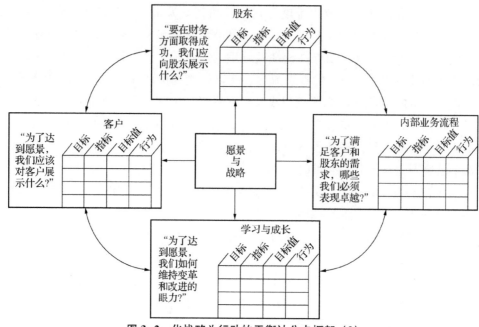

图 3-2 化战略为行动的平衡计分卡框架（2）

兼顾了财务目标的业绩驱动因素。平衡计分卡从四个平衡的层面衡量企业的业绩，这四个层面包括财务、客户、内部业务流程和学习与成长。平衡计分卡使各公司在追求财务结果的同时，监控公司为了未来的成长而培养能力和获得无形资产的过程。"[①] 平衡计分卡的基本框架如图 3-3 所示。

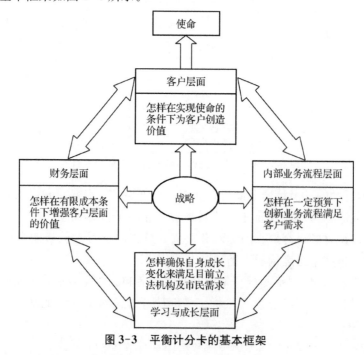

图 3-3 平衡计分卡的基本框架

---

① 卡普兰.诺顿.平衡计分卡：化战略为行动[M].刘俊勇,孙薇,译.广州：广州经济出版社,2004:1.

上述三图的四个维度的核心演变是从"平衡计分卡"到"愿景与战略"再到"战略"。设计平衡计分卡的目的就是要建立"实现战略导向"的绩效管理系统,从而保证企业战略得到有效的执行。因此,人们通常称 BSC 是加强企业战略执行力的最有效的战略管理工具,又是一种基于战略管理的绩效考核方式将组织的战略落实为可操作的衡量指标和目标值的一种新型绩效管理体系,始终围绕一个明确的轴心——战略。

但是,目前研究平衡计分卡在"高校预算绩效评价"中应用的论文只注重"财务""客户""内部运营""学习与成长",却忽视了"使命"、"愿景"和"战略"。因此,忽视"战略"仅将平衡计分卡作为四个维度的绩效考核体系,有以偏概全之嫌,平衡计分卡的轴心关键在于战略。

4. 目前研究平衡计分卡在"高校预算绩效评价"中应用的论文只是四个维度却忽略了平衡计分卡的核心是"平衡"

平衡计分卡,顾名思义,核心是"平衡",其精髓在于"平衡"。保罗·尼文指出:"我们强调了'平衡'这个词在平衡计分卡中的重要性。它体现了下列关系的平衡:财务指标与非财务指标;企业组织内外部群体、滞后指标与前置指标。"[①]

高校平衡计分卡的"平衡"应注重下列平衡:① 高校长期目标和短期目标之间的平衡;② 高校财务指标和非财务指标之间的平衡;③ 高校外部(客户)与内部(内部流程和学习与成长)两个群体之间的平衡;④ 高校结果指标与过程指标之间的平衡;⑤ 高校定量与定性之间的平衡。由此可见,平衡计分卡所强调的平衡不是为平衡而平衡,而是一种有效平衡。卡普兰和诺顿认为,平衡计分卡的工具特性之一为强调有效平衡。这一特性有利于揭示组织当前绩效与未来增长动力之间的关系,被卡普兰和诺顿视为平衡计分卡的首要特征[②]。

这个"平衡"不仅在权重设计时要注意四个维度之间的平衡,而且要注意长期目标和短期目标之间的平衡,结果指标与过程指标之间的平衡等。

5. 目前研究平衡计分卡在"高校预算绩效评价"中应用的论文只是四个维度却忽略了平衡计分卡的核心是"因果关系"

"因果关系"一般应指"前"因"后"果,这就涉及"时间维度"。上面提到"结果指标与过程指标之间的平衡"就涉及"时间维度"。但平衡计分卡四个维度的指标却没有区分时间序列,也就难以判断"前"因"后"果,因此,时间维度是判断因果关系的一个重要标准。卡普兰和诺顿早就指出平衡计分卡因果关系是存在的,并且是平衡计分卡的核心。但是,一些作者却忽略了四个维度的"因果关系"。

查尔斯·T. 霍恩格伦等指出:"客户满意是首要因素。""管理领域的新主题。管理会计的目的是为帮助管理者作出更好的决策,因而管理者经营方式的改变要求重新

---

① 尼文.平衡计分卡实用指南:战略经营时代的管理系统[M]胡玉明,等译.北京:中国财政经济出版社,2003.
② Kaplan R S. Conceptual foundations of the balanced scorecard[J]. Handbooks of management accounting research,2009,3:1253-1269.

评估管理会计系统本身的设计和运行。"① 安东尼等在练习题中指出："（b）谁是大学的客户？（小心，这是道偏题。对以下群体都可以进行合理性的讨论：学生、学生家长或赞助者、高中指导顾问和未来的雇主）；（c）一些大学将校友或者全体教员作为大学的客户。解释你为什么同意或不同意将大学的客户描述为校友或全体教员？"② 卡普兰和诺顿认为："我们从最终目标开始，要追求什么……仔细观察平衡计分卡的逻辑关系，所有的箭头都最后指向财务层面。"③ 从财务维度回答的是"我们怎样使股东满意"，它是平衡计分卡其他维度的起点和归结点。社会主义的高校则是"我们怎样使人民满意"。平衡计分卡保留了传统财务评价体系的财务指标，因为财务指标是个现时指标和结果性指标，它直接反映高校的财务成果和短期效益。

6. 平衡计分卡的难度不只是设计四个维度

（1）平衡计分卡应用于企业有难度

照理说，平衡计分卡应用于企业似乎容易些。吴耀坤指出："平衡计分卡在中国企业界的导入实施，最早源于跨国公司在中国的分支机构采用平衡计分卡用于绩效管理。当时对绩效管理颇为头疼的人力资源部门似乎看到了新的希望，希望透过较系统化的模式弥补传统绩效考核的缺失，于是纷纷投入平衡计分卡的怀抱，花了相当的时间和精力进行探索。但在实践操作中，他们发现平衡计分卡不仅实施的难度极大，而且实施效果与当初的预期相距甚远，甚至使企业付出了沉重的代价，于是开始认为平衡计分卡不好操作、效果不理想，或者说平衡计分卡并不适用于中国企业。一时间平衡计分卡在中国惹来了不少争议，对平衡计分卡的评价由初始的追捧到萌生众多的疑虑，褒贬不一，莫衷一是。"④ 企业如此，高校似乎更难些。

（2）平衡计分卡应用于高校有难度

商业组织和高等教育机构在平衡计分卡应用方面的区别如表3-4所示⑤。

表3-4 商业组织和高等教育机构在平衡计分卡应用方面的区别

商业组织	高等教育机构
市场驱动	全体教职员工驱动
行为/结果导向（短期的）	研究/教学导向（长期的）
有计划的/有系统的	开放的/自然的
分等级的	自由的
决策明确的	自适应的

---

① 霍恩格伦,福斯特,达塔.成本会计学：以管理为重心[M].王立彦,王永梅,主译.大连：东北财经大学出版社,2000：12-13.

② 阿特金森,班克,卡普兰,等.管理会计[M].3版.王立彦,杨松,袁颖,等译.北京：北京大学出版社,2004：53.

③ 严世富.绩效管理[M].北京：机械工业出版社,2007：117.

④ 吴耀坤.平衡计分卡为何失效?：浅析台湾企业如何结构性解决平衡计分卡实施问题[J].中国人力资源开发,2014(6)：81-88.

⑤ 李玫玉,黄文峰.平衡计分卡在国外高等教育中的应用[J].中国高等教育评估,2003(1)：40-43.

续表 3-4

商业组织	高等教育机构
对不确定性的宽容较低	对不确定性的宽容较高
以权威为基础	以多数人同意为基础
高度责任	责任不强

资料来源：Chet Warzynski. How can the balanced scorecard improve performance at your institution?, 2001.

(3) 平衡计分卡应用于公共部门预算绩效评价更难

国外学者对平衡计分卡用于预算绩效评价的方法有不同看法。

对于国内学者常用的预算绩效评价方法（如平衡计分卡），国外学者有不同看法。诺斯科特（Northcott）根据新西兰对地方组织的研究显示，公共部门使用平衡计分卡（BSC）频率低，应修改 BSC 维度，设计衡量重要定性分析的方法，增加有效使用[①]。

被平衡计分卡发明人卡普兰教授称为"少数可以指导各类组织实施平衡计分卡的人士之一"的保罗·尼文在《实施平衡计分卡的十大问题》一文中，对西方国家实施平衡计分卡遇到的困难和误区进行了全面分析，由于社会文化的差异和经济环境的不同，国内企业在推行平衡计分卡过程中面临着特殊的、新的挑战。李伟成的研究表明："夏洛特市实施平衡过程中积累的一些经验和建议包括：① 平衡计分卡实施是一项非常系统繁杂的工程，即使设计者有大量的时间和精力投入，实施速度很快，也很难做到完美，因此，在实施过程中及时把所遇到的问题和想法记录下来，在以后的年度中加以完善显得尤为重要。② 平衡计分卡的实施需要政府上上下下的全体总动员，没有主要领导的支持是不可能进行的。③ 平衡计分卡实施过程中，尤其是在初始实施阶段，最重要的任务就是与平衡计分卡涵盖的对象进行充分的沟通，以使他们深入了解平衡计分卡的特点、具体操作方法和价值，同时向他们传达有关组织战略的相关内容。由于平衡计分卡的实施对象特别广，对于平衡计分卡的设计管理部门来说，很难做到与每一位对象的充分沟通。④ 平衡计分卡是一个促进改变的工具，是一个变化的媒介，在实施平衡计分卡过程中，要重视平衡计分卡改变组织考虑战略的方式、看待战略的方式、评估成功实施战略方式的各种可能。"[②]

平衡计分卡涉及需要建立一个系统：完善指标较多的指标体系，因果关系复杂，文化差异较大，实施成本很高。因此，有人撰文"平衡计分卡为何水土不服？"，"平衡计分卡为何失效？"，"平衡计分卡的谣言"等。

总之，平衡计分卡在高校预算绩效评价中的应用应该探索。平衡计分卡的难度不只是设计四个维度。此外，还有层次分析法在高校预算绩效评价中的应用等就不阐述了。

---

① Northcott D, Taulapapa T M. Using the balanced scorecard to manage performance in public sector organizations issues and challenges[J]. The International journal of public sector management, 2012, 25(2/3): 166 - 191.

② 李伟成. 基于平衡计分卡的政府部门绩效管理研究[D]. 武汉：华中科技大学, 2012: 56.

第四章 高校应评价"预算"对绩效的影响

第一节 高校预算绩效实施的内容和路径

绩效预算[①]是一个世界性的难题,也是公共预算部门、高校、企业等凡是有预算领域的国内外学者的热门话题。高校预算绩效管理的基本内容为:要确定高校预算绩效的战略导向,要制订高校预算绩效计划,要编制绩效预算(特别是中期预算框架),要签订绩效合同,会计和预算都要实行权责发生制,开展绩效评价和绩效审计,编制绩效报告,预算绩效信息公开与透明,反馈和使用绩效信息,绩效问责与绩效激励。高校实施预算绩效的路径:应完善对预算绩效的法律法规建设,应相应制定"预算系统"实行权责发生制的法规;要由政府主导推动才会使基本建成高校预算绩效管理体系提速。

一、问题的提出

目前,不少学者对高校预算绩效进行探索,特别对高校预算绩效评价尤感兴趣。正如鲁宾指出的:"公共预算的研究必须有成熟的理论。但是,现有的预算理论还不尽人意。"[②] 预算绩效的研究也没有成熟的理论和实践运作。笔者认为,高校预算绩效评价仅是高校预算绩效管理的内容之一,如果仅从"预算绩效评价"角度而不考虑"高校预算绩效管理的全部内容",高校预算绩效评价可能会不准确。党的二十大报告指出:"推动经济实现质的有效提升和量的合理增长","健全现代预算制度"。"推动经济实现质的有效提升"对于高校来讲就是"推动高校财务实现绩效的有效提升",因此,推动高校预算绩效的有效提升是党的二十大召开后的重要任务。

二、高校实施预算绩效的基本内容

(一)要确定高校预算绩效的战略导向

1. 战略导向具有全局性、方向性、预见性、长远性、谋略性等基本特性

党的十九大报告和二十大报告中都提出"发挥国家发展规划的战略导向作用"。与

[①] 我国称"预算绩效",OECD等国家称"绩效预算"。但两者有差别。
[②] 鲁宾.预算理论的未来[J].周美多,译.公共管理研究,2006(10):3-14.

战略导向相关的还有问题导向和目标导向，它们之间的关系应该是：首先是目标导向，确定奋斗目标；其次是问题导向，即达到目标存在什么问题、有什么差距；最后在制定战略时确定长期发展的战略目标，选择适宜的战略类型，构建战略性绩效管理体系。高校财务战略不能单靠学术或单靠财务来完成。《刻不容缓：确保高等教育可持续发展的未来（下）——"高等学校财务管理与治理"项目成果报告（2004）》指出："战略规划不能单靠学术或单靠财务来完成。必须把二者的文化和需求结合到一起考虑。高等学校学术人员的行为既能给学校发展带来财务机遇，又能带来财务风险。开发一套整合的战略，首先需要学校内部进行有关学校需求和目标的讨论，学术方面的及非学术方面的高级管理者都要参与进来。而且，学术管理人员要参与有关财务战略的讨论，财务人员也要了解学校的学术情况及其对学校的推动作用。这既是管理方法上的变革，又是管理文化上的变革。"[1]

2. 如何实施财务资源配置与高校战略相匹配

预算管理活动的起点应有明确的预算绩效目标，预算绩效目标决定预算编制和资源配置及其结果，因此，高校战略目标决定高校预算目标。毕马威有限责任公司高等教育方向的全国行业董事（industry director）罗纳德·E. 萨鲁兹奥（Ronald E. Salluzzo）指出："我们的出发点是在这项战略计划中创建清楚表述的目标。每一个学校倡导的活动都应该使其目标明确，并为其分配和再分配资源（财务资源、资本资源、人力资源和信息资源），……大学必须在其战略计划中明确它的成功关键指标。每个重要项目都应该设有关键的成功指标，这些指标应该包括非财务指标（例如驱动因素）和财务指标（创建一种对于负担能力的计量方式）。……如果学校的计划要求实质性的跳跃，而且详细的财务或非财务方案都是增量型的，这个学校就可能无法实现它的战略目标。学校的战略性平衡计划所需要的资源数量并未满足，而是必须在下一年投入，这会使战略计划负担加重（backloading）。许多学校在战略计划的最后一年需要调整自己的目标，但实际上亏空在其计划早期就产生了。"[2]

（二）要制定高校预算绩效计划

美国《政府绩效与结果法案》（GPRA）为美国建立了一个绩效管理框架，其框架包括战略计划、年度绩效计划和中长期绩效计划。高校预算绩效计划既是高校战略在预算管理上的分解和具体化，又是高校绩效预算编制的基础，它是实现战略与预算对接的关键。GPRA规定，所有联邦政府机构必须根据部门"使命"提交战略规划，编制年度绩效计划，设立明确的绩效目标，使各部门预算安排与绩效目标相对应，提供相关绩效信息，并制定一套能综合反映部门业绩、便于考评的绩效指标，以解决"项目目标表述不充分和项目的绩效信息不足"的问题。

---

[1] 经济合作与发展组织高等教育管理项目办公室;英格兰高等教育拨款委员会.刻不容缓:确保高等教育可持续发展的未来(下):"高等学校财务管理与治理"项目成果报告(2004)[J].辽宁教育研究,2005(10):1-12.

[2] 拉普斯基,莫克.高校的财务运作(CFO译丛)[M].李正,主译,王晖,主校.北京:中国财政经济出版社,2004:76-77.

但预算绩效计划首先要明确目标。2012年9月21日，财政部印发的《预算绩效管理工作规划（2012—2015年）》（财预〔2012〕396号）指出："预算绩效目标管理是全过程预算绩效管理的基础。部门（单位）申请预算时，要按要求申报绩效目标。绩效目标应依据明确、相对具体、可衡量，并在一定时期可实现。……既要有中长期规划，又要有年度目标，建立完善年度工作计划与中长期规划相结合的机制。"而绩效评价也要"根据设定的绩效目标"，正如2020年8月，修订后的《中华人民共和国预算法实施条例》将绩效评价的内容定义为"根据设定的绩效目标，依据规范的程序，对预算资金的投入、使用过程、产出与效果进行系统和客观的评价"。

在年度绩效计划中，高校预算绩效计划要描述总目标与年度绩效目标的关系，主要包括：设定预算中涉及的所有项目的绩效目标（意指以明确的可测量的指标表述的、具体实现情况可以与之对比的、包含可量化的标准、价值或比值的目标等级），包含"优先绩效目标"和"跨部门绩效目标"，收集国家相关政策、财政支出方向和重点等相关信息，决定职能部门优先目标数；按照轻、重、缓、急进行排序，落实优先目标的责任人，建立工作进度表，采取管控数据质量的措施；确定赋予管理者的权限和责任。

（三）要编制绩效预算（特别是中期预算框架）

1. 制定年度绩效预算

OMB在《预算指导》中强调："绩效预算在组织上类似目标金字塔，最上层是战略目标……在这一框架内，各部门应按绩效目标的层次来分派资源，资源应按完全成本来计算。"在制定年度绩效计划以后，高校根据战略目标，对绩效目标以金字塔形式逐层进行资源分解，并按年度绩效计划和预算编制相关要求编制高校预算，绩效预算编制应以"产出"或"结果"为出发点进行编制，细化预算所需资金。预算的编制紧紧围绕本年度绩效目标展开，并与绩效管理的各项标准相结合，根据目标安排各项预算资金和项目。在高校预算的编制过程中，强调高校管理者享有充分的自主权和承担相应的责任。

2. 采用中期预算框架

李俊生等认为，MTEFs在我国翻译为"中期预算"（medium term budget）"滚动预算/（n年）滚动预算/中期滚动预算"（medium-term rolling budget system）"多（跨）年期（度）预算"（multi-year budget）"中期财政规划"（medium-term fiscal planning/program）等术语存在诸多不合理之处，学术界和世界银行、国际货币基金组织等在其学术文献和官方文件中一般也是将MTEFs作为我们中文所理解的"中期预算框架"术语使用的。建议用"中期预算框架"一词取代"中期预算"，将"中期财政支出框架"作为MTEF的规范的中文译文[①]。

---

① 李俊生，姚东旻. 中期预算框架研究中术语体系的构建、发展及其在中国应用中的流变[J]. 财政研究，2016（1）：9-25.

(四) 要签订绩效合同

由此可见,绩效合同是一种契约关系,它是对结果负责的关系。它改变了传统预算中高校与校内各部门之间不平等的等级制关系,而是一种平等的责权利的平等关系。既明确了高校应尽的拨款等责任,又明确了支出部门承诺的达到绩效目标的产出责任和预算资金使用的合规责任,以及奖惩措施等。因此,绩效合同通过契约形式强化委托——代理关系。

(五) 会计和预算都要实行权责发生制

目前,财务会计以权责发生制为基础是作为实行预算绩效的前提已形成共识,但采用权责发生制编制绩效预算却被忽视了。马蔡琛等的研究显示:"预算系统"和"财务系统"都要以权责发生制为基础。如中央政府预算系统,奥地利、瑞士、英国采用权责发生制;州政府预算系统,瑞士采用权责发生制;地方政府预算系统,芬兰、瑞士采用权责发生制。又如:中央政府预算系统,芬兰、法国、瑞典采用修正权责发生制;州政府预算系统,奥地利、法国、意大利、西班牙采用修正权责发生制;地方政府预算系统,挪威、瑞典采用修正权责发生制;等等[1]。

(六) 开展绩效评价和绩效审计

美国学者米歇尔·J. 勒贝斯（Michel J. Lebas）指出:"绩效评估是绩效管理的一个中心环节,绩效评估的结果表明了组织选择的战略或者行动的结果是什么,它是一种管理手段。而绩效管理是一种由绩效评估手段支持的管理理念,它为绩效评估提供了评估内容和对象,并在绩效评估的基础上进行决策和改进。"英国的拉森和斯图特尔（Ranson and Stewart）也认为,"对一个组织的绩效进行评价是体现责任的基本要素。如果没有一个有效的工具对责任作出判断,那么公共组织也就失去了合法性的权威基础。因此,绩效应当被视为在公共领域中的责任度量工具。"[2] 因此,绩效评价是整个绩效预算框架体系的中心环节,绩效评价结果的科学与否,直接影响着为决策者进行预算分配提供的绩效信息的质量。在上述基础上可以进行绩效评价或绩效审计了。绩效评价与绩效审计的主体不同,绩效评价的主体是预算部门等,绩效审计的主体是审计机关、社会审计组织或内部审计机构。

绩效评价或绩效审计的依据除了依据法律法规外,还应有采用权责发生制编制绩效预算和绩效标准。绩效评价指标除了共性指标外,还应有适用高校的个性指标,还应有预算绩效评价的方法等。

(七) 编制绩效报告

高校年度绩效报告是对高校年度内执行预算绩效评价的总结。其主要内容:① 将

---

[1] 马蔡琛,桂梓椋. 全面预算绩效管理视域下的政府会计准则体系构建:基于国际比较视野的考察[J]. 河北学刊,2020,40(3):132-139.

[2] Stewart R, Stewart J. Management for the public domain: Enabling the learning society[M]. London: The Macmillan Press Ltd,1994:221-223; Lauth T P. Performance evaluation in the georgia budgetary process[J]. Public budgeting & finance,1985(1):67-82.

实际达到的绩效目标和完成年度绩效计划与年度绩效目标和年度绩效计划比较评价后的描述;② 对未达到绩效目标的项目进行原因分析,对绩效目标不实际的某些项目提出改正或终止目标的意见;③ 对中期预算框架中下一年预算绩效的编制和绩效目标修正提出建议。高校绩效报告要依法定期向上级政府提交和向公众公开。

(八) 预算绩效信息公开与透明

1998 年 4 月 16 日,国际货币基金组织理事会临时委员会在华盛顿召开的第 50 次会议上通过了《财政透明度良好做法守则——原则宣言》(The Code of Good Practices on Fiscal Transparency—Declaration on Principles) 正式提出了"财政透明度"的原则性要求。会议认为,良好的政府及其财政管理对实现一国宏观经济稳定和高质量具有极大的重要意义,而财政透明度则是实现良好的政府及其财政管理的一个关键方面。2002 年,GRI 发布的《可持续发展报告指南》指出:"制定这套 2002 年版《指南》时主要考虑了商业机构的需求,但是,其他类型的机构,如政府机构、非营利组织都可以使用《指南》。……透明度和包容性原则代表了整个报告过程的出发点,并贯穿在所有其他的原则中。……透明度是首要原则,也是问责制的核心所在。"

20 世纪初,美国联邦最高法院法官路易斯·布兰代斯在其著作《别人的钱》中指出:"阳光是最好的防腐剂,路灯是最好的警察。"高校的预算要放在玻璃房内,能晒到阳光,能受到公众的监督。2013 年 11 月 12 日,十八届三中全会通过的《中共中央关于全面深化改革若干重大问题的决定》指出:"实施全面规范、公开透明的预算制度。"党的十九大报告指出:"建立全面规范透明、标准科学、约束有力的预算制度。"高校财务信息透明度是绩效预算制度的重要组成部分,透明度是构成良好财务治理的关键因素。高校财务信息公开与透明是舆论监督与群众监督的前提。但公开≠透明,公开而不透明等于不公开。公开是前提,透明是关键,监督是目的。因此,阳光财务必须预算绩效信息公开与透明。

(九) 反馈和使用绩效信息

Lauth、Heinrich 提出"拥有绩效信息"和"使用绩效信息来制定决策"这两个概念并不相同[①]。国外学者在绩效立法要求和制度改进方面也提出建议。Lu et al 研究了美国绩效预算法律与执行绩效预算制度质量之间的关系,结果表明,绩效预算体系运作良好的国家更有可能颁布法律,对开发、报告和使用绩效信息做出详细说明,从而最终在预算过程中更好地利用这些信息[②]。

Philip Joyce 建立了如何在预算制定、批准、执行和审计过程中运用绩效信息的框架。除财务类绩效信息外,约四分之三的 OECD 国家的预算文件中还包含非财务类绩效信息,但非财务类信息在预算谈判中的作用相对较小,主要提供给相关机构(如审

---

① 牛美丽,马骏. 新西兰的预算改革[J]. 武汉大学学报(哲学社会科学版),2006(6):802-810.
② Lu Y,Willoughby K,Arnett S. Performance budgeting in the American states:What's law got to do with it? [J]. State & local government review,2011,43(2):79-94.

计机构、立法机构、行政首脑办公室等）以供参考①。绩效评价结果生成并报告后，预算绩效信息必须加以充分利用。预算绩效信息作用：帮助高校向公众表明他们注重改善服务绩效；为财政部门审核预算申请提供依据；帮助高校深入考察存在的绩效问题和需要改进的措施；帮助激励高校继续完善项目，改进项目管理，建立公众信任等。绩效管理通常被认为是财政部门主导、业务部门被动接受的一种管理方式。但经合组织的调查显示，业务部门使用绩效信息的频率高于财政部门②。

（十）绩效问责与绩效激励

绩效问责是绩效预算的基石。"绩效管理和预算清楚地定位于：系统为了保证项目达到预算目标将实施激励和惩罚"。"目标导向""权力下移"和"对结果负责"是绩效问责与激励的关键特征："目标导向"是：绩效预算区别于其他预算模式最根本的特征，绩效问责为"目标导向"的实现提供了制度保证；"权力下移"也是绩效预算制度的基本特征，"权力下移"中，权力和责任的匹配就成为制度设计的焦点，绩效问责是预算权力下移的制度保证；"对结果负责"是以绩效考评结果为依据的问责和激励机制的体现，绩效问责将"结果"与"问责"相结合，是促使责任人对绩效结果负责的制度安排，是绩效预算制度的重要内容。因此，"对结果负责"就是靠绩效问责来体现的。没有绩效问责，"目标导向"势必为落空，"权力下移"也会导致混乱。只有在法律上、政治上、经济上给予支出单位和部门应有的惩罚，才能将绩效信息与预算有效地结合，否则，"问责"将成为一纸空文，绩效预算改革也将无果而终。

邓赛尔（Dunsire）认为，绩效管理强调了公共责任与绩效管理的重要关联。"责任不仅仅意味着在自己的权限内回答已经发生或正在发生的事情，在大部分场合下，责任还有另外一层含义，就是：你的回答或你的责任应该能够由监督主体依据一定的标准预期通过测量来进行评估。"③

中国高校 2010 年左右巨额贷款结果显示，公办高校与企业区别是不会承担破产的责任，高校绩效差同样不会承担相应的责任，问责制无法像追究个人责任一样来追究公共部门的法律责任、政治责任。即使是取消项目、削减支出等经济上惩罚措施，运用的范围也相当有限。2005 年关于 OECD 国家使用绩效信息情况的一次调查，以及由澳大利亚、加拿大、丹麦、韩国、瑞典、英国和美国财政部向 2006 年绩效与结果高级预算官员联络会议提供的国别案例研究报告显示：绩效测量（performance measures）：取消项目占 4%，消减支出占 10%，决定报酬占 11%；评估（evaluation）：取消占项目 11%，消减支出占 15%，决定报酬占 5%。由此可见，问责制所涉及的对部门的经济上的负激励（包括取消项目、消减支出、决定报酬三个方面）在 OECD 国家的使用情况是较少的④。

---

① OECD. Greening public budgets in eastern Europe,Caucasus and central Asia[R]. OECD,2011:75.
② OECD. Modernising government:The way forward[M]. Paris:OECD Publishing,2005:63-67.
③ Dunsire A. Controi in a bureaucracy:The execution process[M]. Oxford:Martin Robertson,1978:41.
④ 邓毅. 绩效预算制度研究[D]. 武汉:华中科技大学,2008:97.

三、高校实施预算绩效的路径

（一）应完善对预算绩效的法律建设

我国 1994 年才通过了第一部称为"经济宪法"的《中华人民共和国预算法》（简称《预算法》），自 1995 年 1 月 1 日起执行。同时，1994 年的《预算法》未提到"绩效"二字；1995 年的《中华人民共和国预算法实施条例》（国务院令第 186 号）也未提到"绩效"二字。

第一部《预算法》颁布 20 年后，2014 年的第二部《预算法》第十二条只提到"讲求绩效和收支平衡的原则。"第三十二条也只提到"有关支出绩效评价结果和本年度收支预测。"但是，第五十八条却规定："各级预算的收入和支出实行收付实现制。"第九十七条规定："各级政府财政部门应当按年度编制以权责发生制为基础的政府综合财务报告。"第二部《预算法》在 2018 年修订后，第十二条仍只提到"讲求绩效和收支平衡的原则。"第三十二条仍只提到"有关支出绩效评价结果和本年度收支预测"。但是，第五十八条却仍规定："各级预算的收入和支出实行收付实现制。"第九十七条规定："各级政府财政部门应当按年度编制以权责发生制为基础的政府综合财务报告。"2020 年 8 月 3 日修订后的《中华人民共和国预算法实施条例》（国务院令第 729 号）第二十条规定："预算法第三十二条第一款所称绩效评价，是指根据设定的绩效目标，依据规范的程序，对预算资金的投入、使用过程、产出与效果进行系统和客观的评价。绩效评价结果应当按照规定作为改进管理和编制以后年度预算的依据。"从上述内容可以看出，一是我国《预算法》对"预算绩效"的规定与国外发达国家相比何等滞后和单薄；二是我国"预算系统"按收付实现制编制预算，"财务系统"按权责发生制编制财务报告的两张皮的现象终于找到了"法律依据"。建议加大对《预算法》在"预算绩效"方面建设的力度。

相比之下，美国颁布了较多"绩效预算"方面的法案，例如：1921 年，美国通过的《预算和会计法案》；1949 年，胡佛委员会的《预算与会计报告》；1950 年，美国国会通过的《预算与会计程序法案》；1974 年 7 月，国会通过的《预算和扣押法案》；1985 年的《平衡预算和紧急赤字控制法》（《格兰姆—鲁德曼—霍林斯法案》）；1987 年 9 月，国会通过的《平衡预算和紧急赤字控制再肯定法案》；1990 年的《预算执行法案》；1990 年的《首席财务官法案》；1993 年 1 月参众两院通过的《政府绩效与结果法案》；1993 年 8 月，国会通过的《综合预算调整法案》；1997 年 5 月，国会通过的《平衡预算法案》；2001 年，国会通过的《总统管理议程》；2010 年，国会通过的《政府绩效与结果现代化法案》以及绩效预算的首席运营官和绩效改进官制度；等等。其他 OECD 国家在"绩效预算"方面颁布的法案也不少。

（二）应相应制定"预算系统"实行权责发生制的法规

高校预算是按收付实现制编制的预算，还是按权责发生制编制的预算？绩效预算是应按收付实现制编制的预算，还是按权责发生制编制的预算？由此可见，仅仅会计系统实行权责发生制，而预算系统未实行权责发生制势必造成"会计"与"预算"不匹配，违背了"可比性"原则。会计报告的结果与非"绩效"的预算如何比较？

（三）应相应修改和补充行政法规

1. 应相应修改和补充《事业单位财务规则》中"年度财务收支计划"的规定

2022年3月1日起施行的《事业单位财务规则》第七条规定："事业单位预算是指事业单位根据事业发展目标和计划编制的年度财务收支计划。"但早在2013年的《关于全面深化改革若干重大问题的决定》第十七条规定："建立跨年度预算平衡机制。"2014年的《中华人民共和国预算法》第十二条规定："各级政府应当建立跨年度预算平衡机制。"2014年的《国务院关于深化预算管理制度改革的决定》（国发〔2014〕45号）规定："改进预算管理和控制，建立跨年度预算平衡机制。实行中期财政规划管理。"2015的《国务院关于实行中期财政规划管理的意见》（国发〔2015〕3号）规定："中期财政规划是中期预算的过渡形态。"2016年财政部印发的《法治财政建设实施方案》（财法〔2016〕5号）规定："建立跨年度预算平衡机制和实行中期财政规划管理，强化三年滚动财政规划对年度预算的约束。"由此可见，"年度财务收支计划"既不符合中央文件和《预算法》的规定，又不符合实施预算绩效的客观需要。

笔者十年前就提出，教育具有迟效性长效性的特征，就本科四年的教育周期而言，不是当年投入当年就能产出"结果"的，高等教育要可持续发展，高校要实施预算绩效，必须编制"中期预算框架"。"项目支出"要编制中期预算框架（遗憾的是，高校在"项目支出"编制中期预算框架仅一年就中止了）。如果高校"基本建成全方位、全过程、全覆盖的预算绩效管理体系"，那么在"基本支出"也要实施预算绩效，编制中期预算框架。美国著名预算学者凯顿认识到年度预算与公共服务持续性之间的矛盾，她指出："年度预算试图使用一个相对静态的框架来控制持续的、动态的行为，这本身就构成了预算不稳定的源泉之一"[1]。目前，对迟效性高等教育预算绩效的年度预算的考核只能是短期化和碎片化的。

2. 应相应修改和补充与"预算绩效"相关文件和行政法规

目前，要推动高校实施预算绩效，应在与"预算绩效"相关文件和行政法规中修改和补充相关内容：要规定高校战略（特别是财务战略），明确预算绩效的导向；要规定制定高校预算绩效计划和编制绩效预算（特别是中期预算框架）；要规定签订绩效合同，明确投入方与产出方在"预算绩效"方面的责、权、利；要规定编制绩效报告和信息公开与透明制度；要规定预算绩效信息反馈和使用绩效信息；要规定绩效问责与绩效激励。

（四）要改变高校经费投入型拨款

笔者曾指出，目前，高等教育的拨款基本上是投入型拨款，即按招生人数这个"入口"拨款；绩效拨款是以结果为导向"出口"的拨款。"生均拨款"制度的缺陷：

---

[1] Caiden N. Public budgeting amidst uncertainty and instability. Public budgeting & finance, 1981, 1(1): 6-19.

一是争招生人数,因为招生越多财政拨款越多,造成招生规模扩大,是一种外延式而不是内涵式发展,是重数量轻质量的机制;二是按招生人数(入口)拨款,不是按毕业生和就业人数(出口)拨款,这是一种重视招生质量忽视毕业生质量和就业质量的导向拨款——不是"绩效"拨款。"捡到篮里都是菜"——"招来学生就有钱"。中国高校在"竞争"方面存在的主要问题是:在高校入口处竞争(抢生源)而不是在出口(就业市场)上竞争。校领导为什么热衷于招生(入口)而不注重就业(出口)?因为"按学生人数拨款"的机制造成了招生越多,规模越大,拨款越多。投入型注重把"蛋糕"做大,把预算当作切"蛋糕";而不是把精力主要放在对分到"蛋糕"那些部门使用的"结果"考核!如果说"基本支出"是争招生指标,那么"项目支出"是争项目,项目争到后不知怎么花,"预算执行率"逼得年底突击花钱;还应指出,项目经费年底花不了不是会计部门的责任而是"项目"主管部门的责任。外延型扩张不会转型为内涵式发展,投入型拨款也不会转型为"绩效拨款"。

(五)要划分财政事权和支出责任

笔者曾指出:"根据'谁的财政事权谁承担支出责任的原则',省属高校承担国家级课题成员的薪酬不应由省属高校承担,部属高校承担省级课题成员的薪酬不应由部属高校承担;省属高校中从事国家级课题主要成员的薪酬不应由省财政的'基本支出'中承担支出责任,部属高校中从事省级课题主要成员的薪酬不应由部属高校'按学生人数拨款'的中央财政的'基本支出'中承担支出责任。"如果科研人员的薪酬不是由"项目支出"承担而是由"基本支出"承担,那么,对教育"基本支出"的绩效评价和对科研"项目支出"的绩效评价能准确吗?

(六)国家领导人主导

国外预算绩效的改革和发展在国家领导人主导下推动。如美国:1929年罗斯福总统推出新政后,20世纪30年代,美国农业部首次对绩效预算进行了尝试;1949年,胡佛委员会首次定义了绩效预算的概念;肯尼迪总统在国防部成功地实施了"规划—项目—预算"制度(PPBS);1965年约翰逊总统宣布推行"规划—项目—预算"制度(简称PPBS)代替了旧绩效预算;1977年,吉米·卡特总统决定联邦政府从1978—1979财年全面推行零基预算法;1993年,克林顿总统启动"新绩效预算";2001年,小布什总统进一步推动"新绩效预算";2008年,奥巴马总统在法律和组织体系与网络体系对"新绩效预算"进一步完善。又如英国:1979年,撒切尔首相上台后推出"雷纳评审计划"、建立"部长管理信息系统"、实施《财务管理新方案》和启动"下一步行动方案";1990年,梅杰担任首相后,先后发起了"公民宪章"运动和"竞争求质量"运动;1997年,布莱尔出任英国首相后,实行三年滚动预算,签订"公共服务协议"和实行"全面绩效评估";2010年,卡梅伦担任首相后,开启"开放公共服务"、"业务计划"和"部门单一计划"。其他OECD国家领导人也是主导推动"绩效预算"改革和发展的。虽然,上述这些举措有的是后任否定前任,有的是自己否定自己。但是,这些改革实践取得了许多很有价值的经验和教训,体现了一种不断试错的极其复杂的博弈演进过程。总的趋势是绩效预算改革是一个螺旋式上升的过程。

四、结语

从上可知，只有完善对预算绩效的法律法规建设，高校预算绩效才能依法推动；只有明确高校预算绩效的战略导向，制定高校预算绩效计划，高校预算才有绩效目标；只有编制中期预算框架，才能使高校预算既体现战略导向，又符合高等教育迟效性特征，达到高校可持续发展；只有签订绩效合同，才能确立高校与校内各部门之间责权利的平等关系，明确对"结果"的负责；只有"预算系统"和"会计系统"都实行权责发生制，预算绩效评价才有了对照比较的依据；只有科学地设计绩效评价指标，划分财政事权和支出责任，开展绩效评价，高校预算绩效才能真实；只有编制绩效报告，并使预算绩效信息公开透明，高校预算绩效才能接受公众监督，预算绩效信息也会有效使用；只有绩效问责与绩效激励，才能真正锚定绩效目标，履行绩效合同，对"结果"负责，真正达到"花钱必问效、无效必问责"；只有改变高校经费投入型拨款，才能转型到高校预算绩效管理体系中；只有在政府主导推动下，基本建成高校预算绩效管理体系才会提速。这十个"只有"和"才能"仅是一愚之见，希冀在完善高校预算绩效管理中添砖加瓦。

第二节 高校预算绩效评价的新思路

一、高校预算绩效是对"产出"和"结果"的评价吗

（一）预算绩效是指预算资金所达到的"产出"和"结果"

2011年7月5日，财政部发布的《关于推进预算绩效管理的指导意见》（财预〔2011〕416号）指出："预算绩效是指预算资金所达到的产出和结果。预算绩效管理是政府绩效管理的重要组成部分，是一种以支出结果为导向的预算管理模式。它强化政府预算为民服务的理念，强调预算支出的责任和效率，要求在预算编制、执行、监督的全过程中更加关注预算资金的产出和结果，要求政府部门不断改进服务水平和质量，花尽量少的资金、办尽量多的实事，向社会公众提供更多、更好的公共产品和公共服务，使政府行为更加务实、高效。"由此可见，"预算绩效是指预算资金所达到的产出和结果"。这里的"预算资金"应该是"当期"的预算资金。

（二）"产出"与"结果"是两个不同的层次

1. "投入""产出""结果""影响""过程"是五个概念

亚洲开发银行在《政府支出管理》一书中提出了五个概念："投入""产出""结果""影响""过程"。

（1）"投入"英文为"input"，是指提供服务的资金或资源（即第一届胡佛委员会在定义绩效预算时批评"条目预算"的"着眼于人员、劳务、用品、设备等实物的取

得")。在本书第二章第一节提到,美国绩效预算经历的第一个阶段是"分项排列预算"(line-item budget)或"条目预算"(line-item budget),后来被称为"投入预算(input-budget)。

(2)"产出"英文为"output",是指服务本身即一个单位能够提供的公共服务或"产品",这个"产品"之所以带引号是因为它可能是"正品",也可能是"次品",还可能是"废品",所以也可以称为"半成品"。胡佛委员会提出的"规划预算"(program budgeting,PB)就是"产出",那个预算被称为"产出预算"(output-budget)。

为了解决"重投入、轻产出"的问题,就出现了"投入产出比",投入产出比是指项目全部投资与运行寿命期内产出的工业增加值总和之比。投入产出比的公式为:投入产出比=投资总额/项目寿命期内增加值的总和,即 $R=K/IN$。其中,R 是投入产出比,K 是投入资金总额,IN 是项目周期内每一年的产出增加值的总和。投入产出比是静态指标,投入产出比的值越小,表明经济效果越好。

(3)"结果"英文为"outcome",是指服务达到的目标,它是产出的延伸,突出了产出的有效性。为了解决"产出"的可能是"正品",也可能是"次品",还可能是"废品"的问题,就强调"结果"。这种"以结果为导向"的预算模式称为与"产出预算(旧绩效预算)"区别的"新绩效预算"。旧绩效预算完成了从注重"投入"转移到注重"产出绩效"上来,新绩效预算完成了从注重"产出"转移到注重"结果"上来。

(4)"影响"(influence)可以看作结果的同义词,这个概念很重要,特别是高等教育具有社会效益和经济效益的外溢性,其影响与"结果"正相关。

(5)"过程"(process)是指进行投入、得到产出、获得结果的方式。如好的"投入"过程能判断预期好的产出和结果(如上所说,预算绩效评价关口要前移,不仅要评价"预算执行结果"的绩效,更要评价"预算目标和预算编制"的绩效);同样,好的"产出"过程也能有好的"结果"。

2."产出导向"与"成果导向"是新旧绩效预算的区别

卢洪友、龚锋认为"产出导向"与"成果导向"是新旧绩效预算的区别,他们指出:"国际上新旧绩效预算的区别是绩效考核指标的差异。旧绩效预算以产出指标衡量政府部门活动的绩效,强调部门或项目的直接产出,具有指标简单、可操作性强、能量化的优点,但其缺陷也很明显,主要是仅仅衡量产出量,忽略了产出的社会价值与效果。如果一项活动的产出并不能带来有用的社会成果,则产出越大,资源使用的浪费程度也就越高,活动的效率反而越低。新绩效预算更倾向于使用绩效测量的高级指标,主要关注政府活动产生的社会效果,或者说,新绩效预算更强调预算投入的产出成果所带来的社会、经济方面的影响。旧绩效预算关注的焦点则是组织内部的运作效率,而新绩效预算则将焦点转移到资源配置效率与使用效益方面,考察一项预算投入的机会成本是否最小。正是对公共部门效率的两个不同侧面的强调不同,才有了新旧绩效预算的本质差别。"[①]

[①] 卢洪友,龚锋.绩效预算:比较、问题与前景展望[J].财政与发展,2005(1):35-41.

但高等教育对"产出"与"结果"评价和高校预算绩效对"产出"与"结果"评价都很难计量或很难准确计量。

二、高校预算绩效很难对"产出"和"结果"进行评价

(一) 高等教育"产出"是什么

笔者自 2013 年出版《高校预算管理研究》以来，一直在思考预算绩效的"产出和结果"是什么？如何计量评价？

1. 高等教育"产出"是"劳动能力"

马克思认为："教育会生产劳动能力。"[①] 马克思指出："我们把劳动力或劳动能力，理解为人的身体即活的人体中存在的、每当人生产某种使用价值时就运用的体力和智力的总和。"[②] 马克思还指出："商品世界就分为两类：一方面是劳动能力。另一方面是商品本身。"[③]

2. 高等教育"产出"是"教育服务"

马克思指出："任何时候，在消费品中，除了以商品形式存在的消费品以外，还包括一定量的以服务形式存在的消费品。"这种"以服务形式存在的消费品"，具有价值和使用价值，是整个消费品中一个重要组成部分[④]。

马克思认为："整个'商品'世界可以分为两大部分：第一，劳动能力；第二，不同于劳动能力本身的商品。有一些服务是训练、保持劳动能力，使劳动能力改变形态等等。总之，是使劳动能力具有专门性，或者使劳动能力保持下去的。例如学校教师的服务……医生的服务……购买这些服务，也就是购买提供'可以出卖的商品'等等。即提供劳动能力本身来代替自己的服务，这些服务应加入劳动能力的生产费用或再生产费用。"[⑤] 马克思还认为：医生的服务"可以将它算作劳动能力的修理费。"[⑥] WTO 的前身《关贸总协定（GATT）》的《服务贸易总协定》将教育服务贸易列为 12 个服务贸易大类中的一个，由此可见，教育服务贸易属于服务贸易的范畴。

(二) "劳动能力"和"教育服务"的特征

1. 无实物形态

马克思还说："服务这个名词，一般地说，不过是指这种劳动所提供的特殊使用价值，就像其他一切商品也提供自己的特殊使用价值一样；但是，这种劳动的特殊使用价值在这里取得了'服务'这个特殊名称，是因为劳动不是作为物，而是作为活动提供服务的。"[⑦] 马克思认为使用价值就其形态而言包括两类，一类是"物化、固定在某

---

① 马克思.剩余价值理论:第1册[M].北京:人民出版社,1975:210.
② 马克思.资本论:第1卷上[M].北京:人民出版社,1975:190.
③ 同①:163.
④ 同①:160.
⑤ 同①:159.
⑥ 同①:159.
⑦ 同①:435.

个物中"的"实物形式的使用价值","一切艺术和科学的产品,书籍、绘画、雕塑等等,只要它们表现为物,就都包含在这些物质产品中"①。这种艺术家、科学家和作家等的"服务成果"依附于"物"这个"实物形式"之中。

另一类是"随着劳动能力本身活动的停止而消失""不采取实物的形式,不作为物而离开服务者独立存在"的"运动形式"的使用价值②。马克思还肯定了斯密的论述,他在转引时指出:"劳动不固定或不物化在一个特定的对象或可以出卖的对象或可以出卖的商品中,他的服务通常一经提供随即消失,很少留下某种痕迹或某种以后能用来取得同量服务的价值。"③ 马克思还指出:"产品同生产行为不能分离,如一切表演艺术家、演员、教师、医生牧师等等的情况。"④ 这种"产品同生产行为不能分离"与"一经提供随即消失,很少留下某种痕迹"的特点在高校的"成果"也是具备的,这区别于企业的有实物形态的生产,这正是复杂性的体现。

2. 无形性、易逝性和不可分割性

(1)"服务"和"能力"具有无形性、易逝性、不可分割性和异质性特征

唐·R. 汉森等指出:"生产有形产品的组织称为制造组织,而提供无形产品的组织则称为服务型组织。一个组织的产出就是其最重要的成本对象之一。组织有两种形式的产出:有形产品和服务。有形产品(tangible products)是指通过使用人工和资本投入,如厂房、土地、机器等,将原材料进行转化而生产出来的产品。服务(services)是指为客户履行的任务或活动,或者是由客户使用组织的产品或设施所进行的活动。服务的产生同样需要耗费材料、人工和资本投入。服务区别于有形产品的四个方面是:无形性、易逝性、不可分割性和异质性。无形性(intangibility)是指服务购买者在购买服务以前,是看不见、听不到、尝不到也感觉不到服务的。易逝性(perishability)是指服务在被实施时就必须立即消费掉,而不能被消费者储存起来以备将来使用(在某些特殊情况下,有形产品也不能储存)。不可分割性(inseparability)是指服务的提供者和购买者为了使交易发生通常必须直接接触。实际上服务与其提供者通常是不可分割的。异质性(heterogeneity)是指与产品的生产相比,实施服务中产生的变化可能更多。服务人员可能会受到所从事的工作、同事的人员构成、个人的教育程度和家庭生活等个人因素的影响。这些因素使他很难提供始终如一的服务。"⑤

(2)无形性等特征的产出不能被储存

汉森等还指出:无形性派生的特性包括服务不能被储存、没有存货,不受专利保护,服务不能展示,不能传达、难以定价;易逝性派生的特性包括服务带来的利益转瞬即逝、没有存货,对某个客户的服务可以经常反复发生;不可分割性派生的特性包括客户直接参与服务的提供过程,难以提供集中的大规模的服务;异质性派生的特性

---

① 马克思.剩余价值理论:第1册[M].北京:人民出版社,1975:165.
② 同①:158.
③ 同①:152.
④ 同①:443.
⑤ 汉森,莫温.管理会计[M].8版.陈良华,等译校.北京:北京大学出版社,2010:39.

包括提供的服务可能出现较大的变化①。企业产品今天卖不掉可以储存到第二天再卖。服务则不能被储存，所以没有存货。如一趟高铁车厢不客满，其座位不可能被储存为下一趟列车的乘客所使用；一家旅馆当天不客满，其床位不可能被储存以供第二天旅客居住。高铁和旅馆受到经济损失，绩效就差些。

（3）无形性等特征很难定义产出

查尔斯·亨格伦（Charles T. Horngren）等指出：非营利组织的特征可归纳如下："① 劳动密集：学校和律师事务所在费用中所占的比例最高的部分是周薪、月薪及与工资有关的成本，而不是与使用机器设备及固定设施有关的成本；② 很难定义产出：大学机构的产出可以认为是授予学位的多少，但许多评论家认为应以学生们掌握的技术的多少而定，因此衡量产出通常被认为不可能；③ 主要的投入与产出不能被储存。"②

上述特征与马克思在《剩余价值理论》（第一册）指出的"产品同生产行为不能分离"与"一经提供随即消失，很少留下某种痕迹"的特点完全相同。

（三）高校预算绩效评价的"产出"和"结果"难以准确计量

1993年，笔者在《预算会计研究通讯》（1990年创刊的《预算会计研究通讯》，现已更名为《预算管理与会计》）第7和第8期连续刊登《事业单位财务会计比工业企业财务会计更为复杂》一文指出过"教育成本和定价难，科研成本和定价难"。

1. 复杂劳动是"多倍"或"多量"的简单劳动

在马克思看来，教育劳动是"直接把劳动能力本身生产、训练、发展、维持、再生产出来的劳动。"③ 是一种复杂劳动，"比较复杂的劳动只是自乘的或不如说是多倍的简单劳动。因此，少量的复杂劳动等于多量的简单劳动"④。这种"多倍"或"多量"的"多"很难准确界定究竟是"几"。马克思还指出："对脑力劳动的产物——科学——的估价，总是比它的价值低得多，因为再生产科学所必要的劳动时间，同最初生产科学所需要的劳动时间是无法相比的。"⑤ 第四次社会大分工是脑力劳动从体力劳动中的分离，产生了教科文卫等职业。教育科研等从物质生产中分离出来，一方面比物质生产产生的历史较短，另一方面又比较复杂，因此，其"成果"计算尚不成熟⑥。

2. 高校"产出"和"结果"计量更为困难

查尔斯·亨格伦等还认为："非营利组织的难点在于：（3）计量更为困难，这是因为：a. 没有利润指标；b. 存在大量酌量性固定成本，使得投入产出关系很难确认和计量。"⑦

上述，学校的"产品"是劳动能力。其通常一经提供随即消失，很少留下某种痕

---

① 汉森,莫温.管理会计[M].8版.陈良华,等译校.北京:北京大学出版社,2010:39.
② 亨格伦,桑顿,斯特尔顿.管理会计教程[M].10版.许秉岩,等译.北京:华夏出版社,1999:5.
③ 马克思.剩余价值理论:第1册[M].北京:人民出版社,1975:164.
④ 马克思.资本论:第1卷上[M].北京:人民出版社,1975(6):58.
⑤ 同③:377.
⑥ 乔春华.大学校长理财研究[M].南京:东南大学出版社,2018:41.
⑦ 同②:180.

迹；产品同生产行为不能分离。而"能力"是相对单位的业绩而言的，它并不总是可以计量的①。管理会计学家卡普兰和诺顿指出："你不能描述的，就无法衡量；你不能衡量的，就无法管理。"② 高红海报道："卡普兰的态度很坚决：'在管理当中，一个东西如果没有办法衡量，那就没有办法很好地进行管理。'"③ 因此，高校预算绩效评价计量难。

在高校的会计制度中有个"存货"科目，它与企业会计科目"存货"的区别是不包括"在产品和产品"。为什么？因为高校会计难以对"在产品和产品"进行确认、计量、记录、报告。

（四）教育投入与绩效之间的关系是未知的

1. 教育投入和产出之间没有明显的相关性

安东尼·罗尔的研究显示："汉努塞克④进行了关于公立学校效率的诸多研究。他发现，教育支出与学生的成绩并不存在稳定的统计相关性，而仅有20%的研究检验表明有显著的正相关。……汉努塞克的研究认为，教育投入和产出二者之间没有明显的统计相关性。"⑤

2. 教育投入与绩效之间的生产函数是未知的

E. A. 汉纳谢克（E. A. Hanushek）在研究教育生产函数中所指出的："假如学校的'生产函数'是已知的，那么当资源增加或减少时就应该可以预测出将出现的结果，问题在于教育的'生产函数'是未知的"⑥。

库泊及其他合作者一起警告说，教育投入与学生绩效之间的真实的生产关系仍然是未知的。但是，尽管如此，教育的生产函数关系仍然值得探索。库泊认为，理解在学校里资源是怎样被使用的，是这个探索的一个重要方面。过去，只有学区被认为对支出有责任，没有人意识到应该注意学校内部甚至班级内部的资源使用状况⑦。

3. 对绩效的判断通常是主观的、凭印象的和武断的

有些学者认为，绩效评价也有不足之处。莱文森（Levinson）曾指出："多数正在运用的绩效评价系统都有许多不足之处，这一点已得到广泛的认可。绩效评价的明显缺点在于：对绩效的判断通常是主观的、凭印象的和武断的；不同管理者的评定不能比较；反馈延迟会使员工因好的绩效没有得到及时的认可而产生挫折感，或者为根据自己很久以前的不足做出的判断而恼火。"⑧ 如乔伊斯（Joyce）绩效评价想要达到所预想的结果，不是那么容易做到的。人们对评价政府绩效的担心，暗含了人们对其评价

---

① Smith D G, Wheek J R C. The finance-strategy relationship[J]. Journal of health care finance, 2001, 28(2).
② 卡普兰, 诺顿. 战略地图: 化无形资产为有形成果[M]. 刘俊勇, 孙薇, 译. 广州: 广东经济出版社, 2005(6): 14.
③ 高红海. 卡普兰: 转型中国需管理会计[N]. 中国会计报, 2013-11-29(1).
④ Hanushek E A. The impact of differential expenditures on school performance[J]. Educational Researcher, 1989, 18(4): 45.
⑤ 罗尔, 刘亚荣. 关于教育生产效率研究的思考[J]. 教育研究, 2007, 28(3): 51-59.
⑥ 吕炜, 王伟同. 中国公共教育支出绩效: 指标体系构建与经验研究[J]. 世界经济, 2007, 30(12): 54-63.
⑦ 同⑤.
⑧ Armstrong M, Baronl A. Performance management[M]. London: The Cromwell Press, 1998: 52.

方法正确与否的关注。如果使用错误的方式，其最终结果可能比如果根本没强调绩效评价更差①。

由此可见，教育投入和产出之间没有明显的相关性，又与绩效之间的关系是未知的，因此，研究教育投入与绩效之间的关系难度很大。

三、高校预算绩效对"结果"评价受到"时间"和"空间"跨度的影响

（一）高校"结果"的迟效性——"时间"限制

笔者曾阐述过，由于高等教育和科研的迟效性，高等教育和科研的绩效评价很难②。

1. 高校教育"结果"具有迟效性

俗话说："十年树木，百年树人。"教育经费的投入不可能当年投入当年见效。教育经济学认为，教育的经济具有迟效性的特征。高等教育投入周期长，就本科生而言，四年一个周期，即每年投入一届学生，四年毕业后才能对社会做贡献，自己也得收益。因此，当年投入当年既没有"产出"也没有"结果"③。

有的论文认为，预算绩效评价的指标有工程院和科学院院士人数、长江特聘教授人数、获国家杰出人才基金、获教育部跨世纪人才、获教育部高层次创造性人才计划资助人数。不可能当年投入当年产出，甚至几十年产出。韩声江报道："17位诺奖获得者与名古屋大学相关的占到6名。经澎湃新闻统计，17位诺奖得主的获奖研究平均在27.65年前完成。"④ 值得注意的是，不少学校引进院士、特聘教授是靠钱买来的，这倒是这一年投入的产出，但怎么能算"绩"和"效"？

2. 高校科研"结果"具有迟效性

2002年11月4日，中山大学黄达人校长在研究生教育工作会议上的讲话中指出："许多学术成果都是'十年磨一剑'的结果，我校肿瘤医院发在 Nature 上的那篇文章就是用了几千万的投入，近百人共同努力了将近十年才取得的成果。"2006年6月3日新华社报道，中山大学朱熹平教授和旅美数学家、清华大学讲席教授曹怀东，在历经10年潜心研究后，以一篇长达300多页的论文，给出了庞加莱猜想的完全证明，破解了国际数学界已关注百年的"七大世纪数学难题"之一的庞加莱猜想。1964年，袁隆平研究杂交水稻用了11年时间于1975年研制成功；屠呦呦也是在1972年成功提取到了青蒿素，40多年后才获得诺贝尔奖。此外"十年"之说还有："十年寒窗苦"，"板凳

---

① Joyce P G. Using performance measures for federal budgeting: Proposals and prospects[J]. Public budgeting & finance,1993,13(4):3-17.
② 乔春华.高校预算管理研究[M].苏州:苏州大学出版社,2013:206-273.
③ 乔春华.高校预算管理研究[M].苏州:苏州大学出版社,2013:268;乔春华.大学校长理财研究[M].南京:东南大学出版社,2018:37.
④ 韩声江.日本17年拿17个诺奖,获奖者及名古屋大学校长却开始反思[Z].教育新闻,澎湃新闻.2016-10-27.

要坐十年冷","台上一分钟，台下十年功"等等，都表示成名之作不是旦夕之功①。

查尔斯·亨格伦（Charles T. Horngren）指出："服务和非营利组织的产出更难计量。其结果是，只有在提供了服务之后（甚至还需过很长时间），我们才能评价这项服务譬如说是否是高质量的。……因此，在非营利组织中，物质刺激往往不是那么有效。"②

早在1980年，通讯员报道：所有事业单位建立考核经济效果是一个难度较大但又非常重要的课题，应该花大力气进行研究③。物质产品的生产绩效容易评价，农作物春播秋收，工业产品短的几分钟能出产品，航母那样的产品生产周期长些。而教育经费、科研经费不可能当年投入当年见效，因此，教育经费、科研经费评价很复杂，不可能当年投入当年产出和结果，几年甚至几十年才见绩效。

（二）高校"结果"的收益外溢性——"空间"跨度的影响

外溢性又称为外在性、相邻效应。高等教育收益外溢是指一个国家（或省份）的教育投资培养人才流向富国（或富省）产生收益，投资成本与教育收益之间呈现出一种不对称的现象。

1. 收益外溢概述

外溢性又称为外在性、相邻效应。经济学把社会效益大于私人效益的部分称为外溢效益。溢出效应（spillover effect）是指一个组织在进行某项活动或安排时，不但会产生活动预期的效果，而且会对组织外的人或社会产生额外的影响。

收益外溢原本指提供地方性公共产品的受益外溢至辖区以外，使没有为之付费的其他地区也能享受到这种公共产品带来的效益。高等教育收益外溢是指一个国家（或省份）的教育投资培养人才流向富国（或富省）产生收益，投资成本与教育收益之间呈现出一种不对称的现象。

2. 发展中国家教育财政投入培养人才流向富国

公共产品根据受益的地域范围的层次，可分为全国性公共产品和地方性公共产品。全国性公共产品对于国内来说，外溢性问题几乎可以忽略不计；但对于国外来讲，也存在收益外溢的现象。

《教育——财富蕴藏其中》指出："人才流向富国。发展中国家每年损失专家、工程师、医生、科学家、技术人员数千人。他们为原籍国给的工资低和提供的机会少而感到失望，便移居富国，在那里他们可以更好地发挥自己的才干，得到较高的薪酬。造成这个问题的部分原因是人才培养过剩。发展中国家的教育系统往往是根据与工业化国家相符的需要加以组织的，因而培养出过多的高水平毕业生。索马里培养出的大

---

① 乔春华.高校预算管理研究[M].苏州：苏州大学出版社，2013：269-270；乔春华.大学校长理财研究[M].南京：东南大学出版社，2018：38.
② 亨格伦，桑顿，斯特尔顿.管理会计教程[M].10版.许秉岩，等译.北京：华夏出版社，1999：180.
③ 通讯员.开展会计理论研究 促进会计科学发展：中国财政学会、中国会计学会成立大会，第三次全国财政理论讨论会关于会计理论问题的讨论情况简介[J].会计研究，1980(1)：76-79.

学毕业生约为它所能雇佣的五倍。科特迪瓦毕业生的失业率高达50%。工业化国家从这些移民发挥的才能中得到了好处。1960—1990年,美国和加拿大接受了100多万来自发展中国家的专业人才和技术人员。美国的教育在很大程度上依靠他们:1985年,工程院校里35岁以下的助教估计有一半是外国人。日本和澳大利亚也在努力吸引高度专业化的移民。这种专业化劳动力的损失是严重的资本流失。美国国会研究部门认为,1971—1972年,发展中国家因为每一个专业化移民而损失20 000美元的投资,即损失总额达6.46亿美元。这一损失由于移民劳动者的汇款而得到部分补偿,但是仅此而已。有些国家受过教育的人有可能供大于求。但是另外一些国家却在失去它们非常需要的专业人员。加纳80年代培养的医生目前有60%在国外行医,由此造成本国医务部门人员奇缺。1985—1990年,整个非洲损失的中、高级干部估计有6万人。发展中国家应首先负责制止这种现象。它们应使教育系统更适应自己的实际需要,并应改进对自己经济的管理。但是为了达到这一目的,它们还应进一步打入国际市场。"[①]

记者徐倩、储召生报道:"2017年,我国出国留学人数首次突破60万,达60.84万人,同比增长11.74%,持续保持世界最大留学生生源国地位。"[②] 出国留学无可厚非,但我国在本科前或硕士前政府财政投入不少资金培养的学生能学成回国服务更好。这些学生,学成不归留在了美国就业,拿了绿卡对个人不仅没有损失什么,且大有好处。清华也成为美国培养人才的摇篮。

"培养什么人、怎样培养人、为谁培养人"这个根本问题是习近平要求立德树人的著名"三问"。"为党育人、为国育才"是"高校教育评价"的根本问题。不管哪个大学,"毕业率"再高,"就业率"再高,如果不报效国家、不服务人民,不能成为社会主义建设者和接班人,还有什么绩效而言?

3. 欠发达省份教育财政投入培养人才流向富省

(1) 人才东南飞

2005年3月7日,全国人大代表西北师范大学校长王利民在甘肃代表团发言:"陕西省2002年毕业的4 600多名硕士学位以上的研究生,有80%择业到了东部。甘肃省每年在外省(区、市)高校培养的非师范类毕业生的回归率只有40%,甘肃农业大学培养的27名畜牧业硕士研究生现已全部调走。长期以来,西部大多数省属高校资金普遍紧张,教育投入严重不足,目前与部属院校的投入差距更是越来越大。他以1998年教育事业费用支出为例,西北五省(区)仅为82.4亿元,而江苏一省就达89.7亿元。"2009年3月5日,全国人大代表兰州大学校长周绪红在甘肃代表团驻地接受记者采访时指出:"把西部的学生稳定在西部。"

近几年《C9高校毕业生就业质量报告》称:"绝大多数毕业生流向东部发达地区。"例如深圳的大学不多,但深圳云集了该市以外的大量人才。

---

① 联合国教科文组织总部.教育:财富蕴藏其中[M].联合国教科文组织总部中文科,译.北京:教育科学出版社,1996:58-59.

② 徐倩,储召生.昂首阔步迈向高等教育强国:党的十八大以来我国教育改革发展述评·高等教育篇[N].中国教育报,2018-09-06.

(2) 教育第三大省——山东省成为人才输出大省

邢婷报道:"来自山东省本土求职招聘网站齐鲁人才网发布的《2018 山东秋季人才流动报告》,则用翔实数据展现了目前山东人才流失的现实。上述报告以 2 万名山东 2019 届毕业生为调查样本,调查显示,2019 届毕业生中选择留在山东的人数仅占 17.7%,不足 2 成;江苏省已成第一流向地区,其占比高达 19.1%;浙江省和'北上广'同样对人才吸附能力较强。'山东省已成为人才输出大省',该报告称。"①

(3) 教育第四大省——河南省成为人才输血基地

由梧桐果主编的《2019 届中国校园招聘报告》中 2019 届河南高校毕业生意向流动区域可见,河南省已沦为"人才输血基地"。2019 届毕业生中意向留在本省就业的人数仅占 32.98%,而意向前往省外工作的占比高达 67.02%。就其意向流出省份来看,江苏省已成第一流向地区,其占比高达 8.5%;"北上广"作为传统优势地区,人才吸附能力依然较强,其占比分别为 8.22%(上海)、8.01%(广东)和 7.7%(北京),浙江省占比也相对较高,为 6.83% 位列第五。

4. 欠发达地区的省属高校招收的发达省份学生毕业离开欠发达省份

相当一部分欠发达地区的省属高校录取分数线相对较低,因此,部分本科生和研究生就趋之若鹜,选报欠发达地区的省属高校。这些省属高校的教育拨款来自该省财政支出,学生毕业后却离开该省,教育财政投入的收益就外溢了。

对于上述种种高校教育预算投入的收益外溢的不对称现象,高校预算绩效很难评价。

由此可见,基于高校预算绩效评价时,高校"结果"的迟效性,不可能当年投入当年产出和结果,高校服务不能被储存、没有存货、不具有实物形态,"产品同生产行为不能分离"与"一经提供随即消失,很少留下某种痕迹",高校"产出"的收益外溢性的特点,高校"结果"难以计量,因此,高校预算绩效无法准确对"结果"进行评价。高校如果实施对"产出"和"结果"评价,但由于高校"产出"和"结果"的迟效性("时间"跨度的影响)和高校"产出"和"结果"的收益外溢性("空间"跨度的影响),评价教育财政投入的"产出"和"结果"有无意义?

(三) 高校预算绩效可不直接提供对投入、过程和产出的直接测量

前已述及,高校"产出"或"结果"具有迟效性、无形性、收益外溢性等特征,因此,计量很难,评价自然也很难。

马国贤认为,财政绩效评价上的"三难"包括:① 绩效评价实施难;② 绩效评价推行难;③ 绩效评价结果应用难②。

---

① 邢婷. 人口大省如何破解人才困境[N]. 中国青年报,2019-09-10(2).
② 马国贤. 推进我国财政绩效评价之路径研究(下)[J]. 行政事业资产与财务,2010(3):12-15.

四、目前高等教育产出指标不是评价"当期"的"努力程度"

(一)高校教育评价指标是产出指标

1. 国外

凯夫等人提出了 14 个精选的绩效指标。关于教学的指标有:① 入学质量;② 学位结果;③ 生均成本或生师比;④ 附加值;⑤ 回报率;⑥ 浪费率和未完成率;⑦ 毕业时或 5 年后的就业率;⑧ 学生和同学评价。关于科研的指标有:① 研究学生的数量;② 出版物及专利等;③ 科研质量;④ 科研收入;⑤ 同行评价;⑥ 声誉排行[①]。

卡梅伦则用声誉调查的方法设计的评价学校绩效的指标体系包括三个领域九个方面。精神领域:① 学生对教育的满意程度;② 教师和行政人员的满意程度;③ 机构的健康情况。学术领域:① 学生学术发展;② 专业发展和教学人员的质量;③ 学生个性发展。外部适应性:① 学生职业发展;② 系统的开放性和与社区的关系;③ 获得资源的能力[②]。

王莉华认为,美国田纳西州和南卡罗来纳州高校产出指标有"毕业率""就业率"等。如王莉华在其论文"表 1 田纳西州绩效拨款指标"中指出:绩效指标是"产出"和"过程"指标,"产出"指标包括"毕业生一般标准化考试成绩","其他试行毕业生考试成绩","A. 专业的外部同行评议成绩","B. 获得办学资格认证的专业的比例","主要专业的资格考试成绩","在校生/校友/雇主问卷调查结果","A. 新生保留率","B. 毕业生就业率";"过程"指标包括"转校生比例","高校战略规划目标","州战略规划目标","高校评审"等。在其论文"表 2 南卡罗来纳州绩效拨款指标"中指出:绩效指标是"投入"、"产出"和"过程"指标,其中"产出"指标包括"授予学位的专业的资格认证情况""高质量教师教育和改革的重视""毕业率""就业率""雇主信息反馈""研究生入学考试、专业考试等成绩""继续接受教育的毕业生人数";"过程"指标包括"使命的制定""课程与办学使命的联系""战略规划的制定和目标的实现""技术、专业设备和其他资源在校内外的分享使用""学校与工商界、社区的合作""管理成本与学术成本的比率"等[③]。

毛丹指出:"一般而言,绩效拨款属于此类契约,它通常更关注学生毕业率等产出性指标。……绩效评估指标以毕业率、保持率等量化的外部指标为主。"[④]

罗新祜等认为:"有的学者把绩效拨款与绩效预算完全区分开来,如伯克(Burke)和塞班(Serban)把绩效拨款定义为'州政府把拨款与公立大学和学院在绩效评价指

[①] Martin C, Stephen H, Mauric K. The use of performance indicators in higher education: A critical analysis of developing practice[M]. [S. l.]: Jessica Kingsleg Publishers Ltd., 1988: 17, 19 - 20, 106 - 107.

[②] Cameron K, John S. Maintaining effectiveness amid downsizing and decline in institutions of higher education [J] Research in higher education, 1998, 39(1): 65 - 86.

[③] 王莉华. 美国高等教育绩效拨款政策:两个州的案例比较分析[J]. 清华教育研究, 2008(2): 63 - 69.

[④] 毛丹. 美国高等教育绩效拨款政策的形成过程及政策网络分析:以田纳西州为个案[J]. 北京大学教育评论, 2015, 13(1): 148 - 165.

标方面的产出直接相关的特殊资金,在绩效拨款中,拨款和绩效是自动和公式化的;而绩效预算是一种松散和非直接的用于公立大学和学院的总预算方式。在绩效拨款中,绩效和拨款的关系非常清楚,而在绩效预算中,绩效和预算关系没有那么清楚,因为不使用公式'。但在已有的文献中,大部分学者并未对其进行分类。本文为方便对比,也不对绩效拨款和绩效预算进行区分,统一称为绩效拨款。"① 罗新祜等还认为:"大学在某些绩效指标的表现(如学生保持率、所修学分数和毕业率等)……绩效拨款以绩效评价指标为标准,这些指标主要与高校产出有关,如毕业人数、就业率、学生保留率和专业证书获得率等。"②

2. 国内

2021年1月21日,教育部印发的《普通高等学校本科教育教学审核评估实施方案(2021—2025年)》(教督〔2021〕1号)在"基本原则"第二条中指出:"坚持推进改革。紧扣本科教育教学改革主线,落实'以本为本''四个回归',强化学生中心、产出导向、持续改进,以评估理念引领改革、以评估举措落实改革、以评估标准检验改革,实现高质量内涵式发展。"

2020年10月,中共中央、国务院印发的《深化新时代教育评价改革总体方案》第八条指出:"改进高等学校评价。推进高校分类评价,引导不同类型高校科学定位,办出特色和水平。改进本科教育教学评估,突出思想政治教育、教授为本科生上课、生师比、生均课程门数、优势特色专业、学位论文(毕业设计)指导、学生管理与服务、学生参加社会实践、毕业生发展、用人单位满意度等。改进学科评估,强化人才培养中心地位,淡化论文收录数、引用率、奖项数等数量指标,突出学科特色、质量和贡献,纠正片面以学术头衔评价学术水平的做法,教师成果严格按署名单位认定、不随人走。"这里强调的是"产出导向"。具体指标如"学生和用人单位的满意度","生师比","具有博士学位教师占专任教师比例","升学率(含国内与国外)","应届本科生初次就业率及结构","本科生以第一作者/通讯作者在核心期刊发表的论文数及以第一作者获批国家发明专利数",等等。

2004年4月7日,教育部高等教育司印发的《普通高等学校本科教学工作水平评估方案(试行)》(调整征求意见稿)(教高司函〔2004〕90号)中具体指标有"生师比","具有研究生学校教师占专任教师的比例(%)","具有高级职务教师占专任教师的比例(%)","生均教学行政用房(平方米/生)","生均教学科研仪器设备值(元/生)","生均图书(册/生)","新增教学科研仪器设备所占比例(%)","生均年进书量(册)","应届毕业生的年底就业率达60%~70%,有一定的社会声誉",等等。

---

① 罗新祜.美国高等教育绩效拨款政策的变迁:基于支持者联盟框架的分析[J].比较教育研究,2017(5):79-87.

② 同①.

(二) 教育"产出"指标测量也难但很重要

1. 教育"产出"指标度量存在着相当的困难

高校教育评价指标主要是质量评价指标。教育经济学家邱渊指出:"效益以质量合格为前提,以节约社会劳动为实体。教育之所以能够节约社会劳动是因为它能缩短人类掌握已知的科学文化知识和技能的时间。"① "在质量保障的框架中,质量也会被当作'绩效'(performance)的同义词。它提倡用诸如绩效指标这样的技术性工具来测量教育和资源的投入与产出。质量的这种技术视角使得对毕业生数量、研究生数量、科研收入等绩效指标进行数量化测量得以合法化。"② 质量若是废品、次品就谈不上效益。因此,高等教育质量是高校经费绩效评价第一个要素。其他诸如目前学者提到的毕业率、就业率、生师比,以及质量评价指标。

闵维方、丁小浩指出:对教育产出的度量存在着相当的困难。教育产出的是通过教育过程而获得了知识、能力、态度等方面的人。这些人不光通过其数量,更通过其质量,体现着教育系统的效率。要定量地测量这种教育质量(这是一切实证分析赖以进行的必要前提),目前仍受到方法论方面的严重限制。虽然教育学家、教育经济学家们曾为此倾注了大量的热情,但成效不甚令人满意③。

OECD高等教育管理项目办公室指出:"大多数高等教育机构都不是商业机构,不过许多正变得越来越像企业。在很多方面,管理高等学校要比管理企业复杂得多,而且必须因'校'制宜。从传统的研究型大学眼光来看,这种不同可能更明显,如:① 高等学校主要着眼点是学术目标,不与经济目标直接挂钩;② 高等学校具有公共服务和社会责任的理念,若用商业的眼光来看这些服务可能并不合算;③ 学术人员在其工作方向和重点上有一定的自主权(尤其在研究上)。"④

马丁·凯夫(Martin Cave)等人认为,绩效指标通常是用数量形式测量高校活动特征的一种官方的测量工具。这种测量既可以是序数性的,也可以是基数性的;既可以是绝对性的,也可以是相对性的;既包括固定的、机械的程序,也包括一些非正式的如同行评价或声誉排行等过程⑤。1986年,英国副院长和校长协会和大学拨款委员会联合工作小组认为,绩效指标是对资源使用情况和某些领域内特殊目标达到情况所做的通常是定性的陈述,并且认为,绩效指标是一种行为的信号或指导,而不是绝对的测量,它并不直接提供对投入、过程和产出的直接测量,也不直接提供综合意义上的评价,但它能够提供与此相关的有用信息⑥。这里强调了"通常是定性的陈述","不

---

① 邱渊.教育经济学导论[M].北京:人民教育出版社,1989:5.
② Sachs J. Strange yet compatible bedfellows: Quality assurance and quality improvement[J]. Australian universities' review,1994,37(1):22-25.
③ 闵维方,丁小浩.中国高等院校规模效益:类型、质量的实证分析[J].教育与经济,1993(1):16-22.
④ 经济合作与发展组织高等教育管理项目办公室—英格兰高等教育拨款委员会.刻不容缓:确保高等教育可持续发展的未来(下):"高等学校财务管理与治理"项目成果报告(2004)[J].辽宁教育研究,2005(10):1-12.
⑤ 杨周复,施建军,等.大学财务综合评价研究[M].北京:中国人民大学出版社,2002:136.
⑥ 同⑤.

是绝对的测量","不直接提供对投入、过程和产出的直接测量","不直接提供综合意义上的评价"。

卢彩晨指出:"高等教育绩效评价的主要目的是通过评价掌握区域高等教育系统的绩效现状,了解不同区域高等教育绩效差距产生的原因,引导高等教育系统的改善系统行为,提高绩效水平。"①

谌启标等指出:"高等教育绩效评价模式使用的宗旨在于提高教育的责任和服务。但是不同体制的国家体现不同的具体目标。不同的国家用以特殊的目的,旨在实现高等教育的责任、市场和信誉的平衡。……美国各州的绩效模式并非在绝对意义上联系了绩效和责任。例如明尼苏达州和密苏里州的绩效模式目标主要是州政府推行公共行政机构的公平和平等政策。……高等教育应用诸如'可视性'、'规则化'、'质量保证'等标准,形成了绩效责任的基础②。在这种背景下,传统高等教育的投入和过程已不具备可行性。事实上,政府公共机构自己通过绩效标准创造了产出的结果,然后再证明和强调这种效果的指导性价值③。"④

(三)上述高等教育产出指标不是评价"当期"的"努力程度"

1."产出"指标不是不重要

王雍君指出:"其中最重要的是产出绩效。产出(outputs)是连接投入(inputs)与成果(outcomes)的桥梁。以此言之,预算执行的绩效本质是:把支出转换为投入,把投入转换为产出,以产出支持和实现成果。这个过程可以描述为一个扩展的结果链:支出——投入——产出——成果。应注意的是,这里的产出概念限定为'预算执行过程的产出'。相应地,产出评价不能脱离'预算执行过程'这个约束条件。"⑤ "产出"不是不重要,没有"产出"哪有"结果"?

本节指出的"预算资金"应该是"当期"的预算资金,这个观点不精准之处就是没有提出"期间"。对于财政部门当年投入当年产出的资金可能适用,但财政部门大量投入的项目资金,如脱贫、防疫以及高铁、高速公路等都不可能当年投入当年产出。对高等教育和重大科研更是这样。笔者在写到"高校'会计系统'和'预算系统'都要实行权责发生制"时就意识到"期间"这个问题。因此,高校预算绩效应该是对"当期预算资金"的评价。

2.绩效评价应是对"当期预算资金""努力程度"的评价

一般而言,高校预算绩效评价一年进行一次,按目前流行的"毕业率""就业率""国家级课题""顶级刊物论文"等指标却不是评价当年投入的当年产出。就本科而言,是四年累计投入的产出。四年之内可能有拨款政策和收费政策的变化,更重要的是这

---

① 卢彩晨.高等教育绩效评价的缘起及功能[J].复旦教育论坛,2011,9(3):23-26.
② Power M. Making things auditable[J]. Accounting, organizations and society,1996,21(2/3):289-315.
③ Maassen P A M. Quality in European higher education:Recent trends and their historical roots[J]. European journal of education,1997,32(2):111-127.
④ 谌启标,柳国辉.美国高等教育绩效评价政策述评[J].宁波大学学报(教育科学版),2004,26(3):26-29.
⑤ 王雍君.预算绩效评价:如何评价预算执行率?[J].财政监督,2021(4):46.

些"绩效"虽有当代人的努力,但也是经过几十年乃至上百年几十代人的积累和沉淀,除了内因外,还有地域(如欠发达地区)等环境影响。高校绩效评价应注重"当期"的"努力程度",即主观努力在什么起点上改变了多少?增长了多少?这种评价受到"时间"跨度的影响,很难保证绩效评价的准确性。

夏托克在《成功大学的管理之道》一书中指出:财政稳定是保证大学核心业务持续成功的重要组成部分,财务状况良好的院校的基本特征如下:① 具备短期偿付能力。大学必须有能力支付短期财政支出,并保留充足的流动资金以应付以外项目的需要。② 保留储备。大学必须保留储备资金以便承受由外部资助环境以外改变而带来的冲击、对市场变动做出反应以及更新资产。在特定情况下,只有能够迅速从储备资金中提取所需资金,大学才能抓住机会采取行动。③ 有效管理长期负债。④ 有效管理房产。⑤ 创收。对于大学来说,建立多样化的基金以弥补国家资助的不足,给予创新以财力支持是非常重要的。⑥ 持续保持与使命一致的预算战略。在竞争激烈而又缺乏资源的情况下,院校要根据发展志向在宏观上安排预算,并相应调动资源。使资源分配发挥最佳价值是成功的关键因素之一。大学战略辩论的核心是决定什么是最有价值的。良好大学财政管理不只是一间办公室起作用,而是整个院校运转起来,包括各个学术部门和学校中心部门的运转[①]。

五、高校预算绩效评价重构的思路

笔者提出的新思路是:高校预算绩效评价什么?评价"预算",绩效是预算的起点和终点;预算是什么?首先是"当期"的预算——年度预算(暂不包括中期预算框架)。目前高校预算绩效评价重构的思路是:评价"年度预算编制对绩效的影响",评价"年度预算执行对绩效的影响",评价"年度预算执行结果对绩效的影响"。高校预算绩效评价一年进行一次,这才是高校财务人员该做又能做的事。至于具体内容,笔者在其他部分阐述。

笔者梳理了预算绩效评价的文件,有的文件是针对"预算"的绩效评价。如:2005年5月25日,财政部印发的《中央部门预算支出绩效考评管理办法(试行)》(财预〔2005〕86号)第八条规定:"绩效考评可以以包括基本支出和项目支出在内的部门预算支出为对象实施部门预算绩效考评,也可以以项目支出为对象实施项目支出预算绩效考评。绩效考评项目应以行政事业类项目或其他类项目为主,包括重大项目和一般性项目,其中重大项目是指资金数额较大、社会影响较广、具有明显社会效益的本部门或者跨部门的项目。"第十条规定:"绩效考评的主要内容包括:① 绩效目标的完成情况;② 为完成绩效目标安排的预算资金的使用情况和财务管理状况;③ 部门为完成绩效目标采取的加强管理的制度、措施等;④ 部门根据实际情况确定的其他考核内容。"

---

① 夏托克.成功大学的管理之道[M].北京:北京大学出版社,2006:72.

第三节　高校预算编制和执行的绩效评价

一、绩效不仅仅是"结果"

（一）绩效定义的三种解释

1. 绩效是结果

英国学者伯纳丁（Bernaxdin）是"结果论"者代表人物，他指出："绩效应该定义为工作的结果，因为这些工作结果与组织的战略目标、顾客满意感及所投资金的关系最为密切。"[1] 这种观点较多，目前流行的是以"结果"为导向。

2. 绩效是行为

美国学者坎贝尔（Camphll）是"行为论"者代表人物，他指出："绩效是行为，应该与结果区分开，因为结果会受系统因素的影响。"[2] 他在1993年提出"绩效是行为的同义词，它是人们实际的能观察到的行为表现"。

墨菲（Murphy）给绩效下的定义是"绩效是与一个人在其中工作的组织或组织单元的目标有关的一组行为"[3]。

3. 绩效是行为和结果

布莱姆布兰西（Brumbrach）认为，绩效指行为和结果。行为由从事工作的人表现出来，将工作任务付诸实施。行为不仅仅是结果的工具，行为本身也是结果，是为完成工作任务所付出的脑力和体力的结果，并且能与结果分开进行判断[4]。

姆维塔（Mwita）认为，绩效应是一个综合的概念，应包含三个因素：行为、产出和结果[5]。

杜布尼克（Dubnick）认为，绩效包含四层含义：所有执行的活动（不论这些活动是否成功）、一种胜任能力（或者生产能力）、等同于结果（而不考虑结果的获得方式）、可持续的结果（即公共部门能够将自身能力转换为产量和成果）[6]。

（二）高校预算绩效评价在"结果"比较困难情况下应重视预算"行为"的评价

从上可知，绩效（performance）可以用"行为（behavior）"或"结果（result）"来

---

[1] Borman W C, Motowidlo S J. Expanding the criterion domain to include elements of contextual performance [M]. San Francisco: Jossey-Bass, 1993: 71-98.

[2] 仲理峰,时勘. 绩效管理的几个基本问题[J]. 南开管理评论, 2002(3): 15.

[3] Jensen M C, Murphy K J. Performance pay and top-manager incentives[J]. Journal of political economy, 1990, 98(2): 225-264.

[4] Armstrong M, Baronl A. Performance management[M]. London: The Cromwell Press, 1998: 41.

[5] Mwita J I. Performance management model: A systems-based approach to public service quality [J]. International journal of public sector management, 2000, 13(1): 19-37.

[6] Dubnick M J. Accountability and the promise of performance: In search of the mechanisms[J]. Public performance & management review, 2005, 28(3): 376-417.

定义和测量。如绩效审计的"3E",经济性和效率性侧重于行为,效果性侧重于结果。普雷姆詹德(Premchand)认为,绩效包含效率、产品与服务数量及质量、机构所做的贡献与质量,同时包含节约、效益和效率[①]。

高校预算绩效评价在"结果"比较困难情况下应重视预算"行为"的评价,可以评价预算"编制"、预算"执行"和预算"执行结果"对绩效的影响。

(三)预算绩效管理融入预算编制、执行、监督全过程

2018年9月1日,中共中央、国务院印发的《关于全面实施预算绩效管理的意见》在"基本原则"中指出:"预算绩效管理既要全面推进,将绩效理念和方法深度融入预算编制、执行、监督全过程,构建事前事中事后绩效管理闭环系统。……"这里,强调的是"将绩效理念和方法深度融入预算编制、执行、监督全过程,构建事前事中事后绩效管理闭环系统","事前"指的是"预算编制","事中"指的是"预算执行","事后"指的是"预算执行结果"。

2019年12月10日,《教育部关于全面实施预算绩效管理的意见》(教财〔2019〕6号)在"基本原则"中指出:"预算绩效管理覆盖所有财政资金和非财政资金,贯穿预算编制、执行、监督全过程,实现绩效与预算管理一体化,建立事前事中事后预算绩效管理闭环系统。"这里,强调的是"预算绩效管理……贯穿预算编制、执行、监督全过程,实现绩效与预算管理一体化,建立事前事中事后预算绩效管理闭环系统。"

2018年11月8日,财政部发布的《关于贯彻落实〈中共中央 国务院关于全面实施预算绩效管理的意见〉的通知》(财预〔2018〕167号)在第三部分"抓好预算绩效管理的重点环节"中指出五个重点环节:① 预算编制环节突出绩效导向;② 预算执行环节加强绩效监控;③ 决算环节全面开展绩效评价;④ 强化绩效评价结果刚性约束;⑤ 推动预算绩效管理扩围升级。

2011年7月5日,财政部发布的《关于推进预算绩效管理的指导意见》(财预〔2011〕416号)指出:预算绩效"强化政府预算为民服务的理念,强调预算支出的责任和效率,要求在预算编制、执行、监督的全过程中更加关注预算资金的产出和结果"。

二、预算"编制"绩效评价

(一)预算编制需"评审"或"评价"

1. 各部门各单位预算编制需"评审",开展事前绩效评估

中共中央、国务院颁布的《关于全面实施预算绩效管理的意见》第六条指出:"建立绩效评估机制。各部门各单位要结合预算评审、项目审批等,对新出台重大政策、项目开展事前绩效评估,重点论证立项必要性、投入经济性、绩效目标合理性、实施方案可行性、筹资合规性等。"这里,明确规定:"各部门各单位要结合预算评审""开

---

① 普雷姆詹德.公共支出管理[M].王卫星,等译.北京:中国金融出版社,1995:192-193.

展事前绩效评估"。

每年召开的两会不仅要对中央政府或地方政府的决算进行"评审",而且要对中央政府或地方政府的预算编制进行"评审",包括"事前绩效评估"。

2. 预算编制环节突出绩效导向,将绩效关口前移

2018年11月8日,财政部发布的《关于贯彻落实〈中共中央 国务院关于全面实施预算绩效管理的意见〉的通知》(财预〔2018〕167号)指出:"预算编制环节突出绩效导向。将绩效关口前移,各部门各单位要对新出台重大政策、项目,结合预算评审、项目审批等开展事前绩效评估,评估结果作为申请预算的必备要件,防止'拍脑袋决策',从源头上提高预算编制的科学性和精准性。……加快设立部门和单位整体绩效目标。财政部门要严格绩效目标审核,未按要求设定绩效目标或审核未通过的,不得安排预算。"这里,强调的是"预算编制环节突出绩效导向","将绩效关口前移","结合预算评审","从源头上提高预算编制的科学性和精准性"。

3. 结合预算评审,建立事前绩效评估机制

2019年12月10日,教育部发布的《关于全面实施预算绩效管理的意见》(教财〔2019〕6号)在"主要任务"中第六条指出:"建立事前绩效评估机制。结合预算评审、项目审批等工作,对新出台的重大政策、项目开展事前绩效评估,重点评估立项必要性、投入经济性、绩效目标合理性、实施方案可行性、筹资合规性等,评估结果作为预算安排的重要参考依据。投资主管部门要加强基建投资项目事前绩效评估,评估结果作为申请预算的必备要件。"这里,强调的是"建立事前绩效评估机制。结合预算评审"。

(二)两会和高校基建都开展过预算编制评审

1. 每年召开的两会进行预算编制评审

每年召开的两会不仅要对中央政府或地方政府的决算进行"评审",而且要对中央政府或地方政府的预算编制进行"评审",包括"事前绩效评估"。

2009年3月5日,财政部在第十一届全国人民代表大会第二次会议上作《关于2008年中央和地方预算执行情况与2009年中央和地方预算草案的报告》中指出:"同时我们也清醒地认识到预算执行和财政工作中存在的问题:……预算编制需进一步细化。"2010年3月9日,第十一届全国人民代表大会第二次会议主席团第二次会议通过的《第十一届全国人民代表大会财政经济委员会关于2009年中央和地方预算执行情况与2010年中央和地方预算草案的审查结果报告》指出:"预算执行和财政运行中还存在一些不容忽视的问题,主要是:预算编制的准确性和透明度还不够高。"这里指出的是"预算编制需进一步细化"和"预算编制的准确性和透明度还不够高"。

2011年3月10日,第十一届全国人民代表大会第四次会议主席团第二次会议通过的《第十一届全国人民代表大会财政经济委员会关于2010年中央和地方预算执行情况与2011年中央和地方预算草案的审查结果报告》指出:"同时应该指出,在预算执行和财政运行中还存在一些值得注意的问题,主要是:收入预算的编制需要研究改进。"

第四章 高校应评价"预算"对绩效的影响

2012年6月27日,全国人大财政经济委员会主任委员石秀诗在第十一届全国人民代表大会常务委员会第二十七次会议上作《全国人民代表大会财政经济委员会关于2011年中央决算审查结果的报告》指出:"财政经济委员会认为,2011年中央决算中也反映出一些问题,主要是:预算编制还不够完整细化,代编预算规模仍然较大。"这里指出的是"预算编制还不够完整细化"。

2014年3月9日,第十二届全国人民代表大会第二次会议主席团第二次会议通过的《第十二届全国人民代表大会财政经济委员会关于2013年中央和地方预算执行情况与2014年中央和地方预算草案的审查结果报告》指出:"在预算执行和财政运行中还存在一些不容忽视的问题,主要是:……预算编制的科学性和资金使用绩效有待提高,财政预算管理的基础性工作有待加强。"这里指出的是"预算编制的科学性有待提高"。

2015年3月12日,第十二届全国人民代表大会第三次会议主席团第二次会议通过的《第十二届全国人民代表大会财政经济委员会关于2014年中央和地方预算执行情况与2015年中央和地方预算草案的审查结果报告》指出:"在预算执行和财政运行管理中还存在一些不容忽视的问题,主要是:……预算编制的科学性和预算执行的规范性有待提高;……预算管理的基础性工作有待加强。"这里指出的是"预算编制的科学性和预算执行的规范性有待提高"。

2016年3月13日,第十二届全国人民代表大会第四次会议主席团第二次会议通过的《第十二届全国人民代表大会财政经济委员会关于2015年中央和地方预算执行情况与2016年中央和地方预算草案的审查结果报告》指出:"在预算执行和财政管理中还存在一些不容忽视的问题,主要是:……预算编制的科学性和预算执行的严肃性需要进一步增强。"

2018年3月15日,第十三届全国人民代表大会第一次会议主席团第五次会议通过的《第十三届全国人民代表大会财政经济委员会关于2017年中央和地方预算执行情况与2018年中央和地方预算草案的审查结果报告》指出:"在预算执行和财政管理中还存在一些不容忽视的问题,主要是:……预算编制还不够科学准确,预算执行的约束力不够强。"

2019年3月5日,财政部在第十三届全国人民代表大会第二次会议上作《关于2018年中央和地方预算执行情况与2019年中央和地方预算草案的报告》:"预算执行和财政工作中还面临一些问题和挑战。主要是:……预算编制的准确性和预算的约束力需要进一步增强。"

2019年3月12日,第十三届全国人民代表大会第二次会议主席团第二次会议通过的《第十三届全国人民代表大会财政经济委员会关于2018年中央和地方预算执行情况与2019年中央和地方预算草案的审查结果报告》指出:"在预算执行和财政管理中还存在一些不容忽视的问题,主要是:……部分收支项目执行结果与预算相差较大,预算编制的准确性和约束力需要进一步增强。"这里指出的是"预算编制的准确性和约束力需要进一步增强"。

2022年3月5日,财政部在第十三届全国人民代表大会第五次会议上作《关于

2021年中央和地方预算执行情况与2022年中央和地方预算草案的报告》："预算执行和财政工作中还存在一些困难和问题。主要是：……部分预算编制还不够精准细化。"

2022年3月8日，第十三届全国人民代表大会第五次会议主席团第二次会议通过的《第十三届全国人民代表大会财政经济委员会关于2021年中央和地方预算执行情况与2022年中央和地方预算草案的审查结果报告》指出："预算执行和财政管理中还存在一些不容忽视的问题，主要是：有的预算编制还不够规范、不够细化。"这里指出的是"部分预算编制还不够精准细化"和"有的预算编制还不够规范、不够细化"。

从两会的报告中可以看出，财政部编制的预算存在不少问题，进行预算编制"评审"非常有必要。

2. 每个单位都要对施工企业编制的工程预算进行"评审"或"绩效评价"

高校或所有单位搞基本建设工程，都要对施工企业编制的工程预算进行"评审"，包括"事前绩效评价"。由此可见，对施工企业编制的"工程概算"和"工程预算"进行"事前绩效评价"早已有之。

（二）预算编制"评价"的重要性

1. 预算科学是最大的效益，预算失误是最大的浪费

2007年9月6日，习近平在上海市徐汇区调研曾指出："规划是导向、是龙头，是做好各项工作的前提和基础。"2014年2月26日，习近平在北京市考察工作时强调指出："规划科学是最大的效益，规划失误是最大的浪费，规划折腾是最大的忌讳。"① 预算必须根据规划编制。"规划"是"龙头"，"预算编制"也是"龙头"。2010年财政科学化精细化管理专题研讨班于6月1日至6日在京举办，财政部长谢旭人在讲话中指出："进一步加强预算编制管理。要紧紧抓住预算编制这个'龙头'，完善管理机制和流程。控制代编预算规模，提高预算年初到位率。"② 这里，明确提出了"要紧紧抓住预算编制这个'龙头'"。同理，预算科学是最大的效益，预算失误是最大的浪费。

2. 预算编制有很多不确定性，预算绩效评价应从预算编制开始

预算是对未来的预测。OECD预算管理及公共服务管理部主任麦哲逊（Alex Matheson）指出："为未来而预算。预算本来就是与未来相关的。但年度预算经常忽略长期问题。"③ 摩尔认为："我们必须正视一个事实：编制一份预算通常是一件挺伤脑筋的事。……预算本身就是在计划未来。就像所有的计划一样，它们需要详尽地描述并做出一些相关的假设和预测。预测将来通常都是一件吃力不讨好的工作。因为将来是一个移动的靶子，一份好的预算就应该能反映这种不确定性或者说能够反映这种风险。"④ 正如罗伊·T.梅耶斯指出："成功的绩效导向的预算不仅在概念上，而且在实

---

① 段进.科学规划让城市更美好[N].人民日报,2020-01-07.
② 谢旭人.2010年财政科学化精细化管理专题研讨班在京举办[N].政府采购信息报,2010-6-10.
③ 陈小悦,陈立齐.政府预算与会计改革：中国与西方国家模式[M].北京.中信出版社,2002:31-33.
④ 摩尔.如何编制预算:有效运用财源的25个弹性规则[M].陈小红,译.汕头.汕头大学出版社,2004:10.

践中实现起来也很艰难。"① 由此可见，预算是对未来的预测，存在很多不确定性。预算绩效评价不仅只评价"终点"，而且应关注"过程（预算执行）"和"起点（预算编制）"。而预算编制绩效评价从"起点"抓起，正所谓"良好的开端是成功的一半"。

3. 公办高校花钱有"不讲节约也不讲效果"和"无效率"的风险

1976年，诺贝尔经济学奖得主弗里德曼在《自由选择》一书中列举了四种花钱和消费的形式：① 花自己的钱，为自己消费，既讲节约又讲效果；② 花自己的钱，为别人消费，只讲节约不讲效果；③ 花别人的钱，为自己消费，只讲效果不讲节约；④ 花别人的钱，为别人消费，不讲节约也不讲效果。高校花钱是用公家的钱为公家消费，属于上述第四种类型。随着高校办学自主权的落实，高校在花钱上不讲绩效的观念应转变。

安东尼·罗尔认为："高效率的公立学区和学校就是那些实际产出高于预期产出而实际支出低于预期支出的学区和学校（象限1）；有效率的公立学区和学校就是那些实际产出高于预期产出而实际支出也高于预期支出的学校和学区（象限2）；低效率的公立学区和学校就是那些实际产出低于预期产出而实际支出也低于预期支出的学区和学校（象限3）；无效率的公立学区和学校就是那些实际产出低于预期产出而实际支出又高于预期支出的学校和学区（象限4）。"② 他运用"修正的四联表"分析时指出："四联表最初是一种归纳的工具，以图表的方式用来显示两个因素之间的关系。非常典型的例子是，以学生的产出作为纵坐标，教育支出作为横坐标。下表定义了这两者之间的经济效率水平关系。"基本的四联表模式见表4-1。

表4-1 基本的四联表模式

象限1：高效率 低投入—高产出	象限2：有效率 高投入—高产出
象限3：低效率 低投入—低产出	象限4：无效率 高投入—低产出

（三）预算"编制"绩效评价的内容

1. 高校预算绩效目标是预算编制绩效评价的前提

上述规定在"预算编制环节突出绩效导向"时要求"财政部门要严格绩效目标审核，未按要求设定绩效目标或审核未通过的，不得安排预算"。高校预算编制环节也应突出绩效导向，将绩效关口前移，开展事前绩效评估，从源头上提高预算编制的科学性和精准性。因此，"预算编制科学"应是"最大的效益，规划失误是最大的浪费"。

（1）绩效目标设置作为预算安排的前置条件

2011年7月5日，财政部发布的《关于推进预算绩效管理的指导意见》（财预

---

① 梅耶斯,等.公共预算经典：第1卷：面向绩效的新发展[M].苟燕楠,董静,译.上海：上海财经大学出版社，2005:520.
② 罗尔.关于教育生产效率研究的思考[J].教育研究,2007(3):51-59.

〔2011〕416号）在第三部分"推进预算绩效管理的主要内容"中规定"预算编制有目标"，它指出："预算绩效管理是一个由绩效目标管理、绩效运行跟踪监控管理、绩效评价实施管理、绩效评价结果反馈和应用管理共同组成的综合系统。推进预算绩效管理，要将绩效理念融入预算管理全过程，使之与预算编制、预算执行、预算监督一起成为预算管理的有机组成部分，逐步建立'预算编制有目标、预算执行有监控、预算完成有评价、评价结果有反馈、反馈结果有应用'的预算绩效管理机制。'"

2018年9月1日，《中共中央 国务院关于全面实施预算绩效管理的意见》第七条指出："强化绩效目标管理。各地区各部门编制预算时要贯彻落实党中央、国务院各项决策部署，分解细化各项工作要求，结合本地区本部门实际情况，全面设置部门和单位整体绩效目标、政策及项目绩效目标。……各级财政部门要将绩效目标设置作为预算安排的前置条件，加强绩效目标审核，将绩效目标与预算同步批复下达。"这里，明确规定了"要将绩效目标设置作为预算安排的前置条件。"

2019年12月10日，《教育部关于全面实施预算绩效管理的意见》（教财〔2019〕6号）第三条第四款指出："强化绩效目标管理。各单位编制预算时要贯彻落实党中央、国务院有关决策部署，分解细化各项工作要求，结合教育领域和本单位实际情况，自主设置单位整体绩效目标、政策和项目绩效目标。部内各司局自主设置所管理的部门预算政策和项目的绩效目标。部内有关司局按照财政部要求设置转移支付整体绩效目标，组织省级教育主管部门设置区域绩效目标或项目绩效目标。……预算管理部门要将绩效目标设置作为预算安排的前置条件，加强绩效目标审核，并将绩效目标与预算同步批复下达。"这里，又明确规定了"要将绩效目标设置作为预算安排的前置条件。"

2020年8月，修订后的《中华人民共和国预算法实施条例》将绩效评价的内容定义为"根据设定的绩效目标，依据规范的程序，对预算资金的投入、使用过程、产出与效果进行系统和客观的评价。"

(2) 高校预算绩效目标是根据高校战略规划总目标确定

2012年9月21日，财政部印发的《预算绩效管理工作规划（2012—2015年）》（财预〔2012〕396号）指出："加强预算绩效管理，要求预算编制时申报绩效目标，实施绩效运行监控，加强绩效监督和结果问责，建立预算安排与绩效评价结果有机结合机制，把绩效理念融入预算编制、执行、监督管理全过程。"

党的十九大报告提出"发挥国家发展规划的战略导向作用"；党的二十大报告又一次提出："发挥国家发展规划的战略导向作用"。战略是指长远性的、全局性的谋略。为了实现长远性的、全局性的目标经常发生舍车保帅的决策。

高校应根据国家政策的目标。OECD高等教育管理项目办公室认为，高校的国家政策目标有："国别报告强调了高等学校在国家政策中不断增长的重要性，各政府都期望借助高等教育系统来实现一系列的国家政策目标，如：① 提高人口技能，促进终身学习；② 提高社会凝聚力，扩大参与，培养公民技能；③ 促进经济发展；④ 支持区域发展政策；⑤ 促进文化的发展及革新；⑥ 促进以知识为基础的发展；⑦ 促进研究和开发,尤其在科学、技术和医药方面。"①

(3) 绩效目标应包括主要内容

2011年4月2日,财政部印发的《财政支出绩效评价管理暂行办法》(财预〔2011〕285号)第十三条规定:"绩效目标应当包括以下主要内容:① 预期产出,包括提供的公共产品和服务的数量;② 预期效果,包括经济效益、社会效益、环境效益和可持续影响等;③ 服务对象或项目受益人满意程度;④ 达到预期产出所需要的成本资源;⑤ 衡量预期产出、预期效果和服务对象满意程度的绩效指标;⑥ 其他。"第十四条规定:"绩效目标应当符合以下要求:① 指向明确。绩效目标要符合国民经济和社会发展规划、部门职能及事业发展规划,并与相应的财政支出范围、方向、效果紧密相关。② 具体细化。绩效目标应当从数量、质量、成本和时效等方面进行细化,尽量进行定量表述,不能以量化形式表述的,可以采用定性的分级分档形式表述。③ 合理可行。制定绩效目标时要经过调查研究和科学论证,目标要符合客观实际。"

(4) 绩效指标是绩效目标的细化和量化描述

2015年5月21日,财政部印发的《中央部门预算绩效目标管理办法》(财预〔2015〕88号)第十条规定:"绩效指标是绩效目标的细化和量化描述,主要包括产出指标、效益指标和满意度指标等。① 产出指标是对预期产出的描述,包括数量指标、质量指标、时效指标、成本指标等。② 效益指标是对预期效果的描述,包括经济效益指标、社会效益指标、生态效益指标、可持续影响指标等。③ 满意度指标是反映服务对象或项目受益人的认可程度的指标。"高校预算绩效的年度目标和评价指标尽可能地分解为可量化的具体目标。高校教育评价指标大多数年度绩效目标是产出型的,它可以作为预算编制评价的基础。

(5) 应评价预算"编制"中的绩效目标

余小平等的研究显示:美国艾奥瓦州的《绩效预算手册》中有一个修桥的例子,某市在河上需要建一座桥,绩效目标是解决交通拥堵问题,有关部门却将建桥设计在河流最狭窄的地段。桥建成后钱省了,工程质量和工期都符合要求,但交通拥堵的问题仍没有解决,因此,绩效评估只得到很差的结果。再以失业人员培训为例,绩效目标是解决就业问题,通常做法是政府按参加培训的人数向培训机构拨款,但总有人经过数次培训仍不能再就业。澳大利亚政府实行绩效预算后,改变为先与培训机构签订购买就业服务成果的协议:每成功就业一个人就拨一个人的款,有效地减少了财政支出②。

2. 合规性是预算编制绩效评价的根本

违规预算无绩效而言,因此,合规性是预算编制绩效评价的根本。高校预算收入是否合规?有无套取财政资金(比如有的高校招生数为3 000人,报到2 800人,财政

---

① 经济合作与发展组织高等教育管理项目办公室—英格兰高等教育拨款委员会.刻不容缓:确保高等教育可持续发展的未来;"高等学校财务管理与治理"项目成果报告(2004)[J].辽宁教育研究,2005(9):1-8.

② 余小平,孔志锋.在我国实行绩效预算的设想[J].财政研究,2004(2):2-6.

按 3 000 人拨款，200 人拨款未退回被界定为套取财政资金；有些项目申请到后却未完成等)？有无乱收费等？

高校预算支出有无违反财经纪律和财务制度？有无擅自改变预算支出用途或超预算挥霍资金？违规使用资金是无效和低效的表现，因此，高校预算编制评价应评价其合规性。

3. 高校预算编制的完整性

(1) 评价绩效目标的完整性

2015 年 5 月 21 日，财政部印发的《中央部门预算绩效目标管理办法》(财预〔2015〕88 号)第二十二条"绩效目标审核的主要内容"，其中，第一款规定："完整性审核。绩效目标的内容是否完整，绩效目标是否明确、清晰。"

(2) 评价高校预算结构的完整性

① 高校预算的结构不仅包括"基本支出"预算，而且包括"项目支出"预算

目前，高校预算编制注重"基本支出"预算，忽视"项目支出"预算，使整个高校预算的结构不完整；注重"基本支出"预算中财政拨款的预算收入，忽视"基本支出"预算中非税收入和其他收入的预算编制；注重"项目支出"预算中的拨款收入预算编制，忽视"项目支出"预算中支出的预算编制。

② 高校预算的结构不仅包括"年度预算"，而且包括"中期预算框架"

2021 年 3 月 7 日，国务院颁布的《关于进一步深化预算管理制度改革的意见》(国发〔2021〕5 号)第四部分为"严格预算编制管理，增强财政预算完整性"，其中，第十三条指出："加强跨年度预算平衡。加强中期财政规划管理，进一步增强与国家发展规划的衔接，强化中期财政规划对年度预算的约束。"

(3) 评价年度预算编制的完整性

《中华人民共和国预算法》第四条规定："预算由预算收入和预算支出组成。政府的全部收入和支出都应当纳入预算。"高校有无"全部收入和支出"未纳入预算？有无或者虚列收入和支出？

① 预算编制的完整性做到不虚列收支和隐匿收支

2008 年 11 月 7 日，《财政部关于进一步提高地方预算编报完整性的通知》(财预〔2008〕435 号)指出："要科学编报一般预算收入。政府以行政权力和国有资产所有者身份集中的社会资源，都应纳入预算管理。对按规定应列入预算的税收及非税收入，应足额列入，不得隐瞒、少列。……要不断加强非税收入管理，深化非税收入收缴制度改革，准确把握影响非税收入的各项政策因素，合理编制非税收入预算。"

2018 年 3 月 6 日，中共中央办公厅印发的《关于人大预算审查监督重点向支出预算和政策拓展的指导意见》指出："重点审查监督部门预算贯彻落实党中央重大方针政策和决策部署情况；部门预算编制的完整性情况；项目库建设、项目支出预算与支出政策衔接匹配情况；部门重大项目支出绩效目标设定、实现及评价结果应用情况；审计查出问题整改落实情况等。……各级人民代表大会上，各代表团、人大财政经济委员会、有关的专门委员会应当着重围绕党中央重大方针政策和决策部署对预算草案进

行审查，保持预算的统一性和完整性。"

2021年3月7日，国务院颁布的《关于进一步深化预算管理制度改革的意见》（国发〔2021〕5号）第四部分为"严格预算编制管理，增强财政预算完整性"，其中，第十二条指出："改进政府预算编制。上级政府应当依法依规提前下达转移支付和新增地方政府债务限额预计数，增强地方预算编制的完整性、主动性。下级政府应当严格按照提前下达数如实编制预算，既不得虚列收支、增加规模，也不得少列收支、脱离监督。"

完整性原则是指高校预算之外不应有其他的收支。目前，高校预算编制要重视虚列收支，隐匿收支的问题。

② 建立资产共享共用与单位预算挂钩的联动机制

2009年8月28日，财政部发布的《中央级事业单位国有资产使用管理暂行办法》（财教〔2009〕192号）第十五条指出："财政部、主管部门应积极引导和鼓励中央级事业单位实行国有资产共享共用，建立资产共享共用与资产绩效、资产配置、单位预算挂钩的联动机制。中央级事业单位应积极推进本单位国有资产的共享共用工作，提高国有资产使用效益。"

③ 资产的收入应纳入单位预算

2009年8月28日，财政部发布的《中央级事业单位国有资产使用管理暂行办法》（财教〔2009〕192号）第二十八条指出："中央级事业单位利用国有资产对外投资取得的收益，应按照预算管理及事业单位财务和会计制度的有关规定纳入单位预算，统一核算，统一管理。"第三十五条指出："中央级事业单位国有资产出租、出借取得的收入，应按照预算管理及事业单位财务和会计制度的有关规定纳入单位预算，统一核算、统一管理。"

2013年6月7日，教育部关于印发的《教育部直属高等学校、直属单位国有资产管理工作规程（暂行）》（教财函〔2013〕55号）指出："单位对外投资收益及利用国有资产出租、出借等取得的收入应当纳入单位预算，统一核算，统一管理。"

2021年9月28日，财政部发布的《关于印发〈中央行政事业单位国有资产处置管理办法〉的通知》（财资〔2021〕127号）第三十三条第二款指出："国家设立的中央级研究开发机构、高等院校利用科技成果作价投资形成股权（权益）的处置收入纳入单位预算，统一核算，统一管理。"第三十二条指出："各部门所属高等院校自主处置已达使用年限并且应淘汰报废的国有资产取得的收益，留归高等院校，纳入单位预算，统一核算、统一管理。"

④ 单位购置、建设、租用资产应编制资产配置相关支出预算

2021年2月1日，《行政事业性国有资产管理条例》（国务院令第738号）第三章"预算管理"第二十四条指出："各部门及其所属单位购置、建设、租用资产应当提出资产配置需求，编制资产配置相关支出预算，并严格按照预算管理规定和财政部门批复的预算配置资产。"

4. 评价高校预算编制时应坚持"资产管理与预算管理相结合"的原则

2006年5月30日，财政部颁布的《事业单位国有资产管理暂行办法》（财政部令第36号）第四条指出："事业单位国有资产管理活动，应当坚持资产管理与预算管理相结合的原则，推行实物费用定额制度，促进事业资产整合与共享共用，实现资产管理和预算管理的紧密统一。"这是第一次为高校资产管理与预算管理相结合提供了法规依据。

2007年1月15日，教育部、财政部发布的《关于"十一五"期间进一步加强高等学校财务管理工作的若干意见》（教财〔2007〕1号）第十八条指出："高等学校应按照资产管理与预算管理相结合、资产管理与财务管理相结合、实物管理与价值管理相结合的原则，建立新型的资产管理体系。"

2008年9月17日，中共教育部党组印发的《贯彻落实〈建立健全惩治和预防腐败体系2008—2012年工作规划〉实施办法》第十条规定："加强财政资金和国有资产管理。完善预算编制与执行制度，规范预算管理。"

2011年3月23日，《中共中央 国务院关于分类推进事业单位改革的指导意见》第二十八条指出："推进预算管理、政府采购和国有资产管理改革。研究建立事业单位资产配置标准体系，促进资产管理与预算编制有机结合。"

2012年11月21日，教育部印发的《教育部直属高等学校国有资产管理暂行办法》（教财〔2012〕6号）第四条规定："高校国有资产管理活动，应当坚持以下原则：① 资产管理与预算管理相结合的原则；② 资产管理与财务管理、实物管理与价值管理相结合的原则；③ 安全完整与注重绩效相结合的原则。"

2014年9月26日，《国务院关于深化预算管理制度改革的决定》（国发〔2014〕45号）指出："资产管理与预算管理相结合的机制。"

2015年12月23日，财政部发布的《关于进一步规范和加强行政事业单位国有资产管理的指导意见》（财资〔2015〕90号）在"基本原则"中指出："坚持资产管理与预算管理相结合。通过资产与预算相结合，管控总量、盘活存量、用好增量，有效缓解部门、单位之间资产占有水平不均衡的状况，促进资源配置的合理化，提高资产的使用效率。"

2021年2月1日，《行政事业性国有资产管理条例》（国务院令第738号）第七条指出："各部门及其所属单位管理行政事业性国有资产应当遵循安全规范、节约高效、公开透明、权责一致的原则，实现实物管理与价值管理相统一，资产管理与预算管理、财务管理相结合。"

高校预算管理与资产管理是增量管理与存量管理的关系，预算管理由单纯价值形态管理拓展到价值形态与实物形态相结合的管理，是预算管理活动内涵的深化。它形成预算管理与资产管理相互促进，相互制约的有效结合机制，达到以存量制约增量，以增量调整存量的动态管理目的。高校资产存量是指库存的和在用的资产。高校应通过清产核资和财产清查等方式摸清本单位的"家底"（资产存量）。摸清资产存量的重点是固定资产，其目的是提高固定资产利用效率。掌握闲置的要处置，不得列入预算重复购建。利用率低的也可出租、出借，不得列入预算购建。可以资源共享的如图书、仪器、公共设施等在大学城内相互使用。能维修、租赁的也可暂缓购建。实在紧缺的要在可行性研究基础上列入预算购建。

由此可见，评价高校预算编制时，只有高校短缺、不能租入或共享的资产才能列入预算，以防设备等固定资产利用效率低下。

5. 评价高校预算编制时应坚持"预算编制与结转结余资金管理相结合"的原则

2014年9月26日，《国务院关于深化预算管理制度改革的决定》（国发〔2014〕45号）指出："建立预算编制与结转结余资金管理相结合的机制，细化预算编制，提高年初预算到位率。建立科学合理的预算执行进度考核机制，实施预算执行进度的通报制度和监督检查制度，有效控制新增结转结余资金。"

2015年6月16日，国务院印发的《推进财政资金统筹使用方案》（国发〔2015〕35号）指出："贯彻落实国务院关于盘活财政存量资金的各项要求，加快消化历年结转结余资金，……解决目前预算执行偏慢、财政存量资金规模居高不下的突出问题，……全面盘活结转结余资金……推进结转结余资金的统筹使用。"

6. 细化预算编制

2012年12月17日，财政部印发的《关于进一步加强中央教科文部门财政拨款结转和结余资金管理的通知》（财教〔2012〕492号）第四条"细化预算编制"指出："各中央教科文部门应进一步提高预算编制的科学性和准确性，按照综合预算的编制原则，结合部门事业发展规划和目标，科学合理地编制预算，全面提高预算编制质量。要进一步细化预算编制，从紧从严控制代编预算规模，切实提高预算到位率。教育、科学技术、文化体育与传媒科目（不含基本建设项目）年初预算到位率要达到90%以上。"

2013年10月21日，财政部印发的《关于进一步加强地方财政结余结转资金管理的通知》（财预〔2013〕372号）第一条"细化支出预算编制，加快预算执行进度"，第一款指出："进一步细化预算编制。早编、细编项目支出预算，将预算细化到'项'级科目和具体项目，减少预算代编和预留项目，推进编制中期预算，提高预算年初到位率，提高项目预算编制的科学性、准确性。"

7. 以支出为标准评价高校预算编制

支出标准是预算编制的基本依据。2021年3月7日，国务院颁布的《关于进一步深化预算管理制度改革的意见》（国发〔2021〕5号）第十一条指出："推进支出标准体系建设。建立国家基础标准和地方标准相结合的基本公共服务保障标准体系，由财政部会同中央有关职能部门按程序制定国家基础标准，……加快推进项目要素、项目文本、绩效指标等标准化规范化。将支出标准作为预算编制的基本依据，不得超标准编制预算。"

2014年9月26日，《国务院关于深化预算管理制度改革的决定》（国发〔2014〕45号）指出："健全预算标准体系。进一步完善基本支出定额标准体系，加快推进项目支出定额标准体系建设，充分发挥支出标准在预算编制和管理中的基础支撑作用。"

2017年1月12日，中共中央办公厅、国务院办公厅印发的《关于创新政府配置资源方式的指导意见》第十八条指出："推进行政事业单位资产规范管理。依据行政事业单位职能及其工作性质，按完成职能的最低限度和最优标准配置资产。制定行政事业单位资产配置标准体系，针对通用、专用资产实施不同的配置标准。严格非经营性国有资产建设项目审批，强化预算约束和财政拨款控制，符合预算管理规定的非经营性国有资产配置涉及的管理费用支出具体安排应编入预决算，经同级人民代表大会或其常务委员会审议批准后应向社会公开。建立健全全方位、多层次的资产管理和监督体系，建立工作机制，加强资产使用、处置和收益管理，确保规范高效使用、公开透明处置，确保资产处置收入和出租、出借收入应收尽收，防止国有资产流失。"①

预算"编制"绩效评价指标见表 4-2。

表 4-2 预算"编制"绩效评价指标

一级指标	二级指标	指标说明
预算绩效目标	预算绩效目标科学性	预算是否符合高校制定的中长期实施规划
	预算绩效目标明确性	预算是否与本年度高校预算资金相对应；绩效目标在各下级部门间的细化分解
预算编制的合规性	预算编制的合法性	预算编制是否符合财经法规、财经纪律和预算、会计与财务制度
	预算编制和调整程序合规性	预算编制和调整程序是否符合"二上""二下"和经过领导班子集体审议
预算编制的完整性	预算编制纵向的完整性	预算编制是否包括"年度预算"和"中期预算框架"，且内容不错，不多报少列
	预算编制横向的完整性	预算编制是否包括"基本支出"预算，而且包括"项目支出"预算，且内容不错，不多报少列
	资产的收入支出应纳入单位预算	资产出租、出借、对外投资、报废等取得的收入和购置、建设、租用资产的支出应纳入单位预算
预算编制的两个结合	"资产管理与预算管理相结合"的原则	高校预算管理与资产管理是增量管理与存量管理的关系，只有高校短缺、不能租入或共享的资产才能列入预算
	"预算编制与结转结余资金管理相结合"的原则	建立预算编制与结转结余资金管理相结合的机制，全面盘活结转结余资金

三、预算"执行"绩效评价

（一）预算执行需要评价

2018 年 12 月 29 日，《中华人民共和国预算法》（主席令第二十二号）第六章"预算执行"在其第五十七条规定："各级政府、各部门、各单位应当对预算支出情况开展绩效评价。"预算与制度的区别，制度是死的，不执行制度就会成为稻草人，制度的生

---

① 中共中央办公厅 国务院办公厅.关于创新政府配置资源方式的指导意见[N].人民日报,2017-01-12.

命力在于执行。但预算涉及钱，单位运行离不开钱，就有专职机构和人员组织收入和安排支出，使预算主动地运转起来，这就是预算执行。这涉及收入和安排支出的合规性和效益性，这就需要评价。

预算执行环节需加强绩效监控。财政部发布的《关于贯彻落实〈中共中央 国务院关于全面实施预算绩效管理的意见〉的通知》（财预〔2018〕167号）在第三部分"抓好预算绩效管理的重点环节"中指出："预算执行环节加强绩效监控。按照'谁支出、谁负责'的原则，完善用款计划管理，对绩效目标实现程度和预算执行进度实行'双监控'，发现问题要分析原因并及时纠正。逐步建立重大政策、项目绩效跟踪机制，按照项目进度和绩效情况拨款，对存在严重问题的要暂缓或停止预算拨款。加强预算执行监测，科学调度资金，简化审核材料，缩短审核时间，推进国库集中支付电子化管理，切实提高预算执行效率。"这里，明确规定了"预算执行环节加强绩效监控。……对绩效目标实现程度和预算执行进度实行'双监控'，……按照项目进度和绩效情况拨款，对存在严重问题的要暂缓或停止预算拨款"。

2019年，教育部发布了《关于全面实施预算绩效管理的意见》（教财〔2019〕6号）指出："实施单位整体预算绩效管理。各单位要将预算收支全面纳入绩效管理，围绕单位职责和中长期事业发展规划，在年度绩效自评的基础上，原则上每五年为一周期开展单位整体绩效评价。""对于实施周期较长的政策和项目，在年度绩效自评的基础上，应在实施周期内开展中期绩效评价。"

中共中央办公厅、国务院办公厅印发的《关于进一步加强财会监督工作的意见》指出："加强预算管理监督，推动构建完善综合统筹、规范透明、约束有力、讲求绩效、持续安全的现代预算制度，推进全面实施预算绩效管理。……加强对所属单位预算执行的监督，强化预算约束。"[1]

（二）预算"执行"绩效评价的内容

1. 两会报告中提到"预算执行"中"绩效"的问题

2007年3月5日，财政部在第十届全国人民代表大会第五次会议上作《关于2006年中央和地方预算执行情况与2007年中央和地方预算草案的报告》："2006年中央预算执行和财政经济运行中也存在一些亟待解决的问题。……五是财政资金损失浪费等现象时有发生，财政收支管理的规范化、科学化和现代化水平仍有待提升。"这里指出的是"财政资金损失浪费等现象时有发生"。

2008年3月5日，财政部在第十一届全国人民代表大会第一次会议上作《关于2007年中央和地方预算执行情况与2008年中央和地方预算草案的报告》："我们也清醒地认识到财政工作中存在的问题：……财政管理不够精细，损失浪费等现象比较突出。"2008年3月11日，第十一届全国人民代表大会第一次会议主席团第二次会议通过的《第十一届全国人民代表大会财政经济委员会关于2007年中央和地方预算执行情

---

[1] 中共中央办公厅 国务院办公厅.关于进一步加强财会监督工作的意见[N].人民日报,2023-02-16.

况与 2008 年中央和地方预算草案的审查结果报告》指出："预算执行和财政运行中还存在一些亟待认真解决的问题。主要是：……预算执行中追加较多的问题仍然突出；支出进度不均衡，资金使用效益仍需提高；财政转移支付结构不尽合理，专项转移支付比重偏高；财政管理不够精细，铺张浪费现象比较严重等。"这里指出的是"铺张浪费现象比较严重等"。

2009 年 3 月 9 日，第十一届全国人民代表大会第二次会议主席团第二次会议通过的《第十一届全国人民代表大会财政经济委员会关于 2008 年中央和地方预算执行情况与 2009 年中央和地方预算草案的审查结果报告》指出："预算执行和财政运行中还存在一些不容忽视的问题，主要是：……预算执行中追加较多；……年终结转或结余资金较多；财政管理不够严格，跟踪问效制度不够健全，存在不少损失和铺张浪费现象。"这里指出的是"存在不少损失和铺张浪费现象"。

2010 年 3 月 5 日，财政部在第十一届全国人民代表大会第三次会议上作《关于 2009 年中央和地方预算执行情况与 2010 年中央和地方预算草案的报告》："我们也清醒地认识到，在财政运行和管理工作中还存在一些突出问题：……财政管理仍比较薄弱，资金使用效益亟待提高。"这里指出的是"资金使用效益亟待提高"。

2011 年 3 月 5 日，财政部在第十一届全国人民代表大会第四次会议上作《关于 2010 年中央和地方预算执行情况与 2011 年预算草案的报告》："我们也清醒地认识到，财政运行和管理工作中还存在一些突出问题，主要是：……财政管理仍比较薄弱，支出进度还不够均衡，资金使用效益尚需提高。"这里指出的是"资金使用效益尚需提高"。

2012 年 3 月 5 日，财政部在第十一届全国人民代表大会第五次会议上作《关于 2011 年中央和地方预算执行情况与 2012 年中央和地方预算草案的报告》："我们也清醒地认识到，财政运行和财政工作还面临一些困难和问题：……损失浪费现象时有发生，财政管理仍需加强，资金使用效益需进一步提高等。"这里指出的是"损失浪费现象时有发生，……资金使用效益需进一步提高等"。

2013 年 3 月 5 日，财政部在第十二届全国人民代表大会第一次会议上作《关于 2012 年中央和地方预算执行情况与 2013 年中央和地方预算草案的报告》："我们也清醒地认识到财政工作中存在的问题和不足：……一些地方和单位财政资金使用效益不高，存在铺张浪费现象，预算绩效管理需加快推进。"2013 年 3 月 9 日，第十二届全国人民代表大会第一次会议主席团第二次会议通过的《第十二届全国人民代表大会财政经济委员会关于 2012 年中央和地方预算执行情况与 2013 年中央和地方预算草案的审查结果报告》指出："在预算执行和财政运行中还存在一些不容忽视的问题，主要是：……财政支出仍存在浪费现象，预算绩效管理需要加快推进。"这里指出的是"一些地方和单位财政资金使用效益不高，存在铺张浪费现象，预算绩效管理需加快推进"和"财政支出仍存在浪费现象，预算绩效管理需要加快推进"。

2017 年 3 月 5 日，财政部在第十二届全国人民代表大会第五次会议上作《关于 2016 年中央和地方预算执行情况与 2017 年中央和地方预算草案的报告》："我们清醒地认识到，财政运行和财政工作中还面临一些困难和问题，主要是：……有的地方预决算不透明，财政资金使用不规范、效率不高，资金沉淀多。"2017年3月12日，第十二届全国人民代表大会第五次会议主席团第二次会议通过的《第十二届全国人民代表大会财政经济委员会关于2016年中央和地方预算执行情况与2017年中央和地方预算草案的审查结果报告》指出："在预算执行和财政管理中还存在一些不容忽视的问题，主要是：预算执行不够规范，有些资金分配与项目确定衔接不够；……部门资金使用绩效需要进一步提高。"这里指出的是"财政资金使用不规范、效率不高"和"预算执行不够规范，……部门资金使用绩效需要进一步提高"。

2018年3月5日，财政部在第十三届全国人民代表大会第一次会议上作《关于2017年中央和地方预算执行情况与2018年中央和地方预算草案的报告》："我们也清醒地看到，预算执行和财政工作中还面临一些困难和挑战。主要是：……资金使用碎片化问题亟待破解；预算执行不够均衡，……加强财政绩效管理十分紧迫，一些地方、部门和预算单位重分配轻管理，花钱不问效，资金闲置浪费问题严重。"2018年3月15日，第十三届全国人民代表大会第一次会议主席团第五次会议通过的《第十三届全国人民代表大会财政经济委员会关于2017年中央和地方预算执行情况与2018年中央和地方预算草案的审查结果报告》指出："在预算执行和财政管理中还存在一些不容忽视的问题，主要是：……一些政策尚未执行到位，一些资金使用绩效不高，存在资金闲置、项目推进缓慢、违规收取部分行政事业性收费问题。"这里指出的是"资金使用碎片化问题亟待破解；预算执行不够均衡，……加强财政绩效管理十分紧迫，一些地方、部门和预算单位重分配轻管理，花钱不问效，资金闲置浪费问题严重"和"一些资金使用绩效不高，存在资金闲置、项目推进缓慢"。

2019年3月5日，财政部在第十三届全国人民代表大会第二次会议上作《关于2018年中央和地方预算执行情况与2019年中央和地方预算草案的报告》："预算执行和财政工作中还面临一些问题和挑战。主要是：……预算分配管理存在薄弱环节，内部控制需要进一步加强；有的地方和部门预算执行基础工作不扎实，支出进度较慢，造成财政资金闲置浪费。"2019年3月12日，第十三届全国人民代表大会第二次会议主席团第二次会议通过的《第十三届全国人民代表大会财政经济委员会关于2018年中央和地方预算执行情况与2019年中央和地方预算草案的审查结果报告》指出："在预算执行和财政管理中还存在一些不容忽视的问题，主要是：……有些支出预算安排存在重投入轻产出、重建设轻使用的现象，一些项目安排不规范，绩效与政策目标差距较大。"这里指出的是"支出进度较慢，造成财政资金闲置浪费"和"一些项目安排不规范，绩效与政策目标差距较大"。

2020年5月22日，财政部在第十三届全国人民代表大会第三次会议上作《关于2019年中央和地方预算执行情况与2020年中央和地方预算草案的报告》："预算执行和财政工作中还面临一些问题和挑战。主要是：……有些资金利用效率不够高。预算绩效目标设定还不够科学，绩效自评还不够准确规范，绩效结果运用还需要强化。"2020年5月26日，第十三届全国人民代表大会第三次会议主席团第二次会议通过的《第十三届全国人民代表大会财政经济委员会关于 2019 年中央和地方预算执行情况与 2020 年中央和地方预算草案的审查结果报告》指出:"在预算执行和财政管理中还存在一些不容忽视的问题,主要是:部分项目预算执行与预算相比变动较大,预算执行不够严肃;有的中央部门支出执行率低,年末结转资金较多,资金使用效率有待提高;一些预算支出项目固化的格局尚未根本改变,支出结构有待优化;全面实施预算绩效管理有待加强;有的支出预算与政策衔接不够紧密。"这里指出的是"有些资金利用效率不够高。预算绩效目标设定还不够科学,绩效自评还不够准确规范,绩效结果运用还需要强化"和"预算执行不够严肃;有的中央部门支出执行率低,年末结转资金较多,资金使用效率有待提高……全面实施预算绩效管理有待加强"。

2021 年 3 月 5 日,财政部在第十三届全国人民代表大会第四次会议上作《关于 2020 年中央和地方预算执行情况与 2021 年中央和地方预算草案的报告》:"预算执行和财政工作中还存在一些困难和问题。主要是:……部分部门和单位预算绩效管理不够到位,全过程预算绩效管理的质量有待提升。"2021 年 3 月 9 日,第十三届全国人民代表大会第四次会议主席团第二次会议通过的《第十三届全国人民代表大会财政经济委员会关于 2020 年中央和地方预算执行情况与 2021 年中央和地方预算草案的审查结果报告》指出:"在预算执行和财政管理中还存在一些不容忽视的问题,主要是:……预算安排与绩效评价结果结合不够紧密,预算绩效管理质量有待提高。"2021 年 6 月 7 日,全国人大财政经济委员会副主任委员史耀斌在第十三届全国人民代表大会常务委员会第二十九次会议上作《第十三届全国人民代表大会财政经济委员会关于 2020 年中央决算草案审查结果的报告》:"财政经济委员会认为,2020 年中央决算草案和审计工作报告也反映出预算决算编制、预算执行和财政管理中存在的一些问题。主要是:……有些部门绩效自评结果不真实,绩效管理质量有待提高。"这里指出的是"部分部门和单位预算绩效管理不够到位,全过程预算绩效管理的质量有待提升";"预算安排与绩效评价结果结合不够紧密,预算绩效管理质量有待提高"和"有些部门绩效自评结果不真实,绩效管理质量有待提高"。

2022 年 3 月 5 日,财政部在第十三届全国人民代表大会第五次会议上作《关于 2021 年中央和地方预算执行情况与 2022 年中央和地方预算草案的报告》:"预算执行和财政工作中还存在一些困难和问题。主要是:……预算执行严肃性需要进一步增强。一些项目绩效目标设定不科学,绩效自评不够客观,资金使用效率有待提高。"2022 年 3 月 8 日,第十三届全国人民代表大会第五次会议主席团第二次会议通过的《第十三届全国人民代表大会财政经济委员会关于 2021 年中央和地方预算执行情况与 2022 年中央和地方预算草案的审查结果报告》指出:"预算执行和财政管理中还存在一些不容忽视的问题,主要是:……预算执行不够严肃;部分支出结构固化问题仍较突出;部分财政资金使用绩效不高,绩效结果运用还需进一步强化。"这里指出的是"预算执行严肃性需要进一步增强。一些项目绩效目标设定不科学,绩效自评不够客观,资金使用效率有待提高"和"预算执行不够严肃;部分支出结构固化问题仍较突出;部分财政资金使用绩效不高,绩效结果运用还需进一步强化"。

2. 预算执行的及时性、均衡性、有效性和安全性

（1）2010年提出"时效性和均衡性""均衡性和有效性"

2010年1月22日，财政部颁发的《关于进一步做好预算执行工作的指导意见》（财教〔2010〕11号）指出："增强预算执行的时效性和均衡性。"这里提的是"预算执行的时效性和均衡性。"

2010年3月5日，财政部在第十一届全国人民代表大会第三次会议上作的《关于2009年中央和地方预算执行情况与2010年中央和地方预算草案的报告》指出："加快预算执行进度，完善预算支出执行责任制度，强化基本支出和项目支出管理，健全当年预算编制与上年预算执行的有效衔接机制，进一步提高预算执行的均衡性和有效性。"

2010年7月7日，财政部颁发的《关于进一步做好地方财政教科文预算执行工作的通知》（财教〔2010〕197号）指出："加大工作力度，不断提高财政教科文预算执行的均衡性和有效性。预算执行是预算管理的重要环节。各级财政部门必须把预算执行列入重要工作日程，抓紧抓好预算执行工作。"这里提的是"预算执行的均衡性和有效性"。

（2）2011年提出"及时性、均衡性和有效性"

2011年3月5日，财政部在第十一届全国人民代表大会第四次会议上作的《关于2010年中央和地方预算执行情况与2011年中央和地方预算草案的报告》指出："狠抓预算执行管理，提高预算执行的及时性、均衡性和有效性。"这里提的是"预算执行的及时性、均衡性和有效性。"

（3）2012年后（含2012年）提出"及时性、均衡性、有效性和安全性"

2012年3月5日，财政部在第十一届全国人民代表大会第五次会议上作的《关于2011年中央和地方预算执行情况与2012年中央和地方预算草案的报告》指出："切实加强预算支出执行管理，提高预算支出的及时性、均衡性、有效性和安全性。"这里提的是"预算支出的及时性、均衡性、有效性和安全性"。

2013年3月5日，财政部在第十二届全国人民代表大会第一次会议上作的《关于2012年中央和地方预算执行情况与2013年中央和地方预算草案的报告》指出："抓好预算支出执行管理，增强预算支出的及时性、均衡性、有效性和安全性。"这里提的是"预算支出的及时性、均衡性、有效性和安全性"。

2012年4月26日，谢旭人在中国财政学会2012年年会暨第十九次全国财政理论讨论会上讲话时指出："需要重点研究的若干问题：……如何提高预算支出的及时性、均衡性、有效性和安全性。"说明这"四性"是需要重点研究的内容之一。

这"四性"试解释为：

① 及时性指的是预算到位率。

② 均衡性指的是预算均衡率。

支出均衡率：某一时点公共财政预算支出执行进度与支出进度标准的比率，用以反映和考核支出预算及时性和均衡性程度。

支出均衡率＝（支出执行进度/支出进度标准）×100%。

③ 有效性指的是效益、效率。

④ 安全性指的是可靠程度、可控程度、风险低。

笔者认为，"四性"比预算完成率、预算执行率要全面、科学，这"四性"的关系试论述为：安全性是基础，及时性是前提，均衡性是关键，有效性是核心。

两会报告中还提到"预算执行"中"评审资金使用的均衡性、规范性、安全性、有效性"的问题。如：

2009年3月5日，财政部在第十一届全国人民代表大会第二次会议上作《关于2008年中央和地方预算执行情况与2009年中央和地方预算草案的报告》："同时我们也清醒地认识到预算执行和财政工作中存在的问题：……预算执行均衡性尚待提高；损失浪费、挤占挪用财政资金等现象依然存在。"这里指出的是"预算执行均衡性"。

2012年3月10日，第十一届全国人民代表大会第五次会议主席团第二次会议通过的《第十一届全国人民代表大会财政经济委员会关于2011年中央和地方预算执行情况与2012年中央和地方预算草案的审查结果报告》指出："在预算执行和财政运行中还存在一些不容忽视的问题，主要是：……均衡性转移支付所占比重偏低；追加预算多、结转资金多的现象仍比较突出。"这里指出的是"均衡性转移支付"。

2015年3月5日，财政部在第十二届全国人民代表大会第三次会议上作《关于2014年中央和地方预算执行情况与2015年中央和地方预算草案的报告》："我们清醒地看到，财政运行还面临一些困难和问题：……财经纪律意识比较淡薄，对财经法律法规的遵从度不够，预算执行中资金'跑冒滴漏'等现象时有发生，资金使用的规范性、安全性、有效性有待进一步提高。"这里指出的是"资金使用的规范性、安全性、有效性"。

2016年3月5日，财政部在第十二届全国人民代表大会第四次会议上作《关于2015年中央和地方预算执行情况与2016年中央和地方预算草案的报告》："我们清醒地认识到，财政运行还面临一些困难和问题，主要是：……有的部门和单位预算执行力亟待增强，……资金使用的安全性、有效性仍需提高。"这里指出的是"资金使用的安全性、有效性仍需提高"。

3. "财务制度健全性"和"财务制度执行状况"是预算执行评价的内容

《中央级教科文部门项目绩效考评管理办法》（财教〔2003〕28号）附件《中央级教科文部门项目绩效考评规范》第十六条规定："（2）财务考评指标：④ 财务管理状况，主要考评项目单位财务制度健全性、财务管理有效性、财务制度执行状况等。"《中央级教科文部门项目绩效考评管理办法》（财教〔2005〕149号）的附件《中央级教科文部门项目绩效考评规范》第十六条规定："（2）财务考评指标：④ 财务管理状况，主要考评项目单位财务制度健全性、财务管理有效性、财务制度执行状况等。"

2014年9月26日，《国务院关于深化预算管理制度改革的决定》（国发〔2014〕45号）指出："将绩效评价重点由项目支出拓展到部门整体支出和政策、制度、管理等方面。"

第四章 高校应评价"预算"对绩效的影响

2019年12月10日，教育部发布的《关于全面实施预算绩效管理的意见》（教财〔2019〕6号）在"主要任务"中第八条指出："建立重大政策和项目预算绩效评价机制，……健全绩效评价结果反馈制度和绩效问题整改责任制，加强绩效评价结果应用。"

2021年3月7日，国务院颁布的《关于进一步深化预算管理制度改革的意见》（国发〔2021〕5号）第十七条指出："推动预算绩效管理提质增效。将落实党中央、国务院重大决策部署作为预算绩效管理重点，加强财政政策评估评价，增强政策可行性和财政可持续性。"

此外，预算执行评价的内容还包括预算管理制度和财经纪律与财经法律法规，如：

（1）评审预算执行中预算管理制度

2008年3月11日，第十一届全国人民代表大会第一次会议主席团第二次会议通过的《第十一届全国人民代表大会财政经济委员会关于2007年中央和地方预算执行情况与2008年中央和地方预算草案的审查结果报告》指出："预算执行和财政运行中还存在一些亟待认真解决的问题。主要是：……部门预算制度不完善。"这里指出的是"部门预算制度不完善"。

2012年3月10日，第十一届全国人民代表大会第五次会议主席团第二次会议通过的《第十一届全国人民代表大会财政经济委员会关于2011年中央和地方预算执行情况与2012年中央和地方预算草案的审查结果报告》指出："在预算执行和财政运行中还存在一些不容忽视的问题，主要是：……财政支出绩效考核体系不够健全。"这里指出的是"财政支出绩效考核体系不够健全"。

2014年3月5日，财政部在第十二届全国人民代表大会第二次会议上作《关于2013年中央和地方预算执行情况与2014年中央和地方预算草案的报告》："我们也清醒地认识到财政改革发展面临的问题与挑战：……预算管理制度的完整性、科学性、规范性和透明度不够，……中央与地方的事权和支出责任划分存在不清晰、不合理、不规范问题。"这里指出的是"预算管理制度的完整性、科学性、规范性和透明度不够"。

2015年3月5日，财政部在第十二届全国人民代表大会第三次会议上作《关于2014年中央和地方预算执行情况与2015年中央和地方预算草案的报告》："我们清醒地看到，财政运行还面临一些困难和问题：……一些支出政策碎片化，制度设计不科学。"这里指出的是"一些支出政策碎片化，制度设计不科学"。

2021年6月7日，全国人大财政经济委员会副主任委员史耀斌在第十三届全国人民代表大会常务委员会第二十九次会议上作《第十三届全国人民代表大会财政经济委员会关于2020年中央决算草案审查结果的报告》："财政经济委员会认为，2020年中央决算草案和审计工作报告也反映出预算决算编制、预算执行和财政管理中存在的一些问题。主要是：……有些预算管理制度不够健全；一些绩效目标设定不够规范。"这里指出的是"有些预算管理制度不够健全；一些绩效目标设定不够规范"。

2009年3月9日，第十一届全国人民代表大会第二次会议主席团第二次会议通过的《第十一届全国人民代表大会财政经济委员会关于2008年中央和地方预算执行情况与 2009 年中央和地方预算草案的审查结果报告》指出："预算执行和财政运行中还存在一些不容忽视的问题，主要是：……跟踪问效制度不够健全。"这里指出的是"跟踪问效制度不够健全"。

（2）评审预算执行中财经纪律与财经法律法规

2015 年 3 月 5 日，财政部在第十二届全国人民代表大会第三次会议上作《关于 2014 年中央和地方预算执行情况与 2015 年中央和地方预算草案的报告》："我们清醒地看到，财政运行还面临一些困难和问题：……财经纪律意识比较淡薄，对财经法律法规的遵从度不够。"这里指出的是"财经纪律意识比较淡薄，对财经法律法规的遵从度不够"。

2022 年 3 月 5 日，财政部在第十三届全国人民代表大会第五次会议上作《关于 2021 年中央和地方预算执行情况与 2022 年中央和地方预算草案的报告》："预算执行和财政工作中还存在一些困难和问题。主要是：……财经纪律和财会监督需要进一步强化。"这里指出的是"财经纪律和财会监督需要进一步强化"。

4. 评审预算执行中专项资金的使用

（1）专款专用原则是会计制度中的一条重要原则

专款专用原则是会计制度中的一条重要原则，其内涵是"指定用途的资金，应当按规定的用途使用，并单独核算反映"。它包括：专户储存，先存后用；专款专用，不得相互挪用；分别核算，分别记账，及时结算。专款专用原则在计划经济时期就存在，一直延续到现在，如：1996 年 10 月 22 日，财政部发布的《事业单位财务规则》（财政部令〔第 8 号〕）第六章"专用基金管理"第二十二条规定："专用基金是指事业单位按照规定提取或者设置的有专门用途的资金。"2012 年 2 月 7 日，财政部发布的《事业单位财务规则》（财政部令〔第 68 号〕）第六章"专用基金管理"第三十二条规定："专用基金是指事业单位按照规定提取或者设置的有专门用途的资金。"2021 年 12 月 31 日，财政部发布的《事业单位财务规则》（财政部令〔第 108 号〕）第六章"专用基金管理"第三十二条规定："专用基金是指事业单位按照规定提取或者设置的有专门用途的资金。"

除了上述"专用基金"还有"专项资金"。"项目支出"中的各种专项资金起始于"综合定额＋专项补助"中的"专项补助"。1986 年 10 月 15 日，国家教委、财政部颁布的《高等学校财务管理改革实施办法》（〔86〕教计字 162 号）第六条指出："高等学校年度教育事业费预算，由主管部门按照不同科类、不同层次学生的需要和学校所在地区的不同情况，结合国家财力的可能，按'综合定额加专项补助'的办法进行核定。"

（2）专项资金存在问题需要整合优化

原来高校专项资金"碎片化"严重，2014 年，笔者曾建议："减少'项目支出'的各种专项资金，提高'生均拨款标准'。'项目支出'中的各种专项资金是财政部门、教育部门考核预算进度的重要项目。'项目支出'的主要问题：一是'锦上添花'不是'雪中送炭'；二是重预算进度考核轻预算绩效考核；三是易造成'跑部钱进'诱发的权力寻租。"① 2015年11月17日，财政部和教育部印发的《关于改革完善中央高校预算拨款制度》（财教〔2015〕467号）将中央高校预算拨款制度改革为"1+6"模式。"1"是指"基本支出体系"，"6"是指"项目支出体系"，具体为：①中央高校改善基本办学条件专项资金；②中央高校教育教学改革专项资金；③中央高校基本科研业务费；④中央高校建设世界一流大学（学科）和特色发展引导专项资金；⑤中央高校捐赠配比专项资金；⑥中央高校管理改革等绩效拨款。这个文件整合优化了"项目支出"，但还存在问题。如由于很多"项目"所需资金核定心中无数致使资金花不了，年终突击花钱仍花不掉，造成结余。关于"上交结余资金"，教育部财务司发出的《关于调整项目预算和的紧急通知》有相关规定。盘活各领域专项资金"沉睡"的财政资金将在本部分"盘活存量资源"中阐述。

（3）整合优化专项资金的制度规定

笔者一直关注专项资金存在的问题和解决的办法。笔者梳理了整合优化专项资金的制度：

2013年11月12日，党的十八届三中全会通过的《中共中央关于全面深化改革若干重大问题的决定》指出："清理、整合、规范专项转移支付项目，逐步取消竞争性领域专项和地方资金配套，严格控制引导类、救济类、应急类专项，对保留专项进行甄别。"

2014年9月26日，《国务院关于深化预算管理制度改革的决定》（国发〔2014〕45号）指出："各地区要对本级安排的专项资金进行清理、整合、规范，完善资金管理办法，提高资金使用效益。"

2017年1月，中共中央办公厅、国务院办公厅印发的《关于创新政府配置资源方式的指导意见》第十七条指出："推进非经营性国有资产整合与共享。在清产核资、界定产权的基础上，进一步打破部门行政化分割，构建共享平台，实现公共科技、教育、医疗、文化等资源开放共享。建立资产共享共用与资产绩效、资产配置、单位预算挂钩的联动机制，避免资产重复配置、闲置浪费。对行政事业单位超标准配置、低效运转或者长期闲置资产，要建立完善的调剂机制，有效盘活存量资产，实现高效利用。按规定程序报经批准后，允许将部分闲置的非经营性国有资产转为经营性国有资产。"②

2019年2月，中共中央、国务院印发的《中国教育现代化2035》指出："优化教育经费使用结构。加大教育经费统筹力度，整合优化经费使用方向。"③

2020年9月23日，《江苏省省级财政专项资金管理办法》（省政府令第138号）第二十五条指出："省财政部门可以创新专项资金管理模式，会同省级业务主管部门将专项资金和任务清单同步下达。任务清单分为约束性任务和指导性任务。完成约束性任务的，设区的市、县（市）财政部门可以在不改变资金类级科目的基础上，结合本级

---

① 乔春华."教育经费管理年"的回顾与展望[J].教育财会研究，2014，25(1):3-7.
② 中共中央办公厅 国务院办公厅.关于创新政府配置资源方式的指导意见[N].人民日报，2017-01-12.
③ 中共中央 国务院印发《中国教育现代化2035》[N].人民日报，2019-02-24(1).

资金安排情况,在同一财政事权内,经同级政府批准后整合使用专项资金。"江苏省财政厅预算处副处长朱力介绍,该办法中出现"大专项＋任务清单"管理方式的新颖提法。"这主要体现在第二十五条,改革的基础是财政资金整合,即将原来众多零星、分散的小专项实质整合为规模大、效益强的'大专项',集中财力办大事,并通过任务清单形式下达市、县,允许其在一定条件下,统筹使用专项资金,赋予市县更多自主权。"

(4) 预算绩效管理要求"分权"、"自主权下移"和"问责"

新公共管理运动主张推行分权化管理。提倡分权、授权、自主权下移,与下属部门(单位)签订绩效合同,明确对等的责任,利用问责机制等办法重新构建职业责任与自主权之间的平衡,进行绩效评价达到提高资金使用效益的目的。李(Lee)认为,原来财政部与支出部门之间的关系是通过收支进行协商,但现在是被政策和资源分配协商所替代;以前财政部的权力受到支出部门的限制,因为支出部门保留了一定的自主权,但现在财政部的"议价自主权"却越来越大,对政府政策的影响越来越大[①]。因此,绩效预算是新公共管理运动的核心组成部分。由此可见,作为"政府再造"运动下,以解决财政等领域的危机而产生的改革潮流,绩效预算以结果为导向、以绩效评价为核心、以分权为手段、以绩效问责为约束,从而成为预算治理的价值目标与衡量标准[②]。

楼继伟指出:"绩效预算的一个特点,是在一定的支出目标下赋予部门在预算资金使用上更大的灵活性,让部门真正参与到资金的管理工作中。也就是说,在绩效预算管理方式下,部门为了达到既定的支出目标,可以在预算总规模内,自主确定资金的具体用途,这是公共财政发展到一定阶段后,预算管理上采取的一种更高级的管理方式,是一种注重产出法的管理方式。"[③]

(5) 我国提出了"赋予部门和资金使用单位更多的管理自主权"

2018年9月1日,《中共中央 国务院关于全面实施预算绩效管理的意见》第四条指出:"实施部门和单位预算绩效管理。将部门和单位预算收支全面纳入绩效管理,赋予部门和资金使用单位更多的管理自主权。"

2018年11月8日,《财政部关于贯彻落实〈中共中央 国务院关于全面实施预算绩效管理的意见〉的通知》(财预〔2018〕167号)第五条"健全工作协调机制"第一款指出:"财政部门加强组织协调。各级财政部门要赋予部门和资金使用单位更多的管理自主权。"

2016年11月28日,《财政部关于中央预算单位2017年预算执行管理有关问题的通知》(财库〔2016〕207号)在"总体要求"中指出:"2017年将对中央预算单位预算执行管理业务流程和国库集中支付范围划分标准进行适当调整,扩大预算单位用款

---

① Lee S. Best for britain? The politics and legacy of gordon brown[M]. Oxford:Oneworld,2007:112.
② 蒋悟真,李其成,郭创拓.绩效预算:基于善治的预算治理[J].当代财经,2017(11):26-35.
③ 楼继伟.为建立绩效预算体系夯实基础[N].中国财经报,2004-06-30(1).

自主权,加大事前、事中、事后财政监管力度,在保障资金支付安全的基础上,进一步提高财政资金运行的效率和效益。"

5. 预算执行的"调整"评价

2008年12月20日,教育部办公厅印发的《加强教育部直属高校财政拨款结余资金管理暂行办法》(教财厅〔2008〕3号)第五条指出:"完善预算调整制度。预算编制要遵循科学性、可行性、实事求是的原则,不得随意虚增或虚列支出,项目预算执行与项目实施进度基本保持一致。年度项目预算一经批复,必须严格执行,一般不作调整。确有必要调整的,应按项目预算审批程度及时报批。"

预算调整有两个可能:一是表现为预见不足,因为,"预见"不可能预测未来的不确定因素,因此,预算"调整"是正常的,《中华人民共和国预算法》也做了规定;二是像上述文件指出的那样,存在"随意虚增或虚列支出",因此,预算执行评价时既要评价预算"调整"的频率与次数,又要评价预算调整的"科学性和可行性"。

预算"执行"绩效评价指标见表4-3。

表4-3 预算"执行"绩效评价指标

一级指标	二级指标	指标说明
预算收支的合规性	预算收入的合规性	预算收入是否违规,如"基本支出"预算有无套取财政资金(虚报学生人数和高列专业人数),有无乱收费等;"项目支出"预算有无套取财政资金(虚报重报专项)和申报到专项却未完成和未达到绩效目标等
	预算支出的合规性	预算支出是否违规,如"基本支出"预算有无超标准开支;"项目支出"预算有无超标准开支,跨项目列支等
预算执行的及时性、均衡性、有效性和安全性	预算执行的及时性	及时性指的是预算到位率
	预算执行的均衡性	均衡性指的是预算均衡率,支出均衡率=(支出执行进度/支出进度标准)×100%
	预算执行的有效性	有效性指的是效益、效率
	预算执行的安全性	安全性指的是可靠程度、可控程度、风险低
预算完成率	预算收入完成率	预算收入完成率=年终执行数÷(年初预算数±年中预算调整数)×100%;年终执行数不含上年结转和结余收入数
	预算支出完成率	预算支出完成率=年终执行数÷(年初预算数±年中预算调整数)×100%;年终执行数不含上年结转和结余支出数
预算执行与控制	政府采购执行率	政府采购执行率=(实际政府采购金额÷政府采购预算数)×100%
	公用经费控制率	公用经费控制率=(实际支出公用经费总额÷预算安排公用经费总额)×100%
	"三公经费"变动率	"三公经费"变动率=〔(本年度"三公经费"预算数-上年度"三公经费"预算数)/上年度"三公经费"预算数〕×100%

续表 4-3

一级指标	二级指标	指标说明
预算执行与控制	"三公经费"控制率	"三公经费"控制率=("三公经费"实际支出数÷"三公经费"预算安排数)×100%
财经法规财务制度执行	财务制度规范性	反映学校校层面预算管理制度的完整性和规范性
	财务制度执行合规性	违反财经法规、财经纪律和预算、会计与财务制度的事项
	财务监控有效性	会计监督、财务监督、内部控制有效性
预算调整	预算调整次数	反映预算编制与执行及其结果的差异
	预算调整率	预算调整率=预算追加调整数÷年初预算金额×100%
	科学性和可行性	有无随意虚增或虚列支出的调整

四、预算"执行结果——决算"绩效评价

(一)预算执行结果——"决算"需要评价

财政部发布的《关于贯彻落实〈中共中央 国务院关于全面实施预算绩效管理的意见〉的通知》(财预〔2018〕167 号)在第三部分"抓好预算绩效管理的重点环节"中指出:"决算环节全面开展绩效评价。加快实现政策和项目绩效自评全覆盖,如实反映绩效目标实现结果,对绩效目标未达成或目标制定明显不合理的,要作出说明并提出改进措施。逐步推动预算部门和单位开展整体绩效自评,提高部门履职效能和公共服务供给质量。建立健全重点绩效评价常态机制,对重大政策和项目定期组织开展重点绩效评价,不断创新评价方法,提高评价质量。"

(二)预算"执行结果"绩效评价的内容

1. 预算执行结果——"预决算"的偏离度评价

(1)"预决算偏离度"的发展沿革

① 国外未形成"预算偏离"这一概念

陈志刚等认为:"预决算差别是国内外学者都关注的问题,不过国外学者多从预测的科学性和准确性方面着手,并主要集中在讨论收入预测的方法以及影响因素上。他们也并未形成'预算偏离'这一概念,而是以'收入预测的准确性'(revenue forecasting accuracy)来概括。"[①]

② 国外侧重于预算编制(尤其是收入预算的编制)的环节

陈志刚等指出:"国外关于预测的讨论侧重的是预算编制(尤其是收入预算的编制)的环节,而忽略了预算的执行环节。"[②] 笔者认为,因为是"预决算偏离度",因此,该问题放在预算"执行结果——决算"中阐述。

---

① 陈志刚,吕冰洋.中国政府预算偏离:一个典型的财政现象[J].财政研究,2019(1):24-42.
② 同①.

第四章 高校应评价"预算"对绩效的影响

③ 虽然国内最早提出"预决算偏离度"但也有仅研究的是"财政支出偏离度"
国内最早提出"预决算偏离度"的有：高培勇[①]、王秀芝[②]等。
仅研究"财政支出偏离度"的有：魏金燕[③]、张铭洪[④]等。

(2) "预决算偏离度"的定义

高培勇指出："对于不少人来说，'预决算偏离度'可能还是一个相对新鲜的概念。在既有的各类辞典和相关文献中，暂时还找不到准确的阐释。但是，至少从字面意义上可以获知，它指的是，在经立法机关审查批准的政府预算收支同作为其实际执行结果的政府决算收支之间出现了差异。也可以将其称之为'预决算差异度'，但'预决算偏离度'又附加了稍许价值判断的意义。"[⑤]

(3) "预决算偏离度"的计算公式

① 王秀芝[⑥]

王秀芝在其论文的"表 1 1994—2007 年全国财政超预算收入情况"中列出了"财政收入预算数"，"财政收入决算数"，"超预算收入数"和"收入偏差率"；"表 2 1994—2007 年全国财政超预算支出情况"中列出了"财政支出预算数"，"财政支出决算数"，"超预算支出数"和"支出偏差率"。从而推导计算公式为：

收入偏差率＝（财政收入决算数－财政收入预算数）÷财政收入预算数×100%
支出偏差率＝（财政支出决算数－财政支出预算数）÷财政支出预算数×100%

② 徐阳光[⑦]

上面是笔者推导的计算公式，徐阳光明确指出：所谓预决算偏差度，是指预决算偏差额分别占对应的预算收入数和预算支出数的百分比，同样包括预决算收入偏差度和预决算支出偏差度两个方面。相应的公式可表述为：

预决算收入偏差度＝（决算收入数－预算收入数）÷预算收入数×100%
预决算支出偏差度＝（决算支出数－预算支出数）÷预算支出数×100%

③ 顾海兵[⑧]

顾海兵等肯定了徐阳光提出的"财政预算收入偏差度"和"财政预算支出偏差度"：

预算偏差（率）度为财政决算数偏离财政预算数的程度，文献中对财政预算收入偏差度和财政预算支出偏差度的计算式分别如下：

财政预算收入偏差度＝（财政收入决算数－财政收入预算数）÷财政收入预算数
财政预算支出偏差度＝（财政支出决算数－财政支出预算数）÷财政支出预算数

[①] 高培勇.关注预决算偏离度[J].涉外税务,2008(1):5-6.
[②] 王秀芝.1994—2007:关于我国财政收支预决算偏差的考察[J].经济问题探索,2009(9):164-167.
[③] 魏金燕.财政预算支出偏离及纠正问题研究[J].知识经济,2011(5):54.
[④] 张铭洪,侯笛,张福进.基于因子分析的地方财政支出偏离度监督[J].当代财经,2013(7):23-32.
[⑤] 同①.
[⑥] 王秀芝.1994—2007:关于我国财政收支预决算偏差的考察[J].经济问题探索,2009(9):164-167.
[⑦] 徐阳光.收入预测与预算法治:预决算收入偏差的法律评估[J].社会科学,2011(4):43-51.
[⑧] 顾海兵,刘栩畅.财政预算程序视角下的预算偏离度研究[J].学术界,2015(10):52-61.

顾海兵等提出了"财政预算偏差度",他们还指出:为了研究的方便,本文定义财政预算偏差度为财政预算收支的平均偏差度,即财政预算收入偏差度和财政预算支出偏差度的平均数,用以衡量财政预决算的总体偏差程度。

财政预算偏差度＝(财政预算收入偏差度＋财政预算支出偏差度)÷2

(4) 预决算偏离度是客观存在的

高培勇指出:"在政府预决算之间出现差异是正常的事情,否则,也就没有必要分别编制预算和决算了。不过,如果预决算之间的差异过大,甚至呈现持续扩大的态势,就不能不对此予以关注了。……作为一个令人警醒的结果,预决算偏离度的持续扩大,不仅使得政府预算的监督制约作用在某种程度上走了过场,形同虚设,而且也使得预算法治一再受到挑战,甚至处于极度尴尬之中。"①

肖鹏等指出:"目前国际通行的预决算合理偏离范围为5%以内,一般情况下美国等发达国家的预决算收支偏离也均控制在3%以内。"②

预算毕竟是为未来而预算,因此,预决算不可能完全吻合,偏离是正常的。

(5) 高校预决算偏离的成因

① 21世纪初期高校财务领域内惊动高层的三大问题是主观造成高校预决算偏离度最严重的问题

笔者曾指出:"21世纪高校财务领域内惊动高层的三大问题是指高校巨额举债,高校乱收费和高校科研经费漏洞。"③ 这段时期的问题不是客观原因,而是主观所为。

高校预算收入混乱:扩招对高校预算的影响是拨款无计划。下半年招生,上半年找分管教育副省长批招生指标即可招生,就可拨款;更严重的是"三大问题"之一的乱收费,除了乱立名目的乱收费,尤为突出的是"点招费";还有"三大问题"之二的"巨额举债",笔者形容为"高校巨额举债由信马由缰到如脱缰野马"。那时,高校预算编制朝令夕改,非常混乱。

高校预算支出混乱。"资本性支出"和"日常运行费用"交叉,扩招带来大兴土木搞基建,来不及建新的就改造旧的;扩招后收入多了就提高福利待遇,那段时期甚至来不及或不需要"调整预算","拆东墙补西墙",未列入预算的乱开支。那段时期是高校"超收"导致"超支"造成预决算偏离最严重的阶段。

除了"基本支出","项目支出"中"高校科研经费漏洞"是"三大问题"之三,科研经费预算编制形同虚设,预算支出巧立名目、弄虚作假套取科技资金。不仅预决算严重偏离,而且违规犯法案件甚多。

② 高校预算编制不科学

"基本支出"预算编制不科学。"基本支出"预算编制采用基数法。笔者曾在第一章第三节阐述过,20世纪60年代,威尔达夫斯基的渐进主义核心是"基数"的概念。

---

① 高培勇.关注预决算偏离度[J].涉外税务,2008(1):5-6.
② 肖鹏,樊蓉.地方财政透明度对财政预决算偏离度的影响分析[J].中央财经大学学报,2021(3):3-14.
③ 乔春华.新时代高校财务理论研究[M].南京:东南大学出版社,2020:336-356.

高校预算收入主要是"生均拨款"和"学费",而"生均拨款"标准和"学费"标准缺乏依据,且多年不变,变的是学生人数(数量),因此,照过去"标准"办。高校预算支出主要是"人员经费"和"公用经费","人员经费"标准和"公用经费"标准变化不大,变的也是人员和用量(数量),因此,也是照过去"标准"办。高校拨款是投入型拨款,不是绩效拨款(质量),因此,高校"基本支出"预算不是绩效预算。

"项目支出"预算编制不科学。除了"科研项目"外,还有"教改专项""特色引导专项""改善基本办学条件专项"等项目互套,预算编制互串,不仅造成绩效低下,而且预决算偏离度差。

③ 高校预算执行"软约束"

匈牙利科学院院士、哈佛大学教授亚诺什·科尔内(János Kornai)在《短缺经济学》一书中提出"软预算约束理论"。"软预算约束"是对应"硬预算约束",所谓硬预算约束就是我们平常说的优胜劣汰的市场机制,即经济组织的一切活动都以自身拥有的资源约束为限。所谓软预算约束的形成至少有两个主体:即预算约束体和支持体。预算约束体是指那些在以自有资源为限的前提下,如果收不抵支,产生赤字,在没有外部救助的情况下不能继续存在的组织;支持体通常是受政府控制的,可以直接转移资源来救助陷入困境的预算约束体的组织。也就是说,硬预算约束靠自身,软预算约束在"自身"之外有"支持体"——政府预算。笔者曾指出,如21世纪初期,高校巨额负债就是"自身"之外,高校利用"父爱情结"绑架政府为预算买单的"成功"范例。预算应是约束政府的强有力的手段,但"父爱情结"软心肠带来"软预算约束"限制了政府预算的无法对政府行为形成强有力的约束力。除了权力高于预算,"留有余地"使高校领导有相当程度的自由支配权,此外,还有随意"调整预算",这就造成预决算偏离。

2021年6月7日,全国人大财政经济委员会副主任委员史耀斌在第十三届全国人民代表大会常务委员会第二十九次会议上作《第十三届全国人民代表大会财政经济委员会关于2020年中央决算草案审查结果的报告》时指出:"财政经济委员会认为,2020年中央决算草案和审计工作报告也反映出预算决算编制、预算执行和财政管理中存在的一些问题。主要是:一些项目支出决算数与预算数相差较大,预算的约束力还不够;有些部门决算结转结余资金较多。"这里指出的是"一些项目支出决算数与预算数相差较大",高校"预决算偏离度"同样涉及预算执行"软约束"。

2012年6月27日,全国人大财政经济委员会主任委员石秀诗在第十一届全国人民代表大会常务委员会第二十七次会议上作《全国人民代表大会财政经济委员会关于2011年中央决算审查结果的报告》时指出:"财政经济委员会认为,2011年中央决算中也反映出一些问题,主要是:……部分预算支出追加调整较多,决算编制不够规范。"这里指出的是"决算编制不够规范"。

④ 高校预算不够透明

陈霞指出:"美国的政府预算编制程序是异常严谨的,预算编制各环节所有负责人员都职责明确,对每个预算细节,例如绩效预算的编制步骤、会计准则、计算方法等均给予具体的技术指导,并为预算的审议、切磋和协调提供充足时间。不仅如此,美国还将预算编制工作分解为收入预算与支出预算,分别责成相对独立的不同政府机构负责,把专业分工和一些制衡机制引入预算编制工作以提高其科学性和严肃性,而其预算编制工作都具有高透明度,并注意尊重纳税人的知情权,做到依法接受国民对政府活动的监督。"①

光明网评论员报道:"仅就眼下的70多份年度预算来看,起码有三个层面有待细化并释疑:一则,既然是高校预算,公众最关心的自然是比如教师工资、教学设备、学生补助等都花了多少钱。所谓预算公开,能否将这些核心项目公开在明处?二则,高校行政化是个不争的顽疾,而社会对'三公'支出反响最为强烈,那么,高校预算能否在这些热点上不避嫌地及时回应民意?三则,很多高校'其他收入'金额较大,比如北京大学的其他收入为42.57亿元,占总收入的35.82%;中国政法大学的其他收入为9 000万元,占9.21%。'其他'太多,透明性就成谜。当然,最关键的还有,这些安排到底合理不合理、有没有靠谱的审计等专业监督兜底,似乎也需要稳妥说明。"②

⑤ 监督不够

内部审计独立性欠缺,高校人大代表和政协委员对预算执行进行监督;此外,舆论监督与群众监督也不够。

2. 结转和结余资金

(1) 建立结转结余资金定期清理机制

2013年10月21日,财政部印发的《关于进一步加强地方财政结余结转资金管理的通知》(财预〔2013〕372号)第二条"建立定期清理机制,压缩结余结转资金规模",第四款指出:"建立财政结余结转资金定期清理机制。各级财政部门每年要定期组织清理本级财政结余结转资金,摸清底数、分类处理,切实压缩结余结转资金规模。省级财政部门要切实承担管理责任,督促和指导省以下各级财政部门清理压缩结余结转资金,并将清理压缩情况及时报我部备案。2013年和2014年底,财政结余结转资金要在上年的基础上分别压缩15%以上,2015年底各地公共财政预算结余结转资金占公共财政支出的比重均不得超过9%,目前比重低于9%的应只减不增。"第五款指出:"进一步强化财政结余结转资金管理。加大对财政结余结转资金的统筹使用力度,对地方本级财政预算安排形成的结转项目,结转年度超过一年的,一律收回同级财政总预算统筹安排。对上级专项转移支付安排形成的结转项目,其资金管理办法有具体规定的,按规定执行;未作具体规定且连续结转两年及以上的,一律收回资金使用方本级财政总预算统筹安排。"

2014年9月26日,《国务院关于深化预算管理制度改革的决定》(国发〔2014〕45号)指出:"加强结转结余资金管理。建立结转结余资金定期清理机制,各级政府上一年预算的结转资金,应当在下一年用于结转项目的支出;连续两年未用完的结转资金,

---

① 陈霞.从美国宾州政府部分关闭看刚性预算[N].中国青年报,2007-07-12(2).
② 光明网评论员.雾里看花的"部属高校晒预算"[J].现代阅读,2016(7):32.

应当作为结余资金管理,其中一般公共预算的结余资金,应当补充预算稳定调节基金。各部门、各单位上一年预算的结转、结余资金按照财政部的规定办理。要加大结转资金统筹使用力度,对不需按原用途使用的资金,可按规定统筹用于经济社会发展亟需资金支持的领域。"

(2)什么是结转和结余资金

2022年6月30日,财政部、教育部印发的《高等学校财务制度》(财教〔2022〕128号)第六章为"结转和结余管理",第三十三条指出:"结转和结余是指高等学校年度收入与支出相抵后的余额。结转资金是指当年预算已执行但未完成,或者因故未执行,下一年度需要按照原用途继续使用的资金。结余资金是指当年预算工作目标已完成,或者因故终止,当年剩余的资金。经营收支结转和结余应当单独反映。"第三十四条指出:"高等学校财政拨款结转和结余的管理,应当按照国家有关规定执行。"第三十五条指出:"高等学校非财政拨款结转按照规定结转下一年度继续使用。非财政拨款结余可以按照国家有关规定提取职工福利基金,剩余部分用于弥补以后年度单位收支差额;国家另有规定的,从其规定。"第三十六条指出:"高等学校应当加强非财政拨款结余的管理,盘活存量,统筹安排、合理使用,支出不得超出非财政拨款结余规模。"

2016年2月17日,财政部印发的《中央部门结转和结余资金管理办法》(财预〔2016〕18号)第二条指出:"本办法所称结转结余资金,是指与中央财政有缴拨款关系的中央级行政单位、事业单位(含企业化管理的事业单位)、社会团体及企业,按照财政部批复的预算,在年度预算执行结束时,未列支出的一般公共预算和政府性基金预算资金。"第三条指出:"结转资金是指预算未全部执行或未执行,下年需按原用途继续使用的预算资金。结余资金是指项目实施周期已结束、项目目标完成或项目提前终止,尚未列支的项目支出预算资金;因项目实施计划调整,不需要继续支出的预算资金;预算批复后连续两年未用完的预算资金。"

(3)结转资金与结余资金的区别

2016年2月17日,财政部印发的《中央部门结转和结余资金管理办法》(财预〔2016〕18号)第二章为"基本支出结转资金管理",第七条指出:"年度预算执行结束时,尚未列支的基本支出全部作为结转资金管理,结转下年继续用于基本支出。"第八条指出:"基本支出结转资金包括人员经费结转资金和公用经费结转资金。"第三章为"项目支出结转资金管理",第十二条指出:"项目实施周期内,年度预算执行结束时,除连续两年未用完的预算资金外,已批复的预算资金尚未列支的部分,作为结转资金管理,结转下年按原用途继续使用。"第四章为"项目支出结余资金管理",第十六条指出:"项目支出结余资金包括:项目目标完成或项目提前终止,尚未列支的预算资金;实施周期内,因实施计划调整,不需要继续支出的预算资金;实施周期内,连续两年未用完的预算资金;实施周期结束,尚未列支的预算资金;部门机动经费在预算批复当年未动用的部分。项目支出结余资金原则上由财政部收回。"第六章为"结转结余资金收回",第三十一条指出:"中央部门应按照财政部收回结转结余资金的文件,及时将资金上交国库,并区分国库集中支付结余资金和非国库集中支付结余资金,按照相关规定办理。"

2008年12月20日，教育部办公厅印发的《加强教育部直属高校财政拨款结余资金管理暂行办法》（教财厅〔2008〕3号）第三条指出："预算安排与结余资金挂钩。加强结余资金管理，对结余资金较多的单位，教育部原则上当年不予追加预算，并减少或暂停安排第二年度的项目预算，由高校优先消化结余资金。"第四条指出："进一步强化净结余资金管理。严格执行财政部的有关规定，从2008年开始，高校所有的净结余资金，一律在年度时收回，由教育部统筹安排使用。"

① 已完成与未完成的区别

结余资金是指在当年预算工作目标已完成或者因故终止，而造成结算后当年的剩余资金，因此，基本支出是没有结余资金的，项目支出是有结余资金的；结转资金是指当年支出预算已执行但尚未完成或因故未执行，在当期未使用完、下年需按原用途继续使用的专项资金或基本支出的结余，具体可以分为基本支出结转和专项资金结转。由此可见，结转资金包括基本支出结转资金和项目支出结转资金。

② 结果处理的区别

结转资金是转入下一年度需要按照原预算用途继续使用的资金，原则上不得调整用途；结余资金是在下一年度可以不按照原预算用途继续使用的资金，即一般可以用于编制下年度统筹使用的部门预算，或按照存量资金的有关办法上缴国库。

(4)"结余上缴"可能突击花钱，不利于预算绩效管理

"结余上缴"会引发突击花钱，造成损失浪费的现象，不利于提高资金使用效益，因此，提出了"结余不上缴"。但是，"结余不上缴"又可能造成预算资金的闲置，同样会引起浪费而不利于预算绩效管理。于是，又提出了"盘活存量资金"。

3. 提高资金使用效益，盘活存量资源

2021年4月13日，财政部发布的《关于做好〈行政事业性国有资产管理条例〉贯彻实施工作的通知》（财资函〔2021〕2号）指出："要加强预算管理，严格按照预算管理规定和财政部门批复的预算配置资产，在决算中全面、真实、准确反映国有资产收入、支出以及国有资产存量情况，建立国有资产绩效管理制度。"

(1) 领导讲话

李克强"三提盘活存量资金"（第一次是2013年5月13日，第二次是6月8日，第三次是6月19日）。记者宋识径、实习生邝慧敏报道："一个多月三提'盘活存量资金'，这是李克强一个多月中第三次提到'存量资金'问题。"① 李克强6月19日指出："用好增量、盘活存量，更有力地支持经济转型升级。"

李克强"七提盘活财政存量资金"。记者李晓喻报道："中国国务院总理李克强1日主持召开国务院常务会议，部署盘活财政存量资金，有效支持经济增长。财政存量资金简言之，就是各级财政'还没花完的钱'，或是已经列入预算用途有了归属但最终没能花出去的钱。据国家审计署数据，截至2014年3月底，重点审计的9个省本级和9个市本

---

① 宋识径,邝慧敏.李克强总理100天:改革进行时[N].新京报,2013-06-24.

级财政存量资金共计 7 673 亿元（人民币，下同），其中近三成已无法按原用途使用。"①

2013 年 7 月 30 日，中共中央政治局召开会议，中共中央总书记习近平提出，要盘活存量、优化增量、着力提高财政资金使用效益。会议要求："继续实施积极的财政政策和稳健的货币政策，盘活存量、优化增量、着力提高财政资金使用效益，加大金融支持实体经济的力度，把钱用在刀刃上。"②

2017 年 6 月 20 日，习近平在中央军民融合发展委员会第一次全体会议上指出："要强化资源整合力度，盘活用好存量资源，优化配置增量资源，发挥军民融合深度发展的最大效益。"

2016 年 8 月 30 日，习近平总书记在农村改革座谈会上强调，深化农村改革需要多要素联动。中国人民银行金融市场司有关负责人表示，农村"两权"抵押贷款试点是农村金融制度的重要创新，有利于盘活农村存量资产，提高农村土地资源效率，是农村经济和农村金融发展的重要结合点。

（2）法规规定

2012 年 11 月 21 日，教育部印发的《教育部直属高等学校国有资产管理暂行办法》（教财〔2012〕6 号）第六条指出："教育部负责对高校的国有资产实施监督管理。主要职责是：……（七）组织实施高校国有资产管理的绩效考核，推进资产共享共用和公共平台建设工作。"第十五条指出："高校对校内长期闲置、低效运转的资产，应进行调剂，提高资产使用效益；对于长期闲置的大型仪器设备，高校应报告教育部，由教育部负责调剂。"

2015 年 1 月 21 日，国务院办公厅发布的《关于进一步做好盘活财政存量资金工作的通知》（国办发〔2014〕70 号）指出："从近期审计署对中央本级和部分省财政存量资金审计情况来看，各级财政存量资金的数额依然较大，与盘活存量、用好增量、支持实体经济提质增效和促进经济社会持续健康发展的要求相比，仍有较大差距，有必要进一步采取措施加以解决。"《关于进一步做好盘活财政存量资金工作的通知》最后指出："对支出进度慢、盘活存量资金不力的地区或部门及时进行通报或约谈，并研究建立盘活存量资金与预算安排挂钩机制。各级审计机关要加强对财政部门和预算单位财政存量资金的审计，重点关注该用未用、使用绩效低下等问题，促进存量资金尽快落实到项目和发挥效益。"

2015 年 6 月 16 日，国务院印发的《推进财政资金统筹使用方案》（国发〔2015〕35 号）指出："推进财政资金统筹使用，避免资金使用'碎片化'，盘活各领域'沉睡'的财政资金，把'零钱'化为'整钱'，统筹用于发展急需的重点领域和优先保障民生支出，增加资金有效供给，是创新宏观调控方式的重要内容，也是用足用活积极财政政策的关键举措。……加快推进科技资金优化整合。……推进教育资金优化整合。"

---

① 李晓喻.七提盘活财政存量资金 李克强为何重视没花完的钱？[EB/OL].(2015-04-02)[2023-12-18].www.gov.cn.

② 中央政治局会议讨论研究当前经济形势和下半年经济工作[N].人民日报,2013-07-31.

2021年3月7日,国务院发布的《关于进一步深化预算管理制度改革的意见》(国发〔2021〕5号)第六条指出:"盘活各类存量资源。盘活财政存量资金,完善结余资金收回使用机制。新增资产配置要与资产存量挂钩,依法依规编制相关支出预算。严格各类资产登记和核算,所有资本性支出应当形成资产并予以全程登记。各级行政事业单位要将资产使用管理责任落实到人,确保资产安全完整、高效利用。推动国有资产共享共用,促进长期低效运转、闲置和超标准配置资产以及临时配置资产调剂使用,有条件的部门和地区可以探索建立公物仓,按规定处置不需使用且难以调剂的国有资产,提高财政资源配置效益。"

2021年3月9日,记者李宣良、梅世雄报道:"习近平强调,要加强战略管理,优化项目论证方式和立项审批流程,加强重大项目统筹调控。要强化规划计划权威性和执行力,严格责任体系、时间节点、质量标准,加大评估和监管力度,督促规划任务高效落实。要推进我军现代资产管理体系建设,把资产盘活用好,提高管理使用效益。"[①]

2022年10月25日,财政部印发的《关于盘活行政事业单位国有资产的指导意见》(财资〔2022〕124号)在"指导思想"中指出:"加快推进行政事业单位各类国有资产盘活利用,建立健全资产盘活工作机制,通过自用、共享、调剂、出租、处置等多种方式,提升资产盘活利用效率,为保障行政事业单位履职和事业发展、促进经济社会发展提供更加坚实的物质基础。"

(3)坚决查处以"打酱油的钱不能打醋"等为借口导致资金长期闲置问题

2016年2月5日,《审计署关于适应新常态践行新理念更好地履行审计监督职责的意见》(审政研发〔2016〕20号)指出:"加强公共资金绩效审计,不仅要监督检查预决算管理法律法规和财经纪律执行情况,关注中央八项规定精神和国务院'约法三章'贯彻落实情况,更要关注财政支出绩效和积极财政政策的实施效果,坚决查处以'打酱油的钱不能打醋'等为借口导致资金长期闲置问题,促进整合专项、盘活存量、用好增量、优化结构、深化改革、提高绩效。"

预算"执行结果"绩效评价指标见表4-4。

表4-4 预算"执行结果"绩效评价指标

一级指标	二级指标	指标说明
预决算偏离度	预决算收入偏差度	预决算收入偏差度=(收入决算数-收入预算数)÷收入预算数
	预决算支出偏差度	预决算支出偏差度=(支出决算数-支出预算数)÷支出预算数
	预决算偏差度	预决算偏差度=(财政预算收入偏差度+财政预算支出偏差度)÷2

---

① 李宣良,梅世雄.习近平在出席解放军和武警部队代表团全体会议时强调,实现"十四五"时期国防和军队建设良好开局 以优异成绩迎接中国共产党建党100周年[N].人民日报,2021-03-10(1).

续表 4-4

一级指标	二级指标	指标说明
高校决算收入结构	"基本支出"决算收入结构	财政拨款收入÷"基本支出"决算收入×100%
		非税收入÷"基本支出"决算收入×100%
		捐赠收入÷"基本支出"决算收入×100%
		所属企业等上交收入÷"基本支出"决算收入×100%
		银行贷款÷"基本支出"决算收入×100%
		其他收入÷"基本支出"决算收入×100%
	"项目支出"决算收入结构	科研经费÷"项目支出"决算收入×100%
		特色发展引导专项资金"项目支出"决算收入×100%
		教育教学改革专项资金"项目支出"决算收入×100%
		改善基本办学条件专项资金"项目支出"决算收入×100%
		高校捐赠配比专项资金"项目支出"决算收入×100%
		高校管理改革等绩效拨款"项目支出"决算收入×100%
高校决算支出结构	人员经费	人员支出比率=人员支出÷事业支出×100%
	公用经费	公用支出比率=公用支出÷事业支出×100%
预算调整	预算调整次数	反映预算编制与执行及其结果的差异
	预算调整率	预算调整率=预算追加调整数÷年初预算金额×100%
预决算信息公开与透明	预决算信息公开性	预决算信息是否按照制度规定的内容和时间公开
	预决算信息透明度	预决算信息是否细化一目了然
	结转结余率	结转结余率=结转结余总额÷支出预算数×100%
	结转结余变动率	结转结余变动率=〔(本年度累计结转结余资金总额－上年度累计结转结余资金总额)÷上年度累计结转结余资金总额〕×100%
专项资金优化	专项资金整合优化数	江苏省省政府令〔2020〕第138号规定：将原来众多零星、分散的小专项实质整合为规模大、效益强的"大专项"
	某专项资金闲置率	某专项资金闲置率=某专项资金闲置额÷某专项资金额×100%
	某专项资金上缴率	某专项资金上缴率=某专项资金上缴额÷某专项资金额×100%
	某专项资金盘活率	某专项资金盘活率=某专项资金盘活额÷某专项资金额×100%
财务发展能力绩效	资产负债率	资产负债率=负债总额÷资产总额×100%
	总资产增长率	总资产增长率=(期末总资产－期初总资产)÷期初总资产×100%

续表 4-4

一级指标	二级指标	指标说明
财务发展能力绩效	净资产增长率	净资产增长率＝（期末净资产－期初净资产）÷期初净资产×100%
	固定资产年增长率	固定资产年增长率＝（年末固定资产总额－上年末固定资产总额）÷上年末固定资产总额×100%
	固定资产净值率	固定资产净值率＝固定资产净值÷固定资产原值×100%

第四节 高校预算绩效过程评价

现在有的基层领导模仿首长口气"我只要结果不要过程。"殊不知没有"过程"哪里来的"结果"？众所周知，毛泽东对辽沈战役坚持打锦州，就是关注"过程"以达到大胜"结果"的典范。"细节决定成败"也是这个道理。还有一些基层干部也模仿领导口吻"内部控制永远在路上"，"预算绩效永远在路上"等等，"高校内部控制"的路怎么走？"高校预算绩效"的路怎么走？这不是我们这些在高校的人一步一步地探索出来的吗？"一步实际行动比一打纲领更重要"，"一打口号，不如一个行动"。

一、应改进"结果评价"为"结果评价"与"过程评价"相结合

(一)"全面预算绩效管理体系"没有建成

1. 从时间维度："到 2020 年底，基本建成全面预算绩效管理体系"没有完成

2018 年 9 月 1 日，《中共中央　国务院关于全面实施预算绩效管理的意见》指出："力争用 3—5 年时间基本建成全方位、全过程、全覆盖的预算绩效管理体系。"① 2018 年 11 月 8 日，《财政部关于贯彻落实〈中共中央　国务院关于全面实施预算绩效管理的意见〉的通知》（财预〔2018〕167 号）指出："到 2020 年底中央部门和省级层面要基本建成全方位、全过程、全覆盖的预算绩效管理体系。"2019 年 12 月 10 日，《教育部关于全面实施预算绩效管理的意见》（教财〔2019〕6 号）指出："到 2020 年底，基本建成覆盖部门预算和转移支付的全面预算绩效管理制度体系。"但是，到 2020 年底了高校却没有"基本建成全面预算绩效管理体系"。

2. 从空间维度："到 2020 年底，基本建成全面预算绩效管理体系"没有完成

高校整体分析绩效评价没有完成。上述文件多次提及"单位整体绩效水平""单位整体绩效管理""单位整体绩效评价""单位整体绩效目标"，教财〔2019〕6 号文件还要求"各单位探索开展单位整体绩效评价"，还提出"全方位、全过程、全覆盖"等显然没有完成。

---

① 中共中央　国务院关于全面实施预算绩效管理的意见[N].人民日报,2018-09-26.

第四章 高校应评价"预算"对绩效的影响

（二）"过程评价"是绩效评价术语的革命和创新

2020年6月30日，习近平指出："教育评价事关教育发展方向，……改进结果评价，强化过程评价，探索增值评价。"① 总书记的指示为教育评价指明了方向。

马克思指出："一门科学提出的每一种新见解，都包含着这门科学的术语的革命。"② 以前，高校预算绩效评价强调的是"结果评价"，"过程评价"的提出是绩效评价术语的革命，是"结果评价"的深化与创新。

二、高校预算绩效评价中若干问题的剖析

（一）"事前"绩效评估"逐步扩大项目支出预算评审范围"

目前，高校的预算绩效仍停留在"项目支出"，2018年的《国务院办公厅关于进一步调整优化结构，提高教育经费使用效益的意见》（国办发〔2018〕82号）第十二条指出："建立全覆盖、全过程、全方位的教育经费监管体系。……加强预算安排事前绩效评估。逐步扩大项目支出预算评审范围。"

（二）对"项目支出"开展"中期绩效评价"，但"中期财政规划"仅编制一次就停止了

《教育部关于全面实施预算绩效管理的意见》（教财〔2019〕6号）指出："在年度绩效自评的基础上，应在实施周期内开展中期绩效评价。"但"中期财政规划"仅编制一次就停止了，如何进行中期绩效评价？

（三）"项目支出"的"年度绩效自评"是考核没有"绩效"的"预算执行率"

笔者早就指出："预算执行率≠预算执行效率"③。何谓"预算执行率"？2011年4月23日，《教育部办公厅关于实行部属高校预算与预算执行挂钩办法的通知》（教财厅〔2011〕1号）指出："'预算执行率'用于考核学校国库财政拨款，是指截至统计月份已执行预算占全年预算总额的比率，用百分比表示，按月计算，反映预算执行进度。"这里指的是"预算执行进度"。何谓"预算执行效率"？中共中央政治局审议并通过的《国家中长期教育改革和发展规划纲要（2010—2020年）》第五十八条规定："科学编制预算，提高预算执行效率。"这里指的是"预算执行效率"。由此可见，预算执行率实际上是考核预算执行进度，实质上是突击花钱的速度，而不是预算执行效率，"预算执行率"比"预算执行效率"，少了个"效"字，"效"字是"绩效"的"效"，现在提倡"花钱必问效、无效必问责"，没有"绩效"何谈"绩效评价"？④

---

① 习近平主持召开中央全面深化改革委员会第十四次会议强调,依靠改革应对变局开拓新局,扭住关键鼓励探索突出实效[N].人民日报,2020-07-01.
② 马克思.资本论:第1卷[M].北京:人民出版社,1975:34.
③ 乔春华.高校预算管理研究[M].苏州:苏州大学出版社,2013:前言.
④ 同③:268.

(四)"三年滚动财政规划"仍"重点针对项目支出"

《国务院关于深化预算管理制度改革的决定》(国发〔2014〕45号)指出:"实行中期财政规划管理。财政部门会同各部门研究编制三年滚动财政规划。"《财政部关于推进中央部门中期财政规划管理的意见》(财发〔2015〕43号)规定:"中央部门中期财政规划的规划期为三年,……中央部门中期财政规划包括部门的基本支出和项目支出,重点针对项目支出,基本支出按财政部统一要求编制和调整。"这里强调了"重点针对项目支出"。

(五)"贯穿预算编制、执行、监督全过程"并非包括"绩效评价"的"全过程"

2018年9月1日,《中共中央 国务院关于全面实施预算绩效管理的意见》提出"加快建成全方位、全过程、全覆盖的预算绩效管理体系"。2003年10月14日,中国共产党第十六届中央委员会第三次全体会议通过的《中共中央关于完善社会主义市场经济体制若干问题的决定》第二十一条规定:"凡能纳入预算的都要纳入预算管理。改革预算编制制度,完善预算编制、执行的制衡机制,加强审计监督。建立预算绩效评价体系。"这里,在"预算编制、执行、监督"后加上"建立预算绩效评价体系"。因此,"贯穿预算编制、执行、监督全过程"中没有"绩效评价"。由此可见,"全过程"的"绩效评价"强调"强化过程评价"尤为重要。

(六)关于"预算绩效评价"的五个区别

1. "预算绩效管理" ≠ "预算绩效评价"

《财政部关于推进预算绩效管理的指导意见》(财预〔2011〕416号)第三条指出,预算绩效管理的主要内容包括:① 绩效目标管理;② 绩效运行跟踪监控管理;③ 绩效评价实施管理;④ 绩效评价结果反馈与应用管理。由此可见,"预算绩效管理"大于"预算绩效评价",而《教育部关于全面实施预算绩效管理的意见》名曰"预算绩效管理",内容却不完整。

2. "教育评价" ≠ "教育预算绩效评价"

2020年中共中央、国务院印发的《深化新时代教育评价改革总体方案》提及"教育评价"。众所周知,在2004年教育部印发的《普通高等学校本科教学工作水平评估方案(试行)》中,财务指标只是其中评估指标的一小部分。2019年教育部印发的《关于全面实施预算绩效管理的意见》提及"教育预算绩效评价"。所谓"毕业率""就业率""生师比""满意度"等是统计指标,非财务指标,是"高等教育评价"指标,不是"高等教育预算绩效评价"指标。

3. 财政预算绩效目标 ≠ 高校预算绩效目标

《中共中央 国务院关于全面实施预算绩效管理的意见》第七条指出:"绩效目标不仅要包括产出、成本,还要包括经济效益、社会效益、生态效益、可持续影响和服务对象满意度等绩效指标。"

教财〔2019〕6号文件指出:"自主设置单位整体绩效目标、政策和项目绩效目标。

……绩效目标不仅要包括产出、成本，还要包括经济效益、社会效益、生态效益、可持续影响和服务对象满意度等绩效指标。"

上述两个绩效目标完全相同。《中共中央 国务院关于全面实施预算绩效管理的意见》提出的"分解细化各项工作要求，结合本地区本部门实际情况，全面设置部门和单位整体绩效目标、政策及项目绩效目标"没有在高校体现出来。"自主设置单位整体绩效目标"也没有在高校体现出来。

4. "绩效预算" ≠ "预算绩效"

笔者早就指出过"绩效预算"与"预算绩效"的区别①。"绩效预算"是以"绩效"为导向编制的预算，"预算绩效"是"预算"执行结果考核的"绩效"。"预算绩效"是以"绩效预算"为前提，没有"绩效预算"就没有"预算绩效"考核的基础。

5. "高校绩效评价"指标 ≠ "高校预算绩效评价"指标

(1) "高校绩效评价"指标

"高校绩效评价"指标是以"结果（数量）"为导向的，如"毕业率""就业率""生师比""满意度"等。

(2) "高校预算绩效评价"指标

政府暂未提出过"高校预算绩效评价"指标，学界关于"高校预算绩效评价"指标类型的界定基本分为两类。

① 财务指标

如：张晓岚、吴勋认为：预算管理绩效、配置绩效、运行绩效；王明秀、孙海波认为：综合实力、运行绩效、发展潜力；张甫香、张健认为：预算管理绩效、收支结构绩效、资源运行绩效、资源配置绩效；刘玉光认为：财务实力、财务预算绩效、筹资能力、经费配置、费用支出控制、资产管理指标、财务效益、财务安全；王江丽认为：偿债能力、运行绩效、发展潜力②。

② 财务指标和其他指标

如：杨周复、施建军等认为：教学绩效、科研绩效、自筹能力、资产绩效、产业绩效；王丽萍、郭岚、张勇认为：教学绩效、科研绩效、预算执行情况、事业支出结构、办学效率；陆媛认为：教学绩效、科研绩效、自筹能力、资产绩效、校产绩效、声誉绩效；包建玲认为：人才培养绩效、科研绩效、财务绩效；戴晓燕认为：教学绩效、科研绩效、自筹能力、资产绩效、校产绩效、声誉绩效；孟凡红认为：教学绩效、科研绩效、自筹能力、资产绩效、产业绩效；赵汪洋认为：教学绩效、科研绩效、自筹能力、资产绩效、产业绩效；崔恺平认为：教学绩效、科研绩效、社会满意度、资源投入、发展潜力③。

由于发表时间的局限，上述观点或将"高校预算绩效评价"指标＝"高校绩效评

---

① 乔春华.高校预算管理研究[M].苏州：苏州大学出版社,2013:223-263.
② 同①:266-267.
③ 同①:267-268.

价"指标,或将"高校预算绩效评价"指标扩大化。

(七)我国高校的预算绩效管理整体上还处于起步阶段

从上可知,我国高校"项目支出"的"绩效预算"尚未编制,"基本支出"的"绩效预算"更没有编制;我国高校"项目支出"的预算绩效尚未实施真正意义上的绩效评价,"基本支出"更未开始预算绩效评价。高校预算绩效评价刚起步,高校预算绩效管理亦是刚起步,因此,我国高校的预算绩效管理整体上还处于起步阶段。

1. 政府预算绩效管理整体上还处于起步阶段

马骏的研究表明:西方国家是在实践了以严格控制预算投入的分配和使用为特征的传统预算模式一百多年之后才引入新绩效预算,而我国目前的预算改革在很大程度上恰恰是建立在西方国家在 19 世纪就已经基本成型的传统预算模式上,……正如著名公共预算专家希克指出的,如果一个国家还没有建立起传统预算模式,那么,无论如何都不应该绕过这一个阶段①。2011 年 4 月 21 日,财政部廖晓军副部长在全国预算绩效管理工作会议上的讲话指出:"我国的预算绩效管理整体上还处于起步阶段。"② 苟燕楠、王海认为:"预算改革是一个长期渐进的过程。美国的基本预算模式从分项排列预算演进到新绩效预算经历了约 80 年时间,其间计划项目预算、零基预算、从上到下预算等改革失败者多,成功者少。即使是备受赞誉的新绩效预算,历十余年改革,……与美国相比,我国的预算管理制度改革在时间跨度和深入程度上都刚刚起步。"③

2. 高校预算绩效管理整体上还处于起步阶段

吴乐认为:"总的来说,中国高校预算管理绩效研究现状是处于理论研究阶段,还没有一个成熟的绩效评价体系。"④ 十多年过去了,我国无论从"时间维度"还是"空间维度"都基本没有"建成全面预算绩效管理体系"。

三、高校预算绩效"过程评价"探索

(一)高校预算绩效评价应以"支出"为重点

"收入"为投入,"支出"为产出。无论是"预算编制""预算执行""预算监督"还是"预算绩效评价",都要以"支出"为重点。2014 年 8 月 31 日,《中华人民共和国预算法》第五十七条规定:"各级政府、各部门、各单位应当对预算支出情况开展绩效评价。"2014 年 9 月 26 日,《国务院关于深化预算管理制度改革的决定》第三条第五款规定:"加强预算执行管理,提高财政支出绩效。"下列文件标题都包含"支出绩效评价":2009 年 6 月 22 日,财政部印发的《财政支出绩效评价管理暂行办法》;2009 年 10 月 26 日,财政部印发的《关于进一步推进中央部门预算项目支出绩效评价试点工作的通知》;2011 年 4 月 2 日,财政部印发的《财政支出绩效评价管理暂行办法》。

---

① 马骏.新绩效预算[J].中央财经大学学报,2004(8):1-6.
② 廖晓军.明确目标、扎实工作、全面推进预算绩效管理[J].中国财政,2011(11):8-12.
③ 苟燕楠,王海.公共预算的传统与变迁:美国预算改革对中国的启示[J].财政研究,2009(6):78-81.
④ 吴乐.高校预算绩效评价研究现状[J].经济研究导刊,2010(12):14-15.

（二）支出结构形成过程的绩效评价

《中华人民共和国国民经济和社会发展第十三个五年规划纲要》第十五章"加快财税体制改革"第四节"完善财政可持续发展机制"指出："优化财政支出结构，修正不可持续的支出政策，调整无效和低效支出，腾退重复和错位支出。……使财政支出保持在合理水平，……确保财政的可持续性。"

本书主要对高等教育事业性经费支出进行分析，因此，对高等教育基本建设经费支出不再阐述。

1. 人员经费与公用经费的结构分析（表4-5）

表4-5 1997—2005年OECD和WEI国家人员经费与公用经费比例的平均值

年份	OECD国家平均		WEI国家平均	
	高等教育	中小学	高等教育	中小学
1997	67∶33	80∶20	70∶30	86∶14
1998	70∶30	80∶20	75∶26	80∶20
1999	69∶31	80∶20	76∶24	83∶17
2000	69∶31	80∶20	81∶19	79∶21
2002	66.1∶33.9	81∶19	—	—
2003	65.5∶34.5	80.2∶19.8	—	—
2004	66.2∶33.8	81.1∶19.9	—	—
2005	68∶32	79.9∶20.1	—	—
算术平均值	67.6∶32.4	80.3∶19.7	75.5∶24.5	82∶18

资料来源：根据《OECD教育概览（2000—2008年）》资料计算。

WEI国家是指世界教育指标项目国（the world education indicator，简称WEI国家）

从上可知，OECD和WEI国家的人员经费与公用经费比例中，人员经费占2/3左右，而我国人员经费占1/2略多一点。因此，优化高等校教育经费使用结构，应增大"人员经费"的份额。

2. 人员经费支出

人员经费支出突出的问题是绩效工资。绩效工资分为基础性绩效工资和奖励性绩效工资两部分。基础性绩效工资的实施按政府的统一规定执行，包括岗位津贴和生活补贴两项。教职工按照所执行岗位（技术等级或职务）工资标准享受相应的基础性绩效工资，由学校按月统一发放。基础性绩效工资实质上是职务职称工资。奖励性绩效工资由考核奖励、业绩奖励、其他奖励构成。美国伦斯勒理工学院终身教授杨英锐指出："绩效机制不适合一流大学。在国内，大部分高校对教师实行的都是绩效制管理，但一流大学内部是不能用这种模式的，因为绩效管理很容易造成教师之间横向竞争。而这种竞争对高校学术生态的破坏是非常大的。一流大学的管理理念应该是支持和服务于每一个教授在学术生涯中的纵向跳跃。一流只能意味着领跑的第一方阵。这种将教师的工资和岗位与'工作量'直接挂钩的模式很容易给教师带来一种外在压力，而相互之间的横向比较，又会转化成为教师内心的一种焦躁，并容易滋生大面积的学术亚健康心态，破坏教师内心追求学术的规律。……美国一流大学的教师一般不会产生横向竞争的重要原因在于，每个人在学术道路上的选择是不一样的，有人愿意做'短平快'的项目，有人更愿意沉下心做长期学问，这是教师自己的选择。"① 由此可见，高校绩效工资考核导向是短期行为，而不是鼓励潜心从事研究重大课题。

3. 公用经费支出

"调整无效和低效支出"。如不少学校的"校内科研项目"，资助 1 万～3 万元等，这些项目基本上是既无创新又无实用；此外，还搞一些"高层论坛"和"高端培训"，演讲者都不是该领域的"高层"或"高端"人士，怎么能培养"高层"或"高端"人才？

"腾退重复和错位支出"中"错位支出"最突出的问题是科研经费。笔者曾指出，根据"谁的财政事权谁承担支出责任的原则"，省属高校承担国家级课题成员的薪酬不应由省属高校"按学生人数拨款"的"基本支出"承担支出责任，部属高校承担省级课题成员的薪酬不应由部属高校的"按学生人数拨款"的"基本支出"承担支出责任②。为了防止高等教育财政事权和支出责任划分不明晰导致中央与地方政府在履行职能时出现"越位""缺位""错位"现象，就有必要制定高等教育"财政事权和支出责任"的清单③。此外，"错位支出"还如继续教育的财政事权与支出责任不匹配。继续教育的人员经费和公用经费的一切支出应由继续教育收入承担，不应列入"基本支出"。

"腾退重复和错位支出"中"重复支出"最突出的是"培养人才专业重复"。刘维涛报道："2015 年 11 月 5 日，全国政协召开第四十一次双周协商座谈会，全国政协教科卫体委员会在一次调研中发现，各个高校从发展规划到专业设置，竟然有着惊人的相似，最要命的是，这些设置并非出自区域发展所需。"④ 又如当前学界最泛滥的是"科研项目"和"硕士与学士"学位论文重复研究。此外，还有设备重复购置等。

关于"修正不可持续的支出政策"，《教育部 2021 年工作要点》第三十五条在"健全保障教育事业优先发展的经费投入体制机制"中指出："及时调整超越发展阶段、违背教育规律、不可持续的政策，不断调整优化结构。" 21 世纪 20 年代及时调整了本世纪初的扩招，不断调整优化结构，纠正了不可持续的政策。不可持续的支出还如各项补贴，"补贴"是临时措施，不是"可持续的支出政策"。

4. 在"公用经费支出"中加大对本科教育的投入力度

《教育部关于加快建设高水平本科教育全面提高人才培养能力的意见》（教高〔2018〕2 号）指出："加大对本科教育的投入力度。"因此，在"过程评价"时应注意分析对本科教育的投入力度。

---

① 杨英锐.专家学者:我们离世界一流大学有多远[N].中国科学报,2015-11-19(5).
② 乔春华.新时代高校财务理论研究[M].南京:东南大学出版社,2020:152.
③ 同②:135.
④ 刘维涛.我们需要怎样的大学?[N].人民日报,2015-11-11.

5. "基本支出"与"项目支出"

财政部、教育部有关负责人在解读改革完善中央高校预算拨款制度相关问题时指出:"现行中央高校预算拨款体系包括基本支出和项目支出两部分,占比约为6:4。基本支出主要用于高校的正常运转和完成日常工作任务,以生均定额拨款为主,还包括离退休补助经费等政策性经费。项目支出主要用于高校完成特定的工作任务或事业发展目标,主要包括用于改善办学条件、教学科研、重点建设等方面的13个项目。"① 罗瑞垚、盛梦露报道:"北京大学教育学院教育财政学教授陈晓宇说:在项目支出方面,此前高校的项目拨款名目繁多,且管理分散,从而造成资金用途受限和资金闲置、浪费等弊端,实际上'肢解了高校的经费支配权'。同时,陈晓宇表示,对繁多的项目进行管理,也增加了学校乃至学术人员的负担。"②

笔者曾建议:"减少'项目支出'的各种专项资金,提高'生均拨款标准'。'项目支出'中的各种专项资金是财政部门、教育部门考核预算进度的重要项目。'项目支出'的主要问题:一是'锦上添花'不是'雪中送炭';二是重预算进度考核轻预算绩效考核;三是易造成'跑部钱进'诱发的权力寻租③。

(三) 收入结构形成过程的绩效评价

2008年10月8日,财政部、教育部《关于完善中央高校预算拨款制度的通知》(财教〔2008〕232号)认为:高校预算拨款制度问题是"目前中央高校基本支出财政补助水平偏低;财政拨款体系不能完全体现高校人才培养、科学研究和社会服务三大职能;财政支持手段不精细、导向不明确,不能实现分类支持和引导;缺乏高校绩效监测和考评机制等问题。"

笔者对"财"的问题阐述过,主要应将"生均拨款"改为"绩效拨款";学费也阐述过,主要应提高"学费标准"和"按质论价";"捐赠"也阐述过,主要应增加"教育经费收入结构中捐赠的份额";校办产业收入也阐述过,主要应"规范校办产业,不要把校办企业作为校领导和相关人的提款机"。本文主要分析"贷"和"其"两个渠道形成过程中的问题。

(1) 银行贷款

各高校在银行的贷款究竟有多少?如果仅从账目或报表上查看"结果"数字就不一定准确。从"过程评价"视角可进一步发现,未在账上反映的拖欠工程款和拖欠供应商的货款是多少?还有校内集资欠教职工多少?等等。

(2) 其他收入

光明网评论员报道:"仅就眼下的70多份年度预算来看,起码有三个层面有待细化并释疑:一则,既然是高校预算,公众最关心的自然是比如教师工资、教学设备、学生补助等都花了多少钱。所谓预算公开,能否将这些核心项目公开在明处?二则,

---

① 财政部、教育部有关负责人解读改革完善中央高校预算拨款制度相关问题[Z].财政部网站,2015-11-25.
② 罗瑞垚,盛梦露.中央高校拨款项目大整并强化绩效导向[Z].财新网,2015-11-28.
③ 乔春华."教育经费管理年"的回顾与展望[J].教育财会研究,2014(1):3-7.

高校行政化是个不争的顽疾，而社会对'三公'支出反响最为强烈，那么，高校预算能否在这些热点上不避嫌地及时回应民意？三则，很多高校'其他收入'金额较大，比如北京大学的其他收入为 42.57 亿元，占总收入的 35.82%。中国政法大学的其他收入为 9 000 万元，占 9.21%。'其他'太多，透明性就成谜。当然，最关键的还有，这些安排到底合理不合理、有没有靠谱的审计等专业监督兜底，似乎也需要稳妥说明。"①

四、"调结构"必须建立在收支结构形成过程的"过程评价"基础上

（一）提效益是当前和今后一段时期教育财务工作的主要方向

教财厅〔2018〕6 号文件指出："要把调结构、提效益作为当前和今后一段时期教育财务工作的主要方向。"

但是，政府主导的公共财政教育投入一般来说绩效低下。1955 年，美国著名经济学家、诺贝尔奖获得者米尔顿·弗里德曼（Milton Friedman）在《政府在教育中的作用》一文中指出，长期建立起来的公共教育制度是一种垄断，由于缺乏必要的市场竞争，导致它效率低下，资源浪费，学校对学生不负责任。要改变这种现状，唯一的出路是走教育市场化的道路②。弗里德曼在《自由选择》一书中用一个矩阵说明四种花钱和消费的模式：① 花自己的钱，为自己消费，最为经济；② 花自己的钱，为别人消费，最有效率；③ 花别人的钱，为自己消费，最为浪费；④ 花别人的钱，为别人消费，最不负责任。大学生上学用财政拨款属于上述第三种。因此，高校"预算绩效过程评价"尤为重要。

（二）调整高校投入结构首先要调整高校的专业结构

高校应停办被市场淘汰的专业，削减无效拨款。刘维涛报道："2015 年 11 月 5 日，全国政协召开第四十一次双周协商座谈会，全国政协教科卫体委员会在一次调研中发现，各个高校从发展规划到专业设置，竟然有着惊人的相似，最要命的是，这些设置并非出自区域发展所需。"③

据澎玮、杨萌萌报道：贵州大学唯一一届 2012 级信访本科班停办了，同时，沈阳大学的信访本科班也停招了。该信访专业系"行政力量推动"举办。信访班四门专业课三门没有教材，唯一的教材《信访学概论》，要求学生自行复印教材，上课主要是阅读教材④。但是不乏让学生盲目选专业的案例。如衡阳南华大学 2014 级土木工程系竟让数百学生排队抓阄选专业⑤。这些"被阄选"的学生怎么能适应社会需要？

（三）高校"预算绩效评价"应立法

《国家中长期教育改革和发展规划纲要（2010—2020 年）》第五十八条指出："建

---

① 光明网评论员.雾里看花的"部属高校晒预算"[J].现代阅读,2016(7):32.
② 朱新涛.新自由主义经济学的高等教育市场化观点评析[J].江苏高教,2004(3):4-7.
③ 刘维涛.我们需要怎样的大学？[N].人民日报,2015-11-11(19).
④ 澎玮,杨萌萌.贵州大学唯一一届"信访班":信访局不招过半已改行[N].东方早报,2016-07-05.
⑤ 朱炎皇.湖南一高校被曝靠抓阄分专业"学霸"可自选[N].长沙晚报,2015-09-11.

立经费使用绩效评价制度。"国务院发布的《关于进一步加大财政教育投入的意见》第四条第二款指出："建立健全教育经费绩效评价制度。……完善教育经费支出标准。"但是，2020年过去了，迄今为止尚未建立教育经费绩效评价制度等法规。

国务院印发的《国家教育事业发展"十三五"规划》第三条第三款指出："精简对高校经费使用的考核评估，扩大项目资金统筹使用权，落实高校经费使用管理自主权。"如何"精简"对高校经费使用的考核评估，如何"扩大"项目资金统筹使用权却没有规定。

建议早日制定教育经费绩效评价制度，其中要突出"强化过程评价"，"探索增值评价"，做到依法对教育经费绩效评价。

第五章 高校预算绩效文化与预算能力研究

第一节 高校预算绩效文化研究

"道路自信、理论自信、制度自信"本质是"文化自信"。2015年11月3日,习近平在第二届"读懂中国"国际会议期间会见外方代表时指出:"中国有坚定的道路自信、理论自信、制度自信,其本质是建立在5000多年文明传承基础上的文化自信。"

"文化"是"灵魂"。党的十九大报告指出:"文化是一个国家、一个民族的灵魂。文化兴国运兴,文化强民族强。"[①]

一、绩效文化是绩效预算实施的重要因素

(一)绩效预算成功的原因之一就是形成了绩效文化

希克认为[②],绩效文化是绩效预算成功的关键因素,是绩效文化决定了绩效预算成功与否,而非是绩效预算带来成功的绩效管理。预算改革推行成功与否,很大程度上取决于相关执行者是否具有相应的绩效文化,在理念上是否认同并接受绩效预算带来的新的"游戏规则"。因此,只有当政府部门认同了绩效预算理念,并在部门内形成相应的绩效组织文化,绩效预算改革才能真正地从空中落到实处。否则,绩效预算改革不仅不能带来公共支出效率的提升,反而像多数发展中国家一样,在公共项目上造成数倍财政金额的浪费。

王坤的研究显示:"宣传绩效文化,增强绩效预算理念和意识。英国绩效预算改革比较成功的原因之一就是形成了绩效的文化,绩效文化背景能够带动绩效理念和绩效意识的形成。预算绩效的理念和意识对实施绩效预算具有重要作用。政府首先要积极宣传绩效文化,增强预算工作人员和公众对绩效的认识和理解,促进我国绩效文化的形成和发展。以绩效文化带动促进树立绩效理念,形成绩效意识。绩效理念促进预算管理理念的转变,由注重投入转向注重产出和结果,以结果和产出为导向。政府以绩效意识为指导,绩效理念为指引,实施绩效预算改革。促使各部门加强对财政资金使

[①] 习近平. 决胜全面建成小康社会 夺取新时代中国特色社会主义伟大胜利:在中国共产党第十九次全国代表大会上的报告[N]. 人民日报,2017-10-28.

[②] Schick A. Performance budgeting and accrual budgeting:Decision rules or analytic tools? [J]. OECD journal on budgeting,2007,7(2):109-138.

用的成本权衡，责任担当。使政府各部门更加重视增加财政支出的社会和经济效益，更好地履行政府部门职能，提高公共服务质量和水平。"①

通用电气历史上最年轻的董事长和CEO杰克·韦尔奇也曾经说过，"我们的活力曲线之所以能有效地发挥作用，是因为我们花了10年的时间在我们企业里建立起了一种绩效文化。"②

曼姆在分析北京吉普的案例时指出，中美双方发现的文化差异比任何一方在合资企业开办之前预想的都大。戴维·A.利克斯也认为，"凡跨国公司大的失败，几乎都是因为忽略了文化差异造成的结果。"③

（二）目前却存在绩效文化的缺乏

OECD认为，缺乏绩效文化是各国绩效预算管理的六个主要问题之一。财政部国库司娄洪的研究表明："根据OECD的调查，目前各国面临的绩效预算管理的主要问题是：部门之间合作困难，缺乏正确的引导，缺乏数据支持，缺乏规划指标，相关人员能力或者训练缺乏，预算分配决策合理与否会对绩效预算造成较大影响，绩效信息庞杂超载，缺乏绩效文化，缺乏绩效资源，存在博弈现象，政府对绩效的专注度不够，绩效预算程序不完善，缺乏充足的信息通信技术支持等。"④

朱积慧、苟燕楠认为："绩效文化正在建立，但有待进一步加强。绩效文化是绩效预算改革得以成功的保障，反映的是包括财政部门和业务部门在内的全体公共部门齐心协力推进改革，把绩效作为准绳，完善绩效预算流程与程序，加强跨部门合作，确定合适的绩效目标并全力实现。整体来看，'中央政府机构跨部门的协调合作存在问题'，'缺乏绩效文化'位列改革面临挑战的前6位，而'绩效预算程序过于官僚/冗长/复杂'位列第9位。相比2011年，2016年'博弈'和'缺乏绩效文化'这两项挑战有上升趋势，而程序上的挑战基本呈下降趋势。这反映了受访国家在完善绩效预算流程与加强跨部门合作上有进展，但整体绩效文化尚未建立，有待进一步完善。到2018年'缺乏绩效文化'，这一项挑战改善明显，相比2011年下降了18.18%，但'中央政府机构跨部门的协调合作存在问题'仍然高于平均值，反映出绩效文化的建设是一个长期而曲折的过程。"⑤

二、高校预算绩效文化的概述

（一）文化和组织文化

1. 文化

"文化"乃是"人文化成"一语的缩写。此语源于《易经·贲卦·彖辞》："刚柔交

---

① 王坤,宋卓展.英国绩效预算的特点与借鉴[J].经济研究参考,2018(46):23-27.
② 卓越,刘永良.政府管理的创新机制：从组织文化到绩效文化[J].行政论坛,2010(4):68-72.
③ 富立友.跨文化管理的研究与实施迫在眉睫[J].中外管理,1996(5):35.
④ 娄洪,李春阳.经合组织国家绩效预算管理实践与经验[J].预算管理与会计,2018(11):63-64.
⑤ 朱积慧,苟燕楠.经合组织国家绩效预算改革：一次"失败的成功"？[J].求索,2022(3):134-143.

错,天文也;文明以止,人文也。观乎天文,以察时变,观乎人文,以化成天下。"

《辞海》解释:"文化:从广义来说,指人类社会历史实践过程中所创造的物质财富和精神财富的总和,从狭义来说,指社会的意识形态,以及与之相适应的制度和组织机构。"①

《现代汉语词典》解释:"文化:人类在社会历史发展过程中所创造的物质财富和精神财富的总和,特指精神财富,如文学、艺术、教育、科学等。"②

墨菲(R. F. Merphy)的定义,"文化意指由社会产生并世代相传的传统的全体,亦指规范、价值及人类行为准则,它包括每个社会排定世界秩序并使之可理解的独特方式。"③

文化有优劣之分。优秀文化如:① 倡导人类共同价值观:如尊重人权、平等、公正、和平等;② 有利于人类的发展和进步,如推崇科学、创新、包容、开放等;③ 有利于社会的和谐与稳定,如尊重法律、积极参与公共事务、关心社会弱势群体等。不良文化如:① 忽视人类共同的价值观,如歧视、压迫、暴力等;② 阻碍人类的发展和进步,如封闭、保守、狭隘等;③ 破坏社会的和谐与稳定,如煽动暴力、破坏社会秩序等。

2. 组织文化

在国外,一般称之为组织文化(organizational culture 或 corporate culture),它是从 20 世纪 80 年代起开始被频繁使用的管理学领域中的一个专业词汇,是一个组织由其价值观、信念、仪式、符号、处事方式等组成的其特有的文化形象。

组织文化的内容一般包括六个方面:① 组织目标或宗旨,是组织文化建设的出发点和归宿。② 经营哲学,是一个组织特有的经营和管理活动的原则。③ 共同的价值观,是组织的行为和行为结果进行评价的基本观点,是组织文化的核心。④ 组织精神,是指组织基于自身特定的性质、任务、宗旨、时代要求和发展方向,并经过精心培养而形成的组织成员群体的团体意识和精神风貌。⑤ 组织道德是指调整该组织与其他组织之间、组织与服务对象之间、组织内部员工之间关系的行为规范的总和,如以善与恶、公与私、荣与辱、诚实与虚伪等道德范畴为标准来评价和规范组织。⑥ 组织行为规范和规章制度,确保组织文化传承、传播和贯彻。具体表现为企业文化(如公司文化)、校园文化(如大学文化)等。

组织文化的研究可以追溯到 1979 年佩蒂格鲁(Pettigrew)的《组织文化研究》,发表于《管理科学季刊》,开辟了对组织文化研究的先河,自此组织文化成为企业管理及公共管理的重点研究对象④。

1984 年,希恩对组织文化定义为,某一组织在解决内外部面临的问题时,提出的

---

① 辞海编辑委员会.辞海(中)[M].上海:上海辞书出版社,1979:3510.
② 中国社会科学院语言研究所词典编辑室.现代汉语词典[M].7 版.北京:商务印书馆,2019:1371.
③ 墨菲.文化与社会人类学引论[M].王卓君,吕乃基,译.北京:商务印书馆,1994:转引自石伟.组织文化[M].上海:复旦大学出版社,2004:7.
④ Pettigrew A M. On studying organizational cultures[J]. Administrative science quarterly,1979,24(4):570.

具体解决措施中,关于对人的思想方面的规制内容,即是组织文化①。

沙因(Schein)认为,组织文化取得于一个特定群体共同学习的程度。一个不断更换组织成员的组织,不必一起学习,也就不会有文化。但是任何一个有着共同任务,或多或少一成不变的团队,都会有自己的亚文化,该亚文化会依存于它所处的职业群体、组织和国家的文化②。

1995年,Desion认为:组织成员的精神追求、价值取向和思维想象,与现实中的行为习惯、具体行动相结合,其区别于其他群体的特定内容,即构成了组织文化。其中单独的能够直观察觉的方面,也属于组织文化的范畴,但组织文化更重要的体现在于精神追求、价值取向和思维想象的无法预判,这是组织文化的核心构成部分③。

"企业文化"(corporate culture)有代表性的定义包括:谢恩认为,"企业(组织)文化是一个给定的组织在其应对外部适应性和内部一体化问题的过程中,创造、发现和发展的,被证明是行之有效的,并用来教育新成员正确地认识、思考和感觉上述问题的基本假定(assumptions)。"霍夫斯泰德(G. Hofstede)认为,企业文化就是"集体的思维模式(collective mind-set)。"④ 科特和赫斯克特在《企业文化与经营绩效》一书中指出:"人们谈论所谓'企业文化',通常他们是指一个企业中各个部门,至少是企业高层管理者所共同拥有的那些价值观念和经营实践。……企业文化产生的必要条件,在于企业成员在相当长的一段时间里保持相互间交往,并且无论从事何种经营活动均获得了相当成就。"⑤ 由此,我们可以看到企业文化的几个特点:其一,价值观念是企业文化的核心;其二,企业文化中,主流文化与亚文化并存;其三,企业文化是企业成员在长时期的交往中逐步形成的。

(二)高校预算绩效文化的涵义

1. 高校预算绩效文化的定义

"绩效文化"(performance culture)一词最初源自企业。现拓展到政府(如中国的税务系统等)和高校。

丁圣荣指出:"所谓的绩效文化,是指组织通过绩效考核体系的建立和完善,让成员逐步确立起组织所倡导的共同价值理念。"⑥

冉景亮认为:"企业绩效文化是指企业基于长远发展方向和愿景,通过对企业战略、人力资源管理、财务管理、团队建设、生产及营销管理等全方位的企业运营管理的整合与升华,在所有员工中确立起企业所倡导的共同价值观,进而形成以追求高绩

---

① 刘燕华.组织文化理论探析[J].西北民族学院学报(哲学社会科学版),2000(2):76.
② 沙因.组织文化与领导力[M].北京:中国人民大学出版社,2020:28.
③ 杨丽梅,谌廷潮,李雪白.组织文化理论研究综述[J].科教导刊(电子版),2015(28):56.
④ 席西民.基于文化的企业及企业集团管理行为研究[M].北京:机械工业出版社,2004:23.
⑤ 科特,赫斯克特.企业文化与经营绩效[M].李晓涛,译.北京:华夏出版社,1997:6.
⑥ 丁圣荣,卓越.政府绩效管理江财模式[M].北京:中国财政经济出版社,2008:62.

效为核心的优秀企业文化。"①

邢伟指出："绩效文化是指单位基于长远发展方向和发展愿景的基础上,通过对单位人力资源、财务、团队建设等一系列有效的整合与绩效评价、考核体系的建立与完善,让员工逐步确立起单位所倡导的共同价值观,逐步形成以追求高绩效为核心的优秀企业文化。"②

曹锦阳指出："鹰腾咨询（Yintl）认为,绩效管理的灵魂在于通过制度建立起绩效价值观,明确地向员工传达组织的价值观,即组织倡导与反对什么、奖励与惩罚又分别是什么,这就是绩效文化的内容。组织或企业文化中最为突出的是绩效文化。"③

综上,笔者认为,高校预算绩效文化是指高校以发展战略和愿景为基础,从高校宗旨、理念、价值观出发,建立和完善高校预算绩效的体制和机制,崇尚"绩效"的预算理念,规范和约束高校预算绩效行为的"软实力"。

2. 高校预算绩效文化的结构

OECD高级预算官员工作组与在总结调研结果和OECD国家绩效预算改革的基础上,提出了绩效预算改革成功的基本经验。具体而言,可以归纳为改革的政治基础、能力建设和绩效文化三个维度④。而绩效文化的结构通常分为四个层次：即绩效精神文化、绩效物质文化、绩效制度文化和绩效行为文化。

大学文化是高校在长期办学过程中经过师生共创、历史沉淀、人文积累所形成的价值取向、信念目标、理想追求、善德导向和行为准则,对高校预算绩效影响深刻,高校预算绩效文化应是大学文化的组成部分。

（1）绩效精神文化

精神文化是人类在社会实践活动中长期育化出来的思维方式、价值观念、道德情操、审美情趣等,大学精神是大学文化的核心和灵魂。如爱国守法、追求真理、崇尚民主科学、敬业奉献、明礼诚信、严谨求是、守正创新、客观公正、知行统一、无私奉献、具有社会责任等精神也是高校预算绩效文化。

（2）绩效物质文化

以物质为载体反映大学文化和精神、传统。如校旗、校徽、纪念碑、名人故居,杰出校友传记、博物馆、校史馆等展示校风、教风、学风、文风等。"书以载道,物传精神",复旦大学首发"文化校历",遴选复旦校园近400个学术和文化活动,展现复旦这片育人沃土、学术沃土、文化沃土;中国人民大学始终赓续红色血脉,将红色历史浓缩进录取通知书礼盒内;中山大学的录取通知书以金榜题名状元红为整体色调,盒内有普洱茶砖,寓意"添砖加瓦";陕西师范大学以手写录取通知书作为开学礼。物

---

① 冉景亮,杨晓宇.绩效文化视角下的企业软实力构建[J].四川理工学院学报（社会科学版）,2010,25(5):92-95.
② 邢伟.试论绩效文化在人力资源管理变革中的应用[J].品牌,2015(12):249-250.
③ 曹锦阳,刘娅楠.关于加强绩效文化建设若干问题的理性思考:以税务绩效文化构建为例[J].经济研究导刊,2015(3):185-189.
④ OECD. OECD good practices for performance budgeting[M]. Paris:OECD Publishing,2019.

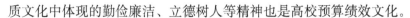

质文化中体现的勤俭廉洁、立德树人等精神也是高校预算绩效文化。

(3) 绩效制度文化

绩效制度文化是高校为实现目标对高校成员的行为给予一定规范的文化,是精神文化以制度、条例、规则等形式表现的行为规范,是与绩效相关的各种规章制度、道德规范和成员行为准则的总和。

(4) 绩效行为文化

绩效行为文化是对高校成员在工作和学习过程中的具体绩效活动行为的总结和概括,是人际关系活动中的行为习惯、风尚和习俗的行为规范,是绩效文化中最主要的部分。

3. 高校预算绩效文化的特征

文化自信是更基本、更深沉、更持久的力量。2016年5月17日,习近平在哲学社会科学工作座谈会讲话中指出:"坚定中国特色社会主义道路自信、理论自信、制度自信,说到底是要坚定文化自信,文化自信是更基本、更深沉、更持久的力量。"① 2016年7月1日,习近平在庆祝中国共产党成立95周年大会上的讲话中指出:"文化自信是一个国家、一个民族发展中更基本、更深沉、更持久的力量。"② 2017年10月18日,习近平在党的十九大报告中指出:"文化自信是一个国家、一个民族发展中更基本、更深沉、更持久的力量。"③

(1) 无形性

文化是一只看不见的巨手,是一种无形的力量,潜移默化地影响着人的思维方法和行为方式,在人们认识世界、改造世界的过程中增强吸引力、提高竞争力、创造生产力、转化为强大的力量。如校风、教风、学风、文风等,是"软实力"。高校良好的治财环境和理财氛围能孕育良好的预算绩效文化,能潜移默化地提高高校预算绩效管理的能力。

(2) 渗透性

陈国权指出:"文化对政府绩效评估有很强的渗透力,它影响政府绩效的定义、评估标准的确立、评估功能的定位,不同的文化产生不同的评估制度。基于绩效的文化促使组织成员对绩效评估形成共识、认同评估制度并自觉地为提高业绩而努力,它对维持评估的持续性和稳定性十分关键。"④ 绩效文化的渗透力体现在"内化于心、固化于制、外化于行"中:"内化于心"主要是将高校预算绩效文化的理念作为高校预算绩效管理的灵魂,将高校预算绩效的价值观、目标导向和思维方式凝聚于心;"固化于制"主要是将高校预算绩效文化制度化,使各项规章制度成为广大师生员工预算绩效

---

① 习近平主持召开哲学社会科学工作座谈会并发表重要讲话[N].人民日报,2016-05-18.
② 习近平在庆祝中国共产党成立95周年大会上的讲话[N].人民日报,2016-07-02.
③ 习近平.决胜全面建成小康社会 夺取新时代中国特色社会主义伟大胜利:在中国共产党第十九次全国代表大会上的报告[N].人民日报,2017-10-28(1).
④ 陈国权,王柳.基于结果导向的地方政府绩效评估:美国凤凰城的经验及启示[J].浙江学刊,2006(2):209-212.

管理的自觉遵循的工作规范、行为准则和纪律约束;"外化于行"主要是将高校预算绩效文化实践化,体现在行动中,从"要我干"转化为"我要干"。

(3) 传承传播性

从纵向而言,可以通过教育传承国内外优秀的高校预算绩效文化;从横向而言,可以通过媒体传播、辐射、复制国内外优秀的高校预算绩效文化。

4. 高校预算绩效文化的功能

(1) 导向功能

高校预算绩效文化形成正确的绩效理念和绩效价值观,能够对广大师生员工起到示范作用,能够引导广大师生员工明确预算绩效管理的目标和价值理念,自觉规范预算绩效管理的行为。

(2) 凝聚功能

高校预算绩效文化一旦形成一种环境或氛围,就能产生巨大的向心力和凝聚力,使广大师生员工获得认同感和归属感,成为广大师生员工预算绩效管理的黏合剂,使广大师生员工共同为实现绩效管理目标而努力。

(3) 约束功能

文化具有约束功能,相比于规章制度等方面的"硬约束",是一种非正式的"软约束"。在高校预算绩效文化环境或氛围内,对广大师生员工在思想、心理和行为方面产生约束和规范作用,调整和约束个体的不理性行为,从而使广大师生员工养成自我控制、自觉遵从、自我约束的良好习惯。

三、我国高校预算绩效文化建设的建议

(一) 高校应形成预算绩效文化

苏舟指出:"绩效预算改革之所以在西方取得较大成功,重要原因之一在于西方的绩效文化是天然地内嵌于组织结构中。这种绩效文化的形成,需要有一定的市场环境与时间的适应性。而实践也证实,多数发展中国家在引入绩效预算的过程中,出现了'绩效预算悖论',即实施绩效预算的项目花费了更多的财政预算,改革结果不仅没有提升公众满意度,反而降低了公众满意度。此问题的背后,很大的原因在于这些国家的预算改革存在对传统预算的执行模式与思维模式的路径依赖,组织绩效文化尚未形成,预算部门与支出部门严重脱节。"[①] 尚虎平指出:"绩效文化的形成是一个成功的现代政府必不可少的因素。"[②] 由此可见,绩效文化作为一种非正式制度,与正式制度和实施机制共同构成绩效管理机制。我国预算绩效虽然起步晚于发达国家,但高校应完善预算绩效管理体制机制,在健全高校预算绩效管理制度的同时,形成预算绩效文化。

---

① 苏舟,陈小华. 绩效预算改革:动因、进程与挑战:以浙江省为例[J]. 财政监督,2018(7):48-52.
② 尚虎平. 激励与问责并重的政府考核之路:改革开放四十年来我国政府绩效评估的回顾与反思[J]. 中国行政管理,2018(8):85-92.

(二) 我国高校尚未健全预算绩效管理制度

1. 我国高校预算拨款制度不是绩效拨款制度

（1）我国高校"基本支出"部分不是绩效拨款

新中国成立以来高校拨款基本上是按数量拨款，即按招生数量×生均拨款，也就是说在"入口"时就拨款。其弊端：一是按招生人数（入口）拨款，不是按毕业生和就业人数（出口）拨款，这是一种重视招生质量忽视毕业生质量和就业质量的导向拨款——不是"绩效"拨款；二是争招生人数，因为招生越多财政拨款越多，造成扩大招生规模，是一种外延式而不是内涵式发展，是重数量轻质量的机制。按质量拨款是绩效拨款，即按学校"出口"时毕业率和就业率等指标拨款。

① 改革"生均拨款"和"讲求绩效的高校拨款制度"提出尚未实行

从"改革按学生人数拨款的方法"到"改变预算资金分配的固化格局"

1993年2月13日，中共中央、国务院印发的《中国教育改革和发展纲要》（中发〔1993〕3号）第二十一条指出："改革对高等学校的财政拨款机制。……改革按学生人数拨款的方法。"

"'改革'和'完善'高校财政拨款制度"提出近30年尚未实行。

1999年1月13日，国务院批转教育部《面向21世纪教育振兴行动计划》（国发〔1994〕39号）第四十五条指出："完善拨款制度。"

1999年6月13日，《中共中央国务院关于深化教育改革全面推进素质教育的决定》第二十四条指出："进一步完善教育经费拨款办法。"

2012年3月16日，《教育部关于全面提高高等教育质量的若干意见》（教高〔2012〕4号）第三十条指出："完善高校生均财政定额拨款制度。"

2015年11月17日，财政部、教育部发布了《关于改革完善中央高校预算拨款制度的通知》（财教〔2015〕467号）。

2016年2月4日，《教育部2016年工作要点》（教政法〔2016〕6号）第二十条指出："推进中央高校预算拨款制度改革。"

2016年3月15日，第十二届全国人民代表大会第四次会议通过的《关于2015年中央和地方预算执行情况与2016年中央和地方预算草案的报告》在"2016年财政政策"中指出："完善高校预算拨款制度，引导高校提高质量、优化结构、办出特色。"

2017年9月，中共中央办公厅、国务院办公厅印发的《关于深化教育体制机制改革的意见》指出："要健全教育投入机制。强调要完善财政投入机制。健全各级教育预算拨款制度和投入机制，……逐步健全各级各类教育经费投入机制。"

2018年8月17日，国务院办公厅发布的《关于进一步调整优化结构，提高教育经费使用效益的意见》（国办发〔2018〕82号）第二条在"完善教育经费投入机制"中指出："到2020年，各地要制定区域内各级学校生均经费基本标准和生均财政拨款基本标准，并建立健全动态调整机制。"

②"讲求绩效的高校预算拨款制度"提出 20 多年尚未实行

2004 年 3 月 3 日,《国务院批转教育部 2003—2007 年教育振兴行动计划的通知》(国发〔2004〕5 号)第二十四条指出:"切实将高等学校布局、发展规划、学科专业结构、办学评估、经费投入等方面工作与毕业生就业状况紧密挂钩。把就业率和就业质量作为衡量高等学校办学水平的重要指标之一。"

2008 年 10 月 8 日,《财政部教育部关于完善中央高校预算拨款制度的通知》(财教〔2008〕232 号)指出,中央高校预算拨款制度改革的总体思路是增加绩效拨款,构建激励机制。该通知指出:"建立与公共财政相适应、科学规范的高校绩效评价体系,引入以绩效为导向的资源配置方式。""引入绩效拨款机制。为进一步提高财政资金使用效益,按照'目标明确、分类考核、先易后难、稳步实施'的原则,建立与公共财政相适应、科学规范的高校绩效评价体系,引入以绩效为导向的资源配置方式。"

2011 年 3 月 23 日,《财政部关于实行中央级普通高校绩效拨款与项目支出预算执行挂钩办法的通知》(财教〔2011〕39 号)。

2012 年 6 月 14 日,《国家教育事业发展第十二个五年规划》(教发〔2012〕9 号)第十一条第四款规定:"在完善经费监管制度的基础上,扩大学校经费使用自主权。设立高等教育拨款咨询委员会,完善高等学校财政支出绩效评价体系,构建以绩效为导向的资源配置机制。"

2014 年 3 月,《国务院学位委员会、教育部关于加强学位与研究生教育质量保证和监督体系建设的意见》(学位〔2014〕3 号)指出:"建立研究生教育绩效拨款制度。"

2014 年 4 月 25 日,《教育部财务司关于印发 2014 年教育财务工作要点的通知》(教财司函〔2014〕152 号)第九条指出:"改革和完善高等教育投入政策。完善促进中央高校内涵发展的绩效拨款制度。"

2014 年 10 月 30 日,《财政部 教育部关于建立完善以改革和绩效为导向的生均拨款制度加快发展现代高等职业教育的意见》(财教〔2014〕352 号)指出:"发挥导向作用。各地在建立完善高职院校生均拨款制度过程中,在注重公平的同时,要切实体现改革和绩效导向,以学生规模存量调整为重点,促进高职院校加强内涵建设。防止出现吃'大锅饭'和盲目扩招的问题。要向改革力度大、办学效益好、就业质量高、校企合作紧密的学校倾斜,向管理水平高的学校倾斜,向当地产业转型升级亟需的专业以及农林水地矿油等艰苦行业专业倾斜,引导高职院校合理定位,办出特色和水平。"

2015 年 10 月 24 日,《国务院关于印发统筹推进世界一流大学和一流学科建设总体方案的通知》(国发〔2015〕64 号)第十五条指出:"强化绩效,动态支持。创新财政支持方式,更加突出绩效导向,形成激励约束机制。资金分配更多考虑办学质量特别是学科水平、办学特色等因素,重点向办学水平高、特色鲜明的学校倾斜,在公平竞争中体现扶优扶强扶特。完善管理方式,进一步增强高校财务自主权和统筹安排经费的能力,充分激发高校争创一流、办出特色的动力和活力。"

2015 年 11 月 17 日,《关于改革完善中央高校预算拨款制度的通知》(财教〔2015〕467 号)指出:"总体目标。服务国家发展战略,面向经济社会发展需要,立足高等教育发展实际，适应建立现代财政制度和提高教育质量的要求，牢固树立现代国家治理理念、公平正义观念和绩效观念，坚持问题导向，着力改革创新，强化顶层设计，积极构建科学规范、公平公正、导向清晰、讲求绩效的中央高校预算拨款制度，支持世界一流大学和一流学科建设，引导中央高校提高质量、优化结构、办出特色，加快内涵式发展，更好地为全面建成小康社会服务。"

"绩效拨款"是有一定难度，但"绩效拨款"提出20多年总得有个方案，总得有少数学校试点。否则，重数量轻质量的"生均拨款"既不利于高校财务发展的高质量，又不利于高等教育发展的高质量。高校财务领域自我革命应从改革"生均拨款"为"绩效拨款"开始。

③ 美国以毕业率（出口）为拨款依据

美国高校绩效拨款起步早，进展虽缓慢但还有发展。在美国、英国、法国、加拿大、丹麦、荷兰、芬兰、日本、印度等国早已实行绩效拨款机制，但仍不成熟。20世纪70年代初期，美国高等教育毛入学率已达到50%左右。研究表明，绩效拨款最早在1979年产生于田纳西州，研究者都以田纳西州和佛罗里达州作为研究绩效拨款的样板。但是，30年间田纳西州在公立高校中绩效拨款占拨款总额的比例未超过4.13%，而12年间佛罗里达州在公立高校中绩效拨款占拨款总额的比例未超过2.03%[①]。毛丹研究表明，绩效拨款在美国没有全面推动，在美国采纳绩效拨款政策的州最高年份也不足35%[②]。

从上述内容可以看出，绩效拨款政策推出30年并未得到广泛的采纳。既有外部环境的原因，如绩效拨款政策中评价指标设计过于复杂，又有高校内部原因，如不愿绩效评价后问责，也未深入到院系和教师层面，而他们是改变毕业率的最重要的因素[③]。

但美国高校绩效拨款2.0（PF 2.0版）出台后推广较快。21世纪初，美国米娜基金会资助了11个州的质量改善行动，绩效拨款在总结原绩效拨款（后称为PF 1.0版）的经验与教训基础上推出了"绩效拨款2.0版"。

"绩效拨款1.0"（performance funding 1.0，简称PF 1.0）是指在1979—2007年间，绩效拨款是在州基础拨款额外给大学拨发的奖金，金额不到州基础拨款的5%；而"绩效拨款2.0"（performance funding 2.0，简称PF 2.0）是指2007年之后，绩效拨款不是额外奖金而是纳入基础拨款之中，且绩效拨款占的比例更高，如田纳西州竟达到了85%~90%。美国采用PF 2.0的州已经达到了15个[④]。绩效拨款2.0主要以提高毕业率为目标，指标明晰。

---

① 罗新祜,陈亚艳.高等教育绩效拨款政策的历史嬗变：以美国两个州为例[J].复旦教育论坛,2016,14(2)：99-106.

② 毛丹.美国高等教育绩效拨款政策的形成过程及政策网络分析：以田纳西州为个案[J].北京大学教育评论,2015(1)：145-165.

③ Shin J C,Milton,S. The effects of performance budgeting and funding programs on graduation rate in public four-year colleges and universities[J]. Education policy analysis archives,2004,12;22.

④ Dougherty K J,Natow R S,Jones S M,et al. The political origins of performance funding 2.0 in Indiana,Ohio and Tennessee:Theoretical perspectives and comparisons with performance funding 1.0[R]. CCRC Working Paper No. 68,2014;1.

(2) 我国高校"项目支出"部分不考核绩效

高校"项目支出"仍停留在预算执行率。笔者早就指出："预算执行率 ≠ 预算执行效率"①

何谓"预算执行率"？2011年3月23日，《财政部关于实行中央级普通高校绩效拨款与项目支出预算执行挂钩办法的通知》（财教〔2011〕39号）规定："本《通知》所称'项目支出'，是指由中央财政当年拨付的纳入部门预算的列'205教育'科目的所有一般预算财政拨款项目支出。所称'项目支出预算执行率'，是指截至考核时间点'项目支出'实际支出数占'项目支出'已下达预算指标数的比率，用百分比表示。"

由于"基本支出"的预算执行效率没有开展，其执行结果就出不来，"以结果为导向"的全面（"项目支出"＋"基本支出"）预算绩效评价就停步了。

2. 我国高校预算绩效评价不是预算绩效评价制度

(1) 目前我国高校预算绩效评价是高校教育评价制度而不是预算绩效评价制度

笔者在本书中已阐述，高校教育评价与高校预算绩效评价是两个概念。前者如中共中央、国务院印发的《深化新时代教育评价改革总体方案》，教育部印发的《普通高等学校本科教育教学审核评估实施方案（2021—2025年）》（教督〔2021〕1号），教育部高等教育司印发的《普通高等学校本科教学工作水平评估方案（试行）》（调整征求意见稿）（教高司函〔2004〕90号）等。其评价指标主要与高校产出有关，如"学生和用人单位的满意度"，"生师比"，"具有博士学位教师占专任教师比例"，"升学率（含国内与国外）"，"应届本科生初次就业率及结构"，"本科生以第一作者/通讯作者在核心期刊发表的论文数及以第一作者获批国家发明专利数"，等等。目前的论著基本上将此观点误认为"高校预算绩效评价"。

(2) 我国高校预算绩效评价未出台

笔者在本书中已阐述，高等教育"产出"和"结果"是"劳动能力"或"教育服务"，而"劳动能力"或"教育服务"具有无形性、易逝性和不可分割性等特征，其"产品同生产行为不能分离"与"一经提供随即消失，很少留下某种痕迹"，因此，高等教育的"产出"和"结果"难以计量；高等教育的"产出"和"结果"又具有迟效性和收益外溢性等特征，其评价受到"时间"和"空间"跨度的影响，因此，高校预算绩效评价很难。每年高校预算绩效评价不可能对本科四年预算资金累计投入"所达到的产出和结果"进行评价。高校预算绩效评价应重构，其思路是：高校预算绩效应评价"预算"对绩效的影响，绩效是预算的起点和终点。具体是：应评价"年度预算编制对绩效的影响"，评价"年度预算执行对绩效的影响"，评价"年度预算执行结果对绩效的影响"。

3. 到2020年底高校未建成全方位、全过程、全覆盖的预算绩效管理体系，实现预算和绩效管理一体化

2018年9月1日，《中共中央　国务院关于全面实施预算绩效管理的意见》规定：

---

① 乔春华.高校预算管理研究[M].苏州：苏州大学出版社,2013：前言.

"力争用3—5年时间基本建成全方位、全过程、全覆盖的预算绩效管理体系，实现预算和绩效管理一体化，着力提高财政资源配置效率和使用效益，改变预算资金分配的固化格局，提高预算管理水平和政策实施效果，为经济社会发展提供有力保障。"

2018年11月8日，《财政部关于贯彻落实〈中共中央 国务院关于全面实施预算绩效管理的意见〉的通知》（财预〔2018〕167号）规定："到2020年底中央部门和省级层面要基本建成全方位、全过程、全覆盖的预算绩效管理体系，既要提高本级财政资源配置效率和使用效益，又要加强对下转移支付的绩效管理，防止财政资金损失浪费；到2022年底市县层面要基本建成全方位、全过程、全覆盖的预算绩效管理体系。"

2019年12月10日，《教育部关于全面实施预算绩效管理的意见》（教财〔2019〕6号）规定："到2020年底，基本建成覆盖部门预算和转移支付的全面预算绩效管理制度体系。在此基础上，不断总结和推广实践经验，逐步推动形成体系完备、务实高效的教育预算绩效管理模式。"

所谓"全面实施预算绩效管理"就是"构建全方位预算绩效管理格局"，"建立全过程预算绩效管理链条"，"完善全覆盖预算绩效管理体系"，"实现预算和绩效管理一体化"。

此外，《中共中央 国务院关于全面实施预算绩效管理的意见》规定："将绩效理念和方法深度融入预算编制、执行、监督全过程，构建事前事中事后绩效管理闭环系统"，但绩效理念和方法"未深度融入预算编制、执行、监督全过程"，"未构建事前事中事后绩效管理闭环系统"。

《中共中央 国务院关于全面实施预算绩效管理的意见》规定："健全共性的绩效指标框架和分行业领域的绩效指标体系"，但未建立"分行业领域（高校）"的绩效指标体系"。

《中共中央 国务院关于全面实施预算绩效管理的意见》规定："绩效目标不仅要包括产出、成本，还要包括经济效益、社会效益、生态效益、可持续影响和服务对象满意度等绩效指标。"《教育部关于全面实施预算绩效管理的意见》规定："绩效目标不仅要包括产出、成本，还要包括经济效益、社会效益、生态效益、可持续影响和服务对象满意度等绩效指标。"这两个文件中对"绩效目标"内容的规定一字不差，没有体现教育"分行业"的特点。

《中共中央 国务院关于全面实施预算绩效管理的意见》规定："大力推进绩效信息公开透明"，但公开≠透明，公开是前提，透明是关键，监督是目的[①]。高校财务信息基本上透明，但"透明"不够，特别是"应付款""应收款""其他收入""其他支出"科目等看不清是些什么。

4. 我国高校预算绩效不是绩效问责制度

《中共中央 国务院关于全面实施预算绩效管理的意见》在"硬化预算绩效管理约束"中第十四条规定："明确绩效管理责任约束。按照党中央、国务院统一部署，财政

---

① 乔春华.论高校财务透明度[J].教育财会研究，2010，21(4)：11-17.

部要完善绩效管理的责任约束机制,地方各级政府和各部门各单位是预算绩效管理的责任主体。地方各级党委和政府主要负责同志对本地区预算绩效负责,部门和单位主要负责同志对本部门本单位预算绩效负责,项目责任人对项目预算绩效负责,对重大项目的责任人实行绩效终身责任追究制,切实做到花钱必问效、无效必问责。"第十七条又指出:"加强绩效管理监督问责。"

《财政部关于贯彻落实〈中共中央 国务院关于全面实施预算绩效管理的意见〉的通知》(财预〔2018〕167号)规定:"做到'花钱必问效、无效必问责',大幅提升预算管理水平和政策实施效果。"

《教育部关于全面实施预算绩效管理的意见》(教财〔2019〕6号)规定:"切实做到花钱必问效、无效必问责。各地要完善转移支付绩效管理责任体系,明确责任主体。"

"花钱必问效,无效必问责"不仅是一种绩效管理的责任约束机制,更是一种价值理念和绩效文化。

董爱民等指出:"十几年的大扩招造成了高等教育领域的产能过剩,毕业生就业难成为日益凸显的问题,加之,高等学校专业设置结构失衡,部分专业连续几年就业难,薪资低的红牌专业产生。研究产能过剩和红牌专业问题,关系着毕业生的就业,关系着高等学校的专业设置,关系着高等教育的良序发展。"[1] 谌彦辉的研究表明:"据统计,2018年被撤销的专业数量是2014年的6.2倍。2014年度,仅有67个专业被撤销,以后逐年递增,到现在总共有991个专业被撤销。其中被撤销专业数量最多的是工学类267个,被撤销最多的专业是服装与服饰设计,高达39个。'这些被撤销的专业还有不少是当年盲目追逐热门跟风开设的。'熊丙奇认为,专业大幅撤销这是近年高校扩招、大学滥设专业的结果。高校扩招的速度和幅度都远超计划和想象。在这种形势下,高校的专业几乎不可控制地自由生长,专业数量从1998年249种增长到600多种。目前,教育部最新公布的大学本科专业目录显示仍有506种本科专业。'一个专业热了,各个高校就一哄而上。'熊丙奇说,有的学校专业设置并没有经过充分论证,往往就是领导拍脑袋决定,先开了再说。这样一来,很多功利性强的学校缺乏长远规划,导致热门专业开设过多,专业人才供给超过社会需求,而本校专业又没有办出特色,培养出来的学生专业素质不过硬,就业惨淡,转眼'热门'变成'冷门',它自然面临被撤销的结果。"[2] 削减的还有博士和硕士学位授权点。姚雪青等报道:"教育部网站发布了《国务院学位委员会关于下达2014年学位授权点专项评估结果及处理意见的通知》,50个学位授权点被'亮红牌',将面临撤销,并且5年之内不得重新申请,其中包括部分'985工程'高校,另有95个学位授权点被'亮黄牌',被要求'限期整改',引发社会热议。"[3] 李玉兰报道:"近日,教育部公布了2021年度普通高等学校本科专业备案和审批结果,2022年,全国高校新增1961个专业点、撤销804个专业点,31种新专业

---

[1] 董爱民,赵红霞,程丽梅,等.从高校产能过剩谈红牌专业建设[J].改革与开放,2015(16):89-90.
[2] 谌彦辉.高校近千专业撤销内情[J].学习之友,2019(11):29-32.
[3] 姚雪青,张志锋,程远州.42所高校的50个学位授权点被评为"不合格",将面临撤销:学位授权点被"亮牌"将成常态[N].人民日报,2016-04-07.

列入《普通高等学校本科专业目录》。"① 这些"亮红牌"的被"撤销"专业的培养的学生导致难以就业,花钱有效吗?

这些花钱有效吗?这些无效要问责吗?至于浪费这种常见的"无效"问责了吗?

(三)我国高校尚未形成预算绩效文化

贝恩公司大中华区、伦敦、东京和墨尔本办事处的合伙人狄保莱指出:"尽管有非常多的企业家们意识到文化的重要性,但贝恩公司最近的一项研究却显示,只有不到10%的企业成功地建立起它们的制胜文化。而且,即使对于那些已经建立起高绩效文化的公司而言,要维持下去也绝非易事。要维持制胜的企业文化,这两个方面缺一不可。一个公司如果只有杰出的企业人格和精神而缺少了价值观和激励员工做正确事情的行为准则,也可能绩效不佳。与此相似,一味地追求高绩效的行为准则可能将整个组织推上急功近利的飞轮,并切断员工对企业的情感联系。两个元素的结合才会产生制胜的企业文化。"② 狄保莱指出:"通过对40家高绩效公司的寻访,贝恩发现:组织架构只是很小的因素,重要的是在五大关键指标全面超越竞争对手,这五大关键指标依次为领导力、责任制、人才、一线执行力和绩效文化。"③

国外企业如此,我国高校尚未形成预算绩效文化:

1. 传统预算长期受计划经济影响形成"重投入、轻产出/结果"的预算文化

在我国的高校文化中,受计划经济影响"注重要钱、轻视管理"的观念根深蒂固,甚至浪费的现象普遍存在。绩效观念淡薄,尚未形成预算绩效理念。

2. 花别人的钱不讲效益的理念

3. 高校制度文化不追求绩效

上面提到,高校教育制度不问社会需求,而滥设专业,造成难以就业以及人才流向他国等。我国对此缺乏制度约束。

我国的科研项目特别是协会、学会以及省级、校级科研项目,低层次和重复研究很多,浪费了很多科研经费;还有片面追求考核权威刊物和C刊,其后果是原创性成果不多。克里斯托弗·波利特(Christopher Pollitt)指出:在指标的魔力下,似乎类似于企业管理的技术与技能工具包能够提高大学教学科研人员的绩效④。这样的制度导向会引发高校教师对"绩效"的趋之若鹜。在不良绩效文化中过分追逐形式绩效,从而迷失专业自我。

上面提到高校预算制度,我国高校预算拨款制度不是绩效拨款制度,我国高校预算绩效评价不是预算绩效评价制度,我国高校预算绩效不是绩效问责制度等直接影响我国高校预算绩效文化的形成。

---

① 李玉兰.高精尖缺:本科专业调整关键词[N].光明日报,2022-03-16(9).
② 狄保莱.制胜文化[J].中国企业家,2007(7):97-104.
③ 狄保莱.通向高绩效之路[J].中国企业家,2006(1—2合刊):109.
④ Pollitt C. Towards a new world: Some inconvenient truths for anglosphere public administration: The IIAS braibant lecture 2014[J]. International review of administrative sciences, 2015, 81(1): 3-17.

大学高质量发展追求高效率，即资源的低浪费；"效益"与大学发展目标的达成度直接相关，高质量发展追求高效益，即大学在人才培养、科学研究、社会服务领域的组织愿景与目标的高达成度①。

（四）关于高校预算绩效文化建设的建议

1. 重视对高校预算绩效文化的学习和研究

正如 OECD 在一份报告中的建议所言："并不存在一个适用于所有国家的、成功通向绩效预算的方法，任何模型的采用必须考虑政治和制度背景，并且被看作是一个学习的过程。""绩效预算要做好，体制内的人要不断学习、不断改变，这是一个非常重要的组织文化。我在最近发的两篇文章，就强调不同的国家和组织文化对绩效预算推行的影响。"② 苟燕楠指出："绩效预算的成功推行，无论是发达国家或发展中国家，关键是愿意学、愿意不断改善，没有最好，只有更好。领导为一个组织建立这个文化后，绩效预算就更能够发挥作用，不然，只是看着指标做事，你说你要我做 A 我就给你 A，你不要就不干，这样子没动力的话，整个绩效的体制是没用的，死板的。"③ 我国对高校预算绩效文化的学习不够，对高校预算绩效文化的研究更少，鲜有关于高校预算绩效文化的论著。

2. 改革和完善高校预算绩效制度

前已述及，制度是"硬约束"，文化是"软约束"。只有改革和完善高校预算绩效制度，才能培育高校预算绩效文化和营造高校预算绩效氛围。

对于制度一般都提"改革和完善"，如 1993 年 2 月 13 日，中共中央、国务院发布的《中国教育改革和发展纲要》（中发〔1993〕3 号）提出："改革和完善教育投资体制""改革按学生人数拨款的方法"。2004 年 3 月 3 日，国务院批转教育部发布的《2003—2007 年教育振兴行动计划》，其中第十二部分标题为"改革和完善教育投入体制"。但"改革"是前提，首先改掉不合适的，然后对大部分满意少数不满意的逐步"完善"。当然，"完善"也是改革。

2023 年是我国改革开放 45 周年。2018 年 12 月 18 日，习近平在庆祝改革开放 40 周年大会上的讲话中指出："40 年的实践充分证明，改革开放是党和人民大踏步赶上时代的重要法宝，是坚持和发展中国特色社会主义的必由之路，是决定当代中国命运的关键一招，也是决定实现'两个一百年'奋斗目标、实现中华民族伟大复兴的关键一招。"④ 2012 年 12 月 31 日，习近平在十八届中央政治局第二次集体学习时的讲话中指出："没有改革开放就没有当代中国的发展进步，改革开放是发展中国、发展社会主

---

① 罗宾斯,德森佐,库尔特.管理学原理[M].7 版.北京:中国人民大学出版社,2007:6.

② Ho A T K, Im T. Challenges in building effective and competitive government in developing countries: An institutional logics perspective[J]. American review of public administration,2015,45(3):263-280. Ho A T K, From performance budgeting to performance budget management: Theory and practice[J]. Public administration review, 2018,78(5):748-758.

③ 预算如何有绩效?:苟燕楠教授与何达基教授纵论中西古今的看法[J].财政科学,2019(11):139-145.

④ 习近平在庆祝改革开放 40 周年大会上的讲话[N].人民日报,2018-12-19.

义、发展马克思主义的强大动力。现在，解决我国进一步发展面临的一系列突出矛盾和挑战，必须深化改革开放。改革开放是决定当代中国命运的关键一招，也是决定实现'两个一百年'奋斗目标、实现中华民族伟大复兴的关键一招。邓小平同志在上个世纪八十年代曾经说过：'改革的意义，是为下一个十年和下世纪的前五十年奠定良好的持续发展的基础。没有改革就没有今后的持续发展。所以，改革不只是看三年五年，而是要看二十年，要看下世纪的前五十年。这件事必须坚决干下去。'邓小平同志看得很远、想得很深。这说明，我们党早就估计到，改革开放是一项长期的、艰巨的、繁重的事业，必须一代又一代人接力干下去。"[1] 2013 年 11 月 15 日，习近平在《关于〈中共中央关于全面深化改革若干重大问题的决定〉的说明》中指出："改革是由问题倒逼而产生，又在不断解决问题中得以深化……旧的问题解决了，新的问题又会产生，制度总是需要不断完善，因而改革既不可能一蹴而就、也不可能一劳永逸。"

一项针对意大利某部委绩效预算改革的研究发现，改革失败的主要原因在于：改革行动者之间沟通、价值观和目标未能达成一致，仅仅为合规而实施绩效预算；缺乏改革实施的实际条件（例如缺乏资源、机构独立运作等），以及在改革实施过程中未能与所有利益攸关方共同推进[2]。因此，改革必须有序协调地进行。

前面已列举了我国高校预算制度不是绩效拨款制度，不是预算绩效评价制度和不是绩效问责制度。这些制度必须改革。

3. 大力宣传绩效文化使"讲求绩效"成为文化自觉

制度改革只要下决心，可能改革只需要较短时间，但文化的培育可能要几代人的努力。不仅要扭转"重预算分配，轻绩效管理"的传统思想，大力宣传和推广并树立起绩效管理的正确理念，而且要制定高校节省的制度和采取节省的措施，养成爱校节约的良好习惯。李建勇、谷进军的研究显示："本世纪初，奥塔哥大学在执行校长戴维·斯凯西的带领下，走上了以鼓励创新、成本控制、以人为本为代表的精细化管理改革之路。培养成本意识是奥塔哥大学精细化管理成功的关键。来到奥塔哥大学最先感受到的，就是它的成本控制措施和无处不在的节约意识。笔者所在的 Commerce Building（商学院综合楼）2003 年建成使用，其功能设计和管理就处处体现了对节约能源的要求，例如：中央空调采用了人体感应加自动温度控制系统，办公室在无人时候空调都会自动停止以节约能源；走廊与洗手间安装了感应式的灯光系统，夜间无人的时候会自动熄灭；晚上 9 点以后两部电梯会有一部停止使用，以节省电能；校方鼓励员工自带水杯，以减少一次性纸杯的使用数量；建议员工不使用学校的公用信封发私人信件；等等，只要是能减少能源消耗的地方，你都可以感受到这种节约意识。除了节约资源的措施外，学校采用的'办公卡'系统就是节约办公经费的一个重要举措。作为访问学者，笔者也收到了一张'办公卡'，其中预先存入了 20 纽币的经费额度，

---

[1] 中共中央文献研究室. 习近平关于全面深化改革论述摘编[M]. 北京：中央文献出版社，2014.
[2] Mauro S G, Cinquini, Pianezzi D. New public management between reality and illusion: Analysing the validity of performance-based budgeting[J]. The British accounting review, 2021,53(6):100825.

每次复印资料和下载打印都要刷卡,卡里的钱用完了就要自己付费。经笔者粗略统计,仅此一项,每年就可以为奥塔哥大学节省办公经费约70多万纽币。"①

中山大学黄达人校长就是"讲求绩效"的杰出代表。在"第二届中外大学校长论坛"上,周艳报道:"中山大学黄达人校长的观点更鲜明,他说,'成本意识和效率观念应该贯穿大学管理的始终。中山大学制定了预算的原则:量力而为、量入为出、勤俭节约、开源节流、有所为,有所不为。其次,在某些建设过程中,尽量实现资源共享以节约成本。"②羊城晚报特派北京记者洪启旺等报道:"全国人大代表、中山大学前校长黄达人认为:在我们学校(中山大学),我以及管财务的副校长有个规矩,不在学校的任何行政经费里拿一分钱。另外,我希望大家不要忘记一条,我们的院长本身是好教授。你说他不能占有资源吗?你不能因为他是院长就不能占。"③

养成习惯有助于高校预算绩效文化的形成。布鲁姆(Broom)研究了佛罗里达州、明尼苏达州、俄勒冈州、得克萨斯州以及弗吉尼亚州这五个州的绩效总结得出,将绩效信息纳入预算并不意味着改变预算决策制定的方法。不过她认为,发展基于使命、目标的绩效测量方法也算是组织的进步。因此,即便绩效信息并未被直接用于项目拨款的决策,但人们已经形成关注绩效的习惯,有助于绩效政府的形成④。

最后,绩效预算只有在绩效文化中才能真正有效。高校应当建立基于绩效的预算绩效文化,并形成职业道德及责任保障机制。高校预算绩效文化的形成是一个漫长的过程。博吉亚(Borgia)等在研究了美国综合性高校绩效预算的发展历程后认为,任何制度都不是完美无缺的,绩效预算也存在不足之处,并非所有绩效信息都能在预算中准确表达出来。但美国大学积极采用绩效预算⑤。美国著名预算专家乔伊斯对此有这样的评论:"如果绩效考评一定将被用来左右资源分配,那么效果是不会即刻产生的。它更可能像是一种经深思熟虑而进化的文化——这种文化最初只是在机构层面发展更好的、有效的绩效信息,以及报告非预算用途的绩效信息",并且"如果这(指绩效信息左右资源分配)本来就是要发生的,只是仍需假以时日"。

第二节 高校预算能力研究

一、中国高校曾出现预算无能为力的时期

(一)21世纪高校财务领域内曾出现四大问题

笔者曾指出,21世纪高校财务领域内曾出现惊动高层的三大问题:高校巨额举债、

---

① 李建勇,谷进军.细节的力量:新西兰奥塔哥大学精细化管理案例研究[J].现代大学教育,2008(5):50-54.
② 周艳.降低成本提高效益,大学也需要经营:第二届中外大学校长论坛综述[N].人民日报(海外版),2004-08-23.
③ 洪启旺,尹安学,许静,等.中山大学前校长谈高校腐败:给我的钱统统退回[N].羊城晚报,2011-03-07.
④ Broom C A. Performance-based government models: Building a track record[J]. Public budgeting & finance,1995,15(4):3-17.
⑤ Borgia C R,Coyner R S. The evolution and success of budgeting systems at institutions of higher education[J]. Journal of public budgeting accounting & financial management,1995,7(4):467.

高校乱收费和高校科研经费漏洞①。

其实，21世纪高校财务领域内曾出现四大问题，只不过这个问题没有惊动高层，没有惊动高校，也没有引起高校财务领域内很多人重视。这个问题就是"高校预算无能为力"。

为什么说出现了"高校预算无能为力"的问题？众所周知，20世纪末到21世纪初中国高校开始扩招，扩招是无计划的，往往该年五六月份跑招生指标，找到招生指标八月份招生，而这些扩招生的财政拨款未列入当年初的高校预算，这些扩招生的学费也未列入当年初的高校预算，这是高校的预算收入；高校的预算支出也是这样，九月初扩招生要进校，要改建或租赁宿舍、食堂、教室等，以及扩招生的日常教学和生活（水、电等）费用，也未列入当年初的高校预算支出。第二年仍是这样，扩招生是个不确定数，扩招生专业是个不确定数，财政拨款标准和学费标准也是个不确定数，高校的预算支出也是个不确定数，很难列入当年初的高校预算支出，高校内部"切蛋糕"分配资金也不能年初确定。"量入为出、收支平衡"的原则也放到一边了。那个阶段，"高校预算无能为力"，这种失态失控现象不是一年两年。

（二）对"高校预算能力"的探索

"预算无能为力"涉及"预算能力"。这些年我正担任南京审计学院分管财务的副院长，虽然工作是被动应付，但引起了我的思考。直到2014年我在一文中②引用王绍光、马骏一篇文章中的内容："毫不夸张地说，一个国家的治理能力在很大程度上取决于它的预算能力。""如果你不能预算，你如何治理？"③时，"预算能力"才进入我的视野，并在我心中打上了烙印，使我开始反思"预算无能为力"的问题。虽然后来我忙于研究其他问题，但"预算能力"一直萦绕心头。2021年希克的《预算能力》（苟燕楠译）出版，我立即买来阅读，到了写这部书《高校预算绩效研究》时，对"高校预算能力"进行探索。

二、高校预算能力概述

（一）能力概述

1. 能力

《吕氏春秋·适威》："民进则欲其赏，退则畏其罪，知其能力不足也，则以为继矣"。译为白话为：百姓前进欲得到赏赐，后退则害怕受到惩罚，当知道自己的能力不足时，就会做虚假的事情。

《史记·李斯列传》："上幸尽其能力，乃得至今，愿陛下察之！"译为白话为：皇上我竭尽所能才得以活到今天，希望陛下明察。

---

① 乔春华.新时代高校财务理论研究[M].南京:东南大学出版社,2020:338-341.
② 乔春华.论预算的治理职能:以高校为例[J].会计之友,2014(19):106-110.
③ 王绍光,马骏.走向"预算国家":财政转型与国家建设[J].公共行政评论,2008,1(1):1-37.

《辞海》解释:"能力:通常指完成一定活动的本领。"①

《现代汉语词典》解释:"能力:能胜任某项工作或事务的主观条件。"②

《教育辞典》解释:"能力:是一个广泛的概念,包括人在社交、劳动活动中处理事务时智、情、意诸方面的能力。能力,有时是指一个人在当前发展阶段上已经具有的现实的能力;有时则指一个人在现有发展的条件下,经过进一步训练,可望达到更高水平的可能性,从而也成为一个人活动成功的预期的潜力。"③

综合能力的各种表述,简单地说,能力是指本领、才能、本事、技能、技巧、潜能等。

2. 能力分类

能力主要分为一般能力和特殊能力。一般能力是指人在进行各种活动中必须具备的基本能力。它保证人们有效地认识世界,也称智力。如观察、记忆力、想象力、思维能力、注意力等,其中抽象思维能力是核心;特殊能力又称专门能力,它是顺利完成某种专门活动所必备的能力,如音乐能力、绘画能力、数学能力、运动能力等。

能力又可分为再造能力和创造能力。再造能力是指在活动中顺利地掌握前人所积累的知识、技能,并按现成的模式进行活动的能力,如人们在学习活动中的认知、记忆、操作与熟练能力等;创造能力是指在活动中创造出独特的、新颖的、有社会价值的产品的能力,它具有独特性、变通性、流畅性的特点。

能力还可分为管理能力和治理能力。大学管理能力是依据制度运用权威手段对教学、科研、人、财、物、信息等各类资源的计划、组织、指挥、协调、控制的能力;大学治理能力是依据制度运用治理机制对行政和学术等权力进行制衡和协调的能力。

(二)国家治理能力

十八届三中全会将"推进国家治理体系和治理能力现代化"作为全面深化改革的总目标之一。

教育部提出了"推进教育治理体系和治理能力现代化",2015年5月4日,《教育部关于深入推进教育管办评分离 促进政府职能转变的若干意见》(教政法〔2015〕5号)指出:"围绕完善和发展中国特色社会主义教育制度、推进教育治理体系和治理能力现代化这一总目标。"

2019年10月31日,党的十九届四中全会通过的《中共中央关于坚持和完善中国特色社会主义制度 推进国家治理体系和治理能力现代化若干重大问题的决定》指出:"把提高治理能力作为新时代干部队伍建设的重大任务。通过加强思想淬炼、政治历练、实践锻炼、专业训练,推动广大干部严格按照制度履行职责、行使权力、开展工作,提高推进'五位一体'总体布局和'四个全面'战略布局等各项工作能力和水平。""推进国家治理体系和治理能力现代化。"

---

① 辞海编辑委员会.辞海(上)[M].上海:上海辞书出版社,1979:1097.
② 中国社会科学院语言研究所词典编辑室.现代汉语词典[N].7版.北京:商务印书馆,2019:947.
③ 朱作仁.教育辞典[M].南昌:江西教育出版社,1992:618.

(三) 高校财务治理能力

1. 有关大学治理能力的因素

1965年，雅斯贝尔斯指出："教师和学生是大学的利益相关主体，他们的参与能力对现代大学治理至关重要。"①

2001年，布朗指出："教师参与大学事务的能力对改善大学绩效有着重要作用，但参与的效果受到决策事务类型的影响，即对学术事务参与程度越高，大学绩效越好，而对行政事务参与程度越高，大学绩效越差"②。

2. 高校财务治理能力及其现代化

高校治理能力是治理制度体系的理解能力、执行能力和创新能力。但王秉琦认为："高校治理能力，则是指运用制度管理高校各方面工作的能力。治理体系是制度建设，治理能力是制度执行。二者密切联系，相辅相成。"③"运用制度管理高校各方面工作的能力"是管理能力而不是治理能力。

笔者认为，高校财务治理能力是高校财务治理效能实现的能力，它表现为对高校治理制度体系的理解能力、执行能力和创新能力等。

高校财务治理能力的现代化是指高校财务治理高质量效能实现的能力，它表现为遵循高校财务的科学治理理论的能力、制定严谨法治的高校财务制度的能力、构建多元共治架构的高校财务治理的能力、采用公开透明的高校财务治理模式的能力、运用先进的高校财务治理技术的能力、培育优秀的高校财务治理文化的能力、化解高校的财务风险的能力等。

(四) 高校预算能力

1. 何为政府的预算能力

"预算能力"（capacity to budget）这一概念由希克首先提出。希克对预算能力的重要性做出如下定位："（政府的）治理能力在很大程度上依赖于（政府的）预算能力；如果没有预算的约束和规范，巨大的、积极的政府将是不可想象的"④。

希克指出："预算对于现代政府的有效运作至关重要，政府通过预算来为宏观规划提供资金和指导。预算已经成为最接近全国指挥与管控的事务。毫不夸张地说，一个国家的治理能力在很大程度上取决于它的预算能力。没有预算能力，中央政府就无法发展到现在的大型规模，也不可能行使如此多的权力。没有预算的纪律与规则，就不会有运作良好的大型政府。"⑤

马骏基于希克的研究，结合公共预算管理的三个关键性目标，将政府的预算能力

---

① Jaspers K. The idea of the university[M]. London: Peter Owen Ltd, 1965: 19.
② Brown W O J. Faculty participation in university governance and the effects on university performance[J]. Journal of economic behavior & organization, 2001, 44(2): 129-143.
③ 王秉琦. 推进高校治理体系和治理能力现代化[N]. 中国教育报, 2014-06-30.
④ Shick A. Capacity to budget[M]. Washington, D.C.: The Urban Press, 1990: 1-5.
⑤ 希克. 预算能力[M]. 荀燕楠, 等译. 北京: 中国财政经济出版社, 2021: 1.

定义为三种基本的理财能力:为了实现财政可持续,国家将开支控制在可获得的收入限度内之能力;有效率地分配稀缺的财政资源来满足公民需求的能力;有效率地筹集收入并以一种能够实现运作效率的方式进行支持、开展活动,生产和供给公共产品和服务的能力①。

2. 什么决定预算能力?

希克指出:"什么决定预算能力?许多因素决定着预算的执行方式。由于预算对政府至关重要,因此预算本身的有效性在很大程度上取决于政治和行政机构的行为。政府无能为力和误入歧途时,人们不应当指望预算会成为兼具实力和能力的'定海神针'。在研究预算能力的决定因素时,有必要冒险超出预算的严格范围,但除非想将预算问题的探讨扩展到总体政治能力的讨论,否则,将此研究直接与公共资金的筹集和支出联系起来是很有必要的。"②

看到这一段时,笔者感觉"高校预算无能为力"是因为"预算本身的有效性在很大程度上取决于政治和行政机构的行为。政府无能为力和误入歧途时,人们不应当指望预算会成为兼具实力和能力的'定海神针'。"20世纪末到21世纪初中国高校的扩招,政府也是无计划的,全国扩招多少?各省扩招多少?每个专业扩招多少?政府财政能拿出多少钱?以至于出现高校巨额举债。"高校预算无能为力"是因为"政府无能为力和误入歧途"。

三、高校预算能力的内容

著名公共预算专家希克指出,公共预算有三种主要功能进而有三种预算取向:控制取向、管理取向和计划取向③。但是,希克又指出:"对预算能力的评估可以根据这些当代职能中的任何一项进行;实际上,改革者在寻求流程改革时通常会专注于其中许多功能。但是,尽管诸如经济管理和计划规划之类的功能非常重要,它们却是预算的辅助功能。没有这些功能,预算也可以存在,过去一直如此。在考察预算的基本能力,决定预算是否能体现在政治家和公民寻求的资源与支出之间取得平衡的特征时,剔除可有可无的功能,详细考察每个预算系统中不可简化要素是很有用的。"④

基于此,本节重点阐述高校预算治理能力和高校预算配置能力。此外,还将简述高校预算编制能力、高校预算执行能力和高校预算控制能力。

(一)高校预算治理能力

十八届三中全会通过的《中共中央关于全面深化改革若干重大问题的决定》指出:"财政是国家治理的基础和重要支柱。"

楼继伟指出:"预算是财政的核心,现代预算制度是现代财政制度的基础,是国家

---

① 马骏.治国与理财:公共预算与国家建设[M].北京:生活·读书·新知三联书店,2011:61.
② 希克.预算能力[M].苟燕楠,等译.北京:中国财政经济出版社,2021:11.
③ Schick A.当代公共支出管理方法[M].北京:经济管理出版社,2000:46-49.
④ 同②:11-12.

治理体系的重要内容。"①

1. 预算治理能力不能由政府决定而由议会审议预算

预算是人民的预算,预算治理能力体现在不能由政府决定而由议会审议预算。如果高校的扩招由人大常委会决定,预算决定时可能不至于"政府无能为力"。

在本书第二章中提及,英国是创立现代预算制度的国家,正如井手文雄指出,"立宪政治(议会政治)的历史可以说是现代预算制度的成立史"②,是一部英国议会与国王争夺财政权,确立宪政的发展史。之所以称为"现代"是因为议会代表不是国王委派指定的而是选举出来的,代议制民主的灵魂。议员真正参与到政府预算的制订和预算制度的改革,才是民主财政的体现。1215年6月19日签署了由英国贵族起草的限制王权、保障臣民权利的《大宪章》。《大宪章》规定:"英皇未获得议会同意不得征税。"这表明纳税不能由皇帝或国王一人决定,而必须经过民意机关的同意或批准,这是财政进入国家治理层面的开始。正如马斯格雷夫指出:"税收是现代民主制度兴起的先决条件。"③后来各国的现代预算制度主要不是关注预算收入(如纳税),而是更关注预算支出。

我国预算制度进入国家治理层面始于清末。1910年9月23日,清政府成立资政院,1910年10月召开了资政院第一次会议,这是我国第一个具有国会性质的机关审议的宣统三年(1911年)预算案,当时的资政院议员刘春霖认为,开国会"最重要者何?就是预算案。预算可以查看一国大政之方针,若预算不交,而仅议零星末节,即终年开会,于国计亦无所补救。"④

著名预算学者林奇指出,"从共和国时期开始,几乎每次预算改革都强化或影响了立法机构和政府的行政部门之间有意设定的紧张和权力平衡。"⑤

由上可知,财政权力的配置是在国家所有权力中的核心权力,要对国家配置的财权职权和行动进行硬性约束,只有将其定位到立宪的层面上,成为国家治理的基础和重要组成部分,议会审议预算才能成为民主国家治理权力的重要形式。

2. 公开透明是预算治理能力的重要表现

2013年11月12日,十八届三中全会通过的《中共中央关于全面深化改革若干重大问题的决定》第十七条指出:"改进预算管理制度。实施全面规范、公开透明的预算制度。"

2014年9月26日,《国务院关于深化预算管理制度改革的决定》(国发〔2014〕45号)指出:"深化预算管理制度改革,实施全面规范、公开透明的预算制度,……是推进国家治理体系现代化,实现国家长治久安的重要保障。"

---

① 楼继伟.解读新预算法:取得5方面重大突破[N].人民日报,2014-09-01.
② 井手文雄.日本现代财政学[M].陈秉良,译.北京:中国财政经济出版社,1990:173.
③ Musgrave R A. Theories of fiscal crises: An essay in fiscal sociology[M]//Aaron H J, Boskin M J. The economics of taxation, 1980:363.
④ 资政院议场会议速记录:晚清预备国会论辩实录[M].李启成,点校.上海:上海三联书店,2011:78.
⑤ 林奇.美国公共预算[M].苟燕楠,董静,译.北京:中国财政经济出版社,2002:31.

上市公司的会计信息为什么要公开披露？因为上市公司是公众公司，它不仅涉及广大投资者，而且还涉及广大潜在投资者和上市公司的信息研究者和监管者。高校经管的资金是财政资金和学生家长的学费（学费在大学培养成本中占25%左右，是大学经费的重要来源，可以说是大学经费的第二大来源），涉及国有资产和公众利益，高校承担着对高校资金保全的公共受托责任，因此，高校的会计信息向纳税人和学生家长公开和透明。但是，由于是在计划经济体制时遗留的问题，公立大学的会计信息从来没有公开披露过。在信息不对称的条件下，公立大学的会计信息也没有公开披露过。这不仅剥夺了纳税人和全体学生及其家长的知情权，而且剥夺了纳税人和全体学生及其家长的监督权。这也是造成公立大学浪费严重与违纪违法事件发生的重要原因之一。因此，会计信息越透明越好，因为提高会计信息透明度，有利于降低代理成本。前已述及，财务透明度是高校财务可持续发展的"首要原则"，高校财务可持续发展客观要求财务公开透明。高校财务透明度有利于防止高校盲目扩张、盲目投资、违规财务运作、铺张浪费等，防范财务风险，促进高校财务可持续发展。

2008年9月17日，中共教育部党组印发的《贯彻落实〈建立健全惩治和预防腐败体系2008—2012年工作规划〉实施办法》第十二条指出："坚持阳光审批，约束行政审批行为。对预算的编制，招生计划的安排，高等学校（含成人、民办高校，高等职业学校、独立学院）的设置（变更），博士、硕士学位点授权，中小学教材编写审查和选用，中外合作办学、开办外籍人员子女学校、留学中介服务机构资格认定、在华合作举办境外教育考试、高校赴境外办学等事项的行政审批，都要建立审批规则及标准、程序、过程以及结果的网上公开制度，重点加强评审工作制度建设，完善专家咨询、行政集体决策制度，强化行政审批行为监控体系建设。积极推进各类教育工程（质量、人才工程），各类教育教学科研评估、评奖，各类项目立项、检查验收、结项，各类基金，各类示范性院校、基地建设，留学人员科研资助费、派遣落户、重点学科、科技创新工作站、实验室资质认定以及其他中央专项资金安排等事务的'阳光评审'办法。建立网络评审平台，健全专家评审和集体决策的程序制度；完善专家遴选制度，严禁干扰评审专家意见，健全对专家客观公正和廉洁评审的管理办法；探索项目招投标制度，加强项目预算、支出和决算的管理；强化项目评审行为监控体系建设，畅通举报渠道。"

"高校阳光财务"是指公开透明的高校财务，它不仅仅指财务数据阳光化，而且指财务制度阳光化和管理机制阳光化。但是，光明网评论员报道："仅就眼下的70多份年度预算来看，起码有三个层面有待细化并释疑：一则，既然是高校预算，公众最关心的自然是比如教师工资、教学设备、学生补助等都花了多少钱。所谓预算公开，能否将这些核心项目公开在明处？二则，高校行政化是个不争的顽疾，而社会对'三公'支出反响最为强烈，那么，高校预算能否在这些热点上不避嫌地及时回应民意？三则，很多高校'其他收入'金额较大，比如北京大学的其他收入为42.57亿元，占总收入的35.82%；中国政法大学的其他收入为9000万元，占9.21%。'其他'太多，透明性就成谜。当然，最关键的还有，这些安排到底合理不合理、有没有靠谱的审计等专业监督兜底，似乎也需要稳妥说明。"①

公开透明首先是公开，重要的是透明。公开而不透明等于不公开。阳光是最好的防腐剂，高校的预算要放在玻璃房内，能晒到阳光，能受到公众的监督。由此可见，高校预算能否公开透明是高校预算治理能力的表现。

（二）高校预算配置能力

希克指出："配给功能源于预算需求的一个共同且普遍的特征——所有预算需求额加起来的总额超过了可用资源的总额。……为了使政府具有预算能力，需求和配给的相对实力必须足够产生人们期望的结果。"② 苟燕楠在"译者序"中指出："牢牢牵住预算资源配置机制体制这个牛鼻子。"③

高校资金有几十亿元乃至几百亿元，要解决的问题很多，究竟分配给"A还是B"？高校预算配置能力必须从高校发展战略出发。舍弃是战略的精髓，战略是指长远性的、全局性的谋略。为了实现长远性的、全局性的目标，经常会做出舍车保帅的决策。

例如斯坦福大学于1969年撤销了在美排名前10位到12位的建筑学院，因为斯坦福估算了一下建筑系跻身全美前5名的成本和可能性（斯坦福的目标是使所有专业排名都居前5名），最后得出结论，为此付出的代价太不值得。伯克利已经有一所排名前1至2名的建筑学院，为什么斯坦福还要勉强办一所呢？基于同样的考虑，斯坦福在随后的20多年间又陆续取消了地理系和食品研究所。集中有限资源发展具有比较优势的专业或院系，而不是面面俱到或大而全，是美国名牌大学办学的一个基本方针。从斯坦福的例子可以看出，学科末位淘汰制是名牌大学在办学过程中不断优化校内资源配置的一个必然结果④。因此，应进行定位与发展自己的特色，集中利用有限的教育资源为学校建设重点学科。

刘献君指出："舍弃是战略的精髓。"他还举例说："美国斯坦福大学曾打算建立建筑学院，但建设建筑学院需要同时发展建筑学、土木工程等4个专业，这些须有很大的投入，而且，当时美国建筑行业的就业情况并不理想，同时该大学附近的加州伯克利大学已经有一个相当好的建筑学院。经过综合考虑后，斯坦福大学决定取消这个计划，从而保证了重点学科的发展。又如，美国卡内基-梅隆大学认为，在21世纪，生物技术非常重要，要成为世界一流大学，必须发展生物学，但他们放弃了建设一个医学院的设想，因为建医学院工程太大、花费太高。后来他们决定借用附近匹兹堡大学的医学院来发展自己的生命科学。在国内，也不乏这方面的成功范例。例如电子科技大学，在全国办综合性大学的热潮中，他们始终抓住电子信息学科不放，舍弃其他一些学科，将学校发展定位为'在电子信息领域具有世界先进水平的一流大学'，使学校取得了长足的发展。中国地质大学近几年来在发展定位中，始终牢牢抓住地学学科不

---

① 光明网评论员.雾里看花的"部属高校晒预算"[J].现代阅读,2016(7):32.
② 希克.预算能力[M].苟燕楠,等译.北京:中国财政经济出版社,2021:12-13.
③ 同②:译者序.
④ 江以哲.从大学理念与治理看北大改革[M]//钱理群,等.中国大学的问题与改革.天津:天津人民出版社,2003:357.

放，集中力量发展地学学科，而且其他一些学科也要紧紧依托地学来发展，因而学校发展迅速，争得了国家重点实验室、国家创新团队，院士人数也在不断增加。1999年9月，笔者在美国旧金山和曾任加州伯克利大学校长的田长霖院士讨论高等教育问题，他十分强调通过资源配置来发展学科。他说，我在美国当大学校长，也不可能下命令去砍掉某一个学科。我的办法是，对需要发展的优势学科，每年增加3%的经费预算，对希望砍掉的学科，每年减少3%的经费预算，让他们自己觉得无法办下去，自动提出撤销这个学科。"①

刘向兵、李立国指出："在2002年的中外大学校长论坛上，哥伦比亚大学教育学院莱文教授提出了一个'替代增长'的概念。它的基本含义是用有价值的活动取代无价值的活动。学校要学会放弃，学会合作，学会把资源用于最有潜力的方面。他列举了斯坦福大学曾先后放弃建筑学院、地理系、食品研究所，放弃师范教育，放弃建设大型图书馆，但并未影响其成为一所顶尖的研究型大学的实例。对于研究型大学来说，大学的个性主要表现为拥有不同的优势学科或强势学科，例如，牛津大学的环境科学、计算机科学、医学等。东京大学的行为学、经济学、教育学等。哈佛大学的哲学、政治学、商业管理等。斯坦福大学的心理学、电子工程、植物学等。剑桥大学的物理学、化学、数学等，都是举世公认的一流学科。虽然所有的研究型大学都是学科齐全的综合性大学，但研究型大学的学科并不都是一流水平的。伦敦大学副校长斯图尔特·薛瑟兰曾说：全世界的大学分守着它们各自对真理、学术和科研所做出的贡献。言外之意是，即便是世界一流的研究型大学，也不可能在所有的学科中都称雄，大学的个性在于采取有重点、有特色的学科发展战略，创造出自己的学术品牌。美籍华人科学家田长霖教授也讲到，研究型大学一定要想办法扶植最优异的学科，把它变成全世界最好的。为了保证重点发展的学科，要不惜遏制其他方面的发展，甚至让每个系都去配合它。南京大学在近十几年的发展，就是利用资源配置方式，成功地实现在较短的时间内积累并赢得学科发展优势的典型实例。"②

在"第一届中外大学校长论坛"上，朱清时认为："创建世界一流大学，经费投入很重要，但这笔钱如何分配更重要，如何做到'有所为有所不为'？就是把钱集中用在建设一流学科上，将'211工程'等科研上的几股力量整合起来，共建'理化科学中心'。初创阶段，有的教师指责这是'一种类似炒股的学术路线'。如今中心已攻克了许多世界难题，大家也统一了思想：在经费不足的情况下，必须选准突破口，集中人力财力，在重点领域有所突破。打好'成本与效益'的算盘，是校长们必修的功课。"③

(三) 高校预算其他能力

习近平多次强调"不断提高政治判断力，政治领悟力，政治执行力"；此外，习近平还强调，年轻干部要"提高政治能力"，"提高调查研究能力"，"提高科学决策能

---

① 刘献君.论高校战略管理[J].高等教育研究,2006(2):1-7.
② 刘向兵,李立国.高等学校实施战略管理的理论探讨[J].中国人民大学学报,2004,18(5):140-146.
③ 温红彦.大学经费：从拨款到找钱[Z].人民网,2002-08-04.

力","提高改革攻坚能力","提高应急处突能力","提高群众工作能力","提高抓落实能力"①。这些论述,为提高高校"预算能力"拓宽了思路、拓展了领域。本节主要阐述高校预算编制能力、高校预算执行能力和高校预算控制能力。

1. 高校预算编制能力

希克指出:"加强预算编制能力。使预算成为更有效程序的任务必须获得高度重视,因为美国未来的治理能力取决于预算的成功。"②

但是,中国目前仍采用"基数法"。财政部发布的文件要求编制"滚动的中期预算"③ 和财政部办公厅的《管理会计应用指引》④ 中提及的"滚动预算""作业预算""零基预算"与"弹性预算"。中期预算框架对于中长时期(本科四年、硕士三年、博士三年)培养人才的高校尤为必要。财政部和教育部都未要求编制,缺少了提高预算编制能力的实践机会,目前仍采用"基数法"(投入法)如何向绩效预算过渡?

此外,前已述及,低效和无效的项目不应列入预算,如很多校内科研项目等。

2. 高校预算执行能力

中共中央十九届四中全会通过的《中共中央关于坚持和完善中国特色社会主义制度推进国家治理体系和治理能力现代化若干重大问题的决定》提出了"制度优势更好转化为国家治理效能"的重要观点⑤。因此,制度执行是制度效能转为治理效能的根本保证。同理,预算执行也是预算效能转为治理效能的根本保证。

但是,正如笔者早就指出的"预算执行率≠预算执行效率"⑥。预算执行率是一个突击花钱的指标,反映了预算执行"前低后高",也反映了预算执行能力低。

---

① 习近平在中央党校(国家行政学院)中青年干部培训班开班式上发表重要讲话 强调年轻干部要提高解决实际问题能力,想干事能干事干成事[N].人民日报,2020-10-12.

② 希克.预算能力[M].荀燕楠,等译.北京:中国财政经济出版社,2021:15.

③ 2015年4月3日,财政部发布的《关于推进中央部门中期财政规划管理的意见》(财预〔2015〕43号)在"中央部门中期财政规划管理的总体思路"中要求:①与相关规划衔接;②实行逐年滚动管理;③突出政策与预算相结合;④增强预算约束力;⑤完善激励机制。并在"主要内容"中规定:实施范围包括:①预算范围。从编制2016年预算起,对纳入中央部门预算的一般公共预算和政府性基金预算拨款收支实行中期财政规划管理。②支出范围。中央部门中期财政规划包括部门的基本支出和项目支出,重点针对项目支出,基本支出按财政部统一要求编制和调整。③单位范围。编制部门预算的中央部门全部纳入部门中期财政规划实施范围。2016年5月27日,财政部印发的《法治财政建设实施方案》(财法〔2016〕5号)规定:"建立跨年度预算平衡机制和实行中期财政规划管理,强化三年滚动财政规划对年度预算的约束。"2021年3月7日,国务院颁布的《关于进一步深化预算管理制度改革的意见》(国发〔2021〕5号)第十三条指出:"加强跨年度预算平衡。加强中期财政规划管理,进一步增强与国家发展规划的衔接,强化中期财政规划对年度预算的约束。对各类合规确定的中长期支出事项和跨年度项目,要根据项目预算管理等要求,将全生命周期内对财政支出的影响纳入中期财政规划。"

④ 2017年9月29日,财政部办公厅印发了《管理会计应用指引第201号:滚动预算》(财会〔2017〕24号);2018年12月27日,财政部办公厅印发了《管理会计应用指引第204号:作业预算》(财办会〔2018〕38号);2018年8月17日,财政部办公厅印发了《管理会计应用指引第202号:零基预算》和《管理会计应用指引第203号:弹性预算》(财会〔2018〕22号)。

⑤ 中共中央关于坚持和完善中国特色社会主义制度 推进国家治理体系和治理能力现代化若干重大问题的决定[N].人民日报,2019-11-06(1).

⑥ 乔春华.高校预算管理研究[M].苏州:苏州大学出版社,2013:前言.

3. 高校预算控制能力

前已述及，希克认为，公共预算有三种主要功能，进而有三种预算取向：计划取向、控制取向和管理取向。控制是公共预算最基本的功能。预算的本意就是要控制政府的支出，使其实际支出的规模、结构和行为被约束在预算和法律的框架之内。预算控制应该是刚性的硬约束。有的高校在预算收入较好时不注意储备资金留作紧缺时用，是一种"今朝有酒今朝醉、哪管明日与他日"的"酒徒行为"①。

苟燕楠在"译者序"中指出："控制为本，绩效为道，预算控制政府行为，但预算的目的是绩效。预算历史的经验是先控制，再绩效，或通过放松控制改进绩效，而现阶段我们的历史使命是加强控制和提升绩效并重，要破解这个难题，出路只能是在新发展理念的指导下，创新预算治理模式。"②

四、提升高校预算能力主要解决的几个问题

（一）高校预算能力不足是"危险"

1. 能力不足是"党面临的""四大危险"之一

2011年7月1日，胡锦涛在庆祝中国共产党成立90周年大会上讲话时指出："提高党的领导水平和执政水平、提高拒腐防变和抵御风险能力，加强党的执政能力建设和先进性建设，面临许多前所未有的新情况新问题新挑战，执政考验、改革开放考验、市场经济考验、外部环境考验是长期的、复杂的、严峻的。精神懈怠的危险，能力不足的危险，脱离群众的危险，消极腐败的危险，更加尖锐地摆在全党面前，落实党要管党、全面从严治党的任务比以往任何时候都更为繁重、更为紧迫。"这里提出了"能力不足的危险"是"四大危险"之一③。

2016年1月18日，习近平在省部级主要领导干部学习贯彻党的十八届五中全会精神专题研讨班上的讲话中指出："综合各方面反映，当前'为官不为'主要有3种情况：一是能力不足而'不能为'，二是动力不足而'不想为'，三是担当不足而'不敢为'。"④

习近平在党的十九大报告中指出："要深刻认识党面临的执政考验、改革开放考验、市场经济考验、外部环境考验的长期性和复杂性，深刻认识党面临的精神懈怠危险、能力不足危险、脱离群众危险、消极腐败危险的尖锐性和严峻性，坚持问题导向，保持战略定力，推动全面从严治党向纵深发展。"⑤ 将"能力不足危险"列为"四大危险"之一。

---

① 王雍君,张拥军.政府施政与预算改革[M].北京:经济科学出版社,2006:237-279.
② 希克.预算能力[M].苟燕楠,等译.北京:中国财政经济出版社,2021:译者序.
③ 胡锦涛.在庆祝中国共产党成立90周年大会上的讲话[N].人民日报,2011-07-02(2).
④ 习近平.在省部级主要领导干部学习贯彻党的十八届五中全会精神专题研讨班上的讲话[N].人民日报,2016-05-10(2).
⑤ 习近平.决胜全面建成小康社会 夺取新时代中国特色社会主义伟大胜利:在中国共产党第十九次全国代表大会上的报告[N].人民日报,2017-10-28(1).

2018年1月5日，习近平在新进中央委员会的委员、候补委员和省部级主要领导干部学习贯彻习近平新时代中国特色社会主义思想和党的十九大精神研讨班中指出："影响党的先进性、弱化党的纯洁性的各种因素具有很强的危险性和破坏性，党面临的执政考验、改革开放考验、市场经济考验、外部环境考验将是长期的、复杂的，党面临的精神懈怠危险、能力不足危险、脱离群众危险、消极腐败危险将是尖锐的、严峻的。"① 这里又一次提到"能力不足危险"是"四大危险"之一。

2019年1月21日，习近平指出："党的十八大以来，我们以自我革命精神推进全面从严治党，清除了党内存在的严重隐患，成效是显著的，但这并不意味着我们就可以高枕无忧了。党面临的长期执政考验、改革开放考验、市场经济考验、外部环境考验具有长期性和复杂性，党面临的精神懈怠危险、能力不足危险、脱离群众危险、消极腐败危险具有尖锐性和严峻性，这是根据实际情况作出的大判断。"② 这里再一次提到"能力不足危险"是"四大危险"之一。

2022年7月27日，习近平在省部级主要领导干部"学习习近平总书记重要讲话精神，迎接党的二十大"专题研讨班上的讲话时指出："必须永葆'赶考'的清醒和坚定。全党必须深刻认识到，党面临的执政考验、改革开放考验、市场经济考验、外部环境考验将长期存在，精神懈怠危险、能力不足危险、脱离群众危险、消极腐败危险将长期存在，全面从严治党永远在路上，党的自我革命永远在路上。"③ 这里仍提到"能力不足危险"是"四大危险"之一。

2. 预算危机反映出预算能力的不足

希克的《预算能力》第一章为"预算危机"。苟燕楠在"译者序"中指出："预算危机反映出预算能力的不足或可能性。各种预算措施轮番上场，或成功，或失败，然后成为预算能力的某个基因或记忆。"④

1989年，世界银行在描述当时非洲情形时用到"治理危机"一词⑤。而"治理危机"往往与政府信任危机、管理危机和财政危机联系在一起，这些危机往往又与政府治理能力相关。

一些高校在巨额举债和还贷高峰期出现过"入不敷出"的"预算危机"，反映出预算能力的不足。

(二) 学习预算理论不够

高校财务部门负责人和分管财务的校领导不知"预算能力"的概念和内涵，怎么

---

① 习近平.推进党的建设新的伟大工程要一以贯之[J].求是,2019(19):4-10.
② 习近平在省部级主要领导干部坚持底线思维　着力防范化解重大风险专题研讨班开班式上发表重要讲话[N].人民日报,2019-01-22.
③ 习近平在省部级主要领导干部"学习习近平总书记重要讲话精神,迎接党的二十大"专题研讨班上发表重要讲话强调　高举中国特色社会主义伟大旗帜　奋力谱写全面建设社会主义现代化国家崭新篇章[N].人民日报,2022-07-28(1).
④ 希克.预算能力[M].苟燕楠,等译.北京:中国财政经济出版社,2021:译者序.
⑤ World Bank. Governance and development[M]. Washington,D.C.:World Bank,1992:3.

能有意识地增长"预算能力"？面对日益更新的高校财务理论和日臻丰富的高校财务实践不主动学习与研究，应变"要我学"为"我要学"，提升高校财务治理的理解能力。毛泽东在《必须学会做经济工作》中指出："中国靠我们来建设，我们必须努力学习。"① 毛泽东在《矛盾论》中又指出："由于努力学习，可以由无知转化为有知，由知之不多转化为知之甚多。"②

（三）在预算实践中体验和提升预算能力

Wang 在调查了美国 205 个地方政府后发现，70.6% 的地方政府认为绩效预算改革提高了他们决定服务效率的能力，65.4% 的地方政府认同绩效管理能够增进项目绩效问责能力③。学习的目的在于应用。前已述及，诸如中期预算框架等一些先进的预算管理理念和预算管理制度与经验，学了以后就要应用，在实践中增长才干和提高能力。

我国处于高校绩效预算建设的早期阶段，需要对预算理论进行研究和探索。希克指出："预算自身仍值得研究，不仅仅作为政治的一个分支。从多年来对预算过程的关注判断，我们认为预算过程确实在实质上影响了政策结果，正在实施的预算方法确实会影响需求动员与资源配置之间的平衡。任何人忽视这一事实，将不会对政府活力和预算能力作出贡献。"④

最后，仍引用国外两位著名政府预算专家的名言。

希克："毫不夸张地说，一个国家的治理能力在很大程度上取决于它的预算能力。"

威尔达夫斯基："如果你不能预算，你如何治理？"⑤

---

① 毛泽东选集:第3卷[M].2版.北京:人民出版社,1991:1020.
② 同①:325.
③ Wang X. Performance measurement in budgeting: A study of county governments[J]. Public budgeting and finance,2000,20(3):102-118.
④ 希克.预算能力[M].苟燕楠,等译.北京:中国财政经济出版社,2021:254.
⑤ 王绍光,马骏.走向"预算国家":财政转型与国家建设[J].公共行政评论,2008(1):1-37.

主要参考文献

[1] 马克思恩格斯选集:第1—4卷[M].北京:人民出版社,1972.
[2] 毛泽东选集:第1—4卷[M].2版.北京:人民出版社,1991.
[3] 毛泽东选集:第5卷[M].北京:人民出版社,1977.
[4] 邓小平文选:第1~3卷[M].北京:人民出版社,1993.
[5] 习近平谈治国理政:第1卷[M].北京:外文出版社,2014.
[6] 习近平谈治国理政:第2卷[M].北京:外文出版社,2017.
[7] 习近平谈治国理政:第3卷[M].北京:外文出版社,2020.
[8] 威尔达夫斯基.预算:比较理论[M].苟燕楠,译.上海:上海财经大学出版社,2009.
[9] 威尔达夫斯基,凯顿.预算过程中的新政治学[M].邓淑莲,魏陆,译.4版.上海:上海财经大学出版社,2006.
[10] 瑞宾,林奇.国家预算与财政管理[M].丁学东,等译.北京:中国财政经济出版社,1990.
[11] 林奇.美国公共预算[M].苟燕楠,董静,译.北京:中国财政经济出版社,2002:7.
[12] 鲁宾.公共预算中的政治:收入与支出,借贷与平衡[M].叶娟丽,马骏,等译;张志斌,马骏,等校.北京:中国人民大学出版社,2001.
[13] 梅耶斯,等.公共预算经典:第1卷:面向绩效的新发展[M].苟燕楠,董静,译.上海:上海财经大学出版社,2005.
[14] 休斯.公共管理导论[M].张成福,等译.北京:中国人民大学出版社,2001.
[15] 摩尔.如何编制预算:有效运用财源的25个弹性规则[M].陈小红,译.汕头:汕头大学出版社,2004.
[16] 布坎南.公共财政学[M].赵锡军,等译.北京:中国财政经济出版社,1994.
[17] 乔春华.高等教育投入体制研究[M].南京:南京大学出版社,2006:9.
[18] 乔春华.大学经营的财务视角[M].南京:南京大学出版社,2008:10.
[19] 乔春华.《事业单位会计准则》与《事业单位财务规则》研究:以高等学校为例[M].南京:南京大学出版社,2010:7.
[20] 乔春华.高校财务管理体制研究[M].南京:南京大学出版社,2011:5.
[21] 乔春华.高校预算管理研究[M].苏州:苏州大学出版社,2013:12.
[22] 乔春华.高校内部控制研究[M].苏州:苏州大学出版社,2014:6.
[23] 乔春华.高校管理会计研究[M].南京:东南大学出版社,2015:8.

[24] 乔春华.高校管理审计研究[M].南京:东南大学出版社,2015:8.
[25] 乔春华.高等教育供给侧改革的财务视角[M].南京:东南大学出版社,2017:7.
[26] 乔春华.大学校长理财研究[M].南京:东南大学出版社,2018:6.
[27] 乔春华.新中国高校财务70年[M].南京:东南大学出版社,2019:7.
[28] 乔春华.新时代高校财务理论研究[M].南京:东南大学出版社,2020:12.
[29] 乔春华.高校财务治理理论研究[M].南京:东南大学出版社,2021:10.
[30] 乔春华.高校财务发展研究[M].南京:东南大学出版社,2023:1.